Rik Smits

# Linkshänder

## Geschick und Geschichte einer besonderen Begabung

Aus dem Niederländischen von Birgit van der Avoort

Anaconda

Titel der niederländischen Originalausgabe:
*Het raadsel van linkshandigheid. Hoe handvoorkeur de wereld kleurt*,
Nieuw Amsterdam publishers, Amsterdam 2010
Lizenzausgabe mit freundlicher Genehmigung

Foto S. 404: Charlie Chaplin spielt linkshändig Cello,
um 1915 (U.S. Library of Congress)

Die Deutsche Nationalbibliothek verzeichnet diese
Publikation in der Deutschen Nationalbibliografie;
detaillierte bibliografische Daten sind im Internet
unter http://dnb.d-nb.de abrufbar.


Umschlagmotiv: Jacopo de Barbari (um 1440/50–1515),
»Porträt des Luca Pacioli« (1495), Museo di Capodimonte,
Neapel / Bridgeman Images
Umschlaggestaltung: dyadesign, Düsseldorf, www.dya.de
Satz und Layout: Andreas Paqué, www.paque.de
Printed in Czech Republic 2017
ISBN 978-3-7306-0515-8
www.anacondaverlag.de
info@anacondaverlag.de

# Inhalt

1 Mutwille und Missverständnis .......... 7
2 Der linkshändige Picador .............. 13
3 Gegenpole und Widersprüche .......... 21
4 Tabus, Sex und Handarbeit ............ 29
5 Liebe mit links ........................ 38
6 Magie und Aberglaube ................. 48
7 Das wahre Wesen von links und rechts .. 64
8 Seltsame Figuren im unheimlichen Tal .. 71
9 Hexerei und Pogrome ................. 83
10 Ein Richtungsstreit .................. 99
11 Der ideale Soldat .................... 107
12 Die vielen Formen der Einseitigkeit .... 115
13 Des Pudels Kern ..................... 125
14 Die große Macht des kleinen Unterschieds 132
15 Wie Freud seine rechte Seite wiederfand und Pu nicht ........................ 137
16 Warum ein hoppelndes Kaninchen nicht wie ein Irrer rennt ............... 146
17 Das Gesetz von Tim und Struppi ....... 161
18 Tote Männer und wollüstige Frauen ..... 172
19 Marias kleine Nervensäge und andere Porträts .................. 184

20 Hänschen weint links, Hänschen lacht links ... 193
21 Der Alphabet-Reigen ... 199
22 Das Gewicht der Leber ... 213
23 Die übellaunigen Ansichten des Abram Blau ... 219
24 Die werfende Madonna ... 225
25 Nachdenken über das Gehirn ... 238
26 Allerhand Tierisches ... 273
27 Andere Asymmetrien und Vorlieben ... 279
28 Zählarbeit ... 289
29 Linkshändig durch Gene ... 301
30 Linkshändig durch Hormone ... 313
31 Wie ungünstige Eigenschaften weiterleben ... 325
32 Linkshänder als verkappte Zwillinge ... 340
33 Die Folgen: Trotz, Perversität und Krankheit ... 352
34 Zwei linke Hände: die Ford-Skala ... 360
35 Der Zwang der Dinge ... 368
36 Schreiben und nützliche Handarbeiten ... 377
37 Der Mythos vom aussterbenden Linkshänder ... 393
38 Kreativ, musikalisch, genial und berühmt! 402

Literaturverzeichnis ... 406
Register ... 424

# 1
# Mutwille und Missverständnis

»Mein Mann ist Linkshänder«, sagte die junge Frau besorgt. »Wird er früher sterben?« Ich musste lachen, es war doch immer das Gleiche. Die Geschichte, dass Linkshänder eher sterben, kursiert seit Jahrzehnten. Es ist ein finsteres Märchen, das nicht totzukriegen ist – aus zweierlei Gründen. Immer wieder hauchen Wissenschaftler dieser These neues Leben ein, um eine Sensationsmeldung verbreiten zu können. Und die große Mehrheit der Rechtshänder saugt diese Geschichte begierig auf: Was gibt es Schöneres, als sich mal gepflegt zu gruseln? Ob die Behauptung stimmt, tut nichts zur Sache, bietet sie doch Anlass zu unschuldiger Schadenfreude.

Doch schon die Beiläufigkeit, mit der solche Geschichten verbreitet werden, lässt erkennen, dass keiner so recht an sie glauben mag. Linkshänder sollen im Schnitt neun Jahre früher sterben als Rechtshänder, wobei viele nicht das vierzigste Lebensjahr erreichen. Wenn dem so wäre, müsste Linkshändigkeit als schwere Krankheit eingestuft werden, die viele junge Menschen trifft. Sie wäre eine Krankheit, über die man nur hinter vorgehaltener Hand und in Andeutungen spricht:

*»Hast du schon gehört? Caroline hat LH!«*
*»Was? Sie jetzt auch schon?«*
*»Ja, von mir weißt du es aber nicht ...«*
*»Ach Gott ... der Familie bleibt auch nichts erspart.«*

Dabei ist alles ganz anders.

Die Geschichte beginnt im Jahr 1992, als ein kanadischer Psychologieprofessor namens Stanley Coren ein Buch veröffentlichte, in dem er die verwegene These aufstellte, Linkshänder würden im Schnitt neun Jahre früher sterben. *The Left-Hander Syndrome* lautete der Titel, *Das Linkshänder-Syndrom*. Sinn für Dramatik war Coren nicht abzusprechen; mit seinem Buch erlangte er eine gewisse Bekanntheit, und er verdiente nicht schlecht daran. Bald ging die Öffentlichkeit wieder zur Tagesordnung über. Kein Politiker stellte Anträge im Parlament, kein Experte sah sich bemüßigt, in den Medien etwas zum Thema zu sagen. Es gab keine beunruhigten Linkshänder, die sich in Aktionsgruppen zusammenschlossen, und auch keine angehenden Eltern, die forderten, während der Schwangerschaft auf diese fatale Erkrankung getestet zu werden. Der frühe Tod von Linkshändern war reine Volksbelustigung – und das ist bei echten Krankheiten keineswegs der Fall.

So wie mit Corens Buch läuft es häufig ab, wenn Linkshändigkeit zum Thema wird: Das Interesse flackert kurz auf, kommt über ein Strohfeuer aber nicht hinaus. Selbst Linkshänder äußern sich nicht zum Thema. Genau das übersehen Rechtshänder immer wieder. 1998 wollte der australische Biologe und Journalist Geoff Burchfield während eines Fernsehinterviews vom Psychologen Michael Corballis wissen: »Warum ruft das Thema Händigkeit derart starke Reaktionen hervor, vor allem bei Linkshändern?« Corballis setzte zu einer umständlichen Antwort an, verlor sich aber schnell in nichtssagenden Floskeln. Corballis ist kein Dummkopf, ganz im Gegenteil, doch hier war die Frage an sich verfehlt. Linkshändigkeit ist etwas, über das sich besonders Rechtshänder gern wundern und Gedanken machen. Die Linkshänder, auf die sie gelegentlich stoßen, erscheinen ihnen merkwürdig, aber auch interessant und ein wenig unheimlich. Für Linkshänder ist es die normalste Sache der Welt, Linkshänder zu sein. Sie halten sich selbst nicht für etwas Besonderes, sind jedoch völlig vertraut mit der Welt der Rechtshänder, in der sie sich bewegen. Auch die seltsame Faszination der Rechtshänder für ihre abweichende Händigkeit sind sie von klein auf gewöhnt.

Eigentlich schade, denn während Rechtshänder sich über vermeintliche Probleme ereifern und Linkshänder darüber nur die Schultern zucken, bleiben viele echte Rätsel ungelöst. Neben der Zubereitung von Speisen und der Sprache ist unsere deutliche Präferenz für die rechte Hand eine der wenigen die Menschen einenden Eigenschaften. Die Präferenz für eine Hand ist an sich nichts Außergewöhnliches; sie findet sich auch bei verschiedenen Tierarten, sogar bei Mäusen. Doch die Ungleichverteilung zwischen Links- und Rechtshändern ist schon bemerkenswert: Gerade einmal jeder Zehnte bezeichnet sich selbst als Linkshänder, während im Tierreich das Verhältnis von Links- und Rechtsfüßern in etwa ausgeglichen ist.

Noch hat niemand belegen können, warum man zum Linkshänder oder Rechtshänder wird. Genauso rätselhaft sind die Ursachen für die Ausprägung der Linkshändigkeit. Die Ursprünge sind in ferner Vergangenheit zu suchen, denn es gilt noch ein Rätsel zu lösen: Wie erklärt es sich, dass durch alle Jahrhunderte hindurch und überall auf der Welt, sofern nachvollziehbar, der Anteil der Linkshänder konstant bei zehn Prozent geblieben ist? Zudem verweist die Präferenz für eine Hand auf eine tiefere, allesbestimmende Eigenart des Menschen, nämlich, dass beide Gehirnhälften auf je eigene Weise spezialisiert sind. Allerdings unterscheidet sich die Gehirnanlage bei Links- und Rechtshändern kaum oder gar nicht.

Wem das nicht verwirrend genug ist, der sollte wissen, dass allein die Begriffe links und rechts nicht wirklich hilfreich sind. Sie werden mühsam erlernt und ziemlich leicht verwechselt, auch von Erwachsenen – Fahrschullehrer wissen nur allzu gut, wie leicht nervöse Fahrschüler trotz klarer Ansage falsch abbiegen. Gleichzeitig bestimmt die Unterscheidung in links und rechts auf vielerlei Weise, wie wir die Welt um uns herum einrichten, erleben und verstehen. Fotos, Zeichnungen und Gemälde folgen diesem Richtungsgesetz ebenso unbewusst wie Filme und Comics.

Gleich, wie erfolgreich oder unauffällig Linkshänder sind, Linkshändigkeit wird seit jeher mit Ungeschick und negativen Eigenschaften wie Unzuverlässigkeit und Unehrlichkeit in Verbindung gebracht. Das lateinische Wort für links, *sinister*, hat nicht umsonst in buchstäblich allen verwandten Sprachen die Bedeutung von düster, unheimlich und bedrohlich. Auch die Wissenschaft hat immer wieder ins selbe Horn geblasen. So wusste der berüchtigte Schädelvermesser Cesare Lombroso um 1900 zu berichten, Linkshändigkeit lasse auf einen frevelhaften Charakter schließen. Mitte des 20. Jahrhunderts verkündete der amerikanische Psychoanalytiker Abram Blau, Linkshändigkeit stehe auf einer Stufe mit »infantilem Negativismus« (etwa der Weigerung, den Teller leerzuessen). Die beiden Männer hatten keinerlei Belege für ihre harschen Urteile, was das Vergnügen nicht schmälerte.

Am Auftreten eines Mannes wie Stanley Coren wird deutlich, dass sich in Bezug auf das Fällen leichtfertiger Urteile noch nicht viel verändert hat. Linkshändigkeit wurde und wird mit den unterschiedlichsten echten und vermeintlichen Leiden in Verbindung gebracht, darunter Alkoholismus, Asthma, Diabetes, Schwachsinn, Heuschnupfen, Homosexualität, Krebs, Kriminalität, Schlaflosigkeit und Selbstmordneigung. Zwar gibt es dafür meist keine Grundlage, wenngleich in manchen Gruppen mit höherem Anteil an Linkshändern die Menschen überdurchschnittlich häufig an Heuschnupfen leiden, Brustkrebs haben oder straffällig werden. Einen erhöhten Anteil an Linkshändern findet man auch in Kunstakademien und Architekturstudiengängen sowie unter Hochbegabten. Dem steht gegenüber, dass nachweislich in einer willkürlich zusammengestellten Gruppe von Menschen in Bezug auf Charaktereigenschaften oder Unzulänglichkeiten kein einziger Unterschied festzustellen ist, der mit der Verteilung von Links- und Rechtshändigkeit in Zusammenhang gebracht werden kann.

Der berüchtigte italienische »Schädelvermesser« Cesare Lombroso, der schließlich sogar an Geisteserscheinungen glaubte.

Und wieder haben wir es mit allerhand Rätseln und Widersprüchen zu tun: Was zuletzt gesagt wurde, deutet darauf hin, dass Linkshänder jenseits ihrer Händigkeit ganz normale Menschen sind. Doch wie passt dazu die Aufregung um das Schreiben mit der linken Hand? Viel wird darüber philosophiert und theoretisiert. Das Schreiben mit links sei unnatürlich, sagen jene, die auf die »großen Probleme« eines Sechsjährigen verweisen, der »die rechtshändige Schrift mit der linken Hand imitiert«, wie es der niederländische Schriftdidaktiker Van Engen formulierte. Trotz mancherlei Sorge beschäftigt sich die Lehrerausbildung noch immer nicht ernsthaft mit dem Thema Linkshändigkeit. Es läuft meist darauf hinaus, dass sich Sechs- und Siebenjährige die Grundfertigkeit des Schreibens mehr oder weniger selbst beibringen müssen, und zwar am umgekehrten Vorbild. Zur großen Überraschung gelingt dies den Kindern trotz aller unterstellten Probleme so gut, dass sie offenkundig sehr bald genauso schnell schreiben können wie ihre rechtshändigen Klassenkameraden.

Schon wieder ein Paradox. Und diesmal direkt vor unseren Augen, denn was ist einfacher zu beobachten als ein schreibendes Kind in einer Schulklasse? Wer nicht an Wunder glaubt, kann nur einen Schluss daraus ziehen: Das Bild, das wir von Linkshändern haben, beruht nur zu einem kleinen Teil auf dem tatsächlichen Verhalten der Linkshänder. Entscheidend sind andere, offensichtlich tief in unserem Denken verankerte mythische, althergebrachte Vorstellungen zu links und rechts. Wollen wir das Rätsel der Linkshändigkeit lösen, müssen wir zuallererst bei kulturell geprägten Vorstellungen ansetzen. Dazu begeben wir uns in die Carrer dels Escudellers Blancs in Barcelona, wo der junge, hitzköpfige Pablo Picasso zu Beginn des 20. Jahrhunderts sein Atelier hatte.

# 2

## Der linkshändige Picador

1899 versuchte sich der achtzehnjährige Pablo Picasso, damals am Anfang seiner künstlerischen Karriere, zum ersten Mal an einem Kupferstich: das Porträt eines aufrecht stehenden Picadors, dem Mann, der beim Stierkampf vom Pferd aus mit der Lanze auf den Stier einsticht. Das Ergebnis enttäuschte, vor allem, weil der Picador unbeabsichtigt seine Lanze in der linken Hand führt. Picasso hatte mit großer Sorgfalt einen rechtshändigen Picador graviert, doch dabei nicht beachtet, dass der gedruckte Stich spiegelverkehrt ausfällt. Schlau, wie er war, machte Picasso aus der Not eine Tugend und schrieb groß *El Zurdo*, der Linkshändige, in die obere Bildecke. Er war gerettet, doch an Kupferstiche wagte Picasso sich erst fünf Jahre später wieder heran.

Picassos Frust lässt erkennen, wie tief die Unterscheidung von links und rechts in uns verwurzelt ist, wie wichtig wir die gute Seite nehmen. Wie sehr wir uns alle, eigenwillige Künstler nicht ausgenommen, der Norm unterwerfen, und die ist rechtshändig.

Wie bedeutungsvoll es im wahrsten Sinn des Wortes ist, sich für die richtige Seite zu entscheiden, wird an den Worten deutlich, die der amerikanische Präsident George W. Bush am 20. September 2001 vor dem US-Kongress an die Weltgemeinschaft richtete, also kurz nach dem Anschlag vom 11. September 2001 auf das World Trade Center in New

York, bei dem fast 3.000 Menschen ihr Leben verloren. »Jede Nation«, sagte er, »in jeder Region muss nun eine Entscheidung treffen. Entweder sind sie auf unserer Seite oder auf der Seite der Terroristen.« Am 6. November 2002, noch vor dem Einmarsch in den Irak mit der sogenannten Koalition der Willigen im März 2003, machte Bush noch einmal deutlich, wie die Dinge für ihn lagen: »Auf lange Sicht müssen Länder damit rechnen, für ihr fehlendes Engagement zu bezahlen. Sie sind für uns oder gegen uns im Kampf gegen den Terror.«

Bush erhielt zu Recht viel Kritik für diese Schwarzweißsicht auf die Weltpolitik. Wer kühlen Kopf behält und seinen Verstand gebraucht, wird gute Gründe erkennen, warum ein Land ohne jegliche Sympathie für einen Feind Amerikas sich von Bushs Strafaktion fernhält. Doch in seiner intellektuellen Einfalt ließ der Präsident erkennen, wie gern Menschen im Allgemeinen denken: in Schwarzweißmustern. Ein ganzes Arsenal an Redensarten unterstreicht diesen Eindruck: Es ist immer eins von beiden, oben oder unten, Biegen oder Brechen, Fressen oder Gefressen werden, Himmel oder Hölle. Gern stellen wir Unterschiede möglichst extrem dar. Eine klare Trennung in Schwarz und Weiß will uns Sicherheit und das Gefühl vermittelt, die Wirklichkeit unter Kontrolle zu haben, anders als die abgestuften, nuancierenden Grautöne.

George W. Bush war keineswegs der erste Staatenlenker, der sich derart äußerte. Wenngleich es ihm an Charisma und Rednertalent mangelt, reiht er sich mit seinen undifferenzierten Aussagen ein in die illustre Schar von Demagogen, die mindestens bis zum Athener Alkibiades zurückreicht. Schon etwa 450 Jahre vor unserer Zeitrechnung verstand er wie die späteren französischen Revolutionäre Danton und Marat, wie Lenin, Hitler und Mussolini und all die populistischen starken Männer von heute ganz genau, wie sich die Massen steuern lassen: durch die Reduzierung von komplexen Sachverhalten auf einfache Gegensätze. Die Geschichte ist voller Variationen zum Thema »Wir sind gut, also sind alle anderen schlecht«. Proletarier waren rechtschaffen, arm und unterdrückt, folglich waren alle Nicht-Proletarier Handlager eines verlogenen, reichen und unterdrückenden Kapitalismus. Auf gleiche Art halten die meisten Religionen, vor allem die monotheistischen, ihre Schäfchen beisammen: »Wir« glauben an den einzig wahren Gott, alle anderen sind verdammt oder zumindest weniger wert. So ist es im Judentum wie im Islam. Und auch das Christentum, das Nächstenliebe und Gnade zu Geboten erhoben hat, kennt den Tag des Jüngsten Gerichts, an dem die Böcke unwiderruflich von den Schafen geschieden werden.

Wie selbstverständlich diese Art der Polarisierung ist, zeigt die Jagd auf vermeintlich linke Sympathisanten in den 1950er-Jahren in den Vereinigten Staaten. Diese Zeit wurde als McCarthy-Ära bekannt, doch eigentlich war Senator Joseph McCarthy nicht mehr als ein nützlicher Helfer, der zu Beginn der 1950er-Jahre die seit dem Ende des Zweiten Weltkriegs stetig wachsende Angst vor dem Kommunismus geschickt zu nutzen wusste. Stalins Sowjetunion hatte im Krieg ihre militärische Macht unter Beweis gestellt. Die Amerikaner erinnerten sich noch gut an die revolutionäre Rhetorik der 1920- und 1930er-Jahre und fürchteten einen kommunistischen Staatsstreich oder gar eine Invasion. Überall schienen Spitzel zu lauern, sodass die Regierung 1947 die »Loyalitätsprüfungen« einführte. Da wollte der Kongress nicht zurückstehen, der daraufhin eine eigene Kommission einrichtete, um landesverräterische Elemente aufzuspüren. Eifrigstes Mitglied war ein junger, ehrgeiziger Politiker namens Richard M. Nixon, der viele Jahre später als US-Präsident über seinen Argwohn zu Fall kommen sollte. Die Kommission trug den vielsagenden Namen *House Committee on Un-American Activities* – Kommission für unamerikanische Aktivitäten. Der Kongress sprach nicht von »antiamerikanisch« oder »prokommunistisch«, sondern begnügte sich mit der Formel »unamerikanisch«. Dies ist die primitivste und zugleich höchste Form der Schwarzweißmalerei: Setze einfach ein »un« vor dein Ideal, dann weißt du genau, wogegen du zu kämpfen hast.

Das alles belegt, dass der Sinn fürs Differenzieren dem Menschen nicht in die Wiege gelegt wurde. Stattdessen fußt unsere Weltsicht auf dem *Dualismus*, der Zweiteilung. Vielleicht liegt es daran, dass es zwei Geschlechter gibt, vielleicht an der Unterscheidung zwischen dem »Ich« und dem Rest der Welt oder an etwas ganz anderem. Unstrittig ist, dass wir alles, was uns komplex erscheint, zuerst auf einen Unterschied innerhalb einer Dimension reduzieren möchten, die wir uns als eine Linie vorstellen können. Wir wählen ein

Kriterium aus und teilen die Linie dann in zwei Teile. So behandeln wir jedes Phänomen und jede Eigenschaft in der Natur: Die Vertikale wird in hoch und tief oder lang und kurz unterteilt, der Umfang in dick und dünn und die Zeit in früh und spät. Mit Kategorien, die in der Natur unbekannt sind, verfahren wir nicht anders. Dinge sind entweder gut oder schlecht, schön oder hässlich, angenehm oder unangenehm, wahr oder unwahr.

Dreiteilungen kennen wir nicht, und neben den Gegensätzen wahr und unwahr, hoch und tief gibt es keinen selbstverständlichen dritten Begriff der gleichen Ordnung. Selbst ein System mit zwei Dimensionen wie etwa Breite und Tiefe ist uns schon zu kompliziert. Was meinen wir, wenn wir sagen, dass ein Balkon anderthalb Meter breit ist? Es kann sich um eine Fläche handeln, die üppige anderthalb Meter aus der Fassade des Hauses ragt, oder um ein mickriges Brett, das nur anderthalb Meter am Giebel entlangläuft. Wir lernen den Umgang mit derartigen Ungenauigkeiten, sollten uns dessen stets bewusst sein und werden trotzdem Fehler machen. Makler machen nur allzu gern davon Gebrauch - oder wissen, wie man damit Missbrauch treibt.

Natürlich kommen wir nicht allzu weit, wenn wir stets nur in derart groben Zweiteilungen denken. Wir können unser Weltbild weiter verfeinern, indem wir ein geteiltes Stück nochmals teilen. Haben wir beispielsweise eine Unterscheidung in »essbar« und »nicht essbar« vorgenommen, dann lässt sich die erste Gruppe nochmals in »schmackhaft« und »eklig« unterteilen. Die Zweiteilung beschreibt einen rekursiven Prozess: Das Resultat jeder Teilung kann wiederum geteilt werden. Durch die Rekursivität sind wir glücklicherweise in der Lage, mit dem primitiven Mittel der Zweiteilung doch noch überaus nuanciert auf die Welt zu blicken.

Nicht alle Zweiteilungen sind gleich gewichtet, überwiegend wird in unterschiedlich große Stücke geteilt. So gibt es für die meisten Menschen in der Kategorie »essbar« wesentlich weniger schmackhafte als nicht schmackhafte Lebensmittel. Diese Art der Zweiteilung sagt auch nichts über den Inhalt der Teile aus: Der eine findet geschmorten Schweinedarm lecker und bekommt einen Brechreiz, wenn er an Hamburger denkt, während für einen anderen das genaue Gegenteil gilt. Einem Vegetarier hingegen graust es vor beidem. Wer eine derartige Zweiteilung vornimmt, bestimmt selbst, wie viel und was zur einen und was zur anderen Seite gehört.

Außer diesen willkürlich vorgenommenen Zweiteilungen bestehen auch symmetrische Zweiteilungen. Dabei werden immer zwei etwa gleich große Gruppen oder Teile gebildet, wobei zusätzlich bestimmte Anforderungen an die Charakteristika beider Hälften gestellt werden, die unabhängig von demjenigen gelten, der die Verteilung vornimmt. Beispiele dafür sind vorn/hinten und unten/oben. Die obere Hälfte eines Menschen reicht ungefähr vom Scheitel bis zum Nabel und nicht vom Scheitel bis zu den Knien. Der untere Teil eines Hundes umfasst alles von den Zähnen entlang einer imaginierten Linie vom Brustbein bis zum Anus. Der Schwanz gehört typischerweise nicht zum Unterteil des Hundes, auch nicht, wenn er herunterhängt. Für Vorder- und Rückseite gilt Ähnliches, und auch damit teilen wir Menschen, Tiere oder Gegenstände in zwei Hälften ungefähr gleichen Umfangs ein.

Bei den meisten symmetrischen Zweiteilungen muss sich der Inhalt der einer Hälfte deutlich und entscheidend vom Inhalt der anderen Hälfte unterscheiden. Ein Ball an sich hat keine Unterseite und auch keine Rückseite; wenn wir dennoch von der Rückseite eines Balles sprechen, dann meinen wir damit keinen bestimmten Teil, sondern den Teil, der von uns aus betrachtet gerade nicht zu sehen ist. Bei einem Baum dagegen können wir unten und oben eindeutig bestimmen. Selbst wenn wir ihn auf den Kopf stellten, würden Wurzelwerk oder Stamm immer den unteren Teil des Baumes bilden. Eine klar definierte Vorder- und Rückseite hat ein Baum aber ebenso wenig wie ein Ball.

Das Paar links/rechts ist ein besonderer Fall symmetrischer Zweiteilung. In der sichtbaren Natur besitzen die meisten Lebewesen eine durch ihre Funktionen wie ihr Aussehen deutlich unterscheidbare Ober- und Unterseite. Bei den meisten Tieren, so bei fast allen Wirbeltieren, lassen sich auch Vorder- und Rückseite klar unterscheiden. Die zwei Dimensionen lassen sich an einem deutlichen Kriterium ausmachen. Die Schwerkraft definiert die vertikale Dimension, während wir vorn und hinten mit »zu uns hin« und »von uns weg« in Verbindung bringen. Bei unbeweglichen Gegenständen ist das die Seite, die wir gewöhnlich sehen, wenn wir uns darauf zubewegen. Darum ist die Vorderseite eines Hauses für uns die zur Straße gehende Seite, an der wir als Besucher klingeln. Die Vorderseite eines Hundes oder Schiffes ist das, was wir sehen, wenn diese sich auf uns zu bewegen, die Rückseite einer Bohrmaschine ist das, was wir sehen, wenn wir sie von uns weg in ein Brett oder eine Mauer drücken.

Derartige Kriterien gelten in Bezug auf links und rechts nicht, sodass wir uns mit dem Begriffspaar immer etwas schwertun. Hinsichtlich ihrer Links-Rechts-Achse sind Tiere und Pflanzen mehrheitlich symmetrisch (das ist nicht dasselbe wie die monotone Gleichheit ohne Eigenschaften bei den verschiedenen Teilen eines Balles, wo linke und rechte Hälfte in der Regel einander entgegengesetzt und doch haargenau gleich sind). Und doch ist unsere Händigkeit ein unumstößlicher Beweis dafür, dass Gleichförmigkeit noch keine Gleichwertigkeit bedeutet. Kein Wunder also, dass dies den Menschen, diesem geborenen Zweiteiler, schon lange beschäftigt und dass links, rechts und Symmetrie eine wichtige Rolle in menschlichen Hervorbringungen wie der Kunst, der Schrift und der weltanschaulichen Symbole spielten.

# 3
# Gegenpole und Widersprüche

Tief im Nebel der Zeit, vor mehr als dreitausend Jahren, muss Griechenland von einem Bauernvolk bewohnt gewesen sein, das Erdgötter verehrte. Zuoberst stand dabei die Erde selbst, die fruchtbare Mutter, aus der alles Leben entspringt. Daher wird vermutet, dass es sich um ein matriarchalisches Volk handelte, in dem eng mit Mutter Erde verbundene Frauen das Sagen hatten. Wie dem auch sei, eines unseligen Tages fielen indoeuropäische Nomaden in Griechenland ein. Dieses kriegerische Volk, das ein ganz anderes Weltbild hatte, brachte mühelos die alteingesessene Bevölkerung unter seine Herrschaft. Die Erde spielte in ihrer Vorstellung nur eine untergeordnete Rolle; die weite Ferne, Reisen, Jagd und Kämpfe waren ihnen weitaus wichtiger. In ihrer Gesellschaft hatten die Männer das Sagen. Wie immer und überall, so war auch bei den Indoeuropäern die Götterwelt ein Abbild ihrer eigenen Welt. Ihre Götter waren vornehmlich Männer, die Kräfte wie Sonne, Licht und Wind personifizierten. Sie saßen nicht in der warmen Finsternis der Erde, sondern hoch oben im Himmel.

Die Eroberer ließen sich dauerhaft nieder und vermischten sich nach und nach mit der einheimischen Bevölkerung. Nach einiger Zeit erinnerten nur noch Geschichten an die so dramatischen Ereignisse von einst, Geschichten, von denen irgendwann niemand mehr sagen konnte, ob sie der Wahrheit entsprachen oder erfunden waren. So verwandelte sich Geschichte mit der Zeit in Mythen. Menschen wurden zu Helden, und Helden nahmen immer stärker göttliche Züge an.

Etwas Ähnliches geschah mit den Götterwelten. Religion ist zäh, und statt zu verschwinden, vermischten sich viele Elemente des alten Erdkults mit denen der neuen indoeuropäischen Götterwelt. In der klassischen Mythologie ist dieser Prozess noch zu erkennen an den wunderlichen und teilweise widersprüchlichen Familienverhältnissen zwischen einigen Göttern und Halbgöttern.

Das Ergebnis ist eine zweipolige Götterwelt, beherrscht von den olympischen Himmelsgöttern unter Führung von Zeus. Darin spielen alte Gottheiten wie Poseidon, der die Erde erbeben lassen kann, die Fruchtbarkeitsgöttin Demeter, was wörtlich übersetzt »Mutter Erde« bedeutet, und der über die Unterwelt herrschende Hades eine wichtige Rolle. Zahlreiche andere Kulte wie die Verehrung der Mondgöttin Kybele erlangten keinen derart herausragenden Platz in der »offiziellen« Religion. Sie nahmen den Charakter von Mysterienkulten an, die man mit Argwohn betrachtete und die ausgerottet werden mussten, auch wenn dies irgendwann niemand mehr recht begründen konnte. In der Folge wurden Dunkelheit, Weiblichkeit, Erde und Fruchtbarkeit wie selbstverständlich mit Heimlichkeit, Bedrohung, Schlechtigkeit und Magie in Verbindung gebracht.

Die aus Asien stammenden Indoeuropäer kamen nicht nur bis Griechenland, sie breiteten sich über ganz Europa und Richtung Westasien bis nach Indien aus, wo sie ihre Normen und Wertvorstellungen durchsetzten. Diese mischten sich wiederum mit Elementen der von ihnen eroberten Kulturen. So entstanden in diesem riesigen Gebiet

Mythologien und Religionen, die sich im Grunde stark ähnelten. Ob er nun wie im Griechischen Zeus hieß oder wie im Sanskrit den Namen Dyar Pitar erhielt - dem wir im Lateinischen als Jupiter begegnen - oder Tiu, wie ihn die Germanen nannten -, der höchste Gott ist immer ein Mann. Es ist ein Vater, der hoch im Himmel thronend mit Sonne, Blitz und Donner und anderen Himmelsphänomenen in Verbindung steht. Ihm gegenüber stehen die unterirdischen Kräfte der Dunkelheit. Sie sind meist suspekt und stehen immer an zweiter Stelle, sind gleichwohl nicht unbedeutend.

Die Apostel und Missionare, die später das Christentum nach Europa brachten, hatten ihre Freude daran, denn auch sie hatten schließlich Gott Vater, der im Himmel saß, im Gepäck. Und auch er sendet keine zufälligen Blitze aus. Das Fundament, eine verständliche Symbolik, in der Begriffe wie Mann, Herrscher, gut, Licht und Himmel wie im Christentum eine Einheit bildeten, war für sie schon bereitet. Aus dem irdischen, finsteren Gegenpol konnte sich mühelos das Bild vom Teufel entwickeln. Bis heute lebt die Symbolik in westlichen Kulturen auf verschiedene Art und Weise fort, etwa bei der Babykleidung. Jungen werden blau gekleidet, in der Farbe des Firmaments, Mädchen dagegen rosa, das dem Blut und der Erde verwandt ist.

Als die ersten Denker, die Wissenschaftler des Altertums, die Erscheinungen in ihrer Welt zu deuten versuchten, konnten sie auf keine bestehende Tradition zurückgreifen. Alles musste im wahrsten Sinne des Wortes neu gedacht werden, und das, obwohl ihnen dafür kaum Begriffe zur Verfügung standen. Sie konnten lediglich auf die bestehenden religiösen Symbolsysteme und ihr eigenes, dualistisch geprägtes Denken zurückgreifen, das Vermögen zur Zweiteilung und Polarisierung. Daraus bildeten sich neue Systeme der Gegensätze, aber es wurden auch Zusammenhänge sichtbar, die ihnen zeigten, wie die Welt aufgebaut ist.

Einer der führenden frühen Gelehrten war Pythagoras, der um 530 v. Chr. in Kroton, einer griechischen Kolonie an der Ostküste des italienischen Stiefelabsatzes eine philosophische Schule gründete. Heute ist Crotone ein abgelegenes Provinznest, damals jedoch war es eine vor Kreativität und Erfindungskraft strotzende, hochmoderne Stadt. Sie war so modern und reich, dass man von überall her professionelle Läufer und Ringer engagierte, mit denen die Stadt Mal um Mal bei den Olympischen Spielen Triumphe feierte. Der Sport spielte eine so bedeutende Rolle, dass die Stadt deswegen sogar mit dem Rivalen Sybaris Krieg führte. Pythagoras und seine Schüler stellten unter anderem mathematische Grundsätze auf und formulierten Prinzipien für das, was wir heute Musiklehre nennen würden. Für Pythagoras drehte sich in der Welt alles um Zahlen und zahlenmäßige Verhältnisse zwischen ganzen Zahlen. Saitenlängen korrespondierten mit Tonhöhen und »schöne« Verhältnisse zwischen den Saitenlängen mit dem harmonischen Zusammenspiel von Tönen, die sie erzeugten. Ausgehend von dieser Idee wurde das Wesen weiterer Dinge in Zahlenverhältnisse gebracht. Die Zahl 5 etwa stand für die Ehe; sie war die Verschmelzung der kleinsten geraden und der kleinsten ungeraden Zahl größer als 1. Die Eheschließung verband 3 mit 2, Mann mit Frau und ungerade mit gerade.

Später mussten Pythagoras und die Seinen aus der Stadt Kroton fliehen. Viele Jahre nach seinem

Tod wurden auch seine Schüler verfolgt. Dass seine Arbeit tradiert wurde, ist nicht antiken italienischen Sportfans zu verdanken, sondern Leuten wie dem großen griechischen Philosophen Aristoteles. Er übernahm in seiner *Metaphysik* die von Pythagoras aufgestellte Tafel der Gegensätze. Dort finden sich unter anderem folgende Gegensatzpaare:

| | |
|---|---|
| gerade | ungerade |
| weiblich | männlich |
| dunkel | hell |
| schlecht | gut |
| kalt | warm |
| krumm | gerade |
| links | rechts |

Hieraus lässt sich deutlich die männliche Dominanz ablesen, Pythagoras assoziiert sie mit »gut«. Der weibliche Gegenpol, die Frau, wird mit dem Gegenpol von »gut« assoziiert, wodurch die Verbindung von Weiblichkeit mit Schlechtigkeit endgültig zur Tatsache wird. Licht, Sonne und Himmel sind eng mit den dominanten männlichen Gottheiten in den indoeuropäischen Kulturen verbunden, Finsternis und Erde werden traditionell der weiblichen Seite zugerechnet. Die uralte Verbindung des nächtlichen Mondes mit dem weiblichen Menstruationszyklus und dem Rhythmus des Landbaus erscheint da ganz natürlich.

Nachvollziehbar ist auch, warum »kalt« mit dem Weiblichen assoziiert wird, »Licht« und

»Sonne« und damit auch »Wärme« hingegen mit dem Männlichen, sodass der Gegenpol automatisch der Damenseite zugerechnet wird. Etwas schwieriger ist die Zuordnung von »gerade« und »krumm«. Als mögliche Erklärung mag gelten, dass in der Natur mit bloßem Auge kaum eine gerade Linie auszumachen ist. Gerade Linien sind typisch für vom Menschen gefertigte Dinge. Somit war es ein Stück harte Arbeit, Dinge mit geraden Formen zu schaffen, und wenn etwas schiefging, wurde das Werkstück auch noch krumm. Folglich musste etwas, das gerade war, auch gut sein, sonst würde der Mensch sich nicht so viel Mühe damit geben. »Gerade« gehört also in dieselbe Kategorie wie »gut«, also auf die männliche Seite, während »krumm« der weiblichen Gruppe zugerechnet wird.

Schon in diesem frühen Symbolsystem steht »rechts« in derselben Gruppe wie »gut«. Lange ging man davon aus, dass dies der Sonnenverehrung geschuldet sei. Viele frühere Völker orientierten sich nach Osten, wo die Sonne aufgeht. In der arabischen Welt ist das noch heute so. Wenn der Osten oben auf der Landkarte liegt, dann ist Süden, dort, wo die Sonne Wärme und Leben spendet, auf der rechten Seite. Folglich könnte diese Seite zur guten Seite geworden sein und wurde mit Licht, Wärme, Leben, göttlichem Beistand und vielem mehr assoziiert. Die Polarisierung sorgte für den Rest.

Doch diese Erklärung kann nicht stimmen, da auf der südlichen Erdhalbkugel die Sonne ebenfalls von Osten nach Westen wandert, doch statt durch den Süden führt ihr Weg durch den Norden. Auf der Südhalbkugel müsste demnach links als die gute Seite gelten, doch davon kann keine Rede sein. Links und rechts werden dort genau wie bei uns eingeordnet.

Dass Völker überall auf der Welt mehrheitlich dieselbe Einteilung nutzen – links gleich »schlecht« und »weiblich«, rechts gleich »gut« und »männlich« –, legt eine andere Erklärung nahe, nämlich die Dominanz der Rechtshänder und der Männer. Rechtshänder sind in allen Völkern in der Mehrheit. Es ist also fast unvermeidlich, dass rechts eher mit »gut« in Verbindung gebracht wird als links. Auf diese Weise wähnen sich die meisten Menschen auf der guten Seite. Außerdem sind fast alle Völker patriarchal aufgebaut. Wenn »rechts« sich also mit »gut« verband, dann musste es folglich dem Männlichen zugeordnet werden. Oder eben den guten Göttern. Oder, wie im Fall der Juden, mit einem namenlosen Gott, der keinen anderen neben sich duldet. Der Name, mit dem wir noch immer Gottes größten Widersacher bezeichnen, Satan, ist eine Verballhornung des talmudischen Samael. Und dieser Name wiederum leitet sich aus dem Wort se'mol ab, was links bedeutet.*

Paradoxerweise wurde »links« nicht nur mit Schlechtigkeit, sondern gleich auch mit dem Weiblichen assoziiert, obwohl Linkshändigkeit bei Männern häufiger als bei Frauen zu finden ist, sodass es eigentlich als männliche Eigenschaft gelten muss. Dies scheint nie jemandem aufgefallen zu sein, und daran zeigt sich, dass es egal ist, ob sich ein auf Symbolen gründendes Weltbild mit unseren Erfahrungen deckt. Es geht mehr um die Illusion, die Welt zu verstehen und zu beherrschen, als

* Das lateinische Wort *sinister* erfuhr erst später seine düstere Nebenbedeutung. Es wurde von *sinus* abgeleitet, einer Falte auf der linken Seite der römischen Toga, die als Tasche dient. *Sinister* bedeutete also anfänglich nur »an der Taschenseite«.

um ihre getreue Abbildung. Ein solches Wertesystem darf die abstrusesten Widersprüche enthalten. Die Tabelle von Pythagoras verbindet »Frau« mit »kalt« und »Finsternis«, typische Merkmale des Todes, während die Frau noch immer als Symbol der Fruchtbarkeit und Quelle neuen Lebens gilt. Symbolische Wertesysteme schaffen Ordnung im Chaos der Welt, ohne dass damit echte Konsequenzen verknüpft sein müssen.

Durch die Jahrhunderte hinweg hatten diese symbolischen Wertesysteme großen Einfluss auf unsere Wahrnehmung der Welt und haben ihn noch immer. Sie bildeten die Grundlage tief verwurzelter Normen und Traditionen. Frauen haben stark darunter gelitten, in geringerem Maße auch die Linkshänder. In einigen Kulturen ist links, und vor allem die linke Hand, tabu. Während in großen Teilen Europas jemand, der mit der linken Hand isst, höchstens etwas seltsam beäugt wird, gilt Essen mit der linken Hand unter anderem in der Welt des Islams als völlig unakzeptabel.

# 4
# Tabus, Sex und Handarbeit

In arabischen Ländern haben die linke und die rechte Hand verschiedene Funktionen. Auch dort ist die Mehrheit der Bevölkerung rechtshändig, sodass mit der rechten Hand traditionell die wichtigsten Dinge wie Essen, Schreiben und Grüßen ausgeführt werden. Die linke Hand ist den schmutzigen Arbeiten vorbehalten, etwas dem Säubern des Anus. In einer Kultur, in der häufig mit den Händen gegessen wird, ist diese Trennung durchaus sinnvoll, vor allem in warmen Klimazonen, in denen der Islam seinen Ursprung und seine größte Verbreitung hat. Doch Menschen sind nun einmal Menschen, ein Verbot selbst aufgrund rationaler Gründe hält sie nicht von einer Übertretung von Normen ab. Viel besser ist da ein Tabu, ein Verbot, das auf undefinierbarer Angst beruht. Und ein Tabu ist genau das, was dort entstand: Die linke Hand wurde tabu, sie galt fortan als unrein.

Manche behaupten, dass in der islamischen Welt die unreine linke Hand auch die Hand fürs Liebesspiel sei. Verlässliche Informationen darüber gibt es kaum, aber vermutlich stimmt das nicht. Zunächst einmal sind die Regeln für den Gebrauch der Hand eine Frage der Etikette: Was nicht mit der bevorzugten Hand ausgeführt werden darf, muss anerzogen werden. Doch für Europa wie in islamischen Ländern gilt, dass Sex umso stärker geleugnet wird, je traditioneller das Moralempfinden ist. Wo Jungen die Mädchen nicht einmal richtig anschauen dürfen, wird ihnen erst recht nicht gesagt, mit welcher Hand sie ihrer Frau oder Freundin unter den Rock greifen dürfen. Umgekehrt ist es nicht besser. Ein anständiges Mädchen fasst keinen Jungen an, weder mit der linken noch mit der rechten Hand. Auf diese Weise macht das eine Tabu das andere unwirksam.

Natürlich geben sich die meisten Menschen dem Liebesspiel hin, doch dessen Regeln müssen sie selbst entdecken, in aller Heimlichkeit. Dabei spielen Verhaltensregeln eine wesentlich geringere Rolle als unsere körperlichen Möglichkeiten und Grenzen. Viel hängt dabei von der Stellung des Partners ab; schließlich muss man mit der linken Hand auch an die gewünschte Stelle kommen, und das gelingt nicht immer.

Ich habe dazu eine Umfrage gemacht, aus der kein direkter Zusammenhang zwischen Lieblingshand (beim Sex zu zweit als auch beim Masturbieren) und Schreibhand hervorging. Wer mit links schreibt, bevorzugt auch in der Liebe die linke Hand, aber nicht zwingend. Allerdings zeigen Menschen insbesondere beim Masturbieren genau wie beim Schreiben eine deutliche Vorliebe für eine bestimmte Hand: mit der anderen geht es einfach nicht. Wenn also die Präferenz so stark und so unabhängig ist, dann fällt es schwer zu glauben, dass Menschen, aus welcher Kultur auch immer, diese negieren, wo ihnen doch gerade auf sexuellem Gebiet niemand ausdrückliche Anweisungen gibt.

Auf den ersten Blick eine Ausnahme bilden die Kaguru, ein Volksstamm in Tansania. Dort können junge Männer anscheinend offen über Sex sprechen. Sie prahlen damit, wie gut es ihnen im Bett gelingt, die linke Hand zu benutzen, während die Frau ihre rechte nutzt. So kann der Mann die

Frau nach Herzenslust befingern, ohne seine reine rechte Hand zu benutzen. Eine solche Geschichte wirft die Frage auf, ob es allein um die unreine linke Hand oder vielmehr um eine Machtdemonstration gegenüber der Partnerin geht. Jedenfalls *muss* sie, im Umkehrschluss, ihn mit ihrer sauberen rechten Hand berühren, ob es ihr nun gefällt oder nicht. In jedem Fall verbirgt sich darin eine Erniedrigung. Die Vermutung, dass es mehr um reines Machogehabe als um strenge Auffassungen zu Reinheit und Unreinheit geht, wird bestätigt, wenn man hört, dass dieselben jungen Männer unumwunden zugeben, dass es um ein recht vages Ideal geht, für das sie sich in der Praxis nicht besonders anstrengen müssen.

ooooooooooooooo

Tabus und Verhaltensregeln haben nicht überall das gleiche Gewicht. Allgemein kann man sagen: Je formeller die Situation, umso strenger die Regeln. Das ist einleuchtend, denn je offizieller und formeller die Umstände sind, desto weniger sind die Teilnehmer untereinander vertraut und desto schwieriger fällt es, ein Missverständnis aus der Welt zu schaffen. Deutlichkeit und Vorhersehbarkeit sind in heiklen Situationen von großer Bedeutung, und so halten wir uns an ein strenges Protokoll von Ritualen und Symbolen. Wer diese Regeln missachtet, bringt das gesamte Kartenhaus zum Einsturz. So lässt sich erklären, dass ein hoher Würdenträger zu Hause ungeniert Winde lässt, in der Nase popelt und sich ordentlich am Kopf kratzt, in seiner gesellschaftlichen oder beruflichen Funktion jedoch niemals ein derartiges Benehmen an den Tag legen würde.

Was fürs Nasebohren gilt, gilt auch für das Tabu der linken Hand, was zu ihrer Schande auch die britische Regierung im Zweiten Weltkrieg erleben musste. Als Premierminister Churchill und der amerikanische Präsident Roosevelt zu Beratungen mit König Ibn Saud nach Saudi-Arabien reisten, mussten natürlich auch Geschenke getauscht werden. Churchill versprach seinem Gastgeber einen gepanzerten Rolls-Royce, damit er sich endlich geschützt und modern fortbewegen konnte. König Saud war höchst erfreut, wenn auch aus einem anderen Grund: Das Auto würde sich vorzüglich für die Jagd eignen. Doch als der Wagen geliefert wurde, stellte sich heraus, dass er für Ibn Saud nicht in Frage kam. Wie bei allen englischen Wagen war das Steuer rechts, sodass der König beim Jagen links neben seinem Chauffeur hätte sitzen müssen – völlig undenkbar für den König einer Welt, in der wie bei uns der Ehrenplatz immer rechts ist. Der enttäuschte Saud schenkte das Prunkstück seinem Bruder Abdullah, dem solche Überlegungen weniger Kopfzerbrechen bereiteten.

Der Rolls-Royce von Ibn Saud war ein diplomatischer Fauxpas ersten Ranges, der hätte vermieden werden können, wenn man im britischen Außenministerium kurz nachgedacht hätte. Aber manchmal verbirgt sich eine Beleidigung dort, wo man sie kaum vermutet. So reiste 1762/63 eine vom dänischen König Frederik V. entsandte Expedition aus vier Wissenschaftlern und einem Maler durch den Südwesten der arabischen Halbinsel, dem Gebiet, das auf Arabisch Jemen, wörtlich »das Land des Südens«, jedoch in Europa Arabia Felix, das Glückliche Arabien, genannt wurde. Die Gruppe sollte die Region kartieren, neue Kontakte

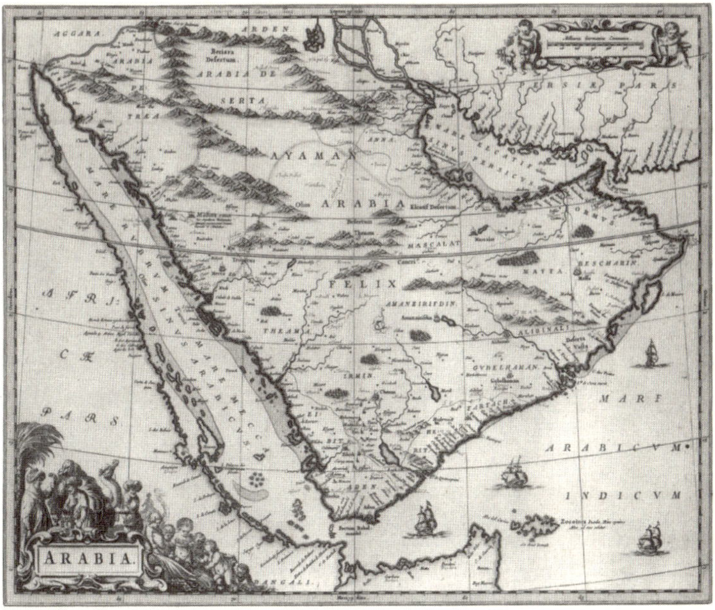


Eine Karte der Arabischen Halbinsel um etwa 1800. Darauf abgebildet das Gebiet, das heute Saudi-Arabien sowie die Emirate im Südosten umfasst und damals »Ayman« bzw. der »Arabia Felix« zugerechnet wurde. Eigentlich bezeichnet dieser Name nur das Gebiet in der linken unteren Ecke, das heutige Jemen.

knüpfen und möglichst viele Informationen über Land und Leute sammeln.

Die Expedition endete in einer Katastrophe, der Geograf Carsten Niebuhr kehrte nach vielen Irrfahrten als einziger Überlebender wieder nach Hause zurück und beschrieb in seinem 1776 erschienenen Buch *Eine Reise nach Arabien und in andere umliegende Länder* seine Erlebnisse. Niebuhr äußerte sich darin sehr positiv über die Araber. Wer sich ihnen gegenüber respektvoll zeige, könne mit ihrem Respekt rechnen, schrieb er. Spätere Expeditionen waren daher sehr überrascht von der spröden, unfreundlichen Art, mit der man ihnen begegnete. Wie sich herausstellte, lag der Grund dafür in den von Niebuhr angefertigten Karten, die, wie in Europa üblich, nach Norden ausgerichtet waren, sodass Jemen links von Arabien lag. Die Jemeniten fassten das als Beleidigung auf. Ein rechtschaffender Araber orientiert sich nach Osten, sodass Jemen, im Südwesten liegend, auf der besseren rechten Seite der Karte zu liegen hat. Genau deshalb hieß das Land in der lateinischen Welt *Arabia Felix*. Auf Niebuhrs Karten lag es nun an der vermaledeiten linken Seite.

Zum Namen Jemen gibt es übrigens ein Pendant. Das arabische Wort für Syrien ist *Sam*, ein Name, der mit *simâl* (was für Norden oder links steht) und mit dem Verb *sa'ama* verwandt ist, das so viel wie »Unglück bringen« oder »links abbiegen« bedeutet, doch im Laufe der Zeit eine dritte Bedeutung erfahren hat: »nach Syrien gehen«. Der Zusammenhang mit Unglück findet sich auch in verschiedenen Ausdrücken und Redewendungen, wenn es um die unangenehmen Wüstenwinde aus dem Norden geht.

ooooooooooooooo

Die arabische Kultur ist nicht die einzige, in der ein großes Tabu über links und Linkshändigkeit liegt. Japan, nicht gerade als Vorbild für Flexibilität und Toleranz bekannt, ist wahrscheinlich am schlimmsten. Linkshändigkeit war und ist dort völlig unakzeptabel. Frauen verbargen ihre »Abweichung« vor ihren Ehemännern, da Linkshändigkeit ein Grund sein konnte, verstoßen zu werden. Eine unlängst erfolgte Befragung unter japanischen Schülern ergab, dass nur zwei Prozent mit der linken Hand schreiben, während überall sonst der Anteil der Linkshänder bei etwa zehn Prozent liegt. Die japanischen Wissenschaftler waren überzeugt, dass die niedrige Zahl dem besonderen Charakter der japanischen Schriftzeichen zuzuschreiben ist, die nur mit der rechten Hand geschrieben werden können. Das mag zutreffen, aber vermutlich liegt die Ursache auch an dem repressiven japanischen Schulsystem, das das Schreiben mit der linken Hand nicht toleriert. Womit daran erinnert sei, dass früher auch in Europa und den Vereinigten Staaten viel weniger Menschen mit links schrieben als heute, nämlich wie in Japan nur etwa zwei Prozent. Erst seit Schulen nicht mehr derart streng auf die »richtige« Hand achteten, stieg die Zahl der Linksschreiber, um sich schließlich bei den magischen zehn Prozent einzupendeln.

Einige afrikanische Völker haben für links und Linkshändigkeit nicht viel übrig. Oftmals hängt das mit dem Einfluss des Islams zusammen, allerdings nicht immer. Bei Stämmen am Unterlauf des Nigers dürfen Frauen zum Kochen nur die rechte Hand benutzen, es sei denn, sie müssen beide gebrauchen. Die Ovambo in Namibia würden nie mit links auf etwas zeigen und fassen einen Gruß mit der linken Hand als Beleidigung auf. Der Stamm der Chagga schließt linkshändige Männer sogar von der Jagd und Kriegsführung aus; sie würden Unglück bringen, heißt es. Doch von der übelsten Geschichte, die zu Beginn des 20. Jahrhunderts die Runde machte, ist der Ursprung nicht zu ermitteln. Völker in Afrika sollen Kindern die Linkshändigkeit austreiben, indem sie die linke Hand in eine Kuhle eingraben und kochendes Wasser darüber gießen. Das so zugerichtete Kind kann sich fortan nur noch rechtshändig betätigen.

Dieser Geschichte ist mit Misstrauen zu begegnen, nicht nur, weil der Ursprung im Dunkeln liegt. Es lässt sich auch argumentieren, dass ein Naturvolk, das so fahrlässig mit den ihm zur Verfügung stehenden Händen umgeht, seine Überlebenschancen nicht gerade erhöht. Skepsis ist angebracht, wenn es um Geschichten aus unzugänglichen Gebieten geht. Häufig stammen die Informationen von einem einzigen Missionar, Abenteurer oder Anthropologen, dessen Aussagen nicht überprüft werden können. Vor allem während der Kolonialzeit betrachten diese Menschen die Welt zumeist durch eine stark europäisch-christlich gefärbte Brille und interpretierten vieles von dem, was sie sahen, vermutlich völlig falsch. Häufig sprachen sie nicht die Sprache der besuchten Völker. Wahrscheinlich haben diese einsamen Gold- und Ruhmsüchtigen, diese Diener des Herrn vieles gemutmaßt, romantisiert, übertrieben und oder auch nur erfunden. Zweifelsohne hielten sie einige zufällige Vorfälle für alltägliche Bräuche.

Ab und an haben Völker die sie untersuchenden Forscher auch bewusst und in bester Absicht in die Irre geführt. Die Fremden brachten Leben und Abwechslung mit, spannende Dinge und neue Bräuche. Solchen Leuten war man gern zu Diensten, denn dann blieben sie länger und gaben mehr. Wenn die Fremden Interesse an etwas zeigten, sollten sie auch etwas für ihr Geld bekommen. Es handelt sich gewissermaßen um eine Urform der modernen Tourismusindustrie, in der sich »Eingeborene« mit »traditionellen« Handwerken, Tänzen und Musikvorführungen präsentieren, die in dieser Form in ihrer Kultur nie eine Rolle gespielt haben.

Wie dem auch sei, von den zahlreichen beschriebenen Sitten und Bräuchen fehlte nach der Erschließung des afrikanischen Kontinents und anderer Länder jede Spur.

Beim Stamm der Ovimbundu in Südangola fühlt man sich durch eine Geste mit dem linken Arm schwer beleidigt. Der linke Arm wird mit geballter Faust nach oben gereckt. Die rechte Hand umfasst das linke Handgelenk und der linke Arm wird hin und her geschüttelt. Was soll diese Bewegung ausdrücken? Die Faust kann als Kopf desjenigen gesehen werden, der beleidigt werden soll, das Handgelenk ist dann sein Hals. Die andere Hand umfasst das Handgelenk mit ganzer Kraft, während das Schütteln zum Ausdruck bringt, dass der andere sich wehrt. In diesem Sinne ergibt sich eine eindeutige Aussage: Ich würde dich am liebsten erwürgen! Dass der linke Arm das Opfer darstellt, mag nicht weiter überraschen. Wie die meisten anderen Völker sind auch die Ovimbundu mehrheitlich Rechtshänder. Die rechte Hand übernimmt also das Würgen. Mit der Links-Rechts-Symbolik hat das Ganze daher nur am Rande zu tun und sollte nicht zu voreiligen Schlüssen verleiten.

# 5
# Liebe mit links

Der Zusammenhang von rechts und gut sowie links und schlecht mag sich überall auf der Welt finden, doch gibt es immer wieder Ausnahmen. Man findet sie vor allem in China, dem ältesten ohne Unterbrechung bestehenden Staatsgefüge der Welt.

Auf den ersten Blick scheint es im Reich der Mitte nicht anders zu sein als sonst wo auf der Welt. Auch am Gelben Fluss sind etwa neunzig Prozent der Bevölkerung Rechtshänder und zehn Prozent Linkshänder. Wie andernorts werden hier Linkshänder gezwungen, mit rechts zu essen und zu schreiben, doch im Unterschied zu uns hat das nichts mit einer negativen Einstellung zur linken Seite im Allgemeinen zu tun. Im Gegenteil, in vielerlei Hinsicht gilt links traditionell als die günstigere Seite. Im Prinzip werden Linkshänder nicht weniger geachtet als Rechtshänder, gleichwohl gibt es besondere, auf Traditionen beruhende Gründe, warum bestimmte Handlungen mit der rechten Hand ausgeführt werden müssen.

Ihr traditionelles Weltbild ermöglicht es den Chinesen, mit allen historisch bedingten Unvereinbarkeiten in ihrem Land gut umzugehen. Unsere eigene Symbolik fußt auf der statischen Unterscheidung von Gut und Böse, die gleichzeitig eine Beurteilung ist: Was zu Gut gehört, ist gut, was zu Böse gehört, ist bereits als schlecht definiert. Es sind zwei Pole, die sich gegenseitig abstoßen. Bei den Chinesen ist das völlig anders. Ihre Symbolik basiert nicht auf einem statischen Unterschied, sondern auf dem Gleichgewicht von Yin und Yang. Yin und Yang sind in gewissem Sinne zwar auch Gegenpole, münden aber nicht automatisch in ein Urteil: Yin ist nicht von vornherein gut und Yang schlecht oder umgekehrt. Wichtig ist, dass sie sich zu einem harmonischen Ganzen zusammenfügen.

Die Reihe von Symbolen, die mit Yin und Yang assoziiert werden, sieht verdächtig bekannt aus: Yang ist das Männliche. Dazu gehören Autorität, Luft, Atem, Licht und Sonne. Yin verkörpert unter anderem das Weibliche, Unterordnung, Blut und Erde. Doch damit enden die Parallelen. Denn überraschenderweise ist Yang mit der linken und Yin mit der rechten Seite verbunden – also genau anders herum als in westlichen Kulturen.

Ein Grund dafür ist, dass die Chinesen sich traditionell nach Süden orientierten. Kaiser, Könige und Edelleute empfingen ihre Vasallen auf einem Podium mit dem Gesicht nach Süden, um ihre enge Verbundenheit mit Sonne, Autorität und Yang zu zeigen. Die Seite des Sonnenaufgangs, der Osten, liegt dann links von ihnen, sodass damit auch der Osten und links zu Yang gehören.

Links ist in China auch der Ehrenplatz. Seinen Ursprung hat dies in der militärischen Tradition. Heerführer waren im alten China Bogenschützen, die ihre Soldaten von einem Streitwagen aus kommandierten. Die Führer mussten mit dem Gesicht nach Süden stehen, und so mussten alle Heere stets nach Süden marschieren. Das war nicht immer praktikabel, sodass ersatzweise auch vorn in der Kolonne eine rote Fahne gehisst werden konnte, die die Sonne symbolisierte. Und wo auf dem Streitwagen steht wohl der Kommandant?

Die Besatzung eines Streitwagens aus der Terrakotta-Armee von Kaiser Qin Shi Huang hinter ihrem Dreigespann. Wagen und Deichsel sind komplett zerfallen, ebenso die Lederzügel, die der mittlere Mann in Händen hielt. Rechts steht der Speerwerfer, seine linke Hand umfasst den nicht mehr existenten Speer, links der Kommandant, ein Bogenschütze. Da er seine Waffe abstützt, so wie ein moderner Soldat den Lauf seines Gewehres anlegen würde, war er vermutlich mit einer Armbrust ausgerüstet.

1974 fanden Bauern beim Pflügen unter einem Feld ganz in der Nähe von Xi'an in der Provinz Shaanxi zufällig die mehr als 7.000 Mann starke Terrakotta-Armee von Kaiser Qin Shi Huang, die gut 21 Jahrhunderte unter der Erde gewacht hatte, stets bereit, jeden Angriff auf das Grab des Kaisers abzuwehren. Neben Infanterie und einem vollständigen Kommandoposten umfasste das Heer mehr als hundert Streitwagen. Die Wagen aus Holz waren längst zerfallen, doch die lebensgroße Besatzung aus Ton hatte teils unbeschadet überlebt. Deutlich war zu erkennen, wie die dreiköpfige Besatzung eines Wagens gearbeitet hatte.

In der Mitte stand der Wagenlenker. Rechts von ihm war der Speerwerfer ideal positioniert, um auf seiner Seite Tod und Verderben zu bringen. Der Kommandant des Wagens stand auf der linken Seite. Das war für ihn als – meist – rechtshändigen Bogenschützen nicht der ideale Platz. Mit seinem rechten Ellbogen war er dem Wagenlenker im Weg, und er konnte nicht so gut seitlich heraushängend an den Pferden entlang nach vorn schießen. Doch die linke Seite ist die Yang-Seite. Und da vor dem Wagen der symbolische Süden liegt, fällt links praktischerweise mit dem symbolischen Osten zusammen, der ebenfalls Yang zugeordnet wird. Selbst bei einer zweiköpfigen Bemannung ohne Speerwerfer stand der Kommandant links vom Wagenlenker.

Aber wenn links so beliebt ist, warum werden Linkshänder in China dann nicht regelrecht verehrt? Warum wird Kindern beigebracht, konsequent mit der rechten Hand zu essen und zu schreiben? Um das zu klären, müssen wir uns in mythische Zeiten zurückversetzen und mit der Geschichte des chinesischen Pendants von Luzifer beschäftigen.

ooooooooooooooo

Einstmals, als die Welt noch jung und kaum bewohnt war, durfte China sich zu Recht als Land der Mitte betrachten. Es bildete das Zentrum, außerhalb davon war nicht viel. Es war eine übersichtliche Welt, ein ausbalanciertes und solide gebautes Haus. Die Erde bildete den Boden, genau darüber lag das Dach, der Himmel mit der Sonne in der Mitte und um sie herum die Sterne. Der Himmel wurde getragen von vier riesigen Säulen, eine im Nordwesten, eine im Südosten und je eine auf den zwei anderen Ecken. Der Kaiserthron lag im Zentrum des Universums, sodass die Sonne genau senkrecht über dem Palast stand und keinen Schatten warf. Von diesem prächtigen, sonnenbeschienenen Thron aus regierte der Kaiser das Reich mit Hilfe treuer und fähiger Minister.

Eines Tages probte einer der Minister, der böse Hong Kong, den Aufstand gegen den Kaiser. Er wurde gerade noch rechtzeitig bezwungen, die Weltordnung hatte er da jedoch bereits ernsthaft aus den Fugen gebracht, indem er die nordwestliche Himmelssäule, den Berg Pou-Tchou, in Stücke geschlagen hatte. Die Folgen waren gewaltig. Durch die fehlende Säule sackte der Himmel an der Westseite ab und die Erde neigte sich nach Osten, da im Nordwesten der Druck des Himmels weggefallen war. Und so kam es, dass Sonne und Sterne seitdem tagein, tagaus von Ost nach West wandern und Chinas Flüsse von West nach Ost strömen, wo aus den zusammenfließenden Wassern die Seen entstanden.

Außerdem hatte sich durch die unheimliche Gewalt die ganze Konstruktion verschoben – der Himmel nach Westen und die Erde nach Nordosten. So kommt es, dass der kaiserliche Palast seit der Zeit nicht mehr an seinem angestammten Platz steht, dem Äquator, gleichsam Mittelpunkt des Universums.

Fortan lag die Welt wie ein halb eingefallenes Haus da. Das Dach hing schief über dem Fußboden, im Westen ragte der Himmel ein Stück über die Erde hinaus, im Osten war er zu kurz, um die Erde zu bedecken. Kurzum: Das Universum ist im Westen am oberen Ende und im Osten an der unteren Seite zu kurz. In einem Weltbild, in dem alles, das Große wie das Kleine, letztlich eine Einheit bildet, hat das weitreichende Folgen, etwa für den menschlichen Körper, der nach traditioneller chinesischer Auffassung ein Abbild des Universums im Kleinen ist: Der runde Kopf entspricht der roten Sonne und die viereckigen Füße der viereckigen Erde. Wie ernst dieser Gedanke verfolgt wurde, wird an der Tatsache deutlich, dass es Tänzern am chinesischen Hof lange Zeit verboten war, einen Handstand zu machen: Damit hätten sie die Weltordnung im Wortsinn auf den Kopf gestellt, und das wäre das Letzte, was ein Kaiser dulden konnte.

Was für das Universum gilt, gilt auch für den Menschen. So fehlt auch ihm im oberen Teil ein Stück der Westseite. Aufgrund der Orientierung Richtung Süden ist das die rechte Seite. Im unteren Teil fehlt ihm entsprechend ein Stück des Ostens, also von der linken Seite. Da die Grenze zwischen oben und unten etwa auf Bauchnabelhöhe verläuft, werden Augen und Ohren der oberen Seite zugerechnet, Füße, Beine und auch Hände der unteren. In Ruhestellung hängen die Hände etwa auf Höhe der Schamgegend. Da das fehlende Stück rechts an der Oberseite sitzt, schätzen die Chinesen das linke Auge und das linke Ohr höher als die jeweiligen Gegenstücke auf der rechten Seite. Für Hände und Füße gilt genau das Umgekehrte: Der rechte Fuß und die rechte Hand sind besser angesehen als ihre Pendants, und mit der rechten Hand werden schwierigere Aufgaben wie Essen und Schreiben erledigt. Diese komplizierte Argumentation macht deutlich, dass die Chinesen zwar eine philosophische Ader haben, doch tief im Herzen pragmatisch bleiben. Denn so kann die linke Seite die Lieblingsseite sein, während die rechte Hand die Lieblingshand bleibt. Und das kommt den meisten Menschen sehr gelegen!

Dass die Bevorzugung der rechten Hand keinen moralischen, sondern eher einen praktischen Hintergrund hat, wird beim Blick auf die chinesische Version des Triumphzuges deutlich. Während des Rituals musste der siegreiche General in der rechten Hand ein Schwert und in der linken eine Flöte halten. Krieg ist ein Handwerk, ein blutiges, trauriges und Unglück bringendes. Krieg ist Yin. Die geschickte rechte Hand – ebenfalls Yin – darf diese Arbeit tun und wird entsprechend gewürdigt. Doch die wirkliche Hauptrolle übernimmt die linke Hand, die Yang ist. Triumphzüge markieren das Ende des Krieges, und ein gutes Ende noch dazu. Sie sind Symbol des beginnenden Friedens, und die linke Hand trägt sein Symbol: die Musik erzeugende, gewaltlose, Freude und Ruhe verbreitende Flöte.

oooooooooooooooo

Auch außerhalb Chinas werden die linke Seite und die linke Hand nicht immer negativ gesehen. In Ostafrika gibt es einen Stamm, die Wageia-Kavirondo, bei dem die linke Seite die glückbringende ist und die rechte diejenige, die Unglück herbeiführt. Wer sich vor Antritt einer Reise zweimal seinen rechten Fuß stößt, dem sei geraten, zu Hause zu bleiben. Geschieht dies mit dem linken, dann wird die Reise erfolgreich sein. Die bereits erwähnten Chagga, die Linkshänder von der Jagd und

Kriegsführung ausschließen, sind etwas pragmatischer, wenn es um Füße geht. Stößt ein Chagga sich vor einer Reise den linken Fuß, dann verheißt das wenig Gutes, da der rechte Fuß als Glücksfuß gilt. Geht er trotzdem weiter und verläuft die Reise gut, dann ist bewiesen, dass doch sein linker Fuß sein Glücksfuß ist.

Die Massai, die berühmten Viehhüter der ostafrikanischen Savanne, glauben, dass die linke Hand mit Gesundheit verbunden ist, ein Aberglaube, der übrigens häufiger zu beobachten ist. Bei Neumond werfen die Massai einen Stein oder Stock mit der linken Hand weg und rufen dabei »Gib mir ein langes Leben« oder »Gib mir Kraft«. Sie haben auch eine besondere Farbsymbolik. Wie Pythagoras auf seiner Liste der Gegensätze assoziieren die meisten afrikanischen Völker rechts mit Licht und Weiß und links mit Dunkelheit und Rot. Bei den Massai ist es genau umgekehrt: Wer im Krieg einen Feind getötet hat, erwirbt das Recht auf eine Körperbemalung: links weiß, rechts rot.

Selbst im jüdisch-christlichen Denken war die Linkshändigkeit lange Zeit nicht negativ besetzt. Die Bibel erweckt zwar den Eindruck, sich eher rechts zu orientieren, doch das liegt vor allem daran, dass rechte Hand und rechte Seite so häufig Erwähnung finden und dass am Tag des Jüngsten Gerichts die Verdammten links in der Hölle verschwinden. Linkshändigkeit wird nur zweimal explizit erwähnt, beide Male im Buch der Richter und beide Male positiv. Ironischerweise handeln beide Stellen von Angehörigen des Stammes Benjamin, ein Name, der wörtlich übersetzt »Söhne des Südens« oder »Söhne der rechten Hand« bedeutet. Der Stamm verdankt seinen Namen dem

Umstand, dass das Stammesgebiet, also das Gebiet um Jerusalem und Jericho, direkt südlich vom Land des Hauptstammes Ephraim lag und die alten Israeliten sich, wie im Nahen Osten üblich, nach Osten orientierten.

In einem Fall geht es um die traurige Geschichte einer Gruppenvergewaltigung durch eine Bande Benjaminiter, die sich zu einem Bürgerkrieg zwischen Benjaminitern und anderen Stämmen ausweitet. Die blutige Auseinandersetzung endet für Benjamin sehr schlecht, doch nicht, ohne dass seine rachsüchtigen Belagerer schwere Verluste erleiden. Das relativ kleine, doch tapfere Heer der Benjaminiter verfügt über eine Einheit, die so besonders ist, dass sie eigens erwähnt wird: ein Elitebataillon von siebenhundert linkshändigen Schleuderern. Das mag für ein kleines Volk wie die Benjaminiter viel erscheinen, aber Siebenhundert meint vermutlich einfach nur »eine ganze Menge«.

In der anderen Geschichte geht es um den linkshändigen Helden Ehud, der die Besetzung Israels durch die Moabiter beendet. Ehud erhält von Jahwe den Auftrag, einen Anschlag gegen Eglon, den König der Moabiter, auszuführen. Das ist keine einfache Aufgabe, denn Eglon ist von Wachleuten umgeben so wie heute ein amerikanischer Präsident. Ehud versteckt unter seinen Kleidern ein Messer am Oberschenkel und begleitet eine Delegation zu König Eglon. Ihm gelingt es tatsächlich, die Wachleute zu überlisten. Wie alle anderen wird er kontrolliert, doch niemand sucht am Oberschenkel des rechten Beines – normale Menschen, also Rechtshänder, würden ihre Waffen immer am linken Bein verbergen. Genau das war der Grund, warum Jahwe einen Linkshänder für die Aufgabe auswählte. Eglon überlebt die Audienz nicht, während Ehud in echter James-Bond-Manier über die Dächer entkommt und zu einem Nationalhelden wird.

Aus beiden Geschichten spricht ein Pragmatismus, den Linkshänder nur zu gut aus eigener Erfahrung kennen. Zwar findet die große Mehrheit, dass die linke Hand zu nichts zu gebrauchen ist, doch manchmal kommen ihnen Linkshänder gerade recht, und warum sollten sie sie dann nicht für ihre Zwecke einsetzen? Anscheinend sind die negativen Assoziationen mit links nicht unüberwindbar, nicht einmal in der biblischen Mythologie. Das wirft die Frage auf, wie eng die Verbindung zwischen links und schlecht in unserem symbolischen Denkmuster eigentlich ist und ob es vielleicht andere Zusammenhänge gibt, die unser Urteil nuancieren.

## 6
# Magie und Aberglaube

Durch welche Normen, Werte und Kriterien lassen sich Menschen im Alltag, also beim »Denken ohne großes Nachdenken«, überhaupt leiten? Das lässt sich besonders gut beim Aberglauben erkennen. Der Aberglaube ist eng mit unserem tiefsten Innern verbunden und hat bisher jeder Unterdrückung standgehalten. Schon der Kirchenlehrer Augustinus und alle ihm nachfolgenden Autoritäten wetterten dagegen, doch geholfen hat es nicht. Selbst scheinbar rational denkende Menschen von heute fahren häufiger mit einem Hufeisen am Kühlergrill umher und vermeiden es, unter einer Leiter hindurchzugehen. Noch wichtiger: Aberglaube ist informell und entsteht eher spontan. Er ist weder explizit erdacht noch aufgeschrieben, und es existiert auch nirgendwo eine allgemeingültige Fassung. Er gibt daher recht unverfälscht wieder, was wir in unserem tiefsten Innern wirklich mit links oder rechts verbinden. Viel unmittelbarer jedenfalls als die darauf beruhenden, stark vereinfachten und teils frei erfundenen Systeme der großen Religionen, Wertesysteme und philosophischen Anschauungen, die etwa der Tafel der Gegensätze von Pythagoras zugrunde liegen.

Aberglaube, in dem links, rechts und die linke Hand eine Rolle spielen, ist in Europa im Überfluss zu finden. Viel handelt von Hexerei und Betrug. Um mit Letzterem zu beginnen, so gibt es der Überlieferung nach viele Arten, um ungestraft einen Meineid zu begehen. In einigen Gegenden muss man beim Ablegen des Eides nur die linke Hand in der Hosentasche behalten oder mit ihr einen Jackenknopf berühren. Dieser Betrug lässt sich einfach vermeiden, wenn gefordert wird, den Eid mit der linken Hand abzulegen. Doch in verschiedenen Kulturen ist das Beeiden mit der linken Hand Anlass genug, den Eid für ungültig zu erklären, etwa in Amerika, wie wir aus zahlreichen Fernsehserien über Anwälte und Gerichtsprozesse wissen.

Aus Weißrussland stammt der Glaube an den *Hecktaler*, eine Münze, die immer wieder zum Besitzer zurückkommt, wenn dieser sie mit der linken Hand weitergibt und dem Verkäufer dabei leicht auf den linken Fuß tritt. Ideal für alle, die auf einen Schlag reich werden wollen, doch wie kommt man an eine solche Münze? Hecktaler befinden sich ursprünglich im Besitz von Menschen, die ihre Seele an den Teufel verkauft haben, oder von Juden, was in Weißrussland offenbar dasselbe meint. Andere kommen an einen Hecktaler, indem sie den, der damit bezahlen will, auf gleiche Weise behandeln: Die Münze mit der linken Hand annehmen und heimlich leicht auf den linken Fuß des Käufers treten.

Wer keinen Hecktaler besitzt, kann durch Glücksspiele doch noch reich werden. Dabei kann das Glück auf folgende unappetitliche Weise erzwungen werden. Wer den Jackpot gewinnen will, muss am Tag zuvor eine Kröte fangen. Abends sticht man mit Nadel und Faden quer durch ihren Kopf vom einen Auge zum anderen hindurch – unklar ist, ob die Kröte noch leben muss. Dann wird sie mit dem Faden an den Fingern der linken Hand festgebunden. So muss man bis zum nächsten Morgen sitzen bleiben – Erfolg garantiert.

Auch beim Kampf gegen die Angst vor magischen Gestalten wie Hexen, Zwergen und Vampiren spielt der Unterschied zwischen links und rechts regelmäßig eine zentrale Rolle. Rechts und links sind von alters her probate Mittel für junge Eltern, die sich vor einer Kindsverwechslung durch böse Zwerge sorgen: Wird der rechte Ärmel eines Hemdes und ein linker Socken mit in die Wiege gelegt, wird das Kind nicht gestohlen. Das Risiko, dass es zwischen diesen Stoffresten erstickt, muss dabei wohl in Kauf genommen werden. In Schwaben drücken Bäcker seit Jahr und Tag die Fingerspitzen der linken Hand in den Teig des letzten Brotes, bevor sie es in den Ofen schieben, um vorzubeugen, dass Hexen Macht über die Brote bekommen. Wussten Sie übrigens, dass Sie einen Vampir in seinem Sarg nicht nur an seiner gesunden Gesichtsfarbe erkennen, sondern auch daran, dass sein linkes Auge immer geöffnet ist? Und da befinden wir uns schon in Rumänien, dem Land von Dracula: Wenn dort jemand aus seinem linken Nasenloch blutet, stirbt im selben Augenblick ein Familienmitglied. Auch Hundebellen gilt ein schlechtes Omen, ist es doch Vorbote von Brand, Tod und Krieg. Man kann das Unglück abwenden, indem man dem betreffenden Hund mit der linken Hand das Herz eines schwarzen Hundes vorhält, in das vorher ein Hundezahn gesteckt wurde.

Und dann ist noch der Zusammenhang zwischen linker Hand und Mord und Totschlag zu erwähnen. Hat sich eine Hexe in eine Kröte verwandelt, kann sie nur mit einem in der linken Hand gehaltenen Beil erschlagen werden. Etwas mühsamer sind unliebsame Bekannte aus dem Weg zu räumen. In Mitteleuropa muss man sich unbemerkt Blut vom Opfer in spe sichern und dieses unter die linke Fußsohle einer Leiche schmieren, kurz bevor diese begraben wird. Der, von dem das Blut stammt, wird daraufhin einen qualvollen Tod sterben.

Schließlich gibt es natürlich noch die Liebe, die Anlass zu seltsamen Kapriolen bietet. In der Nähe von Landshut glaubte ein junger Mann auf Freiersfüßen die Liebe eines Mädchens dadurch zu gewinnen, dass er ihr unbemerkt ein Hemdchen stahl, das sie bei der Wäsche getragen hatte, und durch dessen rechten Ärmel pinkelte. Gefiel sie ihm im Nachhinein doch nicht so gut, ließ sich die Flamme wieder löschen, indem er den linken Ärmel als Pissoir benutzte. Nicht gerade angenehm, aber nichts im Vergleich zu den Praktiken, die man rund um Breslau demjenigen empfiehlt, der einer Frau den Hof machen will. Der Verehrer muss zunächst eine ganze Muskatnuss schlucken. Eine solche Nuss ist unverdaulich, sodass sie nach etwa zwei Tagen nahezu unbeschädigt wieder vom Körper ausgeschieden wird. Dann muss der Verehrer sie aus dem Kot fischen, sauber abwaschen und bis zum nächsten Freitag aufbewahren. An diesem Tag klemmt sich der Heiratswillige die Muskatnuss in der *hora veneris*, der Stunde des Sonnenaufgangs, für eine Stunde in seine Achselhöhle. Anschließend wird die Muskatnuss geraspelt und die Angebetete zum Essen eingeladen. Bei dieser Gelegenheit muss dem Mädchen die geraspelte Muskatnuss serviert werden, woraufhin es zu Wachs in den Händen des Jünglings wird. Angeblich soll das Rezept auch bei Vieh wirken, doch man fragt sich, was ein Mann mit einer liebestollen Kuh anfangen will.

Nicht nur in Zentraleuropa spielt die linke Seite eine Rolle bei magischen Mitteln, die die Balz beschleunigen sollen. Auf einem ägyptischen Zauberpapyrus aus dem dritten Jahrhundert fand man ein Rezept für einen Liebestrunk, bei dem als wichtigste Zutat Blut aus dem linken Ringfinger aufgeführt war.

oooooooooooooooo

In vielen dieser Geschichten geht es einigermaßen böse zu. Unschuldige werden betrogen oder verführt. Doch nicht jeder Aberglaube rund um die linke Seite und linke Hand hat mit Gut und Böse zu tun. Ganz zauberhaft ist der weitverbreitete Glaube, dass kleine Kinder, die sich noch nicht im Spiegel gesehen haben, ihr Spiegelbild in ihrer linken Hand erkennen können. Und was ist von dem Trick zu halten, mit dem Schweizer Milchmädchen eine störrische Kuh zum Aufstehen bewegen zu können glaubten? Sie banden ihr linkes Strumpfband um das rechte Horn des Tieres. Das Vertreiben des Bösen gelingt überraschend gut mit der linken Hand, nicht nur bei schwäbischen Hexen oder verzauberten Kröten: Alpträume verschwinden, wenn man mit der linken Hand über die Bettwäsche streicht. Etwas Ähnliches finden wir im fernen Punjab im Norden Indiens, wo junge Männer sich einen alten Stofffetzen um den linken Arm binden, um den bösen Blick abzuwehren.

Zum Schluss noch ein bizarrer Fall, bei dem links das Gute wie auch das Böse sein kann. Es ist noch nicht lange her, dass per Los entschieden wurde, wer zum Militär eingezogen wurde und wer nicht. Für Reiche war das kein Problem. Sie bezahlten einen Stellvertreter, der die schlimmen Zustände in der Kaserne auf sich nahm. Über weniger Betuchten schwebte bei der Auslosung ein Damoklesschwert, da die Einberufung eines gerade erwachsenen Sohnes das Familieneinkommen drastisch senkte. Diesen Menschen boten Magie und Aberglaube einen letzten Ausweg. Sie glaubten, dass es sich auf die Auslosung auswirke, wenn einer in den letzten drei Tagen zuvor alles - einschließlich des Kreuzzeichens, wenn er katholisch war - mit der linken Hand ausgeführt hatte. Dann musste er auch mit der linken Hand das Los ziehen.

Allmählich wird bei der Vielzahl von Geschichten ein Muster erkennbar: Die linke Seite des Körpers besitzt magische, beschwörende Eigenschaften, die zum Guten wie zum Bösen eingesetzt werden können. Die folgenden Weisheiten lassen erkennen, dass es sich dabei um eine ganz bestimmte Art von Magie handelt.

Was tun bei hartnäckigem Fieber? Billiger als der Arzt ist folgende Methode: Der Kranke bindet sich einen blauen Wollfaden um einen Zeh seines linken Fußes und nimmt den Faden neun Tage nicht wieder ab. Am zehnten Tag geht er noch vor Sonnenaufgang schweigend zu einem Holunderstrauch, nimmt den Faden vom Zeh und bindet ihn dort an den Zweig. Das Fieber ist verschwunden. Ähnliches gilt für zahlreiche andere Erkrankungen. Wie lange der Faden an welchem Körperteil genau verbleiben muss und die Art des Strauches oder Baumes, die die Krankheit aufnehmen, all das variiert, doch immer geht es um den linken Finger, den linken Arm, das linke Bein oder den linken Zeh. Leiden Sie an starken Hustenattacken in Tirol? Dann lassen Sie Ihren linken Arm schlaff herunterhängen. Haben Sie Nasenbluten? Dann wirkt ein Faden um den kleinen linken Finger wahre Wunder. Säuglinge schützt man mit drei Tropfen Blut vom linken Ohr eines schwarzen

Schafes vor Gicht. Und schon die alten Römer wussten, wie man ein krankes Schwein heilt: Einfach vor Sonnenaufgang mit der linken Hand die Wurzeln der Christrose ausgraben, die Ohren des kranken Tieres durchbohren und die Wurzel hindurchstecken. Die Tiere sind in Nullkommanichts wieder gesund.

Rosskastanien lindern viele Wehwehchen - von Zahnschmerzen bis zu Rheuma -, wenn sie in der linken Hosentasche aufbewahrt werden, auch wenn in einigen Gegenden behauptet wird, sie gehörten in die rechte Hosentasche. Heil- und Zauberkräuter werden zu verschiedenen Zeiten gepflückt, häufig vor Sonnenaufgang oder um Mitternacht, bei Neumond oder Vollmond, doch in einem sind sich die vielen Rezepte und Vorschriften einig: Alles muss mit der linken Hand gepflückt werden, am besten mit Daumen und Ringfinger.

Die Magie der linken Hand ist also der Magie von Leben und Tod, Gesundheit und Krankheit, inklusive Liebeskummer, gleichzusetzen. Noch vor dem Betrug ist es das wichtigste, stets wiederkehrende Thema. Sogar die offizielle katholische Symbolik, die im Allgemeinen nicht sehr positiv über die linke Seite und die linke Hand denkt, kennt eine eiserne Regel, die den Zusammenhang zwischen links, Gesundheit, Liebe und Vitalität bestätigt. Das ist die Eheschließung, bei der sich die Eheleute die Ringe an den Finger der linken Hand stecken. Diese Zeremonie hat ihren Ursprung in einem altrömischen Verlobungsritual.* Die römische Verlobung wurde mit einem Ring auf dem linken Ringfinger, dem *digitis medicinalis*,

* Die wiederum aus der Hochzeitszeremonie abgeleitete kirchliche Verlobung, wie wir sie heute kennen und bei der die Ringe rechts getragen werden, ist erst viel später entstanden.

Adam empfängt mit seinem linken Zeigefinger das Leben. Michelangelo, Sixtinische Kapelle, Rom.

besiegelt, der großen Einfluss auf die Gesundheit hatte. Der Ring gab Schutz und schützte die Liebe. Dem Schriftsteller Isidoros zufolge glaubte man, dass vom linken Ringfinger eine direkte Ader zum Herzen führt. Das erklärt vielleicht auch, warum man auf dem bereits erwähnten ägyptischen Zauberpapyrus das Blut dieses Fingers für den die Libido stärkenden Trunk benötigte.

Wie sehr die christlich-europäische Kultur von der Verbindung zwischen linker Hand und Gesundheit und Lebenskraft durchdrungen ist, wird in der Sixtinischen Kapelle in Rom deutlich, an dessen Decke die berühmte Szene zu sehen ist, in der Gott Adam das Leben schenkt. Das passiert natürlich mit der rechten Hand. Doch Adam, gerade von Gott als sein Ebenbild erschaffen, empfängt das Leben mit der linken Hand. Das ist bemerkenswert, denn Linkshändigkeit wurde in

Adam und Eva essen vom Baum der Erkenntnis und werden aus dem Paradies vertrieben. Michelangelo, Sixtinische Kapelle, Rom.

erster Linie als Kennzeichen des Teufels gesehen. Oft hört man dazu die Erklärung, Michelangelo habe die Szene so gemalt, damit seine Komposition ausgewogen blieb. Doch das erscheint äußerst zweifelhaft. Ein Papst, der den besten Künstler seiner Zeit mit einem Gemälde für einen heiligen Ort beauftragt, will für sein Geld etwas Anständiges haben und lässt sich nicht mit derlei Ausreden abspeisen – und Papst Julius II. war gewiss nicht der einfachste Zeitgenosse.

Es gibt jedoch einen triftigen und auch von der Kirche akzeptierten Grund für Adams Linkshändigkeit: Sie steht für das Leben an sich. An einer anderen Stelle der Deckenmalerei ist etwas Ähnliches zu sehen, dort werden Adam und Eva aus dem Paradies vertrieben. Links geschieht die schicksalhafte Tat, das Essen der verbotenen Frucht. Auf der rechten Seite sehen wir die Folgen: Zwei reuige und vollkommen verzweifelte Gestalten fliehen vor dem über ihnen schwebenden Engel des Todes. Der Engel ist Linkshänder. Und zwar nicht, weil er mit dem Teufel im Bund ist, sondern weil er sich selbst auf Geheiß Gottes opfert. Seine Linkshändigkeit lässt erkennen, dass er über Leben und Tod entscheidet.

Der Aberglaube in Bezug auf betrügerische Handlungen wie Meineid und den Gebrauch des Hecktalers hat gar nicht wirklich etwas mit Krankheit und Gesundheit zu tun, sondern richtet sich auf etwas gänzlich anderes: die Umkehrung. Es ist ein Thema, das wohl so alt wie die Menschheit ist und unserer Neigung entspringt, alles teilen und polarisieren zu wollen. In der jüdisch-christlichen Gedankenwelt ist sie direkt mit dem Gegensatz von Gut und Böse verknüpft, da dort die Umkehrung Gottes in Gestalt des Teufels zu sehen ist. Da Gott dem Menschen ähnelt, ist er selbstverständlich wie die Mehrheit der Menschen Rechtshänder. Doch dann ist der Teufel Linkshänder, genau wie er sich auch nicht auf Wange oder Mund, sondern auf Hinterteil und Anus küssen lässt.

Die Umkehrung als Kennzeichen des Teufels hat bis heute Bestand, und dabei geht es nicht nur um die umgekehrten Symbole und Rituale der Schwarzen Messe. Noch 2008 erklärte der niederländische Minister für Jugend und Familie André Rouvoet, ein christlich-fundamentalistischer Mann, er sei stolz darauf, als Jugendlicher rückwärts abgespielte Schallplatten auf Botschaften des Teufels untersucht zu haben. Sobald er den Teufel zu hören glaubte, habe er die Schallplatte zerbrochen – das ist bei Vinyl nicht ganz einfach –, und genauso würde er wieder handeln.

Das Motiv der Umkehrung ist auf der ganzen Welt zu finden, doch nicht immer steht es mit Gut und Böse im Zusammenhang. In der Antike wurden Opfergaben wie Fische oder kleine Tiere den alten Erdgöttern oftmals mit der linken Hand und mit gesenktem Kopf überreicht. Umkehrung ist hier lediglich logische Folge aus der Vorstellung, dass Himmelsgötter über und Erdgötter unter uns wohnen.

Bei den Toradja auf der indonesischen Insel Sulawesi ist die Umkehrung eng mit dem Unterschied zwischen Leben und Tod verbunden. Die rechte Hand wird dabei dem Alltag und den Lebenden zugerechnet. Die Toradja pflegen die Gräber ihrer Vorfahren darum ausschließlich mit der linken Hand. Auch die Handvoll Reis als Opfergabe für die Toten darf nur mit der linken Hand verstreut werden. Die Menschen, die selbst eine dunkle Hautfarbe haben, stellen sich die Toten mit weißer Haut vor. In einer derartigen Kultur ist Linkshändigkeit völlig unakzeptabel, aber nicht weil der linken Hand schlechte Eigenschaften zugerechnet werden. Ein Linkshänder behandelt seine Mitmenschen so, als seien sie Teil des Totenreiches, und das wirkt natürlich schockierend. Wenn man dort jemandem mit der linken Hand etwas zu trinken anbietet, ist das so, als würde man einem zum Geburtstag einen Grabkranz schenken.

oooooooooooooooo

In den Volkssagen sind die linke und die rechte Körperseite eng mit zwei Themen verknüpft: mit der Magie, die Krankheit und Gesundheit umgibt und der linken Seite zugeordnet ist, sowie dem Motiv der Umkehrung. Doch sobald sich der Aberglaube auf Dinge außerhalb des menschlichen Körpers erstreckt, regiert die Willkür. Wenn Schafe von rechts nach links den eigenen Weg kreuzen, bedeutet das in Zentraleuropa Unglück. Hingegen glaubten Römer wie Inder, von links nach rechts vorbeifliegende Krähen brächten Tod und Verderben. Franzosen sehen Krähen als schlechtes Omen, doch sie sind überzeugt, dass sie dem Unglück entgehen, wenn diese Vögel von links den Weg kreuzen. Nur Krähen von rechts machen ihnen Angst. Ein Kuckuck, dessen Ruf von links zu hören ist, deutet auf kommendes Unglück, ruft er von rechts, bringt es einem Glück. An einigen Orten ist man überzeugt, dass Schafe und Schweine Glück bringen, wenn sie den Weg von links kreuzen. Kommen sie von rechts, ist Vorsicht angebracht. Andernorts wiederum ist man überzeugt, dass genau das Gegenteil zutrifft.

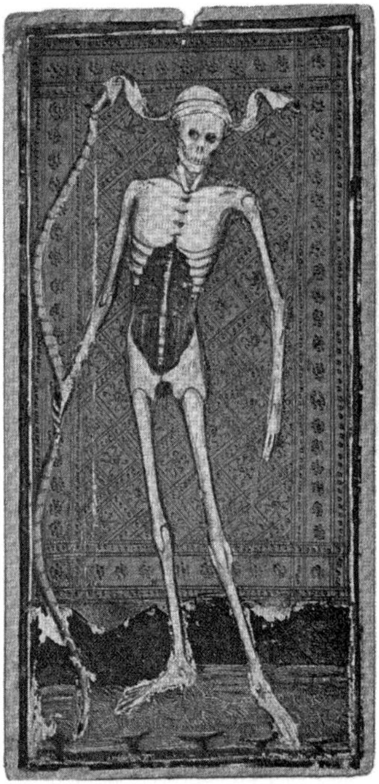

Der Tod auf der Tarotkarte trägt seinen Bogen rechts – er ist naturgemäß Linkshänder.

Kirchliche Rituale zeigen keine einheitliche Linie. Katholiken machen das Kreuzzeichen von links nach rechts, Anglikaner und Orthodoxe (ebenfalls mit der rechten Hand) genau andersherum. Das wird wohl daher rühren, dass die zwei Abspaltungen der römischen Mutterkirche sich von ihren früheren Glaubensbrüdern möglichst absetzen wollten – ein klarer Fall von Umkehrung. Der seltsamste Fall von Inkonsequenz ist bei den alten Römern zu finden, die felsenfest davon überzeugt waren, das Schicksal am Flug der Vögel ablesen zu können. Anfangs galt ihnen die linke Seite als glückbringend, doch unter dem Einfluss der griechischen Kultur übernahmen sie deren Vorstellung, dass die rechte Seite günstiger sei. Das Schicksal war also wechselnden Moden unterworfen.

Die Ursache dieser ganzen Verwirrung erklärt sich dadurch, dass ein natürliches Kriterium fehlt. Links wird durch das Umkehrungsmotiv zwar allgemein mit etwas Negativem assoziiert, aber was genau ist denn links in unserer Welt? Es hängt ganz vom Blick des jeweiligen Betrachters ab, der bestimmt, ob etwas links oder rechts zugeordnet wird. Im ersten Fall sind Tiere, die wir links hören, die links an uns vorbeilaufen oder von links unseren Weg kreuzen, ein schlechtes Omen. Wenn wir uns umdrehen, ändert sich die Perspektive: Dann wird alles, was von rechts kommt, als schlecht angesehen.

ooooooooooooooo

Kreisbewegungen sind ebenfalls sehr schwer einzuordnen, so wirkt es zumindest auf den ersten Blick. Doch dahinter versteckt sich ein drittes Motiv.

Einerseits gibt es eine Reihe ritueller Bewegungsabläufe, die im Uhrzeigersinn verlaufen. Prozessionen der katholischen Kirche führen immer im Uhrzeigersinn um die Kirche, und auch Priester bewegen sich in der Messe im Uhrzeigersinn um den Altar. Wenn im Europa des 21. Jahrhunderts einmal ein Neubau geweiht wird, zieht man ebenfalls nur im Uhrzeigersinn rund um das Haus. Ähnliches gilt für die Reihenfolge bei Gesellschafts- und Kartenspielen.

Im Uhrzeigersinn bedeutet allgemein rechtsherum, sodass man glauben könnte, es bestehe ein Zusammenhang von rechts und gut. Der französische Anthropologe Robert Hertz kam Anfang des 20. Jahrhunderts noch zu einer ganz anderen Schlussfolgerung. Ihm zufolge dienten Bewegungen im Kreis dazu, das sichere Gemeinschaftsgefüge, das Wir-Gefühl, zu festigen. Darum drehte man die rechte Schulter zum sicheren Zentrum der Gruppe und kehrte der bösen Außenwelt die linke Schulter zu. Ergebnis ist, dass Runden automatisch im Uhrzeigersinn verlaufen. Diese Erklärung ist jedoch unzureichend. So kann Hertz nicht die Frage beantworten, warum wir gerade die rechte Schulter nach innen drehen. Ist das nicht unpraktisch? Sollte man nicht meinen, dass die rechtshändige Mehrheit ihre rechte Hand nutzen will, um die böse Außenwelt abzuwehren? Die Wohlfühlfaktor-These von Hertz als auch der Zusammenhang zwischen rechtsherum und gut und Glück können nicht erklären, warum viele Bewegungskonventionen gegen den Uhrzeigersinn verlaufen.

Die Sportwelt liefert hier bekannte Beispiele. Fast alle Rennbahnen, gleich ob für Hunde, Pferde, Menschen oder Autos, verlaufen linksherum. Auch die Propeller von Flugzeugen und Hubschraubern drehen sich immer gegen den Uhrzeigersinn, genau wie die Flügel der Windmühlen.

Die wohl beste Erklärung dafür ist der Lauf der Sonne. Auf der Nordhalbkugel wandert die Sonne im Uhrzeigersinn über den Himmel. Auch wenn es ihnen nicht bewusst ist, so folgen Priester und Gläubige, die um Kirchen, Altäre und Häuser ziehen, uralten heidnischen Sonnenriten. Sie imitieren die Sonnenbahn, so wie diese um einen Punkt verläuft, um den sich – buchstäblich – alles dreht: Kirche, Altar und Segnung. Dass auf der Südhalbkugel dieselben Riten bestehen, ist dadurch zu erklären, dass alle derzeit dominanten Kulturen auf der Nordhalbkugel ihren Ursprung haben. Es wäre schön zu wissen, wie beispielsweise die Inkas in Südamerika ihre Kreisriten ausführten oder ob die schon lange ausgestorbenen Bantu-Kulturen im Kongo und in Südafrika entsprechende Riten pflegten, bevor die ersten europäischen Entdeckungsreisenden ihre Häfen verließen. Doch sie haben es uns nicht weitergeben können.

Die Tradition bei Brett- und Kartenspielen folgt demselben Muster. Die Spieler bilden die Sonnenumlaufbahn, die Reihenfolge, in der sie dran sind, imitiert den Lauf der Sonne, und der zentrale Punkt, um den sich alles dreht, ist das Spiel. Außerdem sieht jeder Mitwirkende das Spiel an der gegenüberliegenden Tischseite vorbeiziehen, vom Sonnenaufgang auf der linken Seite bis zum Sonnenuntergang rechts von ihm.

Windmühlen drehen sich nur scheinbar im Uhrzeigersinn. Besser gesagt: Wir betrachten ihre Bewegung von der anderen Seite aus. Der Orientierungspunkt bei einer Mühle ist aber nicht der zufällig vorbeigehende Spaziergänger, der von vorn auf das Flügelkreuz schaut, sondern der Müller. Er befindet sich gewöhnlich in der Mühle, also *hinter* den Flügeln. Aus seiner Sicht drehen sich die Flügel im Uhrzeigersinn und mit dem Verlauf der Sonne.

Kurbelwellen bei Verbrennungsmotoren und Propeller von Flugzeugen folgen einer Tradition, die vor Jahrhunderten mit Windmühlen ihren Anfang nahm. Der Motor saß in den ersten Kraftfahrzeugen schon bald an der Stelle, wo vormals das Pferd vor den Wagen gespannt wurde, also vor dem Kutscher. Von seiner Position aus drehen sich Motoren und Propeller im Uhrzeigersinn. So ähnlich war es bereits Jahrhunderte zuvor aus demselben Grund bei Schraubachsen und Dampfschiffen geschehen. Auch sie drehen sich im Uhrzeigersinn, betrachtet man das Ganze aus der Blickrichtung des Kapitäns und der Ruderer: zum Vorsteven hin. Die Anforderungen der industriellen Produktion sorgten dann für eine unumkehrbare Standardisierung, gegen die kein Aberglaube mehr anzukommen vermochte.

Rennbahnen schließlich unterschieden sich von allen Rundstrecken durch den außerhalb der Bahn liegenden Orientierungspunkt. Das Publikum im Stadion und an der Rennbahn sitzt für gewöhnlich nicht in der Mitte im Feld, sondern blickt von außen auf das, was dort passiert. Anders als bei Brett- und Kartenspielen wirkt es nicht daran mit. Es sitzt buchstäblich *außerhalb* des Geschehens. Die Perspektive ist damit umgekehrt: Folgen wir der Bewegung vom Mittelpunkt aus im Uhrzeigersinn, dann sehen wir außen auf den Rängen die Akteure von rechts nach links, also gegen die Sonnenbahn, vorbeilaufen. Indem die Bahn nun andersherum gebraucht wird, wird der gewohnte Effekt für die Zuschauer wieder hergestellt; die Teilnehmer laufen von links nach rechts am Publikum vorbei, also mit dem Sonnenverlauf.

So gilt für alle Bewegungen in einer Rundstrecke dasselbe Prinzip: Sie folgen der Sonnenbahn. Es kommt nur darauf an, von wo aus man die Sache betrachtet.

# 7

## Das wahre Wesen von links und rechts

Umkehrung, Sonnenlaufbahn und Heilmagie: In diesen drei Bereichen spielen linke Seite und linke Hand in unserer Symbolik eine Rolle. Davon ist allein der letzte richtig interessant. Bei der Umkehrung ist das linke Element nur von der Tatsache abgeleitet, dass Rechtshändigkeit die Norm ist. Von der Sonnenlaufbahn inspirierte Riten ergeben sich rein aus dem Umstand, dass die Sonne von links nach rechts über den Himmel wandert, zumindest auf der Nordhalbkugel. In der Magie dagegen kommt dem Faktor links eine besondere Bedeutung zu. Die symbolische Verknüpfung von linker Körperseite und insbesondere linker Hand mit Gesundheit und Krankheit, Leben und Tod ist von nichts abgeleitet. Sie hat nur mit dem bloßen Gegensatz von links und rechts zu tun. Und das gibt Rätsel auf, denn zwar sind links und rechts ein Gegensatzpaar, doch wo sich im Komplex Gesundheit und Krankheit bzw. Leben und Tod diese Gegensätze zuordnen lassen, ist weit weniger klar.

Bei diesen Konstellationen kann man natürlich nichts knallhart belegen. Es geht stets um sogenannte weiche Faktoren wie unmittelbare Gefühle, intuitive Urteile und Dinge, die sich der Analyse weitgehend entziehen. Zudem können wir unsere Vorväter nicht nach ihren Beweggründen fragen. Und doch können wir sagen, was es mit der Heilmagie und der linken Seite auf sich hat. Dazu müssen wir uns zunächst mit dem klassischen Altertum beschäftigen.

Vor gut zweitausend Jahren, in hellenistischer Zeit, entwickelte sich die ursprünglich aus Ägypten stammende Göttin Isis zu einer von Britannien bis Mesopotamien verehrten Gottheit. Isis war eine besonders weibliche Gestalt. Sie symbolisierte das ausgedehnte Land Ägypten, das auf Befruchtung durch die Nilfluten wartete so wie Isis auf ihren Gatten Osiris. Zusammen repräsentierte das Ehepaar den Kreislauf von Leben und Tod und die Vorstellung, dass nach dem Tod neues Leben entsteht so wie es jedes Jahr aus der trockenen Erde erwächst. In dieser hellenistischen Blütezeit entwickelte sich die Isis-Verehrung zu einem Mysterienkult, der an das spätere Christentum erinnert. So gab es Weiheriten mit so etwas wie Taufen. Dem Täufling wurde dabei buchstäblich das Licht gebracht. Dieser sollte nach seinem Tod in den elysischen Gefilden unter dem Schutz der Isis weiterleben, zumindest wenn er sich an verpflichtende Gebote wie Keuschheit hielt. Der Isis-Kult zielte auf uns so wohlbekannte Werte wie Sünde, Reue, Selbstzucht und Askese. In der hellenistischen Welt reifte eine dem Christentum durchaus ähnliche Religion heran.

Es gab Isis-Prozessionen, bei denen Symbole zur Schau gestellt wurden. Eines, so berichtet Apuleius in seinen *Metamorphosen*, war die Abbildung einer linken Hand als Sinnbild der Gerechtigkeit. Apuleius zufolge stellte die linke Hand ein äußerst geeignetes Symbol dar, da sie aufgrund der ihr eigenen Ungeschicktheit besser Tugend symbolisieren könne als die rechte Hand. Wir wissen somit genau, was die linke Hand darstellte: nicht das ausgetüftelte Recht samt seiner manipulativen, komplizierten und berechnenden Auslegungen, sondern das Gerechtigkeitsempfinden, das Gefühl von Gerechtigkeit, Ehrlichkeit und angemessenem Lohn.

Auffällig ist, dass sich Ähnliches im Judentum finden lässt. Nach altjüdischer Tradition hält Gott Gnade und Thora in seiner Rechten und Leben und Gerechtigkeit in seiner linken Hand. Nicht nur hier zeigt sich wieder einmal, dass die linke Hand eng mit dem Leben und wie im Isis-Kult mit der Gerechtigkeit verknüpft ist. In diesem Fall bildet die Thora, das geschriebene Gesetz, dazu den Gegenpol. Gerechtigkeit müssen wir hier wieder als rein emotionales Gefühl begreifen, als einen Zustand, bei dem Dinge so sind, wie sie sein müssen. Wer schon einmal zu Unrecht einen Strafzettel für falsches Parken erhalten hat oder aus dem Klassenraum geschickt wurde, weiß, wie groß der Unterschied zwischen beidem sein kann.

Ist es da kein Widerspruch, dass die rechte Hand desselben Gottes auch die Gnade umfasst? Ist Gnade denn keine emotionale Angelegenheit? Keineswegs. Gerechtigkeit, intuitiv verstanden, hat mit Genugtuung, Schlichtung und Vergeltung zu tun. Letztlich handelt es immer von »Auge um Auge, Zahn um Zahn«. An Redensarten wie »Wer Gutes tut, wird seinen gerechten Lohn erhalten« oder auch »Wie du mir, so ich dir«, »Wer viel fordert, bekommt viel. Wer zu viel fordert, bekommt gar nichts« oder »Wer nicht hören will, muss fühlen« lässt sich das gut erkennen. Ein derartiges Verhalten ist triebhaft und maßlos. Für Mitleid, für das Gefühl, »Gnade vor Recht ergehen zu lassen«, ist da kein Platz.

Gnade hingegen ist die mäßigende Bremse der Vernunft, die unserem Drang nach Genugtuung Einhalt gebietet. Wer uns ein Unrecht antun, dem würden wir am liebsten die Glieder ausreißen und langsam die Lunge aus dem Körper zerren; stattdessen bringen wir Verständnis für seine Motive und Lebensumstände auf, denken an die Folgen und verzichten deshalb auf unsere Genugtuung. Wenn wir einem Kind über den Kopf streichen, sind wir nicht gnädig, sondern eher zärtlich. Gnade ist das Durchbrechen der Gewaltspirale aus Vernunftgründen.

ooooooooooooooo

So kommt schließlich die wahre Bedeutung des Gegensatzpaares links/rechts zum Vorschein: Gefühl versus Vernunft. Alles, was gefühlt, aber nicht begriffen wird, im Gegensatz zu Analyse und Wissen. Aber es umfasst auch all das, was unabwendbar über uns hereinbricht, im Gegensatz zu dem, was wir beherrschen, Magie versus Kontrolle. Das wiederum deckt sich auf wundersame Weise mit dem Zusammenhang von links und Gesundheit, Krankheit, Leben und Tod. Bis heute hat dies angesichts der Popularität von Kräuterweibern, Handauflegern und Gebetsheilern nichts an Bedeutung eingebüßt. Erinnert sei auch an den Placebo-Effekt.

Auch anderswo zeigt sich, dass der Gegensatz von Rationalem und Irrationalem eigentlich auf der symbolischen Gegenüberstellung von rechts und links beruht. Dazu müssen wir sehen, dass überall auf der Welt links mit Weiblichkeit und rechts mit Männlichkeit assoziiert wird. Nicht nur auf den Tafeln der Gegensätze von Pythagoras spielte das eine Rolle. Man denke nur an den Glauben, dass aus dem Samen des linken Hodens Mädchen, aus dem des rechten Jungen gezeugt werden. Dieser Aberglaube geht auf den altgriechischen Philosophen Anaxagoras zurück und lebte bis ins Mittelalter weiter. Jahrhundertelang haben Männer ihren linken Hoden abgebunden, um möglichst einen Sohn zu zeugen.

Am anderen Ende der Welt denkt man ähnlich über Männlichkeit und Weiblichkeit. Die Maori in Neuseeland, um nur ein Beispiel zu nennen, haben für rechts den Begriff *tama tane*: die männliche Seite. *Tama tane* bezeichnet außerdem den männlichen Geschlechtstrieb, Kreativität und den Osten. Demgegenüber steht *tama wahine*, die weibliche Seite, mit genau den umgekehrten Assoziationen. Bei zahlreichen Bantustämmen in Afrika ist die rechte Hand die männliche, starke Hand und die linke die für das Weibliche und Schwache.

In heutigen Fernsehspots, die Produkte rund um die schönen Seiten des Lebens bewerben, ist der Mann meist der coole, selbstsichere Typ, der alles unter Kontrolle hat. Er trägt legere Freizeitkleidung oder einen gut geschnittenen Anzug, fährt ein schickes Auto, das sich nur echte Kämpfernaturen leisten können, navigiert mit nacktem Oberkörper auf seiner Jacht sicher übers Meer und trägt mit seinem Aktenkoffer voller wichtiger Dokumente auch große Verantwortung. Er ist ein Mann von Welt, ein ganzer Kerl, der zwar für einen Flirt zu haben ist, aber deutlich seine Grenzen zieht.

In solchen Spots haben Frauen ganz andere Eigenschaften. Sie sind keine dummen Blondchen oder aufopferungsvollen Mutterfiguren mehr, sondern Frauen, die selbst die Initiative ergreifen.

Sie stolzieren in schimmernden Dessous oder bezaubernder, höchst unpraktischer Abendgarderobe umher. Manchmal tragen sie auch Männerkleidung, doch diese betont nur ihr verspieltes Wesen. Diese Frau lehnt jegliche Konventionen und Grenzen ab, die ihr nicht in den Kram passen. Sie schleicht sich wie ein Tiger an den Mann heran, verführt ihn zum wilden Tango oder kriecht über den Bartresen zu ihm hinüber – voll aggressiver und geheimnisvoller Sinnlichkeit.

Ein schönes Beispiel für diese Rollenverteilung ist die Werbekampagne, die der niederländische Herrenausstatter Van Gils seit etwa 1985 führt. In der ursprünglichen Version sah man immer einen Mann, der sich von einer Frau in ihren Bann ziehen ließ. Einmal wurde er, nur mit einem Betttuch bedeckt, von einer schönen Masseurin durchgeknetet, sein Anzug hing außer Reichweite über einem Stuhl; im Bad wurde er dann wieder Herr über seinen Anzug. Der Slogan dabei lautete: »Nachher wieder alles unter Kontrolle.« Hier treffen alle Elemente unverfälscht zusammen. Mann wie Frau zeigen Mut, doch ihr Mut ist der, sich gehen zu lassen und von Spiel und Sinnlichkeit lenken zu lassen. Sein Mut ist, sich kalkuliert darauf einzulassen: Er gibt sich der Frau hin, liefert sich ihr aber nicht aus. Der Slogan spiegelt seine Gedanken. Ein Vierteljahrhundert später, 2009, präsentiert die Werbung das Liebesspiel eines Paares in einem exklusiven Hotelzimmer. Die Frau ist noch immer verspielt und sinnlich, leicht bekleidet in eleganten schwarzen Dessous. Der Mann hat seinen Anzug anbehalten, doch hat er Kopf und Hände einer Schaufensterpuppe. Er spielt das Spiel mit, gibt sich aber buchstäblich keine Blöße.

Die Absicht dahinter ist mehr als deutlich. Diese Art der Werbung, ob wir sie nun gutheißen oder nicht, ist eine grotesk überzogene Darstellung tiefverwurzelter Vorstellungen: Der Mann steht für Beherrschung und Berechnung, kurzum für das Rationale, die Frau hingegen für Irrationalität, Spontanität und ungebremste Emotionalität. Um es mit Camille Paglia zu sagen: Die Frau ist das natürliche, unaufhaltsame Element, das der geordneten, beherrschbaren Kulturwelt des Mannes gegenübersteht. Mit Blick auf diese festen Zuordnungen von Weiblichkeit/links und Männlichkeit/rechts fügt sich nun alles zusammen. Links und rechts sind Symbole für den Gegensatz von Natur und Kultur, Magie und Kontrolle, Emotionalität und Rationalität.

# 8

# Seltsame Figuren im unheimlichen Tal

Natur und Kultur sind untrennbar miteinander verbunden wie Yin und Yang, zwei gleichermaßen unentbehrliche Eckpfeiler unserer Existenz. Doch wie konnte links einen derart negativen Beigeschmack bekommen? Das ist unschwer zu erkennen. Natürlich wird jedwede Form von Magie als bedrohlich empfunden, da sie ihrer Natur nach unvorhersehbar und unbegreiflich ist. Die Wirkung von Magie wird zudem nicht immer als angenehm erfahren. Besser gesagt: Unerwartete, unschöne Ereignisse werden von Menschen oftmals als Resultat höherer Mächte angesehen, auch um der Frage auszuweichen, ob man etwas hätte tun können, um das Ganze zu verhindern. Dann gibt man doch lieber einer Gottheit, einem Geist oder einer Verschwörung die Schuld. Moderne westliche Menschen vermuten zwar nicht mehr hinter jeder Unannehmlichkeit eine Hexe, einen Kobold oder gar den Teufel, doch viele behaupten bei Katastrophen noch immer, dass die Wege des Herrn unergründbar seien.

Die Angst vor dem Unglück ist immer präsent, wenn es um Krankheit oder um Leben und Tod geht. Wer über seine Gesundheit nachdenkt, hofft zumeist, nicht von einer Krankheit heimgesucht zu werden. Auch dem modernen, so positiv besetzten Bemühen um eine gesunde Ernährung und Lebensweise liegt in Wahrheit die Vermeidung von etwas Negativem zugrunde, nämlich Krankheit, Gebrechlichkeit und Tod. Dass der Begriff links negativ besetzt ist, kann nicht überraschen. Und ganz automatisch springt dieser negative linke Funke auf alle Linkshänder über. Linkshänder sind zudem ziemliche Sonderlinge. Sie bilden eine Minderheit, und Minderheiten wirken leicht ein wenig verdächtig.

Angst vor und Argwohn gegenüber Minderheiten jeglicher Art ist so allgegenwärtig, dass sie uns Menschen eingebrannt zu sein scheinen. Interessanterweise ist das mehr als eine bloße Empfindung. Manches deutet darauf hin, dass der Argwohn gegenüber allem, was von der Norm abweicht, biologisch begründet ist.

Um 1980 steckte die Computertechnologie noch in den Kinderschuhen. Gleichwohl waren ambitionierte japanische Forscher schon beseelt von der Vision eines künstlichen Menschen, der sich vom echten Menschen nicht unterscheidet: der ultimative elektronische Butler, ganz Mensch, aber ohne dessen Fehler. Die Vision umzusetzen war schwieriger als gedacht. Im Allgemeinen fühlen Menschen sich in nicht-menschlicher Gesellschaft am wohlsten, wenn sie ihnen möglichst ähnlich ist. Katzen erinnern mit ihren großen Augen über einer Stupsnase an kleine Kinder. Bei der Zucht vieler Hunderassen wird auf die Ähnlichkeit mit menschlichen Zügen geachtet, gewünscht sind runde, nach vorn schauende Augen und eine kurze Schnauze. Kühe, Schweine, Ziegen und Schafe haben wir weniger lieb, doch auch sie rufen in uns Empfindungen hervor. Je weniger Tiere mit uns gemein haben, desto leichter finden wir sie unheimlich, eklig und gruselig. Ratten, Reptilien, Spinnen und Insekten haben meist nicht den besten Ruf.

Für nicht lebendige Mitbewohner gilt das Gleiche. Teddybären und andere Stofftiere ähneln eher kleinen Kindern als ihren wilden Artgenossen aus Fleisch und Blut. Die schönsten Puppen sind oft die mit den großen, möglichst auf- und zuklappenden Kinderaugen, die auch noch »Mama« sagen können. Gegen Ende des 20. Jahrhunderts bewies der Erfolg des Tamagotchi, dass Menschen sich sogar spontan in ein blödes Plastik-Ei verlieben, das nicht mehr konnte, als ziemlich stümperhaft das Benehmen eines Babys zu imitieren. Baby-Verhalten finden wir offenbar unwiderstehlich, auch wenn es aufdringlich und unangenehm ist.

Ein japanischer Pionier der Robotertechnik, Masahiro Mori, setzte sich um 1980 mit eben dieser Frage auseinander: Welche vertrauten Elemente muss ein Roboter besitzen, um beruhigend und positiv auf Menschen zu wirken, und welche waren weniger wichtig? Was er herausfand, war bemerkenswert. Anders als vermutet, fühlen Menschen sich in Gegenwart von nachgebauten Menschenfiguren nicht zunehmend wohler, je ähnlicher diese ihnen sind. Solange die Unterschiede relativ groß sind, besteht kein größeres Problem. Mit einem einigermaßen humanoiden Roboter – denken wir an Klassiker wie den Blechmann aus dem *Zauberer von Oz* oder den tonnenartigen R2D2 aus *Star Wars* – fühlen wir uns stärker verbunden als mit einem rein funktionalen Industrieroboter aus der Autoindustrie. Auch Kunstfiguren, die dem Menschen fast vollkommen gleichen, schenken wir unser Vertrauen. Dazwischen liegt ein Bereich, der als *Uncanny Valley* (Unheimliches Tal) bekannt wurde. Wenn künstliche Figuren uns stark, aber nicht vollkommen ähneln, fühlen wir uns in ihrer Gegenwart nicht wohl. Wir empfinden dann Misstrauen, Angst und Abscheu. Und wie Mori entdeckt hat, wird diese Wirkung noch verstärkt, wenn das betreffende Objekt sich selbst fortbewegen kann.

2008 präsentierte die japanische Roboterindustrie ihre Leistungsfähigkeit. Bilder von überaus lebensechten, dienstfertigen Frauenfiguren mit weicher, geschmeidig wirkender Haut und nuancierter Mimik gingen um die Welt. Arme und Hände bewegten sich, so wie man das von einem freundlichen Mitarbeiter erwartet, auch die Stimme war honigsüß und sehr echt. Und doch fehlte etwas. Es war alles zu glatt, nun ja ... zu künstlich. Und das ließ die Zuschauer unbewusst schaudern.

Mori entdeckte also etwas, das wir seit Langem empfanden, ohne uns dessen bewusst zu sein. Das

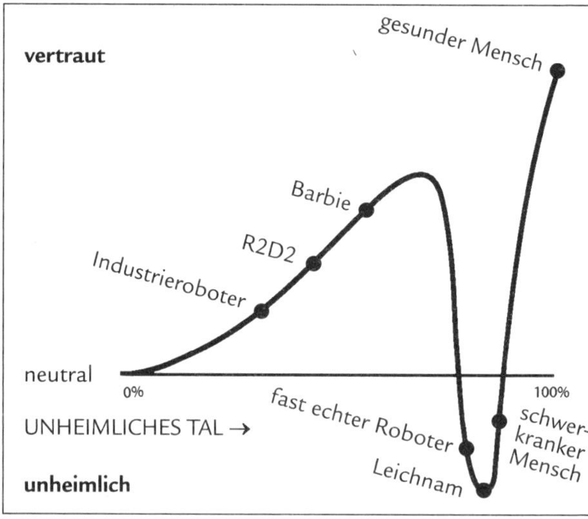


Die Akzeptanzlücke, als *Uncanny Valley-Effekt* (Effekt des Unheimlichen Tals) bekannt. Auf der Waagerechten verläuft die zunehmende Ähnlichkeit mit einem realen Menschen, die Senkrechte bildet das Gefühl der Vertrautheit ab.

mag auch erklären, warum seit vielen Jahren in Hollywood nicht-amerikanische Schauspieler insbesondere für ihre Darstellung von Bösewichten geliebt werden. Männer wie Max von Sydow (Schwede) und Rutger Hauer (Niederländer) sind auf diese Weise reich geworden, und unter den 22 Superschurken, die zwischen 1962 und 2009 in James-Bond-Filmen mitspielten, waren nur vier Amerikaner. Außer dem Kanadier Joseph Wiseman, der den geheimnisvollen Asiaten Dr. No spielte, überzeugten alle Schurken mit ihrem breiten ausländischen Akzent, der für Amerikaner sehr furchterregend klingt. Unter ihnen waren neun Briten, ein halber und ein ganzer Franzose, zwei Deutsche, ein Österreicher, ein Niederländer, ein Italiener und ein Däne. Um den Schrecken noch zu vergrößern, waren sie oft auch noch körperlich verunstaltet, hatten eine eklige Warze oder einen Fleck im Gesicht oder ein grausiges blutiges Mal am linken Auge wie Mads Mikkelsen 2006 in *Casino Royale*, was diese Figuren ein Stück weit, aber eben doch nicht ganz zu normalen Menschen machte.

Eine seltsame Sprache und ein fleckige, vernarbte oder sonst wie unangenehme Erscheinung – genau hier nimmt die These vom Unheimlichen Tal wohl ihren Ausgang. Wir wenden uns instinktiv von Artgenossen ab, mit denen irgendetwas nicht stimmt, die man besser meiden sollte, weil sie krank sind oder gar tot. Obwohl dies naheliegend klingt, blieben die Ursachen dieses Phänomens doch lange ungeklärt. Handelt es sich um eine evolutionär bedingte biologische Eigenschaft oder spielen nur missverstandene kulturelle Konventionen eine Rolle?

Laut einer im September 2009 erschienenen Studie fanden Forscher der amerikanischen Princeton

University starke Indizien dafür, dass das Unheimliche Tal tatsächlich eine biologisch definierte Eigenschaft ist. Sie schrieben, dass sich dieses Phänomen unverkennbar auch bei Tests mit Java-Affen gezeigt habe. Legte man ihnen Fotos vor, auf denen völlig anders aussehende Artgenossen abgebildet waren, zeigten die Affen kaum Interesse, und mit schönen Porträtaufnahmen kamen sie mühelos klar. Doch sobald ihnen Fotos mit verunstalteten Artgenossen gezeigt wurden, blickten sie nervös zur Seite. Solchen Fieslingen trauten sie nicht über den Weg. Damit war ein kultureller Hintergrund ausgeschlossen. Mehr noch, es bedeutete, dass das Unheimliche Tal schon sehr lange besteht, da die Vorfahren des Menschen und der Makaken, zu deren Gattung auch die Java-Affen zählen, schon seit mindestens 30 Millionen Jahre auf Erden wandeln.

Insgesamt scheint das Unheimliche Tal eine fundamentale Rolle bei der Festlegung zu spielen, wer zu uns gehört und wer nicht. Kreaturen, die sich klar von uns unterscheiden, haben im Prinzip wenig zu befürchten, die nehmen wir als andere Art wahr. Tiere halten es genauso. Die Natur ist für alle eine große Bühne, auf der jeder jeden möglichst zu ignorieren versucht. Aufmerksam gegenüber dem anderen werden Tiere erst dann, wenn eigene Belange ins Spiel kommen. Raubtiere interessieren sich für geschickte Beutetiere – wenn sie Hunger haben, sonst eher nicht. Enten streiten untereinander ebenso wie Blässhühner, doch ein Blässhuhn wird sich kaum mit einer Ente anlegen oder umgekehrt, obgleich sie auf engem Raum zusammenleben.

Andererseits empfinden wir Wesen, die uns ähnlich sind, die so aussehen wie wir, sich so benehmen, so anhören und die so riechen wie wir, im Prinzip als Artgenossen. Doch das will nicht heißen, dass es keinen Unterschied gibt, denn wie in George Orwells *Animal Farm* gilt auch in der realen Welt: »Alle Tiere sind gleich, doch einige Tiere sind gleicher als andere.« Erstens unterscheiden wir zwischen der eigenen Gruppe und dem Rest. Mitglieder unserer Gruppe haben Anrecht auf unsere Unterstützung und Loyalität, Freundschaft und eventuell auch auf unsere Dienstbarkeit. Alle anderen sind im Grunde Konkurrenten, die »unserem« Territorium fernbleiben müssen. Evolutionsgeschichtlich besteht die eigene Gruppe aus allen unmittelbaren Blutsverwandten, heutzutage kann sich diese Gruppe jedoch ganz vielfältig darstellen: Familie, Freundeskreis, versammelte Vereinsmitglieder oder Nachbarn, das eigene Dorf, die Mannschaft, alle, die in »unserer« Firma arbeiten und so weiter, wie es eben passt.

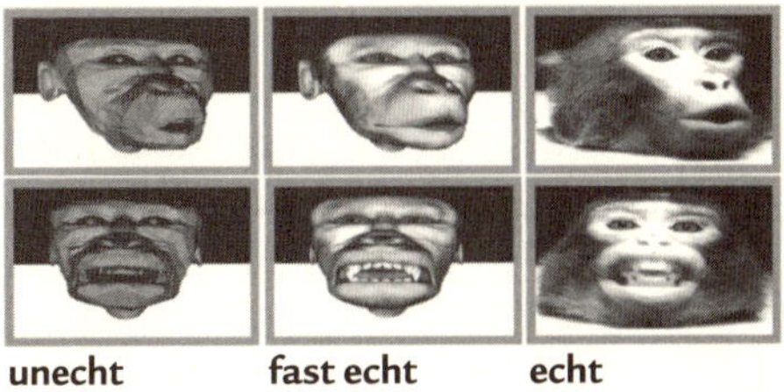


Java-Affen haben kein Problem mit unechten grauen Köpfen mit roten Pupillen (links). Auch die unbearbeiteten Farbfotos rechts sind ihnen gleichgültig. Doch von den Fratzen in der Mitte, die in den richtigen Farben ausgeführt wurden, blickten sie schnell wieder weg, sie waren ihnen offenbar zu unheimlich. (Illustration von Steckenfinger & Ghazanfarl 2009)

Manchmal hat das schöne, edelmütige Folgen, etwa wenn sich eine Gruppe schützend um ein von außen bedrohtes Mitglied stellt. Im winterkalten, von Nazi-Deutschland besetzten Amsterdam des Jahres 1941 führten die ersten Razzien unter Amsterdamer Juden zu der in den Niederlanden wohl größten Protestaktion im Zweiten Weltkrieg, die später als Februarstreik bekannt wurde.

Es wird berichtet, dass in der kurzen Zeit, bis der Streik niedergeschlagen wurde, an einer Wand irgendwo in der Stadt der Ausruf »Ihr Scheißdeutschen, bleibt mit euren Scheißhänden weg von unseren Scheißjuden!« geschrieben stand. Wenn das tatsächlich passiert ist, dann hat derjenige, der das tat, außer einer ironischen Ader auch eine ungewöhnliche tiefe Einsicht in menschliche Beziehungen offenbart. Hieran lässt sich genau ablesen, wie die Unterscheidung zwischen Artgenossen nicht nur Schutz bieten, sondern auch knallhart ausgrenzen kann. Denn für die meisten Menschen blieben die niederländischen Juden »Scheißjuden«, nur einige »Scheißleute« waren noch schlimmer als andere, etwa die »Scheißdeutschen«.

Hier rächt sich die Existenz des unheimlichen Tals. Diese Akzeptanzlücke hilft uns, genügend Abstand zu merkwürdigen, möglicherweise gefährlichen Gruppenmitgliedern zu wahren, etwa zu Irren, Schwerkranken und Toten. Sie führt aber auch dazu, dass wir auch anderweitig abweichende Personen misstrauisch und abschätzig beäugen. Krumme Nasen, eine andere Hautfarbe und Schlitzaugen – diese Eigenschaften haben Menschen im Westen als auffällig ersonnen, um ganze Volksgruppen schief anzusehen. Mit Leuten, die anders aussehen, scheint irgendetwas nicht zu stimmen, warnt uns unser Gespür für das »Unheimliche Tal«. Unter Menschen mit Eigenschaften, die innerhalb unserer eigenen Gruppe nicht so häufig vorkommen, werden wir unruhig.

Welche Eigenschaften das sind, hängt davon ab, was jeweils als normal angesehen wird. Chinesen finden Menschen aus dem Westen merkwürdig, Menschen im Westen wiederum sehen Schwarze verwundert an, Schwarze haben ihre eigene Meinung zu Chinesen. Rothaarige fallen fast überall als seltsam auf und sind schon als Kinder dem allgemeinen Spott ausgesetzt. Kleinwuchs, krumme Beine, Kahlköpfigkeit, starke Körperbehaarung, durchlaufende Augenbrauen, Albinismus, welche Abweichung auch immer, stets werden Menschen wegen irgendetwas schief angesehen. Doch auch exotische Kleidung, fremde Essgewohnheiten und andersartige kulturelle Normen werden zum Stein des Anstoßes.

Rassismus und Diskriminierung haben so gesehen auch eine biologische Grundlage, so schlimm das für die Kulturrelativisten unter uns auch sein mag. Sie können sich mit dem Gedanken trösten, dass jeder gleichermaßen anfällig ist für das Unheimliche Tal und dass unsere instinktive Unruhe angesichts andersartiger Menschen an sich keine ernsten Folgen haben muss. Wenn wir wollen, können wir sehr gut darüber hinwegsehen. Wenn die Abweichung jedoch eine Minderheit klar stigmatisiert, die Zeitumstände schlecht sind, die Interessenskonflikte groß und Menschen systematisch gegen eine solche Minderheit aufgehetzt werden, kann sich Schreckliches daraus ergeben.

ooooooooooooooo

Je weniger eine Abweichung von der Norm auffällt, desto geringer ist der Unheimliche-Tal-Effekt. Exotischen Essensgerüchen neuer Nachbarn kann man nicht entfliehen, daran müssen die Menschen sich einfach gewöhnen. Doch ein linkshändiger Nachbar fällt kaum jemandem auf. So wird Linkshändigkeit durch die Bank weg auch nur leicht negativ gesehen. Sie ist vielleicht etwas suspekt, aber nicht unheimlich. In Volkssagen hingegen wird Linkshändigkeit – im Gegensatz zur Rechtshändigkeit – häufiger mit Schlechtem und Unheimlichem in Verbindung gebracht. Das Gleiche gilt im Alltag. Viele Menschen behaupten zwar leichthin, dass Linkshänder ungeschickt seien, und verwenden Begriffe wie links und linkshändig gedankenlos leicht despektierlich, doch eine echte Abneigung Linkshändern gegenüber haben sie nicht. Es ist ihnen eigentlich egal. Sie wissen auch meist nicht, ob unter ihren besten Freunden und Bekannten Linkshänder sind.

Im Kern gibt es nur drei Bereiche, in denen alles, was mit links und der linken Hand in Verbindung steht, deutlich abgelehnt wird. Es sind dies drei kulturell überwölbte Bereiche menschlichen Zusammenlebens: Etikette, Literatur und Religion.

Um bei Letzterem zu beginnen, so lässt sich feststellen, dass die Kirche streng vorschreibt, mit welcher Hand welche rituellen Handlungen verrichtet werden und was bei Gottesdiensten wie zu geschehen hat. Links hat in der religiösen Mythologie meist etwas Anrüchiges. So ließ die römisch-katholische Kirche als Beweis der Frömmigkeit von Heiligen gelten, dass diese als Säugling die linke Brust der Mutter ablehnten. Katholische Sakralkunst ist ähnlich strengen Regeln unterworfen. Linkshändige Heilige oder Apostel sind undenkbar, ebenso ein linkshändiges Mitglied der Heiligen Familie. Diese Strenge hat drei Gründe.

Als Erstes gibt es das Umkehrungsmotiv, das in den Kirchen verbreitet wird, um den Gegensatz von Gott und Teufel zu verstärken. Links wird buchstäblich dem Teufel zugeschrieben. Zweitens lehnen vor allem die großen monotheistischen Religionen Magie kategorisch ab und haben kein Verständnis für abweichende Neigungen der Menschen – folglich auch nicht für die linke Seite und die linke

Hand. Das soll keineswegs heißen, dass die Religionen sehr rational orientiert sind. Doch da die menschlichen Neigungen und Triebe schwer zu beherrschen sind, braucht die Kirche ein passendes Instrument, um Gläubige unter Kontrolle zu halten. Verbiete, einem natürlichen Trieb folgen zu dürfen, und der Gläubige scheitert unwiderruflich. Der Zölibat in der katholischen Kirche und die weit getriebene Trennung zwischen den Geschlechtern im Islam sind extreme Beispiele. Doch auch Nahrungsmittelgesetze, Fastengebote und eine unübersehbare Menge komplizierter Vorschriften, die Annehmlichkeiten, Vergnügen und Genuss untersagen, gehören zum gepflegten Kanon fast aller Religionen. Unvermeidbaren Regelverstößen folgt das Schuldgefühl auf dem Fuße, so hält man seine Schäfchen beisammen und sichert ihren Bestand.

Der dritte Grund ist abstrakter und liegt hinter den Regeln kirchlicher Rituale und Kunst verborgen. Rituale sind von Natur aus schwer verständlich und müssen, um nicht durcheinandergebracht und vergessen zu werden, in ihrer Form deutlich erkennbar und wiederholbar sein. Bei allen Ritualen geht es weniger um das Geschehen an sich, sondern mehr darum, Handlungen gemäß den Vorschriften auszuführen. Wer davon abweicht, ruiniert automatisch das Ritual. Da erscheint es nur logisch, dass in einer Welt der Rituale Gegensätze so schwarzweiß wie möglich angelegt sein müssen und dass die linke Hand und die linke Seite unter diesen Umständen nicht nur verdächtig wirken, sondern ganz verboten sind.

Ikonen und andere religiöse Darstellungen sind in gewissem Sinn ebenfalls Ritualen unterworfen. Sie haben eine festgelegte Botschaft, die ohne Weiteres für alle verständlich sein muss. Der Abstand zwischen Künstler und Betrachter ist sehr groß, für persönliche Elemente ist kaum Platz. Unter dem Einfluss der Renaissance hat sich diese Haltung im Westen verändert. Wer auf der Abbildung zu sehen ist und was die Darstellung bedeutet, muss der Betrachter sich aus den darin enthaltenen Symbolen selbst erschließen.

Nicht anders ist es bei der Etikette, wo die rechte Hand als »schöne Hand« gilt, der Ehrengast rechts vom Gastgeber Platz nimmt und so weiter. Je weniger Menschen einander kennen, desto schneller entstehen Missverständnisse. Daher ist es wichtig, dass bei einem Zusammentreffen von Fremden niemand ohne ersichtlichen Grund etwas Unerwartetes oder Unverständliches tut. Deshalb hält man sich besser an feste Regeln. Wie diese aussehen, ist unwichtig, sie müssen nur deutlich erkennbar und leicht zu behalten sein. Schwarzweiß ist die Devise der Stunde. Da Rechtshänder in der Mehrheit sind, bedeutet das automatisch, dass Linkshänder hier nichts zu suchen haben.

In der Literatur schließlich ist links in vielen Sprachen fast ausschließlich ein Synonym für ungeschickt, unecht und hinterhältig. Es ist überwiegend dem Umstand geschuldet, dass Literatur lange Zeit die Auffassungen von Staat und Kirche widerspiegelte. Literatur folgte einfach der »offiziellen« Symbolik, sie trug nicht wenig dazu bei, die Symbolik zu kanonisieren und festzulegen. Literatur war auch immer eine wichtige Quelle für Lexikografen und Lehrer, sodass durch sie die negativen Konnotationen in einer Sprache weitergetragen und gestärkt wurden. Es darf nicht verwundern, dass Metaphern, die den Begriff links nutzen, stärker und negativer sind, als im Alltag wahrgenommen wird.

# 9
## Hexerei und Pogrome

Teufelspraktiken und schwarze Magie eignen sich hervorragend für das weite Feld der Umkehrung. Beim Hexensabbat geschieht alles gegen den Uhrzeigersinn, genau andersherum als in der Kirche. Der Teufel, der böse Unhold, lässt sich von seinen Gefolgsleuten das Hinterteil küssen. Das unheilige Schwarz ersetzt das jungfräuliche Weiß, anstelle des Guten wird das Böse verehrt, der Tod statt des Lebens, die Unkeuschheit statt Treue und Enthaltsamkeit. Die schwarze Magie zeigt keine eigenen Charakteristika, sondern definiert sich allein als Negation von etwas anderem und ist daher nur dessen Ableitung. Sie findet ihr Wesen durch die negative Entsprechung dessen, was im normalen Gottesdienst als bedeutend und heilig angesehen wird. So selbstverständlich, wie der Schurke in alten Cowboyfilmen immer einen schwarzen Hut trug, wurden der Teufel und seine Gehilfen in der bildenden Kunst Europas als Linkshänder dargestellt. In unserer modernen Welt hat das keinerlei Bedeutung mehr, früher sah die Sache anders aus. Linkshänder hätten schnell als Gehilfen des Teufels verdächtigt werden können, etwa zu Zeiten des Hexenwahns, als Menschen schon für geringere Vergehen angeklagt und zum Tode verurteilt wurden.

Doch erstaunlicherweise ist das nie passiert. Jahrhundertelang erbittert verfolgt hingegen wurden vergleichbar große Gruppen wie die Homosexuellen. Juden, Zigeuner und Landstreicher haben immer wieder unter Verfolgung und Hass leiden müssen, doch Linkshänder blieben stets verschont. Selbst bei den vielen tausend Hexenprozessen wurde die Linkshändigkeit der Beschuldigten fast nie als Hauptbeweis für den Kontakt zum Bösen herangezogen, während alle anderen, häufig viel schwieriger festzustellenden »linken« Zeichen wie Muttermale, Warzen und Narben auf der linken Körperhälfte als Beweise genügten.

Eine Hexe küsst den Teufel auf die betreffende Stelle.

Linkshänder hat vor allem gerettet, dass sie nicht als einheitliche Gruppe in Erscheinung traten, wie es bei Juden und Zigeunern der Fall war. Diese sonderten sich in verschiedener Hinsicht vom Rest der Gemeinschaft ab, sahen sich als eigene Volksgruppe und präsentierten sich entsprechend mit allen damit verbundenen Vor- und Nachteilen. Doch es ist immer gefährlich, aufzufallen. Sich abzuschotten lässt außerdem Vorbehalte, die aufgrund des »Unheimlichen Tal«-Effekts ohnehin schon verbreitet sind, weiter anwachsen und führt zu gefährlichem Neid.

Wer sich als Gruppe bewusst absondert, erregt Aufmerksamkeit. Der misstrauische Aasgeier-Instinkt der Umgebung beginnt sich zu regen: »Was machen die da?« Man fühlt sich ausgeschlossen. »Wenn sie so geheimnisvoll tun, dann haben sie bestimmt etwas zu verbergen.« Es setzt ein Mechanismus ein, den wir tagtäglich auf jedem Schulhof erleben können. Wenn das dringend zu lüftende Geheimnis einer Gruppe nicht schnell zu erkennen ist – und das ist selten der Fall, denn meist ist es nichts, mit dem Außenstehende etwas anfangen können –, dann regt sich schnell der unheimliche Verdacht, dass sich diese Leute nicht zum Schutz ihrer Lebensweise und ihres Besitzes zusammenschließen, sondern zwecks einer Verschwörung gegen die Außenwelt. Wenn es so weit gekommen ist, gesellt sich Angst zum Neid und zur Enttäuschung, ausgeschlossen worden zu sein – eine wahrlich explosive Mischung. Das ist der Moment, in dem wunderliche Geschichten die Runde machen und auch geglaubt werden: Freimaurer opfern auf ihren Treffen kleine Kinder, Juden verspeisen Christen, Zigeuner stehlen Kinder und verkaufen sie als Schornsteinfeger oder Schlimmeres. Sie verehren den Teufel, warum sonst sollten sie so geheimnisvoll tun?

Gruppen von Andersartigen müssen als Sündenböcke für Ereignisse herhalten, mit denen sie überhaupt nichts zu tun haben. Derlei undurchsichtige Gestalten macht man einfach für Missernten oder andere Katastrophen verantwortlich. Die jüdisch-bolschewistische Verschwörung zur Erlangung der Weltherrschaft, die die Nazis am Werk sahen, war das moderne Kapitel des jahrhundertealten Fortsetzungsromans, in dem jede Episode früher oder später immer nach demselben Muster ablief: Mord und Totschlag, am besten im großen Stil.

Linkshänder sehen sich nicht als Gruppe. Selbst heute, in einer Zeit weltumspannender Kommunikation, ist es in Europa offenbar unmöglich, eine lebensfähige Vereinigung von Linkshändern zu gründen. Nur in Amerika besteht dergleichen.

Rechtshändern fällt die Linkshändigkeit von Bekannten kaum auf, und auch bei Linkshändern kann es manchmal lange dauern, bis sie die Linkshändigkeit anderer entdecken. Womöglich lag es auch an mangelnder Verbundenheit und einem fehlenden Zugehörigkeitsgefühl, dass Linkshänder niemals die Aufmerksamkeit auf sich zogen, die für andere Gruppen fatal wurde.

Ein zweiter Grund liegt vermutlich in der Größe der Gruppe. Linkshänder bilden ungefähr zehn Prozent der Bevölkerung und sind ziemlich gleichmäßig über alle Bevölkerungsschichten verteilt. In einigen Familien gibt es mehr Linkshänder als in anderen, und bei Männern kommt Linkshändigkeit etwas häufiger vor als bei Frauen – ein Unterschied, der zwar messbar ist, aber im Alltag kaum auffällt. Das ist aber auch alles. In jedem Familien-, Freundes- und Bekanntenkreis sind also Linkshänder anzutreffen, was erklärt, warum diese keine Nachteile erleiden: Über kurz oder lang würde dies zu Verlusten in den eigenen Reihen führen. Genau darum aber geht es bei Pogromen und dergleichen: Wir gegen sie, und die zwei Gruppen müssen streng voneinander getrennt bleiben. Bei Linkshändern ist das nicht so leicht, es gibt einfach zu viele, die zudem noch ziemlich gleichmäßig verteilt sind.

ooooooooooooooo

Wie sieht es da mit Homosexuellen aus? Auch sie machen schätzungsweise zehn Prozent der Bevölkerung aus und lassen sich keiner bestimmten Bevölkerungsgruppe zuordnen. Dennoch ist kaum eine Gruppe in der Geschichte so stark verfolgt worden – und wird es bis heute. Ein augenscheinlicher Grund für den unterschiedlichen Umgang mit Linkshändern und Homosexuellen liegt darin, dass Homosexualität nicht nur als symbolische Schändung der »natürlichen« Ordnung verstanden wird, sondern als eine sehr konkrete. Es geht gar nicht so sehr um homosexuelle Praktiken, sondern mehr um den Gedanken daran, der die heterosexuelle Mehrheit nervös macht.

Das liegt daran, dass unser privates wie öffentliches Leben von der persönlichen Identität bis zur Legitimation durch eheliche und familiäre Rechte und Pflichten auf geordneten sexuellen Verhältnissen gründet. Verstöße verursachen Chaos, und Chaos scheuen wir wie eine Katze das Wasser. Ehebruch setzt Beziehungen aufs Spiel und mit ihnen die geordneten Besitzverhältnisse. Scheidungen haben unmittelbare Folgen für den Familienbesitz, weshalb man sie in weiten Teilen der Welt für schlimmer hält als den Ehebruch. Dass es dabei vor allem um Geld und die Sicherung des Status geht, wird an zwei Dingen deutlich. Eine Ehescheidung war bis zur napoleonischen Zeit vor allem für die besitzenden Klassen vorgesehen, Habenichtse trennten sich ohne großes Aufheben voneinander. Zudem gibt es heute einen deutlichen Zusammenhang zwischen Wohlstand und Ehemoral. Je reicher eine Partnerschaft ist und je mehr Bestandssicherheit sie schafft, desto eher wird sie als bedrückend empfunden und desto schneller gelöst.

Noch schlimmer als Ehebruch und Scheidung sind die Früchte einer illegitimen Beziehung. Durch uneheliche Kinder löst sich das verwandtschaftliche Geflecht, sie führen zu Unsicherheit, wer zu uns gehört und wer nicht, sowie Zweifeln darüber, wer mit »uns« nun eigentlich gemeint ist. Dieses Geflecht verheddert sich vollkommen durch Inzest, vor allem, wenn aus der Beziehung Kinder hervorgehen. Inzest ist vor allem wegen der Gesundheitsrisiken für die Kinder verboten. Halbinzestuöse Verhältnisse etwa zwischen Cousine und Cousin sind nicht ohne Risiko, jedoch in vielen Kulturen akzeptiert und werden gar durch Eheschließung sanktioniert.

Homosexualität geht auf den Stufen der sexuellen Unordnung noch einen Schritt weiter. Sie übertritt die Grenzen der immer etwas prekären sexuellen Ordnung und macht sich über sie lustig. Alles wird in Frage gestellt, sogar das ultimative Fundament, die Paarbildung zwischen zwei Geschlechtern. Homosexualität ist in dieser Sicht die Umkehrung zentraler sittlicher Werte, eine »teuflische« Umkehrung, die die Grundlage für den Fortbestand der Art in Gefahr zu bringen scheint. Homosexuelle gestatten dem Rest der Menschheit gleichsam einen Blick auf das Brodeln unter dem Pflaster. Das wird ihnen nicht gedankt.

Rational gesehen ist diese Angst völliger Unsinn, durch Homosexualität geht die Welt nicht unter. Die Angst wird dadurch nicht weniger und führt zu mehr Aggressionen, vor allem bei gewaltbereiten, leicht erregbaren Menschen, etwa jungen Männern, die sich über ihre sexuelle Identität und ihren Platz in der Welt unsicher sind. Je engstirniger eine Gesellschaft sich zu Sexualität äußert und je schwieriger der Kontakt zwischen Männern und Frauen sich darstellt, desto lauter rufen die jungen Männer nach Ehre und Stolz und desto mehr Angst haben sie vor Homosexualität. Und desto stärker bekämpfen sie sie.

Die Position von Homosexuellen verschlechtert sich noch dadurch, dass sich Homosexualität verbergen lässt, was bei Linkshändigkeit kaum möglich ist. Gerade die Geheimhaltung ihrer sexuellen Orientierung macht Homosexuelle angreifbar und setzt sie der Verfolgung aus, da ihre Zahl gewaltig unterschätzt werden kann. Das ist von wenigen Ausnahmen abgesehen auch überall geschehen. Jeder Heterosexuelle konnte sich damit trösten, dass so etwas in seinen Kreisen nicht vorkam und daher auch ruhig bekämpft werden konnte. Dass es in der Realität häufig zu unangenehmen Überraschungen kam, liegt auf der Hand, doch auch darüber wurde möglichst geschwiegen. Das Tabu ist derart groß, dass man auch heute in weiten Teilen der Welt problemlos Menschen und sogar Regierungen antrifft, die schwören, dass es in ihrem Land keine Homosexualität gebe. Dann ist es auch nicht schwierig, sie unter Todesstrafe zu stellen.

ooooooooooooooo

Wer glaubt, Hexerei und Hexenjagd seien Relikte einer längst vergangenen Zeit, irrt gewaltig. Damit ist nicht das hierorts bei gelangweilten, esoterisch angehauchten Damen so beliebte Kokettieren mit Hexerei gemeint, sondern die echte, traditionelle Praxis. Die Verfolgungen sind bittere Realität. So wie in Kenia und Tansania und den umliegenden Ländern. Dort werden die betreffenden Frauen als Verbündete des Bösen gesehen und müssen um ihr Leben fürchten. Noch erschreckender ist, dass dort seit Ende des 20. Jahrhunderts ein lukrativer Handel mit Zaubermitteln entstanden ist, für deren Gewinnung Albinos verfolgt werden: Die Menschen werden buchstäblich geschlachtet, um ihre Körperteile zu verwerten.

Auch in Nigeria werden Kinder systematisch als Hexen gebrandmarkt und aus diesem Grund sozial ausgegrenzt, misshandelt und ermordet. Diese Kinder sind einfach nur »anders«, weil sie Kinder sind. Ihre kindliche Unschuld zieht Hexenjäger an, denn um wie viel schockierender und beängstigender ist es, wenn das Böse etwas derart Unschuldigem innewohnt. Die Hexenjäger sind geistige Anführer meist fanatischer christlicher Strömungen und wollen sich profilieren, wie man so schön sagt. Hexenjagd auf Kinder ist ein Auswuchs aggressiver Bekehrung zum Christentum. Zur Verfolgung kommt es nicht, weil das Opfer sich auffällig verhält, sondern weil der Fanatiker ein passendes Opfer sucht. Er erfindet eine nicht greifbare Gefahr, die hinter jedem Baum lauern kann – ein bewährtes Mittel, um die Schäfchen beisammenzuhalten und zu kontrollieren, vor allem dann, wenn man selbst sich als Retter präsentiert, der im Dienst des Herrn als Einziger die Gefahr erkennt und bannt. Bis dahin lässt sich außer Respekt und Dankbarkeit auch noch ein dickes Zubrot damit verdienen, denn die Austreibung des Bösen kostet natürlich auch etwas. So lässt sich am Exorzismus doppelt verdienen.

Anderswo in der Welt sind und waren oftmals Witwen, Frauen am Rand der Gesellschaft, Arme und Vereinsamte Opfer der Hexenjagden. In Indien kommen jedes Jahr Hunderte Menschen ums Leben, wenn Nachbarn sie als Hexen denunzieren. Niemand in diesem riesigen, dicht bevölkerten Land kümmerte sich darum, bis die ganze Nation sich im Herbst 2009 vor der Welt in Verruf brachte. In einem Dorf namens Pattharghatia waren fünf Frauen durch eine aufgebrachte Meute nackt durch die Straßen getrieben und verprügelt worden und hatten ihren eigenen Kot essen müssen. Das alles war auf Betreiben sechs anderer Frauen passiert, die behaupteten, vom Heiligen Geist beseelt zu sein und unheilbringende Hexen erkennen zu können. Anders als sonst wurde diesmal die Polizei aktiv und nahm elf Dorfbewohner fest, darunter die übernatürlich Begabten, die seltsamerweise keine Hexen waren. Die Polizei hatte sich nur deshalb eingeschaltet, weil jemand den Vorfall mitgefilmt hatte und die Aufnahme später überregional im Fernsehen ausgestrahlt worden war.

Gründe, warum jemand als Hexe verdächtigt wird, gibt es reichlich. Merkwürdiges Aussehen, zum Beispiel durch Albinismus, oder eine Randstellung in der Gemeinde sind mögliche Anzeichen, doch wenn diese schon ausreichen, dann können im Prinzip alle Abweichungen von der Norm zu Verdächtigungen führen. Soweit wir wissen, spielte dabei die Abweichung Linkshändigkeit keine Rolle – nicht einmal in der Zeit des Hexenwahns, der jahrhundertelang in Europa wütete. Das ist bei näherer Betrachtung nicht weiter überraschend. Die groß angelegte Verfolgung von angeblichen Gehilfen – und vor allem Gehilfinnen – des Teufels entstand nicht aus dem Nichts.

Die Verfolgungen begannen im 15. Jahrhundert, zu einer Zeit, als sich die festen Strukturen des Mittelalters zu lockern begannen. Kunst und Wissenschaft lösten sich zunehmend von dem alles unterdrückenden Kreuz der christlichen Autoritäten. Es ist die Zeit der Renaissance. Der bürgerliche Dritte Stand forderte seinen Platz auf der politischen Bühne. Seine Stärke ist das Geld, er will nicht dort stehen bleiben, wo nach Gottes vermeintlichem Willen sein Platz zu sein hat. Die Verschiebung der Machtverhältnisse wird Jahrhunderte später in zwei Revolutionen münden: in die industrielle Revolution, mit der die Welt bald ganz im Zeichen von industrieller Fertigung und Kapital stehen wird, und die Französische Revolution, die für immer mit der Unantastbarkeit einer von Gott und den Traditionen bestimmten Autorität abrechnete. Doch noch ist das reine Zukunftsmusik. Das Europa des 15. Jahrhunderts ist eine im Zerfall begriffene Welt, zerrüttet durch den Schwarzen Tod, der in den Jahren 1347 und 1351 gewütet hatte und dessen Narben noch kaum verheilt sind. Dieser Pandemie – der Beulenpest, wie man allgemein annimmt, doch ebenso gut kann es das Ebola- oder vielleicht das Marburg-Virus gewesen sein – fielen auf dem gesamten Kontinent in wenigen Jahren bis zu 75 Millionen Menschen zum Opfer. Erst um 1600 hatte sich die Bevölkerungszahl wieder erholt. Ganz Europa war durch die unfassbare Tragödie tief traumatisiert. Und dann setzte zur selben Zeit auch noch eine relative Kälteperiode ein, die Kleine Eiszeit, die bis ins 19. Jahrhundert andauern sollte. In der Folge gab es Jahr um Jahr Missernten in großen Teilen Europas, die Nahrungsmittelknappheit, Teuerungen und neue Epidemien mit sich brachten. In diesem Klima der Unsicherheit wuchs unter der Bevölkerung das Bedürfnis, Sündenböcke für ihr Leid verantwortlich machen zu können. Es entstand ein tiefes Misstrauen gegenüber allen Minderheiten, genährt von der Furcht vor dem scheinbar grundlos zuschlagenden Bösen. Um 1430 war die Angst so groß, dass man hinter jedem Baum einen Helfer des Bösen vermutete, das Mitglied einer teuflischen Verschwörung oder eine Hexe.

Gleichzeitig zerfiel in dieser Zeit die kirchliche Autorität, größtenteils aufgrund hausgemachter Probleme. Interne Querelen und politische Scharmützel hatten der Unantastbarkeit päpstlicher Autorität schwere Risse zugefügt. Gegenpäpste, Bigotterie und Korruption hatten allmählich dafür gesorgt, dass die meisten Fürsten sich zunehmend aus dem Machtkreis des Papstes lösten – was nicht bedeutete, dass sie aus persönlicher Überzeugung oder politischem Opportunismus dem katholischen Glauben entsagten. Erst 1534 sagte sich mit Heinrich VIII. ein König öffentlich und endgültig vom Papst und seiner Kirche los und ernannte sich selbst zum Oberhaupt der anglikanischen Kirche.

Unter den Gläubigen rumort es schon lange: Bewegungen wie die Waldenser und Katharer werden »abtrünnig«, von Klöstern wie Cluny gehen Erneuerungsbewegungen aus. Aus Unzufriedenheit mit dem moralischen Zustand innerhalb der Kirche werden Bettelorden wie die Franziskaner gegründet. Auswirkungen hat das letztendlich kaum, die Kirche ist mehr denn je korrupt und verdorben. Um 1500 steht das Fass vor dem Überlaufen, es kommt zur Reformation. Sie führt letztlich dazu, dass sich im 18. Jahrhundert Nationalstaaten bilden, so wie wir sie heute kennen, und die Religion als politisches Bindeglied endgültig an Bedeutung verliert.

In dieser Zeit des Umbruchs, da alle auf der Suche nach einem neuen Gleichgewicht und neuen Werten sind, versuchen die Herrschenden zu überleben und ihren Einfluss zu wahren. Dabei greifen sie auf ein altbewährtes Instrument zurück: die Religion. Unter ihrem Banner finden in den blutigen Religionskriegen, die Europa zwischen 1517 und 1648 heimsuchen, endlose Kämpfe statt. Es ist die Blütezeit der Inquisition. Und des Hexenwahns.

Angst vor Hexen, die es schon immer gab, wuchs seit etwa 1430 zu einer allgemeinen Furcht vor einer weltumspannenden Verschwörung teuflischer Mächte an und wurde in dieser Zeit noch von oben geschürt. Die Hexenverfolgung wurde zu einem Kreuzzug gegen das vermeintlich Böse. Die Hintergründe sind eher politischer als emotionaler Natur. Die Hexenverfolgung ist eines der Instrumente, mit denen die Mächtigen bewusst oder unbewusst versuchten, das Auseinanderbrechen der gesellschaftlichen Ordnung zu verhindern, solange noch kein neues Bindeglied existierte. Wo die Idee eines souveränen Staates Erfolg hatte, hörte die Hexenverfolgung auch schnell wieder auf. Das sieht man etwa in der Republik der Vereinigten Niederlande, die um 1600 aus ehemals spanischem Besitz an der Nordsee entstand. In Nimwegen wurde schon 1603 das letzte Todesurteil wegen Hexerei vollstreckt. Im nahegelegenen Limburg, das noch nicht zur jungen Republik gehörte, wurden zwischen 1603 und 1637 noch ungefähr siebzig Hexen zum Tode verurteilt. In Spanien und Italien, in denen die Reformation nicht Fuß fassen konnte und das politische Klima relativ stabil blieb, hörten die Verfolgungen ebenfalls um 1620 auf, es wurden auch nur noch wenige Todesurteile gefällt. In anderen Regionen, in denen die Zustände weitaus chaotischer waren, wütete die Hexenverfolgung noch lange weiter, so in Westeuropa bis kurz nach dem Westfälischen Frieden von 1648, der den Glaubenskriegen ein Ende setzte. In Teilen Osteuropas fanden noch bis weit nach 1700 entsprechende Prozesse statt.

Beim Hexenwahn handelte es sich keineswegs um einen Fall von Massenhysterie, sondern um einen wohldurchdachten Plan kirchlicher und staatlicher Autoritäten, die alles taten, um ihn zu schüren, und manchmal selbst lenkten. Das geht aus zeitgenössischen Handbüchern zum Hexenproblem hervor. Das wohl bekannteste Beispiel ist der 1486 erschienene *Hexenhammer*, ein enorm erfolgreiches Buch, das Dutzende Auflagen erreichte. Autoren des *Hexenhammer* oder *Malleus Maleficarum*, so der lateinische Titel, sind zwei Dominikaner-Inquisitoren, die jedoch erst nach ihrem Tod auf dem Titel genannt wurden. Der eine war der fanatische Ketzer- und Hexenjäger Heinrich Kramer, ein umstrittener Mann ohne Skrupel, der seinen Namen, wie unter Gelehrten damals üblich, lateinisch Henricus Institoris schrieb. Als wahrer Querschläger, der nicht vor Scheinbeweisen zurückschreckte, passt er nicht recht zu dem anderen Autor, Jakob Sprenger. Sprenger galt, obgleich kaum aufklärerischer als Kramer, als tüchtiger und vernünftiger Mann und genoss als Inquisitor wesentlich mehr Autorität. Im Gegensatz zu Kramer war Sprenger zudem niemals an einem Hexenprozess mit tödlichem Ausgang beteiligt.

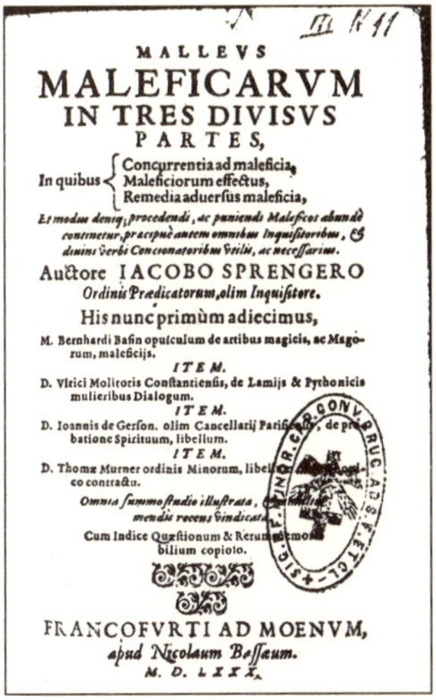
MALLEVS
MALEFICARVM
IN TRES DIVISVS
PARTES,
In quibus { Concurrentia ad maleficia, Maleficiorum effectus, Remedia aduersus maleficia,
*Et modus denique procedendi, ac puniendi Maleficos abundè continetur, præcipuè autem omnibus Inquisitoribus, & diuini Verbi Concionatoribus vtilis, ac necessarius.*
Auctore IACOBO SPRENGERO
*Ordinis Prædicatorum, olim Inquisitore.*
His nunc primùm adiecimus,
M. Bernhardi Basin opusculum de artibus magicis, ac Magorum, maleficijs.
*ITEM.*
D. Vlrici Molitoris Constantiensis, de Lamijs & Pythonicis mulieribus Dialogum.
*ITEM.*
D. Ioannis de Gerson. olim Cancellarij Parisi[illegible], de probatione Spirituum, libellum.
*ITEM.*
D. Thomæ Murner ordinis Minorum, libel[illegible] co contractu.
*Omnia summo studio illustrata, [illegible] mendis recens vindicata.*
Cum Indice Quæstionum & Rerum memorabilium copioso.
FRANCOFVRTI AD MOENVM,
*apud Nicolaum Bassæum.*
M. D. LXXX.

Titelseite der *Hexenhammer*-Ausgabe von 1580, erschienen in Frankfurt am Main, auf der Jakob Sprenger als einziger Autor genannt ist. Tatsächlich war Heinrich Kramer der Hauptautor und womöglich auch der einzige.

Da der *Hexenhammer* in vielerlei Hinsicht eine bizarre, in sich widersprüchliche Abhandlung ist und allgemein bekannt war, dass Sprenger Kramer nicht leiden konnte, wird häufig angenommen, dass Sprenger in Wirklichkeit nichts mit dem Buch zu tun hatte. Kramer hat ihn vielleicht nur als Autor erwähnt, um seinem Buch mehr Renommee zu verleihen. Doch ist das eher unwahrscheinlich. Es ist möglich, dass Sprenger beim Verfassen des Werkes nicht eingebunden war, doch dann muss er auf andere Art in das Buch involviert gewesen sein. Zumindest hat er sich der von Kramer fingierten Autorenschaft nicht widersetzt. Der *Hexenhammer* war ein großer Erfolg, er wurde immer wieder nachgedruckt und wurde in Kreisen der Hexenjäger, darunter viele deutsche Fürsten, viel beachtet.

So seltsam die Geschichte um die Autorschaft, so merkwürdig präsentiert sich der Inhalt des Buches. Ein bizarres Buch ist die *Hexenkammer* auf jeden Fall. Es enthält bei genauer Betrachtung blanken Unsinn, ein abenteuerliches Labyrinth an Gehirngespinsten über Teufel, die gefallene Frauen mit dem Bösen befruchten, Hexen, die Männern den Penis abreißen und im Handumdrehen wieder ansetzen, und vielen anderen Abstrusitäten. In seiner ernst gemeinten Verrücktheit gibt das Buch eine sehr genaue Definition von Hexen und beschreibt detailliert den unbedingt einzuhaltenden Prozessverlauf. Anders als vermutet, ist die Prozessführung, von Nachlässigkeiten und Widersprüchen abgesehen, verhältnismäßig gut durchdacht und lässt keinen Raum für Willkür. Folter ist zulässig, wenn auch nicht als bevorzugte Methode zur Wahrheitsfindung. Geständnisse, die durch Folter erzwungen werden, haben keine Geltung. Zudem gilt ein vager Bund mit dem Teufel oder dergleichen nicht als hinreichender Grund für eine Verfolgung, es muss ein ernster Glaubensverlust vorliegen: ein echter Pakt mit dem Satan, besiegelt durch einen Geschlechtsakt. Die Frage bleibt, wie das wirklich zu beweisen ist. Vor allem muss ein effektives *maleficium* vorliegen, also anderen wirklich etwas Böses angetan worden sein. Oder modern ausgedrückt: Es muss der hinreichende Verdacht einer Straftat bestehen.

Körperliche Merkmale spielten bei diesen formellen Hexenprozessen kaum eine Rolle, sie konnten lediglich als erschwerend hinzugezogen werden. Die einfachen Bürger, Verräter und Denunzianten sahen das anders. Auffällige Warzen besaßen für sie einen ebenso hohen Beweisfaktor wie seltsam geformte Narben, komische Feuermale und Muttermale sowie allerhand kleine und große Missbildungen. Vor allem rudimentäre zusätzliche Brustwarzen standen hoch im Kurs. Dabei handelt es sich um ganz oder teilweise entwickelte Warzen auf den sogenannten Milchleisten, zwei parallel verlaufenden Gewebelinien über Brust und Bauch, aus denen bei allen Säugetieren und auch dem Menschen die Brustwarzen wachsen. Derartige Brustwarzen kommen etwa bei einem von hundert Menschen vor, manchmal nur als leichte Verfärbung, manchmal komplett funktional. Sie erschienen nicht nur wegen der Assoziation mit Stillen und Erotik verdächtig, sondern auch, weil sie naturgemäß unter der Kleidung verborgen blieben. Von da aus ist es in einem Klima des Verdachts nur ein kleiner Schritt zu der Überzeugung, dass der Träger oder die Trägerin sie aus niederen Motiven verborgen hielt.

Dass Linkshändigkeit als erschwerender Umstand keine Rolle spielt, überrascht kaum. Erstens hat sie nichts Heimliches. Linkshändigkeit fällt zwar nicht immer direkt auf, ist aber schwer zu verbergen und tritt auch nicht plötzlich und unerwartet ans Licht, so wie das bei der zusätzlichen Brustwarze oder bei einem merkwürdig geformten

Feuermal auf dem Oberschenkel oder Po der Fall ist. Und wie wir schon festgestellt haben: Linkshändigkeit ist einfach weit verbreitet. Wer sie stigmatisiert, geht das Risiko ein, dass dem auch nahe Angehörige zum Opfer fallen.

# 10
## Ein Richtungsstreit

»So schinden sich die nationalen Abgeordneten«, schrieb der englische Satiriker und Historiker Thomas Carlyle im Jahr 1837 über die revolutionäre französische Nationalversammlung von 1789, »mit viel Mühen und Krawall; sie zerschlagen alte, unerträgliche Bande und spinnen eifrig Stricke aus Sand für neue. Ob ihre Arbeit Erfolg hat oder nicht, die Augen von ganz Frankreich sind fest und voller Stolz auf sie gerichtet.« Es herrscht Chaos in der Versammlung, so Carlyle: »Nicht weniger als hundert Mitglieder sind gleichzeitig auf den Beinen; es gibt keine Regeln bei der Stellung von Anträgen, ja nicht einmal einen Ansatz dazu; die Zuschauer auf der Galerie dürfen Applaus klatschen oder sogar ›zischen‹; taucht einmal das Haupt des Präsidenten, der alle zwei Wochen neu ernannt wird, aus den parlamentarischen Wogen auf, so lässt es oft kein heiteres Gesicht sehen.«

Doch es gibt Hoffnung, das Chaos ist nicht grenzenlos: »Doch, wie immer, wenn Menschen zusammenkommen, finden Gleichgesinnte zueinander, die ewige Regel *Ubi homines sunt modi sunt* gilt auch hier. Man bemerkt die ersten Ansätze zu Systemen und Parteien. Es gibt eine rechte Seite (Côté Droit) und eine linke Seite (Côté Gauche), die rechts bzw. links vom Herrn Präsidenten ihren Platz haben. Die Côté Droit sind die Konservativen, die Côté Gauche die ›Destruktiven‹.

Die rechte Fraktion besteht keinesfalls aus Lämmern: dort spricht und predigt der Kapitän der Dragoner Casales, äußerst redegewandt, leicht eindringlich bemüht, sich einen Namen zu machen. Und da poltert äußerst geistreich Barrel-Mirabeau – der junge Mirabeau: der melancholische d'Espremenil muss davon schnauben und spucken. Er würde, so denkt man sich mit einem Lächeln, noch den alten Mirabeau plattmachen – doch das will er nicht. Sieh da, zum Schluss, der Größte von allen: Abbé Maury mit seinen Jesuitenaugen, seinem unbeirrbar eisernen Gesicht, Inbegriff aller Todsünden. Unzähmbar, unaufhaltsam. Er streitet mit der ihm eigenen Jesuitenrhetorik, mit viel Ausdauer, mit viel Herz. Für den Thron, und besonders für den Altar und den Zehnten. So stark, dass auf einmal von den Stehplätzen eine schrille Stimme tönt: ›Meine Herren Klerus, Sie werden rasiert. Wenn Sie nicht stillsitzen, schneiden Sie sich.‹«

Zur Linken nimmt Carlyle eine unheilvolle Gestalt wahr: »Robespierre mit seinen meergrünen Augen, der sein geringes Gewicht in den Kampf wirft, entschlossen, aber noch wirkungslos. So ein magerer, drahtiger Puritaner und Dogmatiker müsste kurzen Prozess mit allen Formalitäten machen. Doch lebt, bewegt und atmet er in einer Welt mit den ihnen eigenen Formalismen. ›Peuple‹ – denn laut Robespierre ist das der Königsweg für die Verkündung von Gesetzen – ›Peuple, dies ist das Gesetz, das ich für Sie aufgesetzt habe, akzeptieren Sie es?‹ Was von links, von der Mitte und von rechts mit einem unbändigen Lachen quittiert wird. Doch Männer mit Einsicht spüren, dass dieser Mensch mit den meergrünen Augen auch schon mal zu weit gehen könnte: ›Dieser Mann‹, bemerkt Mirabeau, ›von ihm werden wir noch hören. Er glaubt jedes seiner Worte.‹«

In dieser heißblütigen Beschreibung der ersten Wehen eines neuen und revolutionären Frankreichs zeigen sich die Wurzeln des Gegensatzpaares links/rechts, das wie kein anderes das politische und ideologische Miteinander bestimmen wird. Links und Rechts ist seitdem von London bis Peking und von Puget Sound bis Patagonien zur Maßeinheit für das politische und gesellschaftliche Spektrum geworden. Die französischen Abgeordneten erfanden diese Begrifflichkeit mehr oder weniger unabsichtlich, doch Carlyle meißelte sie für alle Zeit in Granit.

Carlyle charakterisierte die linke Partei als destruktiv. Er meinte damit Menschen, die angetreten waren, Dinge zu verändern, die eine neue, bessere Gesellschaft errichten wollten, was bedeutete, verkrustete Strukturen aufzubrechen. Und zwar genau die Strukturen, die »rechts« weiter in Ehren halten wollte. Denn rechts fand die Gesellschaft gut, so wie sie war, mit Altären, Zehnten und Obrigkeitshörigkeit.

Das war der Konflikt, um den es im Paris von 1789 ging. Doch Menschen wären keine Menschen, wenn sie die ursprünglichen Begriffe links und rechts nicht sofort mit allerlei Assoziationen versehen würden, genährt durch die Ereignisse und die Ausprägung und Entwicklung verschiedener Strömungen und Ideologien. So entstand allmählich wiederum eine Tafel der Gegensätze, die etwa so aussah:

| LINKS | RECHTS |
|---|---|
| veränderungsbereit | bewahrend |
| egalitär | autoritär |
| solidarisch | individualistisch |
| ungehorsam | gesetzestreu |
| experimentierend | konformistisch |
| pazifistisch | militärisch |
| arm | reich |
| hilfsbereit | eigennützig |
| rational | mystisch denkend |
| politisch engagiert | auf Abstand zur Politik |
| permissiv | intolerant |
| freigeistig | kontrolliert |
| dynamisch | statisch |
| offen | geschlossen |

Diese Liste ist so inkonsequent, verallgemeinernd, vereinfachend und voller Widersprüche wie die von Pythagoras oder jede andere. Um den Wahrheitsgehalt ist es ebenfalls nicht allzu gut bestellt. Doch sie zeigt schon die grobe Linie, entlang derer seit gut zweihundert Jahren der gesellschaftliche Diskurs der westlichen Welt verläuft.

In einem interessanten Punkt unterscheidet sie sich jedoch von der Tafel des Pythagoras. Bei Letzterem geht es mehr oder weniger um neutrale Ausprägungen, meist Aspekte der Natur. Gerade / krumm,

Sonne/Mond, Leben/Tod – mit diesen Begriffen sind zwar Gefühle und Werturteile verknüpft, doch an sich sind es objektive, vom Menschen losgelöste Dinge. Die Tafel mit den gesellschaftlich-politischen Begrifflichkeiten zu links und rechts dagegen führt völlig andere Elemente auf. Sie umfasst Begriffe, die vom Menschen erdachte Paare sind und außerhalb unserer Sphäre nicht bestehen. Sie fordert zur Entscheidung für das eine oder andere auf und enthält ein Werturteil. Allerdings fügen wir uns bereitwillig in beide Tafeln und verschließen vor den Widersprüchen und Inkonsequenzen einfach unsere Augen.

Nehmen wir das Beispiel der Gesetzestreue, die traditionell als zentraler Wert der konservativen Rechten gilt. Diese muss sich, besonders nach dem Aufstieg von Sozialismus (links) und Kapitalismus (rechts), mit dem Individualismus verbünden in dem Sinne, dass es wichtiger ist, eigene Interessen zu verfolgen als die der Allgemeinheit. Doch wie geht das zusammen mit dem wiederum eher rechten Hang zum Konformismus? Was bedeutet Individualismus, wenn man sich gleichzeitig immer stärker konform verhalten muss? Wie sieht es umgekehrt aus? Wie können »Linke« gleichzeitig sozial und solidarisch, aber auch nicht-konformistisch sein? Welche Gesellschaften waren in der Geschichte am stärksten normiert? Die kommunistischen Regime in der Sowjetunion und in China sowie ihre Satellitenstaaten. Und was soll man von Nazi-Deutschland halten? Es war das Musterbeispiel einer extrem rechten Gesellschaft, nannte sich selbst jedoch sozialistisch, war entschieden antikapitalistisch und trug tatsächlich alle Züge eines Sozialismus.

Länder, die derart intolerant sind, dass man dort besser nicht auffällt und Konformismus eine

Grundbedingung des Lebens ist, waren und sind entweder ganz links oder ganz rechts angesiedelt, egal, wie die Begriffe inhaltlich gefüllt werden; dies müssen wir uns eingestehen. Interessanterweise hat eine derartige Tafel der Gegensätze, selbst wenn sie das Grundprinzip unseres Lebens umfasst, mit der Wirklichkeit kaum etwas zu tun, und doch bedient man sich ihrer als ordnende Hilfe im Chaos, das wir Gesellschaft nennen. Darum nehmen wir Begriffe wie links und rechts ohne Scheu in den Mund und können häufig doch nur vage erklären, was genau damit gemeint ist.

ooooooooooooooo

In modernen, mehr oder weniger demokratischen Ländern mit einem hohen Maß an Pressefreiheit spielt der politische Begriff links eine besondere Rolle. Beharrlich wird in diesen Ländern die linke Presse beklagt. Seltsamerweise hören wir selten oder nie, dass Presse oder Fernsehen zu rechts orientiert seien.

Das passt so gar nicht zu dem Eindruck, den man beim Lesen etwa der gehobenen britischen Zeitungen bekommt, und auch die BBC gibt keinen Anlass zu der Annahme, dort seien sozialistische Revoluzzer am Werke. In amerikanischen Tageszeitungen muss man schon gründlich suchen, um eine auch nur einigermaßen linke Stimme zu finden, selbst in den besten und kritischsten Blättern. Die größte niederländische Tageszeitung, *De Telegraaf*, nennt sich selbst »Zeitung der wachen Niederlande«. Mit der Aussage »der wachen Niederlande« meint sie den hart arbeitenden, konservativen und konformistischen Bürger und bekennt sich öffentlich zu ihrer rechten Identität. In Frankreich sieht es nicht viel anders aus. Die niederen Gefilde der Medien, angeführt von den populären englischen Zeitungen, neigen mehrheitlich zu muffiger, ängstlicher Rechtsorientierung und Desinteresse an den komplexen Vorgängen und Missständen in der Gesellschaft, liefern stattdessen mundgerecht persönliche Skandale und simple Sensationen.

Die Aussage, etwas sei »zu links«, zielt eigentlich darauf ab, dass Zeitungen und Reportagen im Radio und Fernsehen häufig von Opfern berichten und sich auf ihre Seite stellen. Von Ohnmächtigen und Vernachlässigten, dem unterdrückten kleinen Mann, von Abhängigen. Von Schwachen, Kranken und Obdachlosen, Flüchtlingen und Illegalen, von bunten Schmetterlingen und Käfern. So arbeiten die Medien, doch mit links und rechts hat das nichts zu tun. Gutmensch-Nachrichten und Verharmlosungsmedien haben keine großen Überlebenschancen. Medien müssen nun einmal ungeachtet der Gesinnung ihrer Macher auch schlechte Nachrichten verbreiten. Sie müssen über Skandale, Probleme und Verbrechen berichten und Hintergründe aufklären, denn die Menschen wollen darüber informiert werden.

In der Folge konzentrieren sich Zeitungen und Zeitschriften, Radio, Fernsehen und sonstige Medien meist auf Themen und Missstände, die viele beunruhigen und Angst erzeugen. Das ist genau das, was der konservative, zufriedene Teil der Bevölkerung so wenig vorgehalten bekommen möchte wie die, die gerade an der Macht sind und für alles verantwortlich gemacht werden, was in der Gesellschaft schiefläuft. Dies sind diejenigen, die sich immer über die Linksorientierung der Medien beklagen, die Besitzenden und Mächtigen, gleich welche Meinungen und politischen Prägungen sie sonst haben mögen.

Mit links oder rechts hat die ewige Kritik an den Medien deshalb wenig zu tun. Womit sie tatsächlich zu tun hat, das entdeckte der amerikanische Sprachwissenschaftler und politische Denker Noam Chomsky. Der Klasse der konservativen *top dogs* passt der Vorwurf einer zu starken Linksorientierung der Medien gut ins Konzept, da er die Abgrenzung zu vertretbaren Gegenmeinungen verschiebt. Wenn schon tadellose Medien als zu links gelten, dann zählen weitaus kritischere oder negativere Stimmen, die sich zu politischen oder gesellschaftlichen Zuständen äußern, automatisch zu den *loony left*, den bekloppten Linken, wie es in Großbritannien so schön heißt.

Allzu kritische Töne, die radikale Änderungen fordern, werden dadurch einfach und wirkungsvoll ins Abseits gestellt. Jeder kennt die Grenze, jeder folgt den Linien, die die Leitmedien vorgeben. Im Abseits will niemand stehen, also bleiben alle, insbesondere in der Politik, in der sicheren Mitte, wo Unangenehmes mit großem Bedenken zu einem Einheitsbrei zerstampft wird. Die Klage über parteiische Medien ist höflicher und subtiler als einst bei der Stasi in der DDR, dient den herrschenden Klassen jedoch als Steuerinstrument mit demselben Ziel. Man möchte kritische Gedanken an die Leine nehmen und auf Veränderung drängende Strömungen unter Kontrolle halten.

# 11
# Der ideale Soldat

Die Benjaminitische Geschichte von den siebenhundert linkshändigen Kriegern zeigt, dass Linkshändigkeit bei der Kriegführung schon damals ein ernstes Problem darstellte. Warum sonst sollte sich jemand die Mühe machen, so viele Linkshänder zu suchen und sie in einer eigenen Einheit unterzubringen? Ganz ähnlich existiert dieses Problem noch heute.

Der Militärapparat stellt eigene Anforderungen an seine Soldaten, und Linkshändigkeit ist dabei unerwünscht. So unauffällig der durchschnittliche Linkshänder normalerweise funktioniert, in einer Kampforganisation wird er plötzlich zur echten Gefahr für seine Kameraden. Eine Gruppe Raufbolde wird erst durch Disziplin und vereintes Handeln zu einer Armee, dann wird sie schlagkräftig und effektiv und kann auch viel stärkere, aber schlechter organisierte Gegner besiegen. Das wussten schon die alten Griechen mit ihrer Phalanx von Lanzenreitern. Sie lief einfach stur im Verbund durch, die Lanzen nach vorn gerichtet. Dieser menschliche Block mit eisernen Speerspitzen walzte alles nieder, was sich ihm in den Weg stellte. Etwa so ähnlich, doch mit kurzen Schwertern, die sich wie Dreschflegel voran arbeiteten, hieben sich die römischen Legionen ihren blutigen Weg durch die halbe damals bekannte Welt. Polizeikommandos in aller Welt bedienen sich bei schwierigen Einsätzen noch heute dieser Taktik, nur mit

Schlagstöcken anstelle des tödlichen römischen *gladius*. Im Kern bleibt es sich gleich: Große, anonyme Menschenblöcke werden wie eine Maschine gesteuert. So war es, bis im Ersten Weltkrieg das Maschinengewehr dieser dreitausend Jahre alten Militärtradition ein Ende setzte.

Bis zu dem Zeitpunkt hatten Linkshänder eine ernsthafte Gefahr für die Armee dargestellt. Eine schlagkräftige Armee zeichnet sich durch zwei Dinge aus: Disziplin, die dafür sorgt, dass Soldaten im Ernstfall nicht desertieren, und Uniformität. Linkshändigkeit stört diese Uniformität.

Vor Erfindung des Schießpulvers waren in Linie vormarschierende Soldaten auf einen geschlossenen Wall aus Schutzschilden angewiesen. Wenn also ein Linkshänder dazwischen war, der sein Schild rechts hielt, entstand eine gefährliche Lücke in der Deckung, der Linkshänder behinderte zudem noch seinen rechten Nachbarn. Damit nicht genug: Ein rechtshändiger Soldat bewegt sich nach links vorn, sodass er aus dem Schutz seines Schildes hervor zuschlagen kann. Ein Linkshänder ist gerade dann besonders verwundbar, denn es zieht ihn in die andere Richtung, sodass sich in der Linie schnell Chaos ausbreitet. Auch bei Kommandos wie links herum oder rechts herum eckt er schnell bei seinen Nachbarn an. Kurzum, mit einem Linkshänder in den eigenen Reihen braucht es keinen Gegner mehr.

Auch heute noch hat die Armee mit Linkshändern Probleme. Das Schloss eines normalen Gewehrs befindet sich für den Linkshänder auf der falschen Seite, sodass er länger zum Nachladen braucht. Aus jedem Standardgewehr springen die Kugelhülsen nach rechts, weg vom rechtshändigen Schützen. Ein Linkshänder legt sein Gewehr an der linken Schulter an und riskiert dabei, die heiße Hülse direkt ins Gesicht zu bekommen, oder sie landet auf seinem rechten Arm, die den Lauf stützt. Einige moderne Gewehre, doch keineswegs alle, sind so konzipiert, dass auch Linkshänder keine Probleme mit den Hülsen bekommen. Trotzdem sind sie benachteiligt, da sich der Kolben der rechten Schulterform anpasst. Die linke Schulter, auf der der Linkshänder sein Gewehr anlegt, wird durch den Rückschlag stärker in Mitleidenschaft gezogen als die Schulter des rechtshändigen Kollegen. Gewehre für Linkshänder sind keine Lösung, denn im Ernstfall muss ein Soldat auf das Gewehr seines Nachbarn zurückgreifen können, dann bleibt keine Zeit, um sich mit der Handhabung von dessen Gewehr vertraut zu machen. Auch bei der modernen Kriegführung sind Uniformität, Standfestigkeit und Vorhersehbarkeit die Schlüsseltugenden einer erfolgreich kämpfenden Einheit. Da stört ein Linkshänder ganz einfach.

ooooooooooooooo

Dennoch ist ein linkshändiger Soldat für manches gut einsetzbar. Ein Rechtshänder kann, ohne aus der Deckung zu gehen, rechts um die Ecke schießen, doch will er das Gleiche links tun, begibt er sich in Gefahr. Da ist ein Linkshänder voll in seinem Element. Beim Militär haben immer wieder Leute vom zweihändig einsetzbaren Soldaten geträumt, vom idealen Kämpfer, der mit seiner linken Hand genauso gut Schwert, Lanze oder Schild führen kann wie mit seiner rechten und mühelos und präzise von der linken wie von der rechten Schulter schießt.

Im letzten Viertel der 19. Jahrhunderts schien dieser Traum in Erfüllung zu gehen. Es war die Zeit allgemeinen Fortschrittsglaubens. Zwischen 1871 und 1914 war die politische Lage in Europa stabil, unter anderem aufgrund komplizierter Bündnis- und Allianzsysteme. Zwar rumorte es in Russland und im Fernen Osten, und in Südafrika wütete von 1899 bis 1902 der Burenkrieg, der Westen jedoch war stolz auf die ungeahnten Höhenflüge der Zivilisation und lebte unbelastet von zwei bevorstehenden schrecklichen Weltkriegen. Das Schienennetz hatte die Welt geöffnet, und großartige Bauwerke wie der Suez- und der Panamakanal bewiesen, wie der Mensch die Natur formen konnte. Dampfschiff und Eisenbahn hatten in nicht einmal einem Jahrhundert die ganze Welt erschlossen. Die ersten Automobile fuhren umher, und 1903 schien selbst das Fliegen keine Zukunftsmusik mehr zu sein, als Wilbur und Orville Wright am Strand von Kitty Hawk ihre ersten motorisierten Flugversuche unternahmen. Die technischen Möglichkeiten schienen unbegrenzt, alles schien machbar.

Die Wissenschaft hatte derweil ebenso beeindruckende Fortschritte erzielt. Lord Kelvin, der Entdecker des Nullpunkts und treibende Kraft bei der Verlegung des ersten transatlantischen Telegrafenkabels, war als einer der führenden Wissenschaftler seiner Zeit davon überzeugt, dass die Naturkunde bereits fast alles erreicht hatte: »In der Naturkunde gibt es nicht mehr viel Neues zu entdecken, alles muss nur noch genauer vermessen werden«, prophezeite er. Ach, was wusste er schon. Er war überzeugt, dass »Röntgenstrahlen sich als Unsinn erweisen«, und hatte keine Ahnung, was im Feld der Atomtechnik noch alles entdeckt werden sollte. Im Nachhinein betrachtet, ging das Spiel da erst richtig los.

Gleichwohl hatte zu dem Zeitpunkt die Evolutionslehre von Charles Darwin bereits weitreichende Folgen gehabt. Seine Theorie wurde meist falsch verstanden, doch sie hatte zwei Dinge gezeigt: Der Mensch war mit den Tieren eng verwandt, vor allem mit dem Menschenaffen, und menschliche Eigenschaften waren nicht für die Ewigkeit von Gott gegeben, sondern hatten sich allmählich entwickelt und konnten sich weiter verändern. Warum sollte sich der Mensch da nicht ein Stück weit selbst formen lassen?

Unter dem Einfluss dieser neuen Sicht auf die Welt erwachte auch das Interesse am Phänomen der Rechts- und Linkshändigkeit von Neuem. Wenn unsere Eigenschaften nicht unveränderlich sind, konnte man sie dann nach Belieben formen? Und da im Tierreich bei unseren nächsten Verwandten, den Menschenaffen, offenbar keine Spur von Einhändigkeit zu entdecken war, warum sollte der Mensch nicht durch Training zu einem zweihändigen, vollständigeren Menschen werden? Dass eben diese Menschenaffen es weniger weit gebracht hatten als der Mensch, wurde dabei gern übersehen.

Aus diesem Ansatz heraus entstand zu Beginn des 20. Jahrhunderts in England die *Ambidextral Culture Society*, die in fortschrittlichen Kreisen viele Anhänger fand. Die Adepten der Zweihändigkeit waren davon überzeugt, dass die Einhändigkeit das letzte ernsthafte Hindernis auf dem Weg zum höchsten Ideal eines modernen, hoch gebildeten und gut erzogenen Menschen war: die vollkommene Selbstentfaltung. Würde man Kinder im gleichwertigen Gebrauch beider Hände unterweisen, so könnten sie, nicht länger von der Bevorzugung einer Hand behindert, zu vollkommenen Menschen heranwachsen. Unklar blieb, was an der Bevorzugung einer Hand schlecht sein sollte, ganz abgesehen davon, dass der Mensch dann zwei fast identische Hände besäße. Mit diesem umfassenden Programm, sein Leben ganz neu auszurichten, war die *Ambidextral Culture Society* eine Art Vorgänger der antiautoritären Bewegung oder der Bhagwan-Bewegung.

Wie für derartige Bewegungen typisch, fehlte dem Beidhändigkeitsgedanken nicht nur eine gut durchdachte Grundlage, ihre Anhänger bedienten sich auch einigermaßen wahllos bei den Gedanken bedeutender Personen der Geschichte. In diesem Fall war Jean-Jacques Rousseau, der große französische Philosoph des 18. Jahrhunderts, der Glückliche. Ein Mythos war geboren, denn noch lange nach dem Ende der Zweihändigkeitsbewegung galt er regelmäßig als Anhänger der zweihändigen Erziehung.

Die Annahme von Rousseaus Propagierung der Zweihändigkeit beruhte auf einer Passage aus seinem 1762 erschienenen Roman *Emile*, in der es um die Entwicklung und Erziehung von Kindern geht. Darin steht, dass sich ein Kind nur eine einzige Gewohnheit aneignen müsse, nämlich die, keine Gewohnheiten zu haben. Es dürfe nicht auf einem bestimmten Arm getragen werden, müsse mit links wie mit rechts die Hand geben können und beide Hände ohne Unterschied gebrauchen. Der arme Rousseau! Während er nur gegen die Konvention der »schönen Hand« protestierte, sahen seine Leser darin einen Aufruf zur Zweihändigkeit. Rousseaus flammendes Plädoyer für das »Dürfen« wurde flugs in das Gegenteil, das »Müssen«, übersetzt.

Die treibende Kraft hinter dieser Bewegung war ein gewisser John Jackson, der unter dem Titel *Ambidexterity* 1905 eine Streitschrift für die Zweihändigkeit und die Erziehung zur Zweihändigkeit veröffentlichte. Das Vorwort stammte von niemand Geringerem als Generalmajor Lord Baden-Powell, dem Gründer der Pfadfinderbewegung und Helden der Aschanti-Kriege in den letzten Jahren des 19. Jahrhunderts, unterzeichnet mit beiden Händen.

Robert Baden-Powell war ein Mann mit extremen Ansichten zu vielen Themen. Er glaubte stark an die optimale Ertüchtigung des menschlichen Körpers, was bei einem Armeeangehörigen nicht verwundert. So entstand die Pfadfinderbewegung als Instrument, um den Körper ganz normaler Jungen bis zur Perfektion zu entwickeln. Andererseits war er überzeugt, dass die Einseitigkeit von Menschen, gleich, ob es um Hände oder Beine ging, ein ernsthaftes Hindernis auf dem Weg zur angestrebten Vollkommenheit darstellte. Die Bedeutung eines zweihändigen Trainings von klein auf durfte nach seiner Ansicht nicht unterschätzt werden. Von sich selbst behauptete er, seine Schreibarbeit nur bewältigen zu können, weil er abwechselnd mit beiden Händen schrieb. Dass er als Kind nicht geübt hatte, über zwei Themen gleichzeitig zu schreiben, bedauerte er zutiefst. Schon aus diesem Grund kann er kein großer Intellektueller gewesen sein. Selbst englische Lords haben nur ein Hirn, und wie man sich mit zwei Themen gleichzeitig befassen können sollte, das ließ er unbeantwortet.

Baden-Powells Gedanken sind bis heute in der Pfadfinderbewegung zu finden, etwa bei der Sitte, sich mit der linken Hand zu begrüßen. Ihr Ursprung hat allerdings eine ganz handfeste Erklärung, der alte Recke kam auf diese Idee, als ihm 1896 ein besiegter Aschanti-Häuptling ehrfürchtig die linke Hand gab, da der tapferste Kämpfer dieses Volkes stets auf diese Weise gegrüßt wurde.

Die *Ambidextral Culture Society* war letztlich nicht mehr als eine Modeerscheinung, die außer einigem Kinderleid wenig zuwege brachte und mit dem Aufkommen ernstlicherer Probleme wie dem Ersten Weltkrieg auch einen stillen Tod starb.

# 12

# Die vielen Formen der Einseitigkeit

Der stille Tod der englischen *Ambidextral Culture Society* hat gezeigt, dass die Zweihändigkeit nicht direkt zur Erleuchtung führt oder unbedingt erstrebenswert ist. Dennoch hatten die Anhänger der Bewegung in einem Punkt nicht ganz Unrecht. Waren nicht zahlreiche große Künstler beidhändig gewesen? Holbein, da Vinci, Michelangelo beispielsweise, auch der berühmte britische Maler Sir Edwin Landseer, ein Intimus von Königin Victoria – von der es ebenfalls hieß, sie sei zweihändig. Von Landseer wird berichtet, dass er sich einmal auf einem Fest, als das Gespräch auf Linkshändigkeit kam, zwei Leinwände und zwei Pinsel bringen ließ und zur Überraschung der Umstehenden mit der einen Hand den Kopf eines Rehs und gleichzeitig mit der anderen einen Pferdekopf zeichnete. Ob diese Geschichte nun wahr ist oder nicht, es gibt durchaus Menschen, die mit beiden Händen etwa gleich viel leisten können. Trotzdem machten die Anhänger des Zweihändigkeitsgedankens einen elementaren Denkfehler. Dass es Menschen gibt, die mit beiden Händen gleich gut umzugehen wissen, bedeutet nicht, dass Zweihändigkeit an sich schon zu herausragenden Leistungen führt. Es gibt viele Menschen, die mit beiden Händen gleich gut umzugehen wissen, die aber mit keiner der beiden etwas Besonderes zustande bringen. Sie werden nicht berühmt, sondern müssen mit der Auszeichnung leben, »zwei linke Hände« zu haben.

Wichtigste Folge dieser scheinbaren Zweihändigkeit ist die Erkenntnis, dass wir die Menschheit nicht einfach in reine Rechtshänder und reine Linkshänder einteilen können. Zwischen diesen beiden Eckpfeilern liegt eine große Bandbreite an Varianten. Vielen Linkshändern ist bewusst, dass sie bestimmte Dinge trotz ihrer Linkshändigkeit mit rechts tun. Manchmal bleibt ihnen auch keine andere Wahl, etwa wenn es um das Bedienen von bestimmten nur für den rechtshändigen Gebrauch konstruierten Geräten wie Dosenöffner oder Korkenzieher geht. In anderen Fällen ist diese Gewohnheit unter Zwang entstanden, etwa bei Linkshändern, die mit der rechten Hand schreiben gelernt haben, oder auch unter sanftem oder strengem Erziehungsdruck, bei Tischmanieren zum Beispiel. In wieder anderen Fällen hat sich ihre Händigkeit spontan entwickelt. Weit weniger bekannt ist der häufig vorkommende umgekehrte Fall, dass ein Rechtshänder einige Dinge mit der linken Hand ausführt. Das merkwürdigste Beispiel, das ich kenne, ist ein Rechtshänder, der nur eine Sache konsequent mit links tut: essen. Das Seltsame daran ist, dass Eltern guten Tischmanieren besonders viel Bedeutung beimessen: Das Essen mit der rechten Hand ist die Norm und wird in vielen Familien von klein auf durchgesetzt.

Diejenigen, die nicht alles mit rechts, aber auch nicht alles mit links tun, bilden die Gruppe der Mischhänder. Sie besteht allerdings nur in Statistiken, denn niemand würde sich im normalen Leben so bezeichnen. Die meisten Mischhänder betrachten sich als links- oder rechtshändig und sind sich oft nicht einmal bewusst, dass sie nicht konsequent nur eine Hand benutzen. Würden wir den Grad der Bevorzugung einer Hand von einer großen Gruppe Menschen grafisch darstellen, dann erhielten wir die Form einer Welle mit zwei Spitzen: eine etwas kleinere links und eine größere rechts. Die meisten Linkshänder verrichten nämlich die meisten Dinge mit links, doch längst nicht alles, während es für Rechtshänder umgekehrt gilt. Reine Links- oder Rechtshänder scheinen in beiden Gruppen eine Minderheit darzustellen. Doch es gibt immer noch mehr von ihnen als von Menschen, die mit ihrer rechten Hand etwa gleich viele Dinge tun wie mit ihrer linken.

Ein Mischhänder ist übrigens etwas anderes als ein Beidhänder. Der Mischhänder gebraucht für eine Aufgabe bevorzugt oder ausschließlich seine linke Hand, für eine andere die rechte. Keineswegs kann er eine beliebige Aufgabe mit beiden Händen

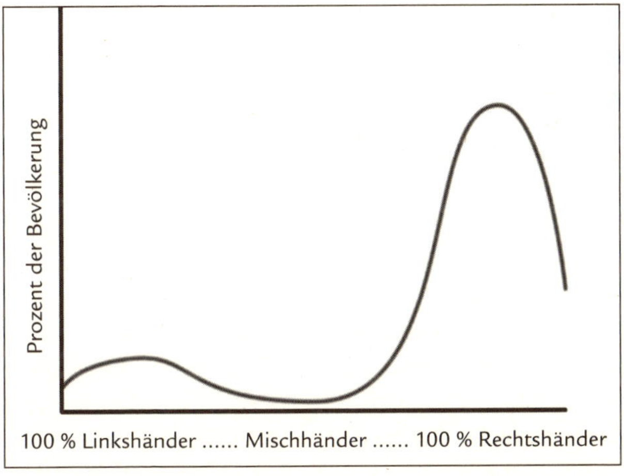


Der größte Teil der Bevölkerung neigt stark bis sehr stark zur Links- oder Rechtshändigkeit, setzt seine bevorzugte Hand aber nicht für alle Tätigkeiten ein. Echte Mischhänder sind sehr selten.

gleich gut verrichten, anders als echte Beidhänder, wobei die Frage ist, ob es die überhaupt gibt. Es gibt genügend Menschen, die von sich behaupten, Beidhänder zu sein, doch ich treffe selten auf Menschen, für die es keine Rolle spielt, mit welcher Hand sie schreiben, zeichnen, Brot schneiden, Kartoffeln schälen oder ihre Suppe löffeln. Wenn Beidhänder also existieren, dann ist zu vermuten, dass sie aus praktischen Erwägungen unbewusst eine Hand wählen und die andere Hand vernachlässigen. Man hat keine Lust, jedes Mal bewusst entscheiden zu müssen, welche Hand man benutzt, bevor man etwas aufschreiben oder zu sich nehmen möchte.

Natürlich gibt es viele Leute, die Aufgaben, die sie mit einer Hand ausführen, genauso gut und problemlos mit der anderen Hand ausführen könnten. Bei recht einfachen Abläufen wie dem Schrauben oder Anstreichen kommt das sogar häufig vor. Wer bei einer schweren Arbeit mit seiner bevorzugten Hand ermüdet, kann zur anderen Hand wechseln. Dasselbe gilt für Arbeiten an schwer zugänglichen Stellen. Normalerweise benutzt man ohne groß nachzudenken die bevorzugte Hand. Wenn kompliziertere Aufgaben erledigt werden müssen, etwa filigrane Malerarbeiten an einem Fensterrahmen oder aber Zeichnen und Schreiben, wechselt kaum jemand einfach so die Hand.

Michelangelo konnte das offenbar, und er verdankte seine Reputation zum Teil seiner Beidhändigkeit. Das Ausmalen der Decke der Sixtinischen Kapelle war nicht nur künstlerisch, sondern auch körperlich ein wahrer Kraftakt. Große Teile der Arbeit musste der Maler auf einem hohen Gerüst dicht unter der Decke im Liegen ausführen. Wer schon einmal eine Lampe aufgehängt oder ein Loch in der Decke zugespachtelt hat, kann sich vorstellen, was es bedeutet, Tag um Tag viele Stunden lang mit erhobenen Armen arbeiten zu müssen. Schwerkraft und Milchsäure entfalten schon nach kurzer Zeit ihre tückische Wirkung mit lahmen Armen und Schmerzen als unmittelbare Folge. Dass die weltberühmte Deckenmalerei überhaupt fertiggestellt wurde, ist vielleicht der Fähigkeit des Künstlers zu verdanken, beide Arme im Wechsel einzusetzen. Die Frage, ob Michelangelo wirklich beidhändig war, ist dadurch aber noch nicht beantwortet. Dazu müssten wir zunächst wissen, ob er morgens immer mit derselben Hand begann oder wie er normalerweise in seinem Atelier arbeitete. In seinem Fall würde das kaum zu neuen Erkenntnissen führen, da er laut Aussage von Zeitgenossen ein umgeschulter Linkshänder war, der gelernt hatte, seine rechte Hand als Vorzugshand zu benutzen.

ooooooooooooooo

Die Meinungen darüber, wie sich Linkshänder, Mischhänder und Rechtshänder verteilen, laufen ziemlich auseinander. Das liegt zum einen daran, dass fast jede Untersuchung zur Vorzugshand ein eigenes Messverfahren anwendet. Alle Methoden sind mehr oder weniger umstritten. Wenn man Menschen einfach nach ihrer Vorzugshand bei bestimmten Aufgaben fragt, muss man sich die drei Probleme beim Fragenstellen bewusst machen. Erstens geben anständige Menschen – Menschen, die bereit sind, ohne große Vergütung an einer Untersuchung mitzuwirken – gern sozial gewünschte Antworten. Sie geben also eine Antwort, von der sie glauben, dass sie der an sie gerichteten Erwartung entspricht. So erhält man eher konformistische als ehrliche Antworten.

Das zweite Problem scheint dazu im Widerspruch zu stehen. Es betrifft die ebenso starke Neigung anständiger Menschen, den armen Interviewer nicht enttäuschen zu wollen. Sie gönnen ihrem Interviewer etwas Besonderes, was zu eher nichtkonformistischen und weniger ehrlichen Antworten führt. Das dritte Problem ist, dass Menschen manchmal selbst nicht genau wissen, welche Hand sie für bestimmte Aufgaben gebrauchen, und in gutem Glauben falsche Antworten geben.

Es scheint, als würde sich alles verschwören, um die Zahl der mit der Wirklichkeit übereinstimmenden Antworten so gering wie möglich zu halten. Das betrifft übrigens nicht nur unser Thema, mit diesen Problemen hat jeder Interviewer zu kämpfen.

Darum kann man politischen Umfragen so wenig vertrauen: Menschen wollen dazugehören, dem Interviewer einen Gefallen tun und können ihr Handeln und ihre Motive nur teilweise reflektieren. So erzählen sie nach bestem Wissen und Gewissen häufig offenkundig Falsches. Wenn Sie glauben, Ihnen selbst könne das nicht passieren, dann überlegen Sie, ob Sie auf Anhieb sagen können, in welcher Haltung Sie morgens normalerweise aufwachen oder ob Sie in der Regel zuerst die Zehennägel des linken oder des rechten Fußes schneiden und welches Schienbein das obere ist, wenn Sie sich im Schneidersitz niederlassen.

Eine Möglichkeit, dieses Problem zu umgehen, besteht darin, überhaupt keine Fragen zu stellen, sondern objektive Messungen vorzunehmen. So maß man beispielsweise die Kneifkraft beider Hände, in der Annahme, dass die stärkere Hand die »eigentliche« Vorzugshand sein müsse. Ein gewisser Jules van Biervliet versuchte es 1897 auf ganz subtile Weise. Er hängte seinen Testpersonen gleich schwere Gewichte an die Zeigefinger beider Hände und fragte, welches Gewicht schwerer sei. Antwortete die Testperson »das linke«, wurde sie als Linkshänder eingestuft, und andersherum. Wieder andere maßen auf unterschiedliche Weise den Umfang von Händen und Armen und bestimmten dadurch die Vorzugshand.

Messen hat den Vorteil, dass man anhand des Skeletts auch etwas über längst verstorbene Menschen sagen kann. 1995 glaubten Forscher der Universität Southampton am English Heritage's Ancient Monuments Laboratory Hinweise darauf gefunden zu haben, dass es im Mittelalter mehr Linkshänder gab als heute. Sie maßen die Länge der Armknochen von achtzig einfachen Landbauern, die zwischen dem 11. und 16. Jahrhundert auf dem Friedhof des englischen Dorfes Wharram Percy in Yorkshire begraben worden waren. Ausgehend von der Annahme, dass die dominante Hand häufiger zum Tragen von Lasten gebraucht wird, wodurch der Arm sich stärker entwickelt, schlossen sie, dass Linkshändigkeit damals verbreiteter war als heute. Als Erklärung gaben sie an, dass in der ungebildeten Welt von damals ein geringer kultureller Druck bestand, Rechtshänder zu sein. Das mag eine nette Erklärung sein, doch kultureller Druck zeigt sich nicht beim Tragen von Lasten, sondern eher bei Dingen wie Schreiben und Tischmanieren.

Es gab im Laufe der Zeit viele halbgare Untersuchungen, bei denen man davon ausging, dass die Vorzugshand die Hand war, mit der wir am besten Dinge ausführen können: die größte Kraft ausüben, die schnellsten Bewegungen umsetzen, die schwersten Lasten tragen oder die feinsten Unterschiede wahrnehmen. Doch immer wieder kamen andere Ergebnisse heraus. Das verwundert kaum, denn Kraft und Schnelligkeit spielen bei der Vorzugshand nicht unbedingt eine Rolle. Unsere Vorzugshand bzw. unser Vorzugsarm - von Ausnahmen wie Top-Tennisspielern einmal abgesehen - ist nicht stärker entwickelt als die andere Hand oder der andere Arm. Die Ursache liegt nicht in Hand oder Arm, sondern vielmehr im Gehirn, das bis vor Kurzem wenig von seinen Geheimnissen preisgab.

Sinnvoller als die Messung physischer Kennzeichen ist eine Untersuchung des Verhaltens. Verhalten ist die sichtbare äußere Folge dessen, was das Gehirn regelt. Doch auch das ist nicht unproblematisch, denn der soziale und kulturelle Druck sorgt dafür, dass ein Teil der natürlich vorhandenen Linkshändigkeit unterdrückt wird, wie selbst in der toleranten westlichen Welt von heute noch immer in Bezug auf das Schreiben zu beobachten ist. So sind in einer eifrig schreibenden Schulklasse weiterhin weniger Linkshänder zu beobachten, als es der Wirklichkeit entspricht.

Es müssen daher Kriterien zugrunde gelegt werden, die nicht kulturgebunden sind: Faktoren, die nicht an eine Vorzugshand geknüpft und nicht reglementiert sind. In den 1930er-Jahren bediente sich der Amerikaner Ira S. Wile einer sehr originellen Methode. Er berechnete den Prozentsatz an Linkshändern unter anderem anhand der Zahl der Passanten, die ihm an einer belebten Straßenecke mit Regenschirm oder Einkaufstasche entgegenkamen. Trugen sie diese Gegenstände links, dann zählte er sie zu den Linkshändern, und andersherum. Der Ansatz ist an sich nicht völlig unsinnig, doch das Ergebnis war nicht repräsentativ, da Wile die Bedingungen, unter denen er die Untersuchung durchführte, nicht kontrollieren konnte. Jemand konnte den Regenschirm links tragen, weil er Linkshänder ist, doch ebenso gut konnte es sein, dass sein rechter Arm schmerzte, er müde war oder eine Wunde an der rechten Hand hatte. So waren Dutzende, Wile nicht bekannte Gründe möglich. Es verwundert daher auch nicht, dass er zu dem höchsten jemals gemessenen Anteil Linkshänder kam: Fast ein Drittel der Menschen in Wiles Untersuchung waren nach seinen Kriterien Linkshänder.

Damit das Ergebnis objektiv ausfällt, muss man kategorisch ausschließen, dass Menschen sich aus anderen Gründen als vom Untersucher angenommen anders verhalten. Darum finden psychologische Experimente meist in schmucklosen Räumen statt, in denen die Testperson kleine, häufig sinnlos erscheinende Aufgaben lösen muss. Je weniger äußere Einflüsse es gibt, desto besser.

Da eine verlässliche Verhaltensbeobachtung zeitaufwendig, komplex und kostspielig ist, arbeiteten die Interviewer letztlich wieder mit Fragebögen. Man überlegte sich verschiedene Fragebögen mit alltäglichen Aktivitäten, bei denen man den Einsatz einer bevorzugten Hand annehmen konnte: Zeichnen, Öffnen von Flaschen, Hämmern und so weiter. Doch da jeder seinen eigenen Fragebogen benutzte, die Gruppe der Testpersonen nicht immer repräsentativ für die Bevölkerung war und jeder die Antworten auf seine Weise bewertete, waren die Ergebnisse nicht verlässlich und nur schlecht vergleichbar. Häufig wurden auch mögliche mit Linkshändigkeit verbundene Tabus außer Acht gelassen. Diese Probleme existieren noch immer, wenngleich es inzwischen standardisierte Fragebögen wie den *Dutch Handedness Questionnaire* des niederländischen Psychologen Jan van Strien gibt, der zuverlässige Ergebnisse gewährleistet.

Trotz der Unzulänglichkeiten, die dem bunten Untersuchungsmix anhaften, kristallisieren sich einige Punkte heraus. Linkshändigkeit ist bei Männern häufiger anzutreffen als bei Frauen, und auch Zwillinge sind häufiger linkshändig als andere. Die Rasse scheint keine Rolle zu spielen, obwohl vor allem Untersuchungen aus Afrika bekannt sind, die eine geringe Anzahl an Linkshändern unter der schwarzen Bevölkerung ermittelten. Das betraf aber immer Völker, in denen Linkshändigkeit stark tabuisiert ist. Außerdem ließen sich diese niedrigen Werte bei Untersuchungen unter der schwarzen Bevölkerung der USA nicht bestätigen. Das wirft die Frage auf, worauf die konstanten Werte zurückzuführen sind. Wie erklärt sich, dass ein Merkmal jahrhundertelang und überall auf der Welt bei einer Minderheit von zehn Prozent unveränderlich bleibt und gleichzeitig bei Männern und Zwillingen häufiger vorkommt? Merkwürdig ist zudem, dass in Gruppen mit unterschiedlichsten Problemen und Krankheiten eine größere Zahl von Linkshändern anzutreffen ist als normal, während das Gegenteil nie zu beobachten ist. Bei einer willkürlichen Stichprobe der Bevölkerung zeigt sich, dass Merkmale, Umstände oder Erkrankungen nachweislich nicht mit Linkshändigkeit zusammenhängen. Äußerst rätselhaft ist der immer wieder festgestellte Einfluss des Alters: Je älter die Befragten, desto geringer der Anteil an Linkshändern unter ihnen. Schließlich stellt sich eine Frage, die häufig übersehen wird, und zwar, was die Bevorzugung einer Hand nun eigentlich genau kennzeichnet.

# 13
## Des Pudels Kern

In einer der letzten Wochen des 20. Jahrhunderts fand im Max-Planck-Institut für Psycholinguistik in Nimwegen ein Klavierabend statt, vor dem fast alle dort arbeitenden Wissenschaftler geflüchtet waren. Das war ganz schön frech und höchst ungewöhnlich für das Institut, doch es stand ein besonderer Auftritt bevor. Für das Konzert war der Pianist Chris Seed aus England angereist. Seed ist wie viele Pianisten Linkshänder und hatte sich in den Kopf gesetzt, auch linksherum spielen zu wollen. Dafür hatte er sich ein spezielles Instrument bauen lassen, die originalgetreue, nur spiegelverkehrte Kopie eines Hammerflügels (einem Vorläufer des heutigen Klaviers) aus dem Jahr 1826. Die langen Basssaiten befanden sich also rechts und die hohen Töne links.

Das Publikum wartete gespannt, als Seed hinter seinem Instrument Platz nahm. Er saß zum ersten Mal daran, anfangs schien er nicht recht mit ihm klarzukommen. Fast konnte man meinen, er müsse es ganz neu zu lernen beginnen, doch schon bald war Seeds Gehirn in der Lage, alles jemals Gelernte in das spiegelverkehrte Spiel zu übertragen. Es trat genau das ein, was Seed sich erhofft hatte, alle Puzzlestücke passten nahezu perfekt zusammen. Seed konnte auf seinem gewohnten Niveau konzertieren und bekam rasch ein Gefühl dafür, zu spielen, »wie Gott es gewollt hat«.

Seed spielte Klavier, ausgezeichnet, vielleicht sogar besser als mit rechts, doch das konnten die Zuhörer nicht beurteilen. Für Kenner war es lediglich seltsam, dass der Pianist sich jeweils in die »falsche« Richtung bewegte, doch auch das fiel nach einigen Minuten keinem mehr auf. Abgesehen davon war es ein ganz normaler Klavierabend. Und genau das war zu erwarten gewesen: ein völlig normales Ergebnis, nur dass die Vorzugshand den Part zu spielen hatte, den normalerweise die andere Hand übernimmt.

Was genau meint der »Vorzug« im Wort »Vorzugshand« eigentlich genau? Was ist des Pudels Kern? Natürlich fühlen wir uns wohler, wenn wir Tätigkeiten mit der Vorzugshand erledigen, und viele können wir schlichtweg nicht auf Kommando »andersherum« ausführen. Aber warum ist das so? Kraft ist hier nicht von Bedeutung, so viel ist sicher. Es ist auch keine Frage der Gewohnheit, denn Untersuchungen mit Bewegungsmessern haben ergeben, dass Menschen ihre Vorzugshand nicht merklich intensiver oder häufiger einsetzen als die andere Hand. Auch mit Fingerfertigkeit hat die Bevorzugung einer Hand nicht viel zu tun. Bei einem klassischen Vorzugstest wird das Ergebnis etwa dadurch bestimmt, wie schnell jemand Stifte in ein Brett mit Löchern stecken kann, doch das ist keine gute Methode zur Bestimmung der Vorzugshand. Nehmen wir einen normalen rechtshändigen Geiger. Das fingerfertige Spiel auf den Saiten übernimmt immer die linke Hand. Mit ihrer Vorzugshand streichen sie lediglich den Bogen hin und her. Bei Gitarristen ist es ganz ähnlich: Die linke Hand fliegt über die sechs Saiten und setzt die schwierigsten Akkorde, während die Vorzugshand die Saiten anschlägt. Bei klassischer Musik mag das recht anspruchsvoll sein, doch in der Popmusik scheint der Gitarrist mit dem Plektrum nur ein bisschen an den Saiten herumzuzupfen. Nur bei Pianisten übernimmt die rechte Hand erwartungsgemäß die fingerfertige Melodiearbeit, während die linke den häufig einfacheren Part auf den Basstasten spielt.

Demgegenüber ist festzustellen, dass linkshändige Gitarristen auf einer andersherum bespannten oder sogar speziell für Linkshänder gebauten Gitarre spielen, wir kennen es vor allem von Pop-Gitarristen wie Jimi Hendrix, Paul McCartney und Bob Geldof. Für Geiger dagegen, die meist in einer Gruppe musizieren, wird der andersherum geführte Bogen eines linkshändig spielenden Musikers zur echten Gefahr für seine Kollegen. Der Linkshänder Charlie Chaplin spielte mit links Geige, doch er musizierte nicht im Ensemble und war auch kein Berufsmusiker. Der einzige Fall eines berühmten Berufsgeigers, der sein Instrument umgekehrt bespannen ließ, ist der 1978 gestorbene Österreicher Rudolf Kolisch. Aufstrebende links-

Rudolf Kolisch (rechts) mit seinem Quartett.

händige Geiger erleiden offensichtlich Nachteile im Unterricht. Niemand spricht darüber, doch wenn man Musiklehrer fragt, sagen sie, sie hätten »Pech mit ihrem linkshändigen Schüler« und den Eindruck, dass sie schneller aufgeben. Linkshändige Berufsgeiger klagen häufiger über Gelenkprobleme der linken Hand aufgrund von Überanstrengung.

Pianisten schleppen nur selten ihr eigenes Instrument mit. Seed war jedoch nicht der Erste, der auf einem linkshändigen Klavier spielte.

Das *piano à claviers renversés* von Mangeot Frères. Kupferstich aus *Grepen uit de geschiedenis van de piano* von Wouter Hutschenruyter.

Schon 1879 stellte das Pariser Klavierhaus Mangeot Frères sein »piano à claviers renversés« vor, ein Ungetüm mit zwei Klaviaturen, wobei die obere spiegelverkehrt angelegt war. Es erinnerte an eine Kirchenorgel und wollte eine Fülle neuer Greifmöglichkeiten bieten. Ein Erfolgsmodell war es nicht. Seit 2001 produziert das deutsche Unternehmen Blüthner sein Modell Nr. 4, ein linkshändig ausgerichtetes Klavier. Insgesamt sind linkshändige Instrumente allerdings kuriose Ausnahmen.

Obgleich die meisten linkshändigen Musiker ganz normal mit rechts spielen, sind sie der Schlüssel zur Bedeutung der Handpräferenz. Zwischen dem, was ein Pianist, und dem, was ein Geiger oder Gitarrist tut, besteht nämlich ein großer Unterschied. Ein Pianist muss mit beiden Händen dasselbe tun: die Tasten anschlagen. Für gewöhnlich müssen die Tasten am oberen Ende der Tonskala fester und schneller angeschlagen werden, weshalb ein normales Klavier so gebaut ist, dass die rechte Hand die schwierigere Aufgabe übernimmt. Im Prinzip arbeiten dabei beide Hände unabhängig voneinander. Wenn dem nicht so wäre, hätte Maurice Ravel nie sein *Konzert für die linke Hand* geschrieben. Ravel komponierte das Stück im Auftrag von Paul Wittgenstein (dem Bruder des berühmten Philosophen Ludwig Wittgenstein), nachdem der im Ersten Weltkrieg seinen rechten Arm verloren hatte.

Wäre Paul Wittgenstein Geiger oder Gitarrist gewesen, hätte er mit all seinem Talent doch kein Konzert mit der linken Hand spielen können, nicht mal ein Kinderlied. Denn bei Geige und Gitarre haben die beiden Hände Aufgaben, die einander ergänzen wie Yin und Yang. Erst zusammen bringen sie den Ton hervor.

Die Griffstellung auf der Saite unterscheidet sich im Prinzip unwesentlich von der Griffstellung auf einer Klaviertastatur, nur dass jeder Pianist dies mit beiden Händen vornimmt. Dass Rechtshänder die Hauptarbeit bei Geigen- oder Gitarrenspiel ganz der Nicht-Vorzugshand überlassen, zeigt schon, dass das scheinbar so einfache Zupfen und Streichen tatsächlich eine hohe Kunstfertigkeit erfordert. Es muss mit dem Rhythmus zu tun haben und mit der maximalen Beherrschung der Dynamik. Nicht die Kraft ist entscheidend, sondern ihre Beherrschung. Es kommt auf feinste, subtil gesteuerte Unterschiede im ausgeübten Druck und der Schnelligkeit der Bewegung an.

Wenn man sich das klarmacht, begreift man, warum Menschen auch andere Tätigkeiten, bei denen Steuerung und Präzision wichtig sind, mit ihrer Vorzugshand wesentlich besser ausführen können. Billardspieler etwa führen die Stöße immer mit ihrer Vorzugshand aus, auch wenn sie sich dafür manchmal ziemlich verbiegen müssen. Und zwar nicht, weil sie besonders viel Kraft einsetzen wollen, sondern um mit größter Präzision und genau dosiert in die richtige Richtung zu stoßen, ohne den Queue unnötig weit zu weit zu stoßen. Die Kugel muss angetippt, sie darf nicht weggedrückt werden. Selbst bei so banalen Arbeiten wie Fegen wird das grobe Schieben unten am Stiel fast immer mit der Nicht-Vorzugshand ausgeführt, während die Vorzugshand den Besen oben locker in die richtige Richtung lenkt und rechtzeitig zurückführt.

Die Frage nach dem Vorzug für eine bestimmte Hand ist somit sehr subtil und geht mit einem gewissen Zwang einher. Der Zwang ist nicht absolut, denn die meisten Menschen tun nicht alles, bei dem subtiles Steuern erforderlich ist, mit ihrer Vorzugshand. Sie können im Notfall jede Aufgabe sehr gut mit ihrer Nicht-Vorzugshand ausführen. Bei Musikern lässt sich das häufig beobachten. Obwohl der Anteil von Linkshändern in Orchestern eher überdurchschnittlich hoch ist, spielen fast alle ihr Instrument mit rechts, als wären sie echte Rechtshänder. Linkshänder, die gezwungen werden, mit rechts schreiben zu lernen, können zwar darunter leiden, doch Schreiben lernen sie in der Regel genauso gut wie jeder andere. Und Menschen, deren Vorzugsarm aus irgendeinem Grund für eine bestimmte Zeit oder gar nicht mehr gebraucht werden kann, gewöhnen sich schnell daran, fortan alles mit dem anderen Arm zu tun, selbst komplexe Tätigkeiten wie Schreiben, und schon nach kurzer Zeit ist ihnen die Umstellung meist nicht mehr anzumerken.

Wenn die Umstände es erfordern – und das ist nicht der Fall, wenn ein gesunder Linkshänder schreiben lernt –, kann man durch Training für alle Zwecke und Situationen dem natürlichen Vorzug für eine Hand entkommen – manchmal sogar so gut, dass man es bis an die Weltspitze schafft, so wie im 20. Jahrhundert der linkshändige Cellist Pablo Casals, der mit rechts spielte. Wenn aber nur der kleinste Unterschied in Zugriff und Feingefühl ernste Folgen haben kann, sollten wir es nicht so weit kommen lassen. Da ist es besser, wenn der Zahnarzt oder Chirurg seine Arbeit mit der Vorzugshand verrichtet.

# 14
# Die große Macht des kleinen Unterschieds

Die Lebensumstände eines Soldaten waren in früheren Zeiten meist miserabel, die Behandlung war menschenunwürdig und die Entlohnung schlecht. Wer irgend konnte, versuchte dem Tragen des königlichen Waffenrocks zu entkommen. In einer Zeit, in der das Los bestimmte, war das nicht schwierig. Wenn man Geld hatte, kaufte man sich wie bereits erwähnt einen Vertreter. So wurden die Kasernen vor allem von Armen und Dummen bevölkert, die keine Ausweichmöglichkeit hatten. Dies waren meist arme Jungen vom Land ohne jegliche Schulbildung, die zum ersten Mal in ihrem Leben weiter als einige Kilometer von zu Hause weg waren. Selbst das einfache Exerzieren war ihnen kaum beizubringen, da viele links und rechts nicht auseinanderhalten konnten und nicht wussten, welchen Fuß sie zuerst aufsetzen sollten. Doch dafür gab es eine Lösung: Alle Rekruten bekamen etwas Heu in den linken Schuh und Stroh – das kannten sie – in den rechten gesteckt, und fortan rief der Sergeant nicht mehr »links – rechts«, sondern »Heu – Stroh«. So wurde aus dem stolpernden Haufen in kürzester Zeit eine stramm marschierende Truppe.

Vielleicht ist die Geschichte zu schön, um wahr zu sein, und nicht mehr als eine moderne Legende. Eine Geschichte, die wohl jeder so oder so ähnlich schon mal gehört, aber noch nie selbst erlebt hat, von der niemand mehr genau weiß, wo und wann sie aufkam. Wie auch immer, diese Anekdote ist jedenfalls weit verbreitet. In den Niederlanden erzählte man sie sich von belgischen oder limburgischen Soldaten, in England von den Rekruten aus dem schottischen Hochland, in Amerika vom Heer des russischen Zaren, und in Frankreich waren es die dummen Korsen oder die Heerscharen des deutschen Kaisers. Und wie so viele Legenden enthält auch diese ein Fünkchen Wahrheit: Wir verwechseln leicht links und rechts, während wir mit dem Gegensatz von unten und oben kaum Mühe haben.

Der lästige Unterschied zwischen links und rechts spielt in unerwarteten Situationen unseres Lebens eine durchaus wichtige Rolle. Wir wissen alle, dass links und rechts im Straßenverkehr und beim Lesen und Schreiben wichtig sind. Aber die Unterscheidung bestimmt auf subtile Weise auch die Art, wie wir interpretieren, was wir um uns herum wahrnehmen.

Einige Hirnforscher gehen davon aus, dass Gedanken und abstrakte Konzepte eine Art mentale Stimulation körperlicher Erfahrungen darstellen. Hinter der Körper-Kognitions-Hypothese steckt die Idee, dass die einzelnen Reize, die das Gehirn von außen erreichen, Signale des Körpers sind. Einige dieser Signale kommen aus dem Körper selbst, etwa Informationen zum inneren Zustand einzelner Körperteile. Der Rest kommt von außen, doch zwischen Gehirn und Außenwelt gibt es keinen direkten Kontakt. Stattdessen reizen die Signale von außen zunächst ein Sinnesorgan, das wiederum ein Signal ans Gehirn sendet. Was das Gehirn empfängt, ist stets ein körperliches Signal. Was kann das Gehirn also letztlich aufnehmen als Bausteine von Gedanken und Vorstellungen, die nichts mit dem Körper zu tun haben? Tatsächlich dieselben körperlichen Erfahrungen. Es gibt schlichtweg nichts anderes. Wenn das stimmt, so die Verfechter dieser Hypothese, müssen Menschen mit verschiedenen Körperformen auch unterschiedliche Ansichten zu bestimmten Dingen haben.

2009 fand Daniel Casasanto, Wissenschaftler an eben dem Max-Planck-Institut, an dem Chris Seed zehn Jahre zuvor sein Pianokonzert gegeben hatte, Hinweise, die genau diese Auffassung zu bestätigen schienen. Bei einer Untersuchungsreihe zeigte sich, dass Rechtshänder den Raum rechts von ihnen stärker mit positiven Attributen wie »gut«, »nett« und »gelungen« assoziierten als der Raum links von ihnen. Bei Linkshändern war es genau umgekehrt. Die Vorliebe für eine bestimmte Hand scheint gleichsam Einfluss auf die Umgebung der Hand zu haben. So wird ein und dasselbe Porträtfoto unterschiedlich beurteilt, je nachdem, ob es bei einem Rechts- oder Linkshänder auf dem Tisch liegt. Und so beurteilen Menschen beim Lesen einer zweispaltigen Liste mit kurzen Notizen zu Bewerbern einen Bewerber besser, wenn er in der Spalte ihrer Vorzugsseite aufgeführt ist. Wenn dem so ist, dann verlaufen Wahlen und Bewerbungsrunden weitaus weniger rational als ohnehin befürchtet, ohne dass daran viel zu ändern ist.

Das Verhältnis zwischen links und rechts bestimmt unseren Blick auf die Wirklichkeit auf vielfältige Weise, etwa durch die Symmetrie. Einerseits lieben wir die Symmetrie, die gleichmäßige Verteilung zwischen links und rechts. Das lässt sich an unserer Wohnungseinrichtung ablesen. Stühle, Tische und die meisten anderen Möbel sind meist symmetrisch angeordnet. An beiden Seiten eines Esstisches müssen gleich viele Stühle stehen, und zwar einander genau gegenüber, sonst wird es schnell als unordentlich empfunden. Das bedeutet nicht, dass wir nicht auch die Asymmetrie von Objekten zu schätzen wissen. Wir mögen es, wenn ein Akzent die Symmetrie durchbricht und diese betont, so wie die Tischdecke, die absichtlich schräg auf den Tisch gelegt wird, und die Blumenvase, die gerade nicht genau in die Mitte gestellt wird. Wirklich asymmetrische Möbel sind eher etwas für künstlerische Menschen, die damit zeigen wollen, wie originell und nonkonformistisch sie sind. Eine asymmetrische Espressomaschine ist etwas für den Connaisseur, der sich von bürgerlichen Konsumgütern abgrenzen möchte und Dinge im Industriedesign wählt. Bei solchen Geräten ergibt sich die Schönheit nicht aus der simplen Befriedigung unseres Wunsches nach Symmetrie, sondern aus der Funktionalität – daraus erwächst ein fortschrittliches Design in Spannung erzeugender Asymmetrie.

Natürlich lässt sich das nicht ohne Weiteres auf Formen anwenden, die keine Gebrauchsgegenstände, sondern die Natur, ein Geschehen oder eine Situation darstellen. Eine Landschaft oder eine Situation ist selten symmetrisch. Doch auch hier wirkt die Links-Rechts-Symmetrie. Anders als bei den Gegensatzpaaren oben/unten und vorn/hinten sorgt die Symmetrie zwischen links und rechts für Ausgewogenheit und Ruhe. Ein Beispiel ist die bewusst offene Symmetrie der kunstvoll gestutzten Bäume und Sträucher in französischen Schlossgärten. Auf subtilere, verstecktere Weise verdankt auch der englische *formal garden*, der klassische Landschaftsgarten, seine Anziehungskraft der Symmetrie. Sie erst gibt der gestalteten Landschaft Behaglichkeit und Halt, während asymmetrisch verteilte Elemente die statische Langeweile auflockern, die typisch für den französischen Stil ist. Asymmetrien schaffen Spannung und Unruhe und somit auch Dynamik. Das Panorama eines *formal garden* erzählt eine Geschichte, die man gewissermaßen zu lesen vermag, während man ihn betrachtet. Ein französischer Schlossgarten gleicht einer Kachelwand: Dasselbe Muster wird endlos wiederholt.

Die Unterscheidung von links und rechts bestimmt zum großen Teil, was wir auf einem Gemälde, Diagramm, Computer- oder Fernsehbildschirm wahrnehmen. Künstler und Designer arbeiten bewusst oder unbewusst damit. Sie müssen das, denn die Unterscheidung von links und rechts spielt in unserer Wahrnehmung auf jeder denkbaren Ebene eine Rolle. Sie ist unumstößlicher Teil der uns umgebenden natürlichen Welt und dessen, was wir sehen. Auch der Einfluss kultureller Aspekte wie die Schriftrichtung und die überwiegende Rechtshändigkeit bei Malern wird dadurch bestimmt. Zugleich ist gar nicht selbstverständlich, dass wir links und rechts überhaupt unterscheiden können.

# 15

# Wie Freud seine rechte Seite wiederfand und Pu nicht

In *Pu baut ein Haus* erzählt A. A. Milne, wie es Winnie-dem-Pu nicht gelingt, links und rechts auseinanderzuhalten:

> *»Pu betrachtete seine beiden Pfoten. Er wusste, dass eine die rechte war, und er wusste auch, dass, wenn man erst einmal festgestellte hatte, welche die rechte war, die andere die linke sein musste. Er konnte sich nur nie erinnern, auf welcher Seite man anfangen musste.«*

Hier zeigt sich dieselbe Problematik wie bei den ungebildeten Rekruten mit ihrem Heu und Stroh in den Schuhen, die Kindern noch mehr Schwierigkeiten bereitet als Erwachsenen. Sigmund Freud, der Begründer der Psychoanalyse, erinnerte sich gut daran, wie er sich als Kind einen Trick ausgedacht hatte: Er tat, als müsste er kurz etwas aufschreiben. Die Hand, die er dabei automatisch bewegte, war seine rechte, das wusste er. Und somit stand für ihn auch fest, wo links war. Viele Kinder bedienen sich ähnlicher Hilfsmittel, sie orientieren sich an einem Muttermal an der Hand oder auf dem Arm oder an einem Armband.

Zwar fällt es Erwachsenen wesentlich leichter, links und rechts auseinanderzuhalten, doch auch sie machen Fehler. Wie viele Autofahrer sind schon einmal rechts abgebogen, obwohl sie eigentlich links abbiegen sollten, und umgekehrt. Computerprogrammierer können ein Lied davon singen, wie einfach die Zeichen »<« (kleiner als) und »>« (größer als) in Programmzeilen aus Versehen vertauscht werden und wie schwierig es sein kann, diesen Irrtum aufzuspüren. Bei ungeübten Schreibern sieht man häufig Buchstaben in Spiegelschrift. Das passiert auch bei groß geschriebenen Texten, etwas auf der Angebotstafel beim Metzger oder Gemüsehändler. Der Schreiber scheint so dicht vor der Tafel zu stehen, dass er die Übersicht verliert.

Solange es einen eindeutigen Orientierungspunkt gibt wie die Schreibhand bei Freud, ist die Sache nicht allzu kompliziert. In Situationen ohne derlei Hilfsmittel wird es schwieriger. Was ist beispielsweise die linke Seite einer Bühne? Das hängt davon ab, ob man im Saal oder hinter den Kulissen steht. Unter diesen Umständen ist es wichtig, genaue Absprachen zu treffen, damit die Anweisung »Auftritt von rechts« nicht mehrere Lösungen erlaubt. Die Franzosen haben dafür eine schöne Eselsbrücke. So wie links und rechts in der Seefahrt backbord und steuerbord sind, haben sie im französischen Theater eigene Bezeichnungen. Vom Saal aus gesehen wird die linke Seite *jardin*, Gartenseite, und die rechte *cour*, Hofseite, genannt. Zuschauer können *jardin* und *cour* durch die Reihenfolge der Initialen im Namen Jesus Christus auseinanderhalten: JC. Auch hier steht das J links wie *jardin* und das C rechts wie *cour*. Der Schauspieler merkt sich den Unterschied an der Klangähnlichkeit zwischen *cour* und *cœur*, Herz, da das Herz links von der Mitte schlägt. So kann der Schauspieler hinter der Bühne nach links gehen und dann vom Saal aus gesehen von rechts auftreten, ohne dass ein Durcheinander entsteht.

Diese Art von Verunsicherung kommt häufiger vor, wenn wir uns zwischen links und rechts entscheiden müssen, während uns die Gegensatzpaare vorn/hinten und oben/unten kaum Schwierigkeiten bereiten. Geben Sie Hundert Menschen den Auftrag, links aus einem Schrank einen Notizblock zu nehmen – es wird immer einige geben, die nach rechts schauen, doch niemand wird in die Knie gehen, wenn er aus demselben Schrank etwas von oben holen soll. Wenn Kinder schreiben lernen, verwechseln Links- wie Rechtshänder häufig *d* und *b*, aber nur ausnahmsweise *p* und *b*. Der Unterschied zwischen unten und oben ist, wie der zwischen vorn und hinten, selbstverständlicher als der zwischen links und rechts.

Tieren fällt es im Allgemeinen noch viel schwerer als uns, links und rechts auseinanderzuhalten. Sie können sehr gut erkennen, ob die Gefahr von links oder rechts kommt oder ob die Beute links zu finden ist, und darauf entsprechend reagieren. Aber sie können keine oder kaum eine Verbindung zwischen der Entscheidung für links oder rechts und einem davon unabhängigen Reiz herstellen.

Stecken wir eine Ratte oder Taube in einen Käfig. Dieser hat einen Knopf mit einem Pfeil, etwa so: >. Zeigt dieser Pfeil nach links und betätigt das Tier darauf den Knopf, bekommt es einen Leckerbissen, zeigt der Pfeil nach rechts, erhält es einen Stromstoß. Aufgabe der Ratte ist es nun zu erkennen, in welche Richtung der Pfeil zeigt, um daraus abzuleiten, ob es ratsam ist, auf den Knopf zu drücken. Es gibt kein Tier, das diese Aufgabe ordentlich lösen kann. Wenn aber der Pfeil abwechselnd nach oben und nach unten zeigt, sieht es anders aus. Ratten, Tauben, Affen und selbst Tintenfische können lernen, damit relativ gut umzugehen. Die Aufwärts/

Abwärts-Bewegung macht einen deutlichen Unterschied, während < sich aus Sicht der Tiere nicht von > unterscheidet. Man glaubte, dass dies bei Tauben nicht der Fall sei, bis auffiel, dass die schlauen Vögel ihren Kopf schräg hielten, sodass sich die Unterscheidung von links und rechts in eine Unterscheidung von oben und unten veränderte.

Dieser Mangel hat wohl damit zu tun, dass die Unterscheidung von links und rechts in der Natur kaum eine Rolle spielt. Oben und unten sind wichtiger. Raubvögel belauern ihre Beute ausschließlich von oben, niemals von unten. Löcher werden in die Erde gegraben. Der Unterschied zwischen vorn und hinten ist genauso wesentlich: Wenn man flüchtet oder sich etwas schnappen will, muss man genau wissen, wo vorn und wo hinten ist, sonst wird es schwierig. Bei links und rechts dagegen kann es sogar von Nachteil sein, wenn man beide Seiten als verschieden begreift, schließlich können auf beiden Seiten die gleichen Feinde lauern und sich die gleichen Objekte der Begierde befinden. Wer einmal von links angegriffen wurde und dann eine Gefahr von rechts als gleichwertig empfindet – und weiß, dass er in die andere Richtung fliehen muss –, ist eindeutig im Vorteil gegenüber demjenigen, der eine Gefahr von rechts als völlig neue Situation einstuft, die er erst noch beurteilen muss.

Bei Pflanzen und Tieren ist die Unterscheidung von links und rechts auch in ihrem Aufbau von großer Bedeutung, während die Unterscheidung von vorn und hinten meist deutlich erkennbar und die von oben und unten sowieso offensichtlich ist. In der Links-Rechts-Ausrichtung sind Lebewesen fast ausnahmslos symmetrisch gebaut, abgesehen von einigen Muschelarten und Plattfischen.

Die Unterscheidung von links und rechts ist nur bei von Menschen geschaffenen Dingen von Bedeutung, dann regt sich auch das Gespür für Spiegelbildlichkeit. Das zeigt sich, wenn man ein Landschaftsfoto mit dem Foto von einer menschengemachten Umgebung, etwa einer Einkaufsstraße, vergleicht, neben denen jeweils gespiegelte Versionen liegen. Im ersten Fall lassen sich Original und Spiegelung kaum unterscheiden, im zweiten Fall wird es mehr als deutlich.

Beim Kulturgut unseres Alphabets sticht die Spiegelbildlichkeit besonders hervor. Wenn sie gespiegelt werden, sind Buchstaben wie *S*, *Z*, *R* und *N* plötzlich keine Buchstaben mehr, und manche Buchstaben verwandeln sich durch Spiegelung in andere. So sind *p* und *q*, *b* und *d* jeweils links/rechts spiegelverkehrt. Und die Buchstaben *p* und *q* werden, von oben nach unten gespiegelt, zu *b* und *d*. Wird das *n* waagerecht und senkrecht gespiegelt, erhält man ein *u*. Ein praktisches Beispiel für symmetrische Spiegelung, bei dem die Unterscheidung von links und rechts wesentlich ist, liefert unser Verkehrssystem. Ob man von Apeldoorn nach Amsterdam fährt oder in umgekehrter Richtung: Das Verkehrsbild bleibt sich gleich.

Subtilen Spielchen mit Spiegelbildern zum Trotz funktioniert unser Gehirn noch immer in Übereinstimmung mit unserer Natur, quasi mit dem Tier im Menschen. Bei Gesehenem speichern wir wenige Informationen zu rechts und links. Das zeigt sich bei Experimenten, die an das Memory-Spiel erinnern. Dabei wird den Teilnehmern eine große Anzahl Bilder vorgelegt. Kurz darauf zeigt man ihnen erneut eine Reihe Abbildungen. Das können andere Motive sein, aber auch dieselben Bilder, die teils spiegelverkehrte sind oder auf dem

Kopf stehen. Es zeigt sich, dass Menschen die Abbildungen, die sie vorher bereits gespiegelt gesehen haben, sehr häufig problemlos wiedererkennen. Sie merken nicht einmal, dass die Bilder seitenverkehrt sind. Auf dem Kopf stehende Abbildungen werden viel schlechter wiedererkannt, vor allem abstrakte Figuren. Kurz: Spiegelverkehrte Abbildungen, die wir in unserem Gehirn gespeichert haben, nehmen wir kaum als spiegelverkehrt wahr, die vertikale Umkehrung fällt uns hingegen viel stärker auf. Kein Wunder also, dass Kinder, die schreiben lernen, Mühe haben, die Formen von *d* und *b* zu unterscheiden, während ihnen die Unterscheidung von *p* und *b* viel leichter fällt.

Auch unser Körperbau folgt diesen Merkmalen. Wie bei allen höher entwickelten Tieren sind Vorder- und Rückseite ebenso stark unterschieden wie Ober- und Unterkörper. Doch zwischen links und rechts ist fast kein Unterschied zu erkennen. Auf beiden Seiten befindet sich je ein Auge, eine Hand, ein Fuß, während alle anderen sichtbaren Körperteile, von denen wir jeweils nur eins besitzen, wie Nase, Nabel, Penis und Vagina, immer genau in der Mitte platziert sind und dabei auch noch eine Links-Rechts-Symmetrie wahren. Nur der Scheitel unserer Haare hält sich nicht an diese Gesetzmäßigkeit. Das Gleiche gilt für natürliche Mängel wie Muttermale oder Warzen, aber genau deshalb sind sie Mängel.

oooooooooooooooo

Die scheinbare Symmetrie ist jedoch unvollständig, und dem haben wir zu verdanken, dass wir links und rechts überhaupt auseinanderhalten können. Wären wir wirklich perfekt symmetrisch gebaut, wäre keinerlei Unterschied zwischen links und rechts zu erkennen. Unser Spiegelbild etwa würde genauso aussehen wie wir. Wir könnten somit nicht sagen, was nun das Spiegelbild ist, und würden folglich nicht merken, dass es sich um eine Spiegelung handelt. Umgekehrt würden wir auch nicht merken, wenn die ganze Welt um uns herum gespiegelt wäre, wie es Lewis Carrolls Alice erging, als sie durch den Spiegel ins Land hinter dem Spiegel stieg. Jede Erfahrung, die wir links wahrnehmen, würde sich dann in nichts von der gleichen Erfahrung auf unserer rechten Seite unterscheiden. Wir würden dann, kurz gesagt, bei einem *d* und einem *b*, die nebeneinander auf einem Blatt Papier stehen, zwar sehen, dass sie jeweils Umkehrungen sind, könnten jedoch nicht erklären, wie ein *d* zu schreiben ist. Freuds erwähnte Jugenderinnerung illustriert sehr gut dieses Dilemma. Als er nicht wusste, wo links war, machte er sich selbst quasi asymmetrisch, indem er seine Schreibhand aktivierte.

Dass es Kindern häufig schwerfällt, links und rechts auseinanderzuhalten, kann damit zu tun haben, dass Erwachsene einfach weniger symmetrisch gebaut sind als Kinder. Wie alle anderen Körperteile wächst auch das Gehirn während der Kindheit, und zwar nicht nur im Umfang, sondern auch in seiner inneren Struktur.

Das Gehirn eines Neugeborenen lässt sich mit einem gerade fertiggestellten Bürogebäude vergleichen. Es ist bezugsfertig, muss jedoch noch komplett eingerichtet werden. Bei der Bauabnahme sind alle Zimmer noch gleich, kahle Betonkästen, doch schon nach ein paar Monaten ist jeder Teil des Gebäudes von einem speziellen Bereich in Besitz genommen. In der dritten Etage sitzt die Finanzabteilung, im ersten Stock die Kantine, im fünften Stock links hat sich die PR-Abteilung niedergelassen, rechts vom Aufzug residiert der Vertrieb. Inzwischen wurden Schränke verschoben, Schreibtische umgestellt, zusätzliche Lampen installiert, alles Dinge, die nicht im Einrichtungsplan standen, sich jedoch als praktisch erwiesen haben. Die Einrichtung wird also teils anhand einer Blaupause festgelegt und teils durch einen Lernprozess mit Versuch und Irrtum komplettiert.

Genau wie im Bürogebäude läuft die Einrichtung des Gehirns teils nach einem in den Genen des neuen Erdenbewohners verankerten Standardplan ab, teils durch einen Lernprozess, der durch äußere Einflüsse auf das Kind bestimmt wird. Im Laufe der Jahre entstehen enorm viele neue Verbindungen im Gehirn des Kindes, während andere verschwinden, sodass schließlich ein System von Schaltkreisen entsteht, das uns durch unser Erwachsenenleben steuert.

Bis zu diesem Punkt unterscheidet sich das Gehirn des Menschen nur unwesentlich von dem anderer Säugetiere. Auch deren Gehirn ist bei der Geburt noch nicht vollständig entwickelt, auch sie brauchen Erfahrungen, damit es sich vollständig ausbildet. Doch bei Menschen ist dieser Vorgang nicht nur komplexer, sondern ganz einzigartig. Das Gehirn eines Menschen unterscheidet sich von dem eines Säugetiers durch den Umfang der oberen äußeren Schicht, der Großhirnrinde. Dort sind unter anderem die sogenannten höheren Funktionen angesiedelt inklusive der Dinge, die wir als typisch menschlich erachten. Die Großhirnrinde ist bei allen Säugetieren symmetrisch aufgebaut, sie besteht grob gesagt aus zwei identischen Hälften, die durch einen dicken Gehirnbalken, das *corpus callosum*, miteinander verbunden sind. Nur beim Menschen spezialisieren sich Teile der Hirnrinde auf bestimmte Aufgaben, was dazu führt, dass die beiden vormals fast völlig identischen Hirnhälften sich schließlich deutlich voneinander unterscheiden. Das ist von außen nicht zu sehen, doch Gehirne von erwachsenen Menschen sind funktional asymmetrisch. So sind viele mit der Sprache verbundenen Funktionen ebenso auf der linken Hirnhälfte angesiedelt wie mathematische Fähigkeiten, während die rechte Hälfte sich unter anderem mit der Verarbeitung visueller und räumlicher Eindrücke beschäftigt. Die rechte Hälfte ist für die Gesichtsdatenbank zuständig, die dafür sorgt, dass wir an unserer Familie, an Freunden und Kollegen nicht vorbeilaufen. Auf irgendeine Art und Weise entwickelt sich die Steuerung der einen Hand besser als die der anderen: So entsteht die Vorliebe für eine Hand. Durch den für Menschen typischen Prozess einer einseitigen Spezialisierung, der *Lateralisation*, also der Verteilung der Funktionen über beide Seiten, ist das Gehirn von Erwachsenen unsymmetrischer als das von kleinen Kindern.

# 16

# Warum ein hoppelndes Kaninchen nicht wie ein Irrer rennt

Wir halten links und rechts schwerer auseinander als oben und unten, doch eine seitenverkehrte Gleichheit von links und rechts erkennen wir schneller als andere Symmetrien. Das ist logisch. Schließlich kann das eigene Leben davon abhängen, während zufällige Symmetrien zwischen oben und unten oder vorn und hinten im Notfall nur ablenken: Was links geschieht, erfordert eine Reaktion, die genau der Reaktion auf das Geschehen rechts von uns entspricht. Was vor uns passiert, erfordert eine vollkommen andere Reaktion als das, was hinter uns geschieht.

Unser Gefühl für Links-Rechts-Symmetrie ist auch erkennbar an vom Menschen erschaffenen Dingen. Traditionell haben Kathedralen und andere große öffentliche Gebäude wie wir selbst eine symmetrische Vorderansicht, doch von der Seite betrachtet existiert keine Symmetrie zwischen vorn und hinten. Das hat seinen guten Grund. Diese Gebäude sollen vor allem von vorn betrachtet werden, sie sollen Sicherheit und Autorität ausstrahlen. Die Ruhe, die in der Symmetrie liegt, unterstützt diese Vorstellung. Märchenschlösser dagegen vom bayerischen Neuschwanstein bis zum Schneewittchen-Schloss eines Walt Disney sollen eine romantische Stimmung voller Geheimnis und Abenteuer erzeugen. Genau deshalb sind beide nicht symmetrisch gebaut.

Auf den ersten Blick nehmen wir das untere der beiden Muster von Béla Julesz sofort als symmetrisch wahr, das andere nicht. Tatsächlich sind beide identisch, das eine ist nur um 90 Grad gedreht. Wenn Sie das Buch entsprechend drehen, werden Sie das andere Muster als symmetrisch wahrnehmen. Uns fällt immer zuerst eine Links-Rechts-Symmetrie auf, für eine Symmetrie zwischen oben und unten ist unser Gehirn weniger geschärft. (Abbildung aus Corballis & Beale 1976)

Fresken und dekorative Malereien weisen häufig eine gewisse Links-Rechts-Symmetrie auf, doch nur selten sehen wir eine Spiegelung zwischen unten und oben, wie etwa ein Flussufer, das sich im Wasser spiegelt. Es ist deutlich erkennbar, dass wir die Links-Rechts-Symmetrie viel eher wahrnehmen, doch wie es unserem visuellen System gelingt, diese Symmetrie festzustellen, ist eine ganz andere Frage, die sich nur teilweise beantworten lässt.

OOOOOOOOOOOOOOOO

Grob gesagt besteht unser visuelles System aus der Netzhaut unseres Auges, dem Sehzentrum der Großhirnrinde und den Sehnerven, die beides mit-

Das Märchenschloss Neuschwanstein, das der romantische, zurückgezogen lebende König Ludwig II. von Bayern in der zweiten Hälfte des 19. Jahrhunderts bauen ließ, ist »im echten Stil altdeutscher Ritterburgen erbaut«, wie er Richard Wagner schrieb, »umweht von Himmelsluft«.

einander verbinden. Der fürs Visuelle zuständige Teil der Hirnrinde liegt auf der Rückseite des Großhirns, sodass wir mit unseren Augen schauen, aber mit unserem Hinterkopf sehen! Offenbar sind die Augen über Kreuz mit der linken und rechten Hälfte der Sehrinde verbunden, so wie auch andere Körperteile von der gegenüberliegenden Hirnhälfte gesteuert werden, doch das scheint nur so. Tatsächlich funktioniert das System viel raffinierter: Die rechte Hirnhälfte verarbeitet die Informationen der rechten Hälfte der Netzhaut beider Augen, während die linke Hälfte der Hirnrinde die andere Hälfte jedes Auges übernimmt, mit dem Ergebnis, dass die rechte Hirnhälfte alles

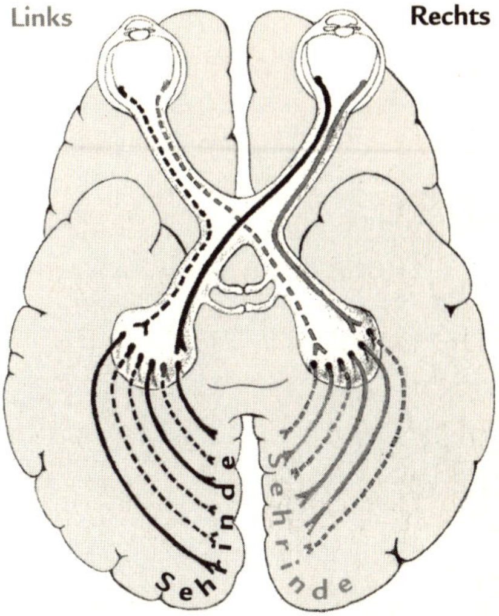


Darstellung des visuellen Systems. Oben die Augen mit der Netzhaut, von der alle Signale zunächst zur primären Sehrinde hinten im Kopf geführt werden.

verarbeitet, was sich links in unserem Blickfeld zeigt, und umgekehrt.

Es mag unnötig kompliziert erscheinen, doch ist der evolutionäre Vorteil leicht zu erkennen. Augen brauchen nun einmal Außenkontakt, sonst könnten wir nichts sehen. Doch dadurch sind sie verletzlich. Die Anlage unseres visuellen Systems garantiert, dass wir auch, wenn ein Auge ausfällt, unsere visuelle Hirnrinde gebrauchen können, denn jedes Auge hat immer Kontakt zu beiden Hirnhälften. Ein Einäugiger hat einen größeren toten Winkel als ein Zweiäugiger und kann keine Tiefe mehr sehen – was allerdings nur für Menschen und die wenigen Tiere relevant ist, die zwei nach vorn ausgerichtete Augen haben –, abgesehen davon sieht er genauso gut wie jeder andere. Wäre hingegen jedes Auge als Ganzes mit einer Hirnhälfte verbunden, dann würde mit dem Verlust eines Auges die Hälfte des Sehvermögens verloren gehen.

Säugetiere besitzen das gleiche visuelle System wie wir, das im Fall eines Unglücks schützt, dies gilt jedoch nicht für alle höher entwickelten Arten. Bei Tauben beispielsweise ist jedes Auge tatsächlich nur mit einer Hirnhälfte verbunden.

Nun stellt sich die Frage, inwieweit das visuelle System die Links-Rechts-Symmetrie wahrnehmen kann. Béla Julesz, Wissenschaftler bei Bell Laboratories in den USA, formulierte im Jahr 1970 auf der Basis von Arbeiten des österreichischen Physikers und Philosophen Ernst Mach folgende These dazu:

Die Sehrinde beider Hirnhälften besteht unter anderem aus einem Bereich, der die vom Auge stammende Information »abbildet«, die danach weiter verarbeitet wird. Diesen Bereich nennen wir Projektionsschirm, auch wenn der Begriff etwas unglücklich gewählt ist, da es hier keine Zuschauer gibt. Den Reiz, den die von der Netzhaut gesendeten Signale auf die Projektionsschirme ausüben, ist das, was wir vereinfacht als Beginn des Sehens bezeichnen.

Wenn wir genau auf die Mitte einer links-rechtssymmetrischen Figur schauen, wird eine Hälfte über beide Augen auf der linken Hälfte der Sehrinde abgebildet, die andere Hälfte auf der rechten. Um eine Symmetrie überhaupt wahrnehmen zu können, müssen wir jeden Punkt auf dem linken Projektionsschirm mit dem gespiegelten Punkt auf dem rechten Projektionsschirm vergleichen. Das kann über das *corpus callosum* geschehen, dem Hirnbalken mit seinen rund 150 Millionen Verbindungslinien, der die beiden Hirnhälften miteinander verbindet. Werden fast alle Punkte, die wir miteinander vergleichen, auf gleiche Weise gereizt, dann nehmen wir das als Symmetrie wahr.

Nochmals dasselbe Muster von Julesz. Wenn wir uns auf die gedachte Linie zwischen den beiden Pfeilen konzentrieren, können wir die Symmetrie des Musters plötzlich nicht mehr erkennen.

Das symmetrische Muster von Julesz zeigt deutlich, dass das Aufdecken einer Symmetrie tatsächlich so funktioniert. Wenn wir uns bei der Betrachtung nicht auf die Mitte konzentrieren, nehmen wir keine Symmetrie wahr. Übrig bleibt ein Durcheinander von schwarzen und weißen Kästchen.

Klingt überzeugend, doch darin verbirgt sich ein entscheidender Denkfehler: Wie kommt es, dass wir ohne Probleme einen Spiegelvergleich vornehmen können? Das ist nicht selbstverständlich.

oooooooooooooooo

Sehen ist ein unwillkürlicher Prozess, den man nicht abschalten kann, auch nicht, wenn wir uns selbst die Sicht versperren und unsere Augen schließen. Jeder, der schon einmal am Strand in der Sonne gelegen hat, weiß, dass Licht durch die geschlossenen Augenlider dringt. Alles, was vor unseren Augen passiert, wird direkt zur Großhirnrinde, dem Cortex, geschickt, die daraus ein einigermaßen zusammenhängendes Bild erstellt, ob wir wollen oder nicht. Das bedeutet nicht, dass wir alles, was wir sehen, auch bewusst wahrnehmen. Ganz im Gegenteil, denn die meisten eingehenden Signale werden nach einer ersten Prüfung als unbedeutend eingestuft. Manchmal werden sie noch irgendwo im Gehirn gespeichert, meist sind sie schnell wieder vergessen.

Wie unermüdlich und rasant die visuelle Hirnrinde den ganzen Tag über Bilder verarbeitet, ohne dass wir es bemerken, wird deutlich, wenn wir reflexartig auf Eindrücke reagieren. Trifft eine Fliege oder ein Fettspritzer auf unser Auge, können wir blitzschnell die Lider schließen. Bevor wir es überhaupt wahrnehmen, ist der Moment schon vorbei. Bewusst könnten wir niemals so schnell reagieren. Jeder kennt das Gefühl, »etwas« gesehen zu haben, ohne zu wissen, was es genau war - ein beliebtes Thema in Krimis.

Sehen ist mehr als die bloße Abbildung von Impulsen auf dem Projektionsschirm der visuellen Hirnrinde. Hierbei ist wichtig, dass auf den Projektionsschirm beider Augen nur die Hälfte der Bilder aus dem Gesichtsfeld trifft. Die Daten von beiden Augen müssen zuerst abgeglichen und zusammengefügt werden, damit ein zusammenhängendes Halbbild entsteht - ein Halbbild, das dank der kleinen Unterschiede im Blickwinkel beider Augen für Tiefe sorgt. Anschließend müssen die beiden Halbbilder zu einem Bild zusammengesetzt werden, damit ein nahtloses komplettes Bild entsteht, so wie wir es wahrnehmen.

Da die Wahrnehmung von Symmetrie genauso unwillkürlich geschieht wie das eigentliche Sehen und sich ebenso unserem Willen entzieht, darf angenommen werden, dass sie beim Vergleichen und Zusammenfügen der Halbbilder eine wichtige Rolle spielt. Und an einer Stelle in diesem Prozess findet dabei die Spiegelung statt. Doch das ist ein großes Problem, denn alles weist darauf hin, dass wir bei der Interpretation der von der Netzhaut kommenden Signale eben nicht spiegeln. Denn sonst würden wir schnell orientierungslos und uns wie auf einer irrsinnigen Kirmesattraktion fühlen.

Stellen Sie sich vor, was passiert, wenn wir beim Zusammenfügen der beiden Halbbilder, also beim Zusammensetzen der Bilder in den zwei Hirnhälften, auch noch eine Spiegelung vornähmen. Dann würde ein von links nach rechts laufendes Kaninchen, sobald es die Mitte unseres Blickfelds erreicht hat, unserem Gefühl nach in umgekehrte Richtung davonlaufen. Zum Glück ist das nicht der Fall, sonst würden nämlich kaum noch Kaninchen gefangen. Leider macht die Spiegelung beim Abgleich der zwei Versionen desselben Halbbildes aus dem linken und rechten Auge, also innerhalb derselben Hirnhälfte, alles nur noch schlimmer. Täten wir genau das, dann würde das Kaninchen, das vom linken Auge aus betrachtet von links nach rechts rennt, unserem rechten Auge zufolge von rechts nach links laufen. Symmetrisches Sehen wäre damit vollkommen unmöglich, denn nach einer Spiegelung würde kein Bildpunkt aus dem einen Auge noch mit dem gegenüberliegenden Bildpunkt des anderen Auges übereinstimmen. Räumliches Sehen, das auf kleinen Positionsverschiebungen desselben Impulses auf beiden Netzhäuten basiert, könnten wir dann ebenfalls abschreiben.

Und so müssen wir uns wieder mit einem Paradox herumschlagen. Um Symmetrie sehen zu können, müssen wir spiegeln. Doch das Spiegeln verbietet sich, wenn wir einfach nur gut sehen wollen. Glücklicherweise fand Julesz eine Lösung. Er schaute sich die übergroße Mehrheit von Tierarten an, bei denen die Augen sich nicht parallel vorn befinden, sondern seitlich. Solche Tier müssen spiegeln, um die Halbbilder aus ihrem linken und rechten Auge interpretieren zu können. Das läuft folgendermaßen ab.

Fliegt links vom Kaninchen ein Schmetterling von hinten nach vorn vorbei, dann bewegt sich auf der Netzhaut seines linken Auges sein Bild »von der Nase zum Ohr«, also in umgekehrter Richtung. Fliegt der Schmetterling nun rechts am Kaninchen vorbei, passiert das Gleiche im rechten Auge. Nichts Besonderes, könnte man meinen. Doch kommen die Bilder anschließend auf dem Projektionsschirm im Kaninchenhirn an, scheinen die zwei parallelen Bewegungen genau entgegengesetzt abzulaufen. Damit ein Kaninchen in beiden Fällen die richtige Bewegungsrichtung von hinten nach vorn verstehen kann, muss irgendwo durch die Spiegelung eine Korrektur erfolgen. Wie wichtig das ist, zeigt sich, wenn wir das Kaninchen selbst zum Laufen bringen, sodass sich in seinen Augen die Welt bewegt. Würde das Tier die Bilder aus seinem linken und seinem rechten Auge ohne Spiegelung interpretieren, würde es von der Vorstellung innerlich zerrissen, dass sich eine Seite der Welt so schnell rückwärts bewegt wie die andere Seite vorwärts.

Parallel vorn im Gesichtsfeld liegende Augen sind die Ausnahme und vermutlich ein noch recht junges Phänomen in der Evolutionsgeschichte. Wenn wir einige Millionen Jahre zurückgehen, landen wir bei unseren Urahnen, deren Augen sich wie die des Kaninchens an beiden Seiten des Kopfes befanden. Sie müssen über ein entsprechendes visuelles System verfügt haben. Und das ist wahrscheinlich eine Erklärung für unser Gefühl für Symmetrie. Einerseits hat sich ein relativ neues visuelles System durchgesetzt, das ohne Spiegelung funktioniert, andererseits lassen sich laut Julesz noch Eigenschaften eines wesentlich älteren Spiegelsystems nachweisen. Möglicherweise ist das Spiegelsystem so alt, dass es nicht in der Hirnrinde, sondern im evolutionsgeschichtlich viel älteren Hirnstamm ihren Sitz hatte. Ein Erbe aus unergründlich tiefer Vergangenheit, in der wir noch in der Gesellschaft von Krokodilen verkehrten.

ooooooooooooooo

Julesz' Vorschlag ist der reizvolle Versuch, das Rätsel um das Erkennen von Symmetrie zu lösen, doch wahrscheinlich ist das letzte Wort dazu noch nicht gesprochen, denn es gibt viel zu viele Ungereimtheiten. Das Spiegelungsvermögen von Tieren wie Kaninchen, die mit ihren seitlichen Augen sehen, hebt den scheinbaren Gegensatz von Teilbildern auf derselben Hälfte des Blickfelds auf, während von symmetrischem Sehen nur die Rede sein kann, wenn ein Zusammenhang zwischen Bildern auf verschiedenen Hälften des Gesichtsfelds besteht. Wir nehmen die Symmetrie von Julesz' Muster nicht mehr wahr, wenn unser Fokus außerhalb der Symmetrieachse liegt. Dies beweist, dass das Spiegeln zum Zweck der Symmetrie nichts mit dem Verhalten des Kaninchens zu tun hat. Tiere sehen den Schmetterling, auch wenn er am Rand ihres Blickfelds entlangfliegt, immer in die richtige Richtung fliegen. Andererseits brauchen Tiere mit seitlich gelegenen Augen wie das Kaninchen eine Spiegelung der beiden Hälften des Blickfeldes genauso wenig wie wir.

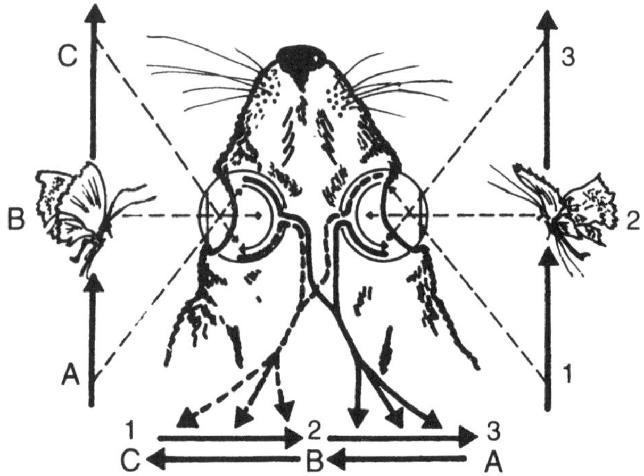


Ohne vorgenommene Spiegelung scheinen sich zwei Schmetterlinge, die in dieselbe Richtung fliegen (von A nach C bzw. von 1 nach 3) auf der Hirnrinde eines Kaninchens in entgegengesetzte Richtung zu bewegen.

Doch damit nicht genug, es gibt zwei weitere Phänomene, auf die Julesz' Theorie nicht weiter eingeht. Zum einen erkennen wir bei komplizierten Mustern eine Symmetrie nur dann, wenn wir uns etwa auf die Symmetrieachse konzentrieren. So können wir die einfache Symmetrie einer barocken Vase oder eines Menschen problemlos erkennen. Zweitens erfassen wir Symmetrien zwischen Ober- und Unterseite nur mit größerer Mühe.

Vielleicht können uns die bereits erwähnten Tauben weiterhelfen. Die Vögel erweckten fälschlicherweise den Eindruck, sie könnten zwischen links und rechts oder, wie in unserem Fall, den beiden mit ‹ und › beschrifteten Knöpfen unterscheiden. Tatsächlich veränderten sie die Unterscheidung von links und rechts lediglich in eine für sie erkennbare Unterscheidung von oben und unten, indem sie einfach ihren Kopf schief legten. Sie hatten also das Bild, das ihr visuelles System nun verarbeiten musste, so gedreht, dass es für sie eine Bedeutung bekam. Wir dürfen jedoch nicht vergessen, dass die Tauben dies tun, um Bildhälften unterscheiden zu können, während das Erkennen von Symmetrie eine Suche nach übereinstimmenden Punkten erfordert. Doch das kann uns egal sein. Symmetrie ist immer auch eine Form von Unterscheidung, es ist die systematische Ungleichheit, die wir meinen, wenn wir etwas als spiegelverkehrt bezeichnen. Wer links und rechts nicht auseinanderhalten kann und damit < nicht von > unterscheiden kann, wird auch keine Links-Rechts-Symmetrie wahrnehmen.

Es ist möglich, dass wir uns ähnlich wie die Tauben verhalten, dann allerdings in unserem Gehirn. Vermutlich kann – einfach gesagt – unser visuelles System die Bilder auf den Projektionsschirmen rotieren lassen, um sie anschließend zu vergleichen. Diese Vermutung verstärkt sich, da wir Bilder auch verschieben können müssen, wenn wir auf unserem Weg Unterschiede an Bildern feststellen, die an beiden Augen entstehen und eine Tiefenwirkung vermitteln. Wir wissen, dass die Verschiebung hierbei eine Rolle spielt, da wir aufgrund dieses Prinzips auf Fotos, in Filmen und Fernsehbildern den Eindruck von Tiefe erzeugen können. Dabei machen wir von einem Objekt zwei leicht voneinander verschobene Aufnahmen und übermitteln eines dem linken und das andere dem rechten Auge. Meist passiert dies mit Hilfe einer Brille mit unterschiedlich gefärbten Gläsern, die eines der beiden Bilder herausfiltern.

Es gibt noch weitere Hinweise, dass wir Bilder im Kopf rotieren, verschieben und sogar verbiegen oder verformen lassen können. Es muss schon einiges passieren, bevor wir Alltagsgegenstände, etwa einen Stuhl, nicht direkt als solchen erkennen, egal, von welcher Seite wir ihn betrachten. Selbst wenn wir einen Stuhl zum ersten Mal aus einem bestimmten Winkel betrachten, sodass in unserem Gedächtnis keine exakte Abbildung von dem, was wir gerade sehen, abgespeichert sein kann, wissen wir automatisch, dass wir einen Stuhl sehen. Das ist nur möglich, wenn wir das im Gedächtnis gespeicherte Bild eines Stuhls, wie auch immer es aussieht, und das Bild auf dem Projektionsschirm so drehen und verschieben können, dass sich beides in etwa deckt. Wenn das gelingt, dann wissen wir: »Aha, ein Stuhl.«

Für die Wahrnehmung von Symmetrie spielen das Gedächtnis sowie die mentalen Mechanismen, die Bilder interpretieren und in Form eines komprimierten Konzepts im Gedächtnis speichern, wahrscheinlich eine wichtige Rolle. Das mag zusammen mit der Fähigkeit zum Verschieben erklären, warum wir Symmetrien bei mehr oder weniger bekannten Gegenständen problemlos erkennen, selbst wenn das Objekt am Rand unseres Blickfelds liegt. Anders verhält es sich, wenn wir ein bisher nicht wahrgenommenes oder nicht eingeprägtes kompliziertes Muster sehen und es mit nichts bislang Gesehenem vergleichen können. Dann hilft uns auch unser Gedächtnis nicht weiter, sondern wir sind auf eine Spiegelung angewiesen. Um solch ein fremdes, willkürliches Muster handelte es sich bei Julesz' Abbildung. Als er das Muster entwickelte, hat er garantiert alle Probefassungen weggeworfen, auf denen zufällig Formen etwa Wolken zu erkennen waren, in denen wir bestimmte Figuren sehen.

Julesz' Muster ist ein Beispiel für die schwierigste Art der Symmetrie: sehr kompliziert und ohne jegliche Vorbilder oder Anhaltspunkte. Wenn wir unseren Blick weit abseits von der Symmetrieachse fokussieren, kann das visuelle System das entsprechende Bild auch durch eine Verschiebung nicht gut herstellen. Es ist nicht auszuschließen, dass das visuelle System in derartigen Fällen bei einer ersten schnellen Kontrolle keine Anzeichen findet, die überhaupt auf eine Symmetrie hindeuten. Bei bekannten oder einfacheren, besser abzuleitenden Formen geschieht das schon.

Derselbe Mechanismus würde auch erklären, warum wir uns mit der Symmetrie zwischen oben und unten schwerer tun, sie aber letztlich doch erkennen. Hier muss eine eher unübliche Rotation erfolgen.

Insgesamt scheint es, dass unsere Fähigkeit, links und rechts auseinanderzuhalten, damit zu tun hat, dass wir eine Symmetrie zwischen links und rechts erkennen können und beides wiederum mit unserem räumlichen Sehen in Verbindung steht. Es ist anzunehmen, dass die Erfahrung von Symmetrie und das Wissen um links und rechts Tieren vorbehalten ist, die wie wir zwei parallel im Gesicht sitzende Augen haben. Bei den an Land lebenden Tieren ist das nur eine kleine Gruppe, die überwiegend stark auf ihr Sehvermögen angewiesen ist. Sie besteht hauptsächlich aus Menschenaffen, anderen Primaten und Katzenarten. Tiere, deren Augen an der Seite liegen, können meist nicht so gut sehen und verlassen sich stärker auf das Gehör, ihren Geruchs- und Tastsinn als auf ihre Augen. Es kann daher nicht überraschen, dass diese Tiere links und rechts nicht auseinanderhalten können. Es ist auch fraglich, ob sie Symmetrien wahrnehmen können und ob sie einen Stuhl, den wir aus jedem Blickwinkel heraus automatisch erkennen, überhaupt als solchen wahrnehmen. Rätsel über Rätsel also.

Vögel sind derart abhängig von ihren Augen, dass es kaum vorstellbar ist, sie könnten keine Tiefe sehen. Selbst der größte Skeptiker wird überzeugt, wenn er einmal erlebt hat, wie ein Bussard mit tödlicher Präzision eine Maus im Gras erbeutet. Trotzdem befinden sich bei den meisten Vögeln die Augen an der Seite. Offenbar verfügt ihr Gehirn über einen Mechanismus, der aus unabhängigen Bildern von beiden Augen Tiefe herausfiltert, oder es kann – und das ist wesentlich wahrscheinlicher – Tiefe durch rasch hintereinander ablaufende Momentaufnahmen über dasselbe Auge erzeugen. Das würde funktionieren, solange sich der Vogel bewegt, zumindest seinen Kopf.

# 17
## Das Gesetz von Tim und Struppi

Wenig ist derart von Aberglaube und Ritualen geprägt wie das klassische Theater. Eine goldene Regel galt dem Auftritt des Boten. Hatte er gute Nachrichten, dann betrat er die Bühne vom Saal aus gesehen von links. Wenn er von rechts kam, konnte man direkt sagen, dass er eine Hiobsbotschaft zu überbringen hatte. Die Richtung, aus der der Bote kam, ließ den Zuschauer schon ahnen, was kommt, und er konnte die darin implizierte Botschaft deuten.

Die Rolle des Boten ist im Theater beinahe verschwunden, doch noch längst nicht sind es die goldenen Regeln. Mit den technischen Möglichkeiten haben diese sogar zugenommen, und moderne Medien wie Film oder Comic halten ebenso daran fest wie das klassische Theater, auch wenn die Zuschauer bzw. Betrachter das nicht merken. Das Gleiche gilt für die Malerei und selbst die Fotografie. Vieles von dem, was wir als Komposition bezeichnen und als Absicht des Künstlers betrachten, wird in Wirklichkeit von einfachen, tief in uns verwurzelten Gesetzen bestimmt, die festlegen, wie wir Bilder interpretieren.

Eines der besten Beispiele sind Gebrauchsgrafiken. Die Kurven darauf sehen wir unwillkürlich so, als würden sie links beginnen und rechts enden. Kurven, bei denen der rechte Endpunkt über dem linken liegt, interpretieren wir als steigend; liegt er unter dem linken, sagen wir, dass eine Kurve fällt. Daran

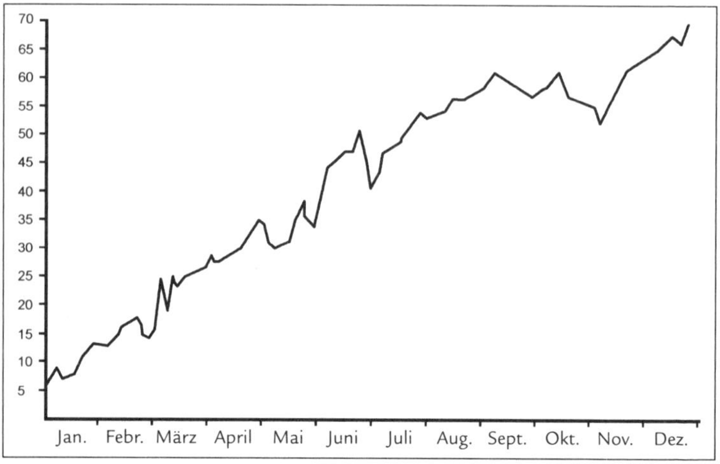


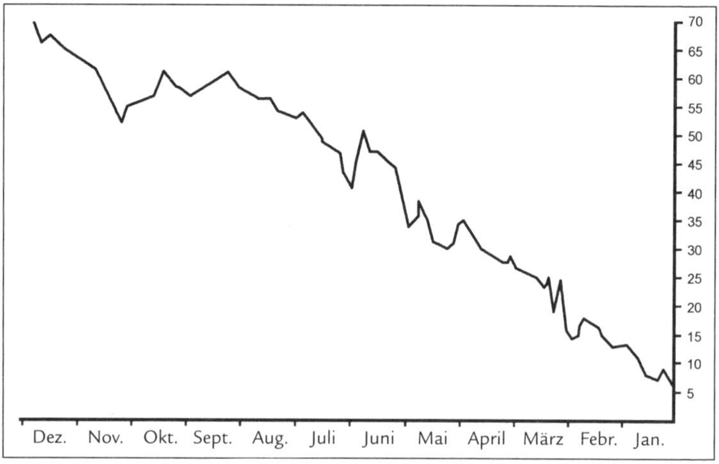


Konventionen sind stärker als die Vernunft: Beide Grafiken geben dieselbe Entwicklung im Jahresverlauf wieder. Doch während die Kurve oben beruhigend ansteigt, kriegen wir beim starken Abfall unten einen Schreck.

halten wir so stoisch fest, dass es keinem Unternehmen einfiele, in seinem Jahresbericht mit umgekehrt verlaufenden Grafiken zu arbeiten, auch wenn sie dieselben Informationen enthalten würden.

Steigend und fallend sind in diesem Zusammenhang etwas seltsame Bezeichnungen, denn Kurven auf dem Papier sind starr und bewegen sich keinen Millimeter. Trotzdem nehmen wir eine Art Bewegung wahr. Dem Gefühl nach bilden die Linien eine von links nach rechts verlaufende Bewegung ab. Das gilt nicht nur für wirkliche Linien, sondern auch für imaginäre. Eine so bekannte wie falsche Vorstellung von der menschlichen Evolution ist die *Hominisation*, die sich von der uralten *scala naturae*, der Stufenleiter der Natur, herleitet. Die *scala* umfasste eine gottgegebene, unveränderliche hierarchische Ordnung des Universums, bei der Gott ganz oben stand, gefolgt von Engeln und Menschen. Danach kamen Tiere, Pflanzen und ganz zum Schluss Stoffe wie Erde. In Kombination mit den Ideen über die Entstehung der Arten, die seit Darwins *Origin of Species* allgemein zum guten Ton gehörten, entwickelte sich die Vorstellung, dass die Evolution von einfachen hin zu stets komplizierteren und höher entwickelten Organismen verlief, wobei der als göttlich betrachtete Mensch den vorläufigen Höhepunkt bildet. Diese Vorstellung, die vor allem durch das 1936 erschienene Buch *The Great Chain of Being* des amerikanischen Philosophen Arthur Oncken Lovejoy populär wurde, ist Tausende Male gezeichnet und gedruckt worden. Daneben gibt es zahlreiche mehr oder minder spaßige Varianten – der Paläontologe Stephen Jay Gould soll eine mehr als hundert Stücke umfassende Sammlung besessen haben.

In ihrer ursprünglichen Form zeigt die Hominisation eine Abfolge von Wesen, die von links nach rechts immer stärker menschliche Züge annehmen. Angeführt wird der Trupp durch einen selbstbewussten, aufrecht schreitenden *Homo sapiens*, hinten

Die Hominisation

hoppelt in gebückter Haltung eine Art Uraffe. Unvoreingenommen betrachtet ist das Ganze absurd und nutzlos. Der moderne Mensch, chronologisch gesehen das Schlusslicht, läuft voraus statt hinterher. Dahinter folgt ihm sein Vorfahre, der wiederum seinem Vorfahren vorausläuft und so weiter. Uns stört das nicht im Geringsten, denn unser Blickwinkel ist nicht neutral. Wir erkennen in der Abfolge eine imaginäre Linie, eine Bewegung von der Vergangenheit bis heute. Dadurch stimmt die Reihenfolge in unseren Augen: Zuerst kam der kleine Bucklige, später die anderen und zum Schluss, ganz rechts, wir selbst. Außerdem laufen alle Figuren von links nach rechts im Sinne der Chronologie, also von ihrem eigenen Vorstadium hin zu ihrem Nachfolger. Auch das entspricht der Wirklichkeit. Schließlich kommt die Abbildung auch noch unserem Wesen entgegen: Wir spazieren in Person der vorauslaufenden Figur erhobenen Hauptes unserer Zukunft entgegen. Würden wir die Zeichnung spiegeln, dann sä-

Guido Reni: Atalanta und Hippomenes (1625).

he es aus, als wäre die Evolution in umgekehrte Richtung verlaufen. Wir würden uns immer tiefer in die Vergangenheit hineingegeben – doch diese Kunst ist allein Merlin, dem Zauberer der Artus-Legende, vorbehalten.

Die Neigung, Bilder von links nach rechts verlaufend zu betrachten, ist nicht erst heute oder gestern entstanden. Schon 1625 machte sie sich Guido Reni zunutze, als er den Wettlauf zwischen Atalanta und Hippomenes malte. Atalanta, eine Jägerin der griechischen Mythologie, wurde wegen ihrer zahlreichen Begabungen von vielen Männern begehrt. Um ihre Freier loszuwerden, versprach sie, sich mit dem ersten Mann zu vermählen, der sie im Wettlauf besiegt. Sie wusste, was sie tat, denn niemand konnte schneller laufen als sie. Ein gewisser Hippomenes nahm die Herausforderung an und konnte sie auf typisch klassisch-griechische Weise dank göttlicher Hilfe und drei goldenen Äpfeln des Falschspiels überführen. Im Wettlauf ließ er jedes Mal, wenn

Atalanta ihn zu überholen drohte, einen Apfel fallen. Das Mädchen konnte der Versuchung nicht widerstehen und hob den Apfel jedes Mal auf. Renis Gemälde zeigt einen solchen fatalen Moment. Auch wer die Geschichte nicht kennt, versteht sofort, was sich hier abspielt: Hippomenes läuft schnell weiter und Atalanta kommt aus dem Tritt. Dumm für sie, sie verlor diesen Wettlauf.

Comics setzen häufig die Richtungssymbolik ein. Der Leidener Psychologe Willem Albert Wagenaar, ein Fan der Tim-und-Struppi-Geschichten, hat einmal alle Bewegungen und Wanderungen in drei der Comics statistisch ausgewertet und festgestellt, dass in drei von vier Fällen die Bewegung von links nach rechts verläuft, auch wenn sie sich über mehrere Bilder erstreckt. Noch interessanter war, dass fast alle Bewegungen nach links ein schlechtes Ende nehmen: Der Mann, der seinen Finger von rechts nach links auf Tims Klingelknopf drückt, fällt bewusstlos auf die Fußmatte, als der wackere Reporter die Tür öffnet. Als Kapitän Haddock bei einem Fluchtversuch von rechts nach links durch die Bilder rennt, wird er schnell wieder gefangen genommen, und so weiter. Das ist das Gesetz von Tim und Struppi, das auch für den Boten im klassischen Theater gilt: Das Betreten der Bühne von rechts – und Weiterlaufen nach links – ist für den Zuschauer ein Zeichen, dass etwas Unschönes passiert.

Im Film gelten ähnliche Regeln. Losfahrende Autos, Schiffe und Flugzeuge bewegen sich auf der Leinwand mehrheitlich von links nach rechts. Fahren oder fliegen sie von rechts nach links, dann sehen wir sie häufig irgendwo ankommen. Nur bei großen Bewegungen zwischen bekannten Orten spielt die Geografie eine Rolle. Schiffe, die von Europa nach Amerika fahren, bewegen sich gewöhnlich von rechts nach links und umgekehrt. Ein Zug von Peking nach Moskau wird sich ebenfalls von rechts nach links bewegen, ebenso ein Flugzeug von Kalkutta nach London. Westliche Regisseure berücksichtigen unsere Gewohnheit, Karten Richtung Norden auszurichten. Das müssen sie auch, denn in den Augen ihres überwiegend westlichen Publikums fährt ein Schiff, das sich von links nach rechts bewegt, in jedem Fall von Westen nach Osten und nicht umgekehrt.

ooooooooooooooo

Natürlich ist es kein Zufall, dass wir Bilder so interpretieren, wie wir es tun. Experimente haben gezeigt, dass wir, pauschal gesagt, auch von links nach rechts schauen. Die Bewegungslinie des Bildinhalts folgt also einfach der Richtung unserer Wahrnehmung. Vielleicht ist das auch ein Grund für die große Beliebtheit eines sehr auffälligen Gemäldes durch alle Zeiten hindurch, obwohl es etwas zeigt, wovor amerikanische Durchschnittseltern ihren Kindern sofort die unschuldigen Augen zuhalten. Das Bild *Gabrielle d'Estrées im Bad mit ihrer Schwester, der Herzogin von Villars* malte um 1594 ein unbekannter Maler, der der Schule von Fontainebleau zugerechnet wird. Es ist Teil einer Serie von Gemälden mit denselben Frauen in etwa demselben Dekor, fast wie bei einem Fotografen, der heute in seinem Studio eine Fotoserie macht. Dieses Gemälde ist das berühmteste.

Wir sehen eine Frau, in die der französische König Heinrich IV. von 1591 bis zu ihrem Tod im Alter von 28 Jahren sehr verliebt war, ohne sie ehelichen zu können, da er bereits verheiratet war. Das hielt ihn nicht davon ab, mit ihr drei Kinder zu zeugen und

Schule von Fontainebleau: *Gabrielle d'Estrées im Bad mit ihrer Schwester, der Herzogin von Villars* (um 1594).

sie mit immer neuen Titeln und Reichtümern zu überhäufen. Es ist eine meisterliche Komposition, die die beiden d'Estrées selbstbewusst porträtiert. Gabrielle d'Estrées nimmt die traditionelle Position der Frau in Doppelporträts ein, da sie sich rechts von der zweiten Person befindet. Dadurch fällt das von links kommende Licht schön auf ihr Gesicht. Auch die wichtigsten Elemente des Bildgeschehens verlaufen ordentlich auf einer Linie von links oben nach rechts unten: vom Gesicht der Herzogin von Villars – der Schwester – zur Hand, mit der sie die Brustwarze von Gabrielle d'Estrées berührt und weiter zu dem Ring, den diese mit Daumen und Zeigefinger hält. Die anderen Linien harmonieren damit oder verstärken sich wechselseitig. Die Geliebte des Königs ist ein hübsches Ding, das man gern betrachtet und etwas Schlüpfriges ausstrahlt.

Wäre es nur dies, so hätte das Bild außer Liebhabern von Apfelbrüsten wohl nur wenige Betrachter gefesselt. Auf viele anziehend wirkt das Bild aus zwei Gründen, die Spannung erzeugen. Zunächst die bizarre Pose, die unverständliche Symbolik: zwei Frauen, von denen eine die Brustwarze der anderen zwischen Daumen und Zeigefinger hält - übrigens genau so, wie die andere ihren Ring hält -, das ist, gelinde gesagt, ein höchst ungebräuchliches Motiv. Die Frauen sind nackt, doch stehen sie da, als seien sie in ihre besten Kleider gewandet. Die zweite Quelle der Spannung fällt weniger auf und blieb, soweit bekannt, weitgehend unbeachtet. Doch gerade sie trägt zur geheimnisvollen Anziehungskraft des Gemäldes bei und lässt unseren Blick auf dem Bild ruhen. Die Darstellung ist komplett auf Linkshändigkeit ausgerichtet: De Villars berührt die Brustwarze mit ihrer linken Hand, genauso wie d'Estrées den Ring mit links hält, und wer genau hinsieht, erkennt, dass selbst die Näherin im Hintergrund mit der linken Hand stickt. Das ist wirklich bemerkenswert, da es doch schon unterschwellig auffällt. Unbewusst spürt man, dass etwas anders ist, ohne direkt sagen zu können, was genau.

ooooooooooooooo

Dass wir Darstellungen zuerst von links nach rechts betrachten, steht fest. Aber warum? An unseren Augen kann es nicht liegen, die drehen sich genauso gut in die eine wie in die andere Richtung. Wieso also fangen wir nicht rechts oder irgendwo in der Mitte an? Einige Menschen machen das sogar.

In der Zeit, als der Kongo noch zu Belgien gehörte, also vor 1960, sorgten sich Bergbauingenieure um die vielen Fehler der schlecht ausgebildeten und ungebildeten kongolesischen Minenarbeiter und die daraus resultierenden Schäden und Unglücke.

Man musste etwas unternehmen. Zunächst wollte man Tafeln mit klaren und einfachen Regeln zum richtigen Umgang mit den Maschinen und dem Verhalten etwa in Notfällen in den Minen aufhängen. Das war einfacher gesagt als getan, denn die schwarzen Arbeiter aus der Region waren fast alle Analphabeten. Für Menschen, die ihr Leben damit zubringen sollten, Erz und Gestein aus den Wänden unterirdischer Gewölbe zu stemmen, war Schulbildung reinste Verschwendung.

Trotzdem schien man schnell eine Lösung gefunden zu haben. Statt schriftlicher Anweisungen wollte man mit einfachen comicähnlichen Bildern arbeiten, die genau erklärten, was man meinte. Das würde selbst der dümmste Kongolese begreifen, glaubte man.

So wurde es gemacht, doch es passierten nun noch mehr Unglücke und wurden viel mehr Fehler gemacht. Nach langem Suchen fand man schließlich eine Erklärung: Die Comicbilder verliefen, so wie die Belgier es zu Hause gelernt hatten, von links nach rechts. Niemand war darauf gekommen, dass dies für Belgier mit normaler Schulbildung, die aus einer komplett alphabetisierten Welt kamen, selbstverständlich war, nicht jedoch für die kongolesischen Analphabeten. Diese hatten keine Ahnung, wo sie mit dem Ablesen beginnen sollten, was zur Folge hatte, dass sie durchgängig andere Schlüsse zogen als angenommen.

Tatsächlich scheint die Blickrichtung stark von der Schreibrichtung abzuhängen. Wagenaars Gesetz von Tim und Struppi gilt beispielsweise nicht für Völker, die von rechts nach links schreiben, wie etwa Israelis und Araber. China hat nie eine echte Tradition des Von-links-nach-rechts-Schreibens gekannt. Die Zeichenschrift verläuft gewöhnlich von oben nach unten, nur die Spalten verlaufen von links nach rechts. Chinesen betrachten darum auch Abbildungen anders als wir. Im Mao-Tse-tung-Museum in Changsha hängt ein Gemälde, das den Langen Marsch zeigt. Es ist ein großartiges Propagandastück frei nach dem Motto: Nicht kleckern, sondern klotzen - mit entschlossenen Kämpfern auf dem Weg zum sicheren Sieg, angeführt vom charismatischen Mao Tse-tung. Sieg? Uns irritiert das Bild, denn die gesamte unerschrockene Truppe marschiert unheilvoll nach links, also in die falsche Richtung. Ein derartiges Gemälde wäre weder in Russland noch im Westen jemals so gemalt worden.

Lesen und Schreiben, jene Fertigkeiten, die wie keine anderen die kulturelle und ökonomische Entwicklung des Menschen in den vergangenen sechs- bis siebentausend Jahren bestimmt haben, scheinen unser Leben noch auf ganz andere Art und Weise zu beeinflussen.

*Der lange Marsch*, Mao-Tse-tung-Museum, Changsha (Foto A. Samagalski).

# 18

# Tote Männer und wollüstige Frauen

In den Jahren 1655 bis 1658 malte Nicolaes Maes den Moment, in dem Erzvater Abraham seinen Sohn Isaak opfern will und ein Engel ihn im letzten Moment von der Tat abhalten kann, weil für Gott schon seine gute Absicht zählt. Es ist ein bekanntes Thema, doch Maes, ein technisch versierter Künstler, hat sich größte Mühe gegeben, etwas Besonderes aus der Szene zu machen. Das Resultat ist ein schwieriges, unausgewogenes Bild. Das zeigt sich vor allem im direkten Vergleich mit einer Standardkomposition von Rembrandt, der dieselbe Szene etwa 21 Jahre zuvor gemalt hatte. Bei ihm ist der Bildaufbau weitaus stimmiger, sein Gemälde wirkt wesentlich natürlicher. Das hat vermutlich auch wieder etwas mit unserer Leserichtung zu tun.

Wie auf Grafiken finden sich auch auf Gemälden steigende und fallende Diagonalen. Ihre wichtige Rolle wird daran erkennbar, dass der deutlichste Unterschied zwischen den Opferszenen von Maes und Rembrandt in der Umkehrung dieser Diagonalen liegt. Das Messer von Rembrandts Abraham droht für den Bruchteil einer Sekunde auf der fallenden Diagonalen Isaaks Kehle zu durchschneiden, bei Maes jedoch soll das Messer, hat Abraham erst einmal seine Hand erhoben, Isaak auf der steigenden Diagonale treffen, also von rechts nach links. Das ist äußerst unüblich.

Nicolaes Maes:
*Die Opferung Isaaks*
(um 1657).

Morde werden in Gemälden meist auf der fallenden Diagonale verübt, wie etwa in der von Rembrandt gemalten Szene. Die Mordwaffe, gleich ob Messer, Schwert, Beil oder Knüppel, trifft das Opfer meist von links oben. Auch das Opfer selbst ist in den meisten Fällen an die fallende Diagonale gebunden. Es liegt dann verwundet oder tot auf dieser oder flieht nach rechts unten.

Ein prächtiges Beispiel für die Wirkung der Diagonalen ist *Der Überfall auf die Kutsche* von Francisco Goya. Es ist eine dramatische Szene, die erkennen lässt, dass auch im klassischen Western nichts Neues erfunden wurde. Der Räuberhauptmann steht aufrecht und mächtig oben auf dem Bock, sein Gewehr lässt er lässig nach unten hängen, und er blickt, sich seiner Überlegenheit bewusst, über die fallende Diagonale auf die jammernden Reisenden. Seine Handlanger sind beschäftigt, vor al-

Rembrandt van Rijn: *Die Opferung Isaaks* (1634).

lem der ganz links, der mit einem widerstrebenden Passagier abrechnet. Er ist im Begriff, den armen Mann für immer zum Schweigen zu bringen, das Messer wird über die fallende Diagonale sein Ziel treffen. Zwei Frauen flehen auf Knien und mit erhobenen Händen um ihr Leben. Die eine, von der wir das Gesicht sehen können, blickt über die fallende Diagonale auf zum linken der beiden stehenden Räuber, der über dieselbe Diagonale zu ihr herunterblickt. Die männlichen Reisenden sind tot oder werden es in Kürze sein. Alle drei liegen wiederum auf der fallenden Diagonale. Es ist festzuhalten, dass auch Goya sich an das Gesetz von Tim und Struppi hält: Die Kutsche, deren Fahrt ein unglückliches Ende nahm, fuhr von rechts nach links über die Leinwand.

Dass auf der fallenden Diagonale geschlagen und gefochten wird, ist nicht so abwegig. Die meis-

Francisco Goya: *Der Überfall auf die Postkutsche* (1787).

ten dieser Bewegungen verlaufen nun einmal von oben nach unten. Zudem neigen Opfer zum Umfallen. Künstler machen davon aus Gründen der Dramatik gern Gebrauch, sodass Mörder und Mörder in spe fast automatisch im wahrsten Sinne des Wortes über dem Opfer stehen. Auch die Neigung, Hiebe und Stiche meist von links nach rechts auszuführen, lässt sich erklären, denn für uns ist das die normale Bewegungsrichtung. Die Waffe des Mörders bekommt zusätzlichen Schwung, wenn sie mit der Bewegungsrichtung verläuft. Das Gleiche gilt für Fluchtbewegungen nach rechts: Wer flüchtet, muss schnell sein, und das Gefühl von Schnelligkeit wird nicht gerade erhöht, wenn man den Flüchtenden gegen die gewohnte Bewegungsrichtung laufen lässt. Szenen von der Vertreibung aus dem Paradies haben daher auch immer denselben Aufbau: Der rächende Engel schwebt irgendwo oben in der linken Ecke, während Adam und Eva den Garten Eden nach rechts unten verlassen.

Auffälliger ist, dass auch Gewaltopfer oft auf der fallenden Diagonale liegen, etwa auf dem Foto eines Mafiaopfers auf einem Marktplatz in Süditalien, wie es häufig in Zeitungen zu sehen ist. Ein Toter bleibt reglos liegen, der Fotograf kann dann in aller Ruhe den besten Winkel auswählen. Häufig liegt dabei die Leiche mit dem Kopf nach vorn auf der fallenden Diagonale wie in Manets *Der tote Torero*. Dieses Bild wiederum ähnelt sehr stark dem Gemälde *Der tote Soldat* eines unbekannten italienischen Malers aus dem 17. Jahrhundert, das heute in der *National Gallery* in London hängt. Es wird behauptet, dass Manet sich von ihm inspirieren ließ, was Manet-Kenner jedoch bestreiten. Und sie haben wahrscheinlich Recht, da derartige Darstellungen von Gewaltopfern gang und gäbe sind.

Ein Opfer der Mafia (1992), porträtiert nach allen Regeln der Kunst. Bemerkenswert die fallenden Linien. (Foto: ABC Press)

Dass eine Position auf der fallenden Diagonale bevorzugt wird, liegt nicht an der Art und Weise, wie wir Bewegungen auf Bildern wahrnehmen. Tote bewegen sich schließlich nicht und sollten auf Bildern auch keinesfalls diesen Eindruck erwe-

Protestaktion gegen die Mafia in Neapel, 2005. (Foto: Reuters)

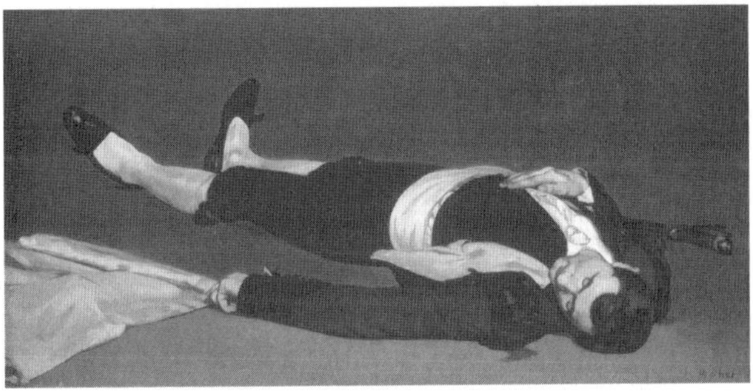

Édouard Manet: *Der tote Torero* (1865).

cken. Ist es dann nicht vielleicht der Aspekt des Fallens, der suggeriert, dass der Betroffene ein schlechtes Ende genommen hat? Geht der Blick nicht aus dem Bild hinaus, sozusagen dem Untergang entgegen? Umgekommen durch Gewalt, die augenscheinlich von links oben kommt?

Keine abwegige Überlegung. In Goyas Gemälde laufen die Autoritäten parallel zur Gewalt von links oben nach rechts unten. Der oben auf der

Kutsche stehende Räuberhauptmann und sein Kamerad blicken nach rechts unten auf die bittende Frau, die untertänig nach links oben zu ihnen aufblickt. Noch deutlicher wird das buchstäbliche Weggleiten in Dirck van Baburens 1623 entstandenem Gemälde *Prometheus wird von Vulkan angekettet*, das im Rijksmuseum in Amsterdam hängt. Der arme Prometheus liegt in der wohl jämmerlichsten Position angekettet rechts unten in der Ecke ganz am Rahmen des Bildes. Fast scheint er aus der Leinwand gleiten zu müssen. Wie Manets Torero und all die anderen Opfer liegt er mit dem Kopf nach vorn, sodass er nicht sieht, wohin er weggleitet. Ein Bild äußersten Ausgeliefertseins.

Ähnlich ist es mit den meisten gemalten Mordanschlägen, Vergewaltigungen und Folterungen. Macht kommt nicht nur, wie Mao Tse-tung behauptete, aus den Gewehrläufen; in der abendländischen Kunst kommt sie von links oben, der Schwerkraft und Leserichtung folgend.

Natürlich gibt es auch andere Erwägungen. Kompositionsprobleme oder kollidierende Konventionen und der Wunsch, es anders zu machen, können dafür sorgen, dass eine Abbildung entgegengesetzt zu verlaufen scheint – Nicolaes Maes' *Die Opferung Isaaks* ist ein Beispiel dafür. Doch häufig unterwirft der Künstler sich selbst in diesen Fällen, vielleicht auch teilweise unbewusst, den Gesetzen unserer Wahrnehmung. Das wird auf Goyas berühmtestem Gemälde *Die Erschießung der Aufständischen* deutlich. Es zeigt die Exekution von Rebellen, die sich Mai 1808 in Madrid gegen Napoleons Besatzungsarmee erhoben hatten.

Die Soldaten verrichten ihr blutiges Werk von rechts nach links, was Goya die Möglichkeit gibt, die Schützen von hinten als anonyme Tötungsma-

Dirck van Baburen: *Prometheus wird von Vulkan angekettet* (1623).

Francisco Goya: *Die Erschießung der Aufständischen* (1814).

schine zu zeigen. Gleichzeitig sehen wir die emotionsgeladenen Gesichter der Opfer. Diese blicken ihrem Los ganz konventionell an der fallenden Diagonale ins Auge, was durch den Umriss des Hügels im Hintergrund noch unterstrichen wird. Zudem lässt Goya die Todgeweihten von hinten rechts nach links gegen die fallende Diagonale zum Exekutionsort auf dem Hügel gehen.

ooooooooooooooo

Bei Frauen liegt die Sache völlig anders. Frauen sterben selten auf Gemälden, von Figuren wie Lucretia oder Kleopatra einmal abgesehen. Häufiger liegen sie nackt und graziös auf Stühlen oder Sofas drapiert da oder schlummern unschuldig in der freien Natur. Im äußersten Fall amüsieren sie sich, wie Leda, mit einem Schwan oder lassen sich, wie im Fall von Europa, mit einem verführerischen Stier ein. Spielt die Wirkung der Diagonalrichtung, stark präsent bei Gewaltszenen, bei Darstellungen von Frauen deshalb keine Rolle?

In jedem Fall ist auch dort Gewalt und Unterdrückung zu sehen, wobei es sich oft um sexuelle Gewalt handelt. Als Gustav Klimt auf einem 1945 leider zerstörten Gemälde darstellt, wie sich Leda dem Schwan hingibt, zeigt er die bevorstehende Penetration von links nach rechts. Sehr deutlich ist die Vorstellung von Unterwerfung und sexueller Gewalt in dem seltsamen Gemälde *Skorpion* von Norbert Tadeusz. Augenscheinlich passiert nichts, doch die sonnenbadende Frau liegt in noch unbequemerer Pose da als *Prometheus* bei Baburen. Und auch hier liegt das Opfer auf der fallenden Diagonale.

Diese Darstellungen bleiben die große Ausnahme. Bei den meisten weiblichen Akten geht es den

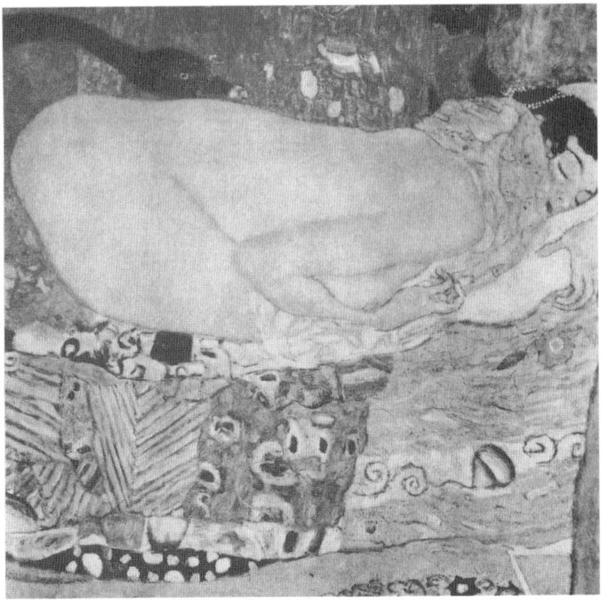

Gustav Klimt: *Leda und der Schwan* (1917, zerstört 1945, als deutsche Truppen Schloss Immendorf in Brand setzten).

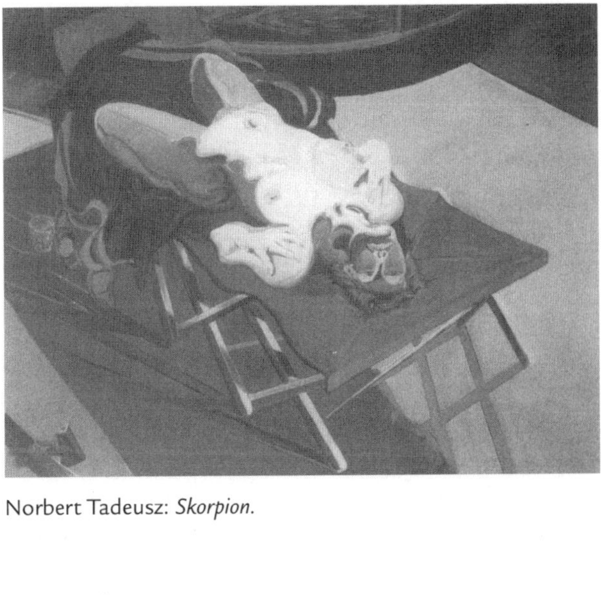

Norbert Tadeusz: *Skorpion.*

Frauen ausgezeichnet. Und doch spielt die Diagonalrichtung auch bei diesen Gemälden eine Rolle, wenn auch weniger ausgeprägt.

Das bekannteste Beispiel einer liegenden Nackten ist wahrscheinlich Tizians *Venus von Urbino*, ein Gemälde, das zahlreiche Künstler inspiriert hat. Die *Olympia*, die Manet berühmt machte, hat dort ihre Wurzeln. Obwohl die Venus auf der fallenden

Tizian: *Venus von Urbino* (1538).

Diagonale liegt, umgibt das Gemälde nichts Unheilvolles, im Gegenteil. Furchtlos blickt Tizians Schöne uns an, eindeutig Herrin der Lage. Auch dadurch wirkt sie ein wenig kühn. Das Schoßhündchen zu ihren Füßen – ein starkes Symbol, mit dem heute noch viele Prostituierte herumlaufen – verstärkt diesen Eindruck.

Kühnheit scheint ein Merkmal vieler weiblicher Akte auf der fallenden Diagonale zu sein. Sie wirken weniger tugendhaft, schauen den Betrachter häufiger an, sind frecher. Das muss auch so sein, denn um das meist von links einfallende Licht auf ihr Gesicht zu lenken, muss der Maler das Gesicht einer auf der Diagonalen Liegenden dem Betrachter zuwenden. Dadurch scheint sie ihn direkt anzuschauen. Nackte, die auf der steigenden Diagonale liegen, schlafen öfter den Schlaf der Gerechten und wähnen sich unbeobachtet. Es scheint, als könnten nackte Frauen, deren Blick von links nach rechts geht, vor dem Abgleiten bewahrt werden. Dieser Effekt ist viel unklarer als bei Gewaltszenen. Abweichungen gibt es häufiger, doch man kann sich kaum des Eindrucks erwehren, dass für weibliche Nackte die fallende Diagonale gleichsam die schiefe Bahn suggeriert, auf der sie sich befinden. Der Unterschied liegt darin, dass sie sich nicht physisch, wohl aber moralisch in einer Gefahrenzone befinden.

# 19
# Marias kleine Nervensäge und andere Porträts

Wer sich in Museen regelmäßig Darstellungen der Madonna mit Kind anschaut, hat sich bestimmt schon einmal gefragt, warum es Malern so selten gelingt, einen schönen göttlichen Säugling auf die Leinwand zu bringen. Statt eines rosigen Wonneproppens, der jeden verzückt, werden wir oft mit unheimlichen, aufgedunsenen, unproportionierten und früh gealterten Männchen gequält. Der Grund dafür könnte durchaus prosaischer Natur sein: Die meisten Säuglinge sind wenig folgsam und ansehnlich. Sie bleiben nicht still sitzen, sie quengeln in den unpassendsten Momenten und haben ständig Hunger. Kurzum, sie können nicht gut posieren. Viele Maler haben daher wohl den größten Teil der Arbeit aus dem Kopf oder anhand einer Puppe gemacht, mit den entsprechenden Folgen.

Den meisten Malern war wohl gar nicht bewusst, dass sie zumindest teilweise für die Unarten ihres Objektes verantwortlich waren – wenn wir den 1960 veröffentlichten Forschungsergebnissen des kanadischen Kinderpsychologen Lee Salk glauben dürfen. Salk hatte untersucht, auf welchem Arm Mütter ihren Nachwuchs bevorzugt tragen, und dabei ermittelt, dass rund 83 Prozent der rechtshändigen Frauen, die an der Untersuchung teilgenommen hatten, ihr Kind auf dem linken Arm hielten. Das erscheint logisch, denn so bleibt ihre Vorzugshand frei, um andere Dinge zu tun. Doch so einfach war die Sache nicht, denn auch von den linkshändigen Müttern, die Salk untersuchte, trugen fast 80 Prozent ihr Kind auf dem linken Arm.

Diese Vorliebe, so Salks Schlussfolgerung, ist das Ergebnis der »pränatalen Prägung«. In der Gebärmutter war das Kind gewöhnt, den Herzschlag der Mutter zu hören und zu fühlen, und auch nach der Geburt hatte er eine beruhigende Wirkung auf das Kleine. Salk ließ hundert Säuglingen auf der Entbindungsstation den normalen Herzschlag vorspielen, wie sie ihn im Mutterleib erfahren hatten, während er ihn einer zweiten Gruppe vorenthielt. Und tatsächlich musste die erste Gruppe weniger weinen, schlief besser ein und wuchs sogar schneller als die Kinder, die ohne den Herzrhythmus lebten. Nun befindet sich unser Herz zwar ein wenig links von der Mitte des Brustkorbs, doch durch den größeren Druck in linker Brust und Herzkammer klingt das Pumpen dort lauter. Vor allem deshalb ist der Herzschlag der Mutter auf der linken Seite besser zu hören. Wenn man das Kind links trägt, so schloss Salk, wird es ruhiger. Viele Mütter werden das gern hören.

Maler verstehen nicht viel davon, was Babys brauchen. Sie haben die Komposition ihres Gemäldes vor Augen, ihr Interesse deckt sich dabei nicht unbedingt mit den Bedürfnissen von Mutter und Kind. Das wies 1973 der amerikanische Psychologie-Professor Richard Uhrbrock bei seiner Beschäftigung mit Madonnendarstellungen nach. Von den rund 1.100 untersuchten Madonnen trugen 54 Prozent das Jesuskind auf dem linken Arm und 38 Prozent auf dem rechten. Bei den restlichen acht Prozent saß das Kind in der Mitte auf dem Schoß. Uhrbrock fand den Prozentsatz der Linksträgerinnen relativ hoch, doch sollte Salk

Diego Velázquez:
*Las Meninas*
(Die Hoffräulein, 1656)

Recht haben, war er eher verhältnismäßig niedrig. Dann musste der Künstler in 20 Prozent aller Sitzungen bestimmt haben, dass das Kind auf dem rechten Arm gehalten werden musste. Säuglinge sind Gewohnheitstiere, die sich einen solchen Unfug nicht lange bieten lassen. Maler und Modelle müssen also trotz des Gequengels gute Gründe für ihre Wahl gehabt haben.

Einer ist auf dem berühmten Gemälde *Las Meninas* (auch *Die Hoffräulein*) des spanischen Malers Diego Velázquez zu sehen. Die kunstvolle Komposition zeigt eine häusliche Szene aus dem privaten Umfeld König Philipps IV. von Spanien. Im Mittelpunkt sieht man die blonde Prinzessin in einem wunderschönen weißen Kleid dastehen. Es ist das einzige überlebende Kind von Philipp, die *infanta* Marguerita, umsorgt von ihren beiden *meninas*,

Zwei klassische Madonnen-Kompositionen. Auf der linken Seite Leonardos *Madonna Litta* aus der Zeit um 1480/90, rechts Albrecht Dürers *Maria mit der Birnenschnitte* von 1512. Das Licht fällt von links auf Maria und sorgt für weiche Konturen. Die Darstellungen des Kindes sind ziemlich monströs.

Maria Agustina Sarmiento, die ihre rechte Hand hält, und Isabel de Velasco. Doch auf diesem Bild ist wesentlich Interessanteres zu entdecken, zum Beispiel Velázquez selbst. Er steht links und ist mit einem großen Gemälde beschäftigt. Es ist so groß, dass die Leinwand einfach auf dem Boden steht. Es scheint, als wären wir, die Betrachter, selbst Thema dieses Gemäldes, doch wir werden gleich sehen, dass dem nicht so ist.

Der Maler ist Rechtshänder. Wenn wir uns die Infantin und ihr Gefolge kurz wegdenken, sehen wir, dass Velázquez sehr genau die Grundstellung eines rechtshändigen Porträtmalers imitiert. Die Staffelei steht rechts von ihm, das Modell befindet sich links vor ihm, dort, wo der Betrachter ist. Wie wir am Licht auf seiner Stirn erkennen, fällt das Licht für den Maler von links ein, sodass das entstehende Gemälde gut beleuchtet ist. Doch damit fällt das Licht auch von links auf das Objekt.

In *Las Meninas*, das sozusagen von der Position des Modells aus gemalt ist, fällt das Licht von rechts nach links, was höchst außergewöhnlich ist. Bei traditionellen Porträts fällt das Licht mehrheitlich von links nach rechts auf die Leinwand. In den Sammlungen des Amsterdamer Rijksmuseum und dem Mauritshuis in Den Haag gilt das für rund 80 Prozent aller Bilder. Der Lichteinfall hat Folgen für die Gestaltung der abgebildeten Person oder Personen. Blickt die Person nach rechts und folgt dem Lichteinfall, dann bleibt das Gesicht im Dunkeln. Blickt das Modell hingegen nach links zum Licht, wird es erhellt. Diesen Effekt kann man in seiner Umkehrung in *Las Meninas* wiedererkennen. Die Infantin blickt zum einfallenden Licht. Ihr Gesicht ist nicht nur besonders gut zu erkennen, sie steht auch klar im Mittelpunkt des Bildes. Sie ist die wichtigste Figur in dieser Gruppe, wichtiger als Isabel de Velasco, deren Gesicht im Dunkeln bleibt, da sie sich vom Licht abwendet. Und wichtiger auch als die Zwergin Maria Bárbola, die zwar dichter am Fenster steht, doch weitaus weniger Licht abbekommt, da sie uns fast direkt anschaut.

Um bei einer Standardaufstellung voll im Licht zu stehen, muss der Porträtierte folglich nach links blicken und Maler und Betrachter seine linke Wange hinhalten. Dass ist einer der Gründe dafür, warum Madonnen ihr Kind doppelt so häufig auf dem rechten Arm tragen, als aufgrund von Salks Zahlen zu erwarten wäre. Madonnen können leicht im Atelier gemalt werden. Das Modell ist meist ein unbekanntes Mädchen, keine anspruchsvolle Person, zu der man ins Haus kommen muss.

Das Atelier ist möglichst praktisch eingerichtet, was für einen rechtshändigen Künstler bedeutet, dass das Licht für ihn von links einfällt. Gleichzeitig wird von einer Madonna erwartet, dass sie liebevoll auf ihr Kind herabblickt, weshalb dieses rechts sitzen muss. Säße es links, dann würde die Mutter von ihrem Kind wegblicken, als wäre sie es lieber los, und das kann natürlich nicht sein.

ooooooooooooooo

Lichteinfall ist wichtig, aber nur ein die Komposition eines Porträts bestimmender Faktor. Daher gibt es wohl ebenso viele Porträts, auf denen der Porträtierte seine linke Wange sehen lässt, wie Fälle, auf denen das Modell dem Betrachter die rechte Wange zeigt, auch wenn die Zahl der linken Wangen leicht überwiegt. Betrachten wir jedoch Porträts von Männern und Frauen jeweils für sich, ändern sich die Verhältnisse dramatisch. In den Sammlungen von Rijksmuseum und Mauritshuis zeigen fast zwei von drei Männern ihre rechte Wange, während es bei den Frauen genau umgekehrt ist. Andere Zählungen kommen zu einem vergleichbaren Ergebnis, das erklärt werden muss.

Für den leichten Überhang an linken Profilen gibt es vielleicht eine einfache Erklärung: Die meisten Künstler sind Rechtshänder, darum fällt es ihnen naturgemäß leichter, ein nach links blickendes Profil zu zeichnen. Das ist auch der Fall bei spontanen Skizzen ohne Modell oder Kritzeleien bei einer langweiligen Sitzung. Doch es würde von wenig fachmännischem Können zeugen, ließe sich ein Künstler dadurch lenken. Andere Theorien bemühen das soziale Verhältnis zwischen Maler und Modell oder auch die Art, wie unser Gehirn Gesichter erkennt. Alle Ansätze greifen zu kurz, und zwar aus zwei Gründen.

Zum einen gehen sie davon aus, dass es unter gleichbleibenden Umständen eine eindeutige Vorliebe für eine Richtung gibt. Würde ein Modell aus einer bestimmten sozialen Klasse bevorzugt in einer Richtung porträtiert, dann hätte das Gültigkeit für alle Modelle aus dieser Klasse. Hätte die Art, wie das Gehirn Gesichter erkennt, damit zu tun, müsste immer dieselbe Vorliebe bestehen. Aber das ist nicht der Fall, wie an Münzen zu erkennen ist. Auf ihnen sind Könige, Kaiser und andere hochrangige Personen abgebildet, doch wir können kein Prinzip in der Richtung des Profils des Abgebildeten feststellen. Der bereits erwähnte Uhrbrock, der den bevorzugten Tragearm für Babys untersuchte, fand heraus, dass auf amerikanischen Münzen und Gedenkprägungen die abgebildeten Personen in zwei von drei Fällen nach links blicken, dass in der großen Sammlung europäischer Münzen in der Hamburger Kunsthalle, die 2500 Jahre umspannt, das Verhältnis jedoch genau umgekehrt ist. Zweitens können alle Theorien nicht erklären, warum sich die Blickrichtung in den Porträts von Männern und Frauen so stark voneinander unterscheidet.

Gerade für letzteres Phänomen findet sich die Erklärung in *Las Meninas*. Denn Velázquez porträtiert nicht uns, die Betrachter, sondern das königliche Paar Philipp IV. und Marianne von Österreich. Sie sind im Spiegel zu sehen, der hinten an der Wand des Saales in der Mitte hängt.* Im Spie-

* Einige Experten meinen, dass Velázquez' Aufmerksamkeit nicht dem königlichen Paar gehört, da auch sonst kein Doppelporträt von ihnen existiert und die Leinwand an der Staffelei für ein Porträt zu groß wäre. Doch was tut das königli-

Albrecht Dürer: *Doppelbildnis des Hans Tucher und seiner Ehefrau Felicitas* (1499). Das Licht fällt von links vorne ein, was die Kantigkeit des selbstbewussten Hans Tucher ebenso verstärkt wie die Rundungen seiner skeptisch dreinblickenden Frau rechts.

gelbild ist zu sehen, dass Marianne in Wirklichkeit links von ihrem Mann stehen muss, und das kann kein Zufall sein. Es ist mindestens bis ins 18. Jahrhundert die Standardaufstellung für Doppelbildnisse. Da Mann und Frau überwiegend einander zugewandt stehen oder sitzen, zeigt in diesen Porträts meist die Frau ihre linke Wange und der Mann seine rechte.

Diese Aufstellung finden wir auf vielen Doppelporträts, die aus zwei einzelnen Gemälden bestehen. Im Amsterdamer Rijksmuseum gibt es kein vor 1700 datiertes Paarporträt, auf dem der Mann

che Paar dann an der Stelle, an der normalerweise das Modell stehen sollte? Was gibt Velázquez dann vor zu malen? *Las Meninas* kann niemals direkt nach dem Leben gemalt sein. Dass er also nicht *wirklich* ein Doppelbildnis malte, besagt gar nichts.

links von seiner Frau steht. Es ist eine traditionelle Aufstellung, die davon zeugt, dass wir es mit ehrbaren Ehepaaren zu tun haben. Heute zeigt sich diese Vorstellung noch bei kirchlichen Trauungen. Beim Verlassen der Kirche geht die Braut links von ihrem frisch angetrauten Ehemann. Die Tradition beeinflusste augenscheinlich nicht nur tiefgreifend das Doppelporträt auf einzelnen Bildern, sondern mit der Zeit auch die Komposition von Einzelbildnissen.

Die fest verankerte Tradition, Frauen im linken Profil abzubilden und Männer umgekehrt, scheint also auf Konventionen und Etikette zu beruhen. Doch das ist wohl noch nicht die ganze Erklärung, denn dieses Phänomen wird durch die Wirkung des Lichteinfalls auf die Komposition verstärkt. In den allermeisten Fällen kommt das Licht von links, sodass das Modell mehr oder weniger vom Licht wegblickt. Das muss nicht bedeuten, dass das Gesicht nicht zu sehen ist, vielmehr werden die Linien des Profils stärker hervorgehoben. Die Krümmung der Nase sowie die Linien von Kinn und Stirn treten deutlich stärker hervor. Dieses Licht verleiht dem Mann Strenge, Willenskraft und andere typisch männliche Eigenschaften, während sie das Weiche, Runde und Elegante der Frau nicht ins rechte Licht rückt. Das Weibliche kommt besser zur Geltung, wenn das Licht das gesamte Gesicht gleichmäßig ausleuchtet oder wenn das Gesicht nach links dem Licht zugekehrt ist.

So kam es, dass viele posierende Madonnen, um ihre Weiblichkeit und ihre sanften Züge zu betonen, unangenehm streng ihren Kindern gegenüber sein mussten.

# 20

## Hänschen weint links, Hänschen lacht links

Gesichter sind schon etwas Besonders. Dass sich linke und rechte Gesichtshälfte manchmal deutlich unterscheiden, wissen wir alle. Wie die übrigen Teile unseres Körpers sind Gesichter nur unvollkommen symmetrisch, und das bleibt nicht ohne Folgen. Symmetrische Gesichter gelten als Schönheitsmerkmal. Man nimmt an, dass es dafür eine evolutionäre Erklärung gibt: Regelmäßige Gesichtszüge deuten auf eine gute Gesundheit und makellose Gene. Menschen mit einem symmetrischen Gesicht sind daher hochwertige Partner bei der Fortpflanzung.

Weniger bekannt ist, dass beide Gesichtshälften unterschiedliche Rollen übernehmen, beim Erkennen eines anderen Gesichts ebenso wie bei der Interpretation des eigenen Gemütszustandes.

Im Allgemeinen können Menschen mit ihrem Gesicht sechs Gemütszustände ausdrücken: Glück, Trauer, Überraschung, Angst, Ekel und Wut. Natürlich können wir noch mehr ausdrücken, aber diese sechs Emotionen sind in allen Kulturen zu finden und innerhalb beinahe aller Bevölkerungsgruppen gleichermaßen gut zu produzieren und zu erkennen. Sonderbar ist nun, dass vor allem die linke Gesichtshälfte bestimmt, welche Emotionen wir von einem Gesicht ablesen können. Das ist seit Langem bekannt und wurde erwiesen, indem man Menschen zwei gespiegelte, ansonsten identische Bilder eines Gesichts vorlegte, das auf einer Seite fröhlich und auf der anderen betreten dreinschaut. Etwa acht von zehn Menschen ließen sich bei ihrem Urteil über die Person vor allem durch die linke Gesichtshälfte beeinflussen. Schaute die Person links traurig, dann wurde sie auch so eingeschätzt, schaute sie hingegen rechts traurig, wurde sie als fröhlicher empfunden.

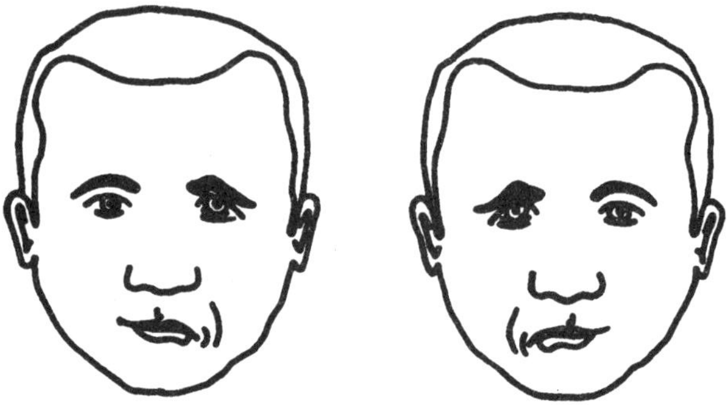

Acht von zehn Personen finden, dass das linke Gesicht trauriger aussieht als das rechte, obwohl beide Köpfe identisch sind. Sie sind nur spiegelverkehrt dargestellt.

Auf der anderen Seite fällt beim einfachen Erkennen von Personen anhand ihres Gesichtes meist die rechte Gesichtshälfte stärker ins Gewicht. Experimente zeigten, dass Menschen ein Foto von der rechten Gesichtshälfte, ergänzt um ihr Spiegelbild, ähnlicher fanden als ein zusammengefügtes Foto von der linken Hälfte. Wir ähneln sozusagen stärker unserer rechten Gesichtshälfte.

Das hat vermutlich mit unseren zwei Hirnhälften zu tun, die jeweils ihre Spezialisierung haben. So ist die linke Hälfte gut im Rechnen, Zählen und logischen Denken sowie in allem, was mit Sprache zu tun hat. Die rechte Hirnhälfte übernimmt die

Vier Menschen und ihre Gesichtshälften. Im Uhrzeigersinn von oben links der 1963 ermordete US-Präsident John F. Kennedy, der russische Präsident Wladimir Putin, das Supermodel Doutzen Kroes und Baby Cleo. In der Mitte ist jeweils ihr echtes Gesicht abgebildet, darunter links die gespiegelte linke Gesichtshälfte und rechts die gespiegelte rechte Hälfte. Selbst ein extrem symmetrisches Gesicht wie das von Doutzen Kroes ähnelt stärker seiner rechten Gesichtshälfte.

Hauptarbeit beim Interpretieren, Erkennen und Behalten von Bildern. Natürlich wird vieles von beiden Hälften gemeinsam erledigt, allein deshalb, weil viele komplexe Aufgaben einfache Funktionen erfordern, die teils in der einen, teils in der anderen Hirnhälfte ihren Sitz haben. Das Zusammenspiel beider Hälften ist nur möglich, weil es auf verschiedenen Ebenen Verbindungen gibt, den sogenannten Kommissuren. Sie ähneln Telefonkabeln

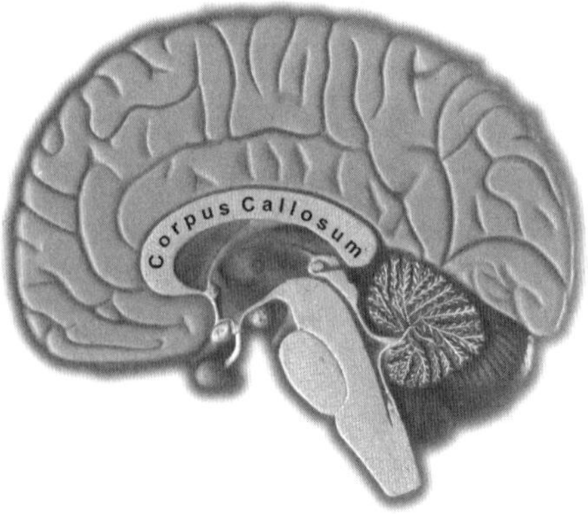


Querschnitt durch das Gehirn zwischen den beiden Hirnhälften. Zu sehen ist die Innenseite der rechten Hirnhälfte. In der Mitte das – durchgeschnittene – *corpus callosum*. Der weiße Hirnstamm darunter ist ein Fortsatz des Rückenmarks.

in einem großen Bürogebäude. Der größte Strang ist das *corpus callosum*, der dicke Gehirnbalken, der als Einziger einen direkten Kontakt beider Hälften des Großhirns ermöglicht.

Für unsere Augen, die gewissermaßen Ausstülpungen des Gehirns sind, gilt, dass Informationen, die auf der linken Hälfte der Netzhaut hereinkommen, zunächst auch von der linken Hirnhälfte verarbeitet werden, und umgekehrt. Wenn wir von vorn auf ein Gesicht schauen, kommt die linke Hälfte davon auf der linken Hälfte der Netzhaut an, und diese Hälfte wird dann zuerst links verarbeitet. Das Bild der rechten Gesichtshälfte trifft entsprechend auf die rechte Hirnhälfte.

Es ist also vollkommen logisch, dass wir uns beim Erkennen von Gesichtern auf die rechte Gesichtshälfte konzentrieren: Diese Information erreicht schließlich ohne Umwege die rechte Hirnhälfte, die für das Erkennen von Gesichtern zuständig ist. Informationen zur linken Gesichtshälfte kann das Zentrum nur über den Umweg des *corpus callosum* erreichen. Das funktioniert zwar reibungslos, denn wir erkennen ein Gesicht auch, wenn die Person die rechte Hälfte abdeckt, doch es kostet etwas mehr Mühe. Wenn dem so ist, warum sollten wir dann beim Erkennen von Emotionen im Gesicht des anderen, was doch ein ziemlich subtiles Stück Interpretation visueller Daten erfordert, vor allem der linken Gesichtshälfte Rechnung tragen?

Eine mögliche Erklärung ist, dass auf der linken Gesichtshälfte einfach mehr zu sehen ist. Die linke Gesichtshälfte wird von der rechten Hirnhälfte gesteuert. Und diese Hälfte, so wird häufig argumentiert, ist nun einmal eher auf Emotionen ausgerichtet. Aber das kann nicht stimmen und reicht nicht als Erklärung. Es stimmt nicht, dass Emotionen ausschließlich der rechten Hirnhälfte vorbehalten sind. Und auch dann würde der Vorteil größerer Ausdrucksfähigkeit der linken Gesichtshälfte durch die emotionale Ungeschicklichkeit der linken Hirnhälfte, mit der wir diese Gesichtshälfte wahrnehmen, ganz wegfallen. Vielleicht kommen wir mit folgender Erklärung weiter, auch wenn nicht unerwähnt bleiben sollte, dass es sich um eine unbewiesene Annahme handelt.

Obwohl Gefühle nicht ausschließlich der rechten Hirnhälfte vorbehalten sind, ist anzunehmen, dass sie emotionaler ausgerichtet ist als die linke. Es kann also sein, dass die linke Gesichtshälfte, die schließlich von der rechten Hirnhälfte motorisch gesteuert wird, expressiver ist als die rechte. Wenn das zutrifft, muss die rechte Gesichtshälfte weniger veränderlich sein. Daher ist diese zum einfachen Erkennen am besten geeignet: Sie sieht sich selbst unter allen Umständen ähnlicher als die andere Hälfte, die sich stärker der emotionalen Befindlichkeit der Person anpasst. Da trifft es sich gut, dass die betroffene unveränderliche Gesichtshälfte auch noch über den kürzest möglichen Weg mit der Porträtgalerie in unserem Gehirn verbunden ist, die dafür sorgt, dass wir Familie, Freunde und Bekannte unmittelbar erkennen. Diese Galerie hat in der rechten Hälfte ihren Platz.

Zum Erkennen verschiedener Ausdrucksformen von Gefühlen im Gesicht eignet sich die linke Hirnhälfte besser. Das Erkennungszentrum in der rechten Hirnhälfte ist darauf fokussiert, eine perfekte Verbindung herzustellen zwischen dem, was wir sehen, und dem, was wir schon gespeichert haben. Flüchtige Abweichungen können das Zentrum nur stören. Die linke Hälfte kann gerade daraus ihren Nutzen ziehen und sich an einem mehr oder weniger logischen Weg entlanghangeln. Hat die rechte Hirnhälfte einmal festgestellt, um welches Gesicht es sich handelt, kann die linke Hälfte das Bild mit dem vergleichen, was sie auf der linken Gesichtshälfte sieht. Es findet dann eine komplizierte Subtraktion statt: Was die linke Hälfte sieht minus das durch die rechte Seite bestimmte Standardgesicht ist gleich die ausgedrückte Emotion. Diese Information kann dann weiterverarbeitet werden, sodass wir anschließend wissen, um welche Gefühle es sich genau handelt. Obwohl ein reger Austausch zwischen beiden Hirnhälften herrscht, tut jede Hirnhälfte genau das, was sie am besten kann: Die rechte ist für das Erkennen und die Interpretation auf höchster Gefühlsebene zuständig, die linke übernimmt die Rechenaufgaben, die die rechte Hälfte weniger gut kann. Dabei werden die Informationen, die wir mit unseren Augen aufnehmen, optimal genutzt.

# 21
## Der Alphabet-Reigen

Im April 1949 erschien in Zeitungen weltweit ein bemerkenswertes Foto von einer Gruppe jemenitischer Juden in einem Auffanglager in der Nähe von Aden. Sie sind auf dem Weg nach Israel und vertreiben sich die Zeit mit dem Lesen der Bibel. Einer hat das Buch vor sich und liest normal von rechts nach links die untereinander stehenden Zeilen. Ein zweiter Mann links von ihm liest von oben nach unten die von links nach rechts verlaufenden Spalten. Vorn im Bild liest einer verkehrt herum, und der Rest versucht so gut es geht ebenfalls einen Blick auf die Seiten zu werfen.

Für uns Wohlstandskinder ist dies schwer vorstellbar, doch die Herren haben mit ihren Lesehaltungen keinerlei Problem. Bücher waren selten, sodass sich oft drei bis vier Schüler ein Exemplar teilen mussten, was dazu führte, dass jeder aus einer anderen Richtung lesen lernte. Warum auch nicht? Bleiben wir einmal bei unserer Schrift: Es gibt kein Naturgesetz, das besagt, dass A mit beiden Beinen auf dem Boden zu stehen hat. Früher war das nämlich nicht so. Bei den Phöniziern stand es anfangs auf dem Kopf und war ein Piktogramm von einem Ochsenkopf mit Hörnern. Später lag es dann auf der Seite und erst zur Zeit der Griechen stand es mit beiden »Hörnern« fest auf dem Boden.

Man kann sich fragen, wie diese Menschen schrieben, wenn sie es denn gelernt hatten. Schrie-

Verschiedene Perspektiven beim Lesen der Bibel.

ben sie in derselben Richtung, wie sie lasen? Oder taten sie es in hebräischer Schrift: in waagerechten Zeilen von rechts nach links? Und hatte das Folgen für ihre Leistung? Wenn wir uns vor Augen führen, wie sehr die Schreibrichtung unsere Wahrnehmung der Wirklichkeit beeinflusst, liegt der Gedanke nahe, dass die Schreibrichtung nicht zufällig ist, sondern eine Verhaltensweise, die unserem genetischen Erbe entspringt und wahrscheinlich mit unserer überwiegenden Rechtshändigkeit zusammenhängt. Meist geht man davon aus, dass für Rechtshänder die natürliche Schreibrichtung von links nach rechts ist und für Linkshänder umgekehrt.

Diese vor allem unter Lehrern verbreitete Auffassung setzt voraus, dass unsere Schrift eine typische Rechtshänderschrift ist, und dazu werden verschiedene Argumente angeführt. So wäre es natürlicher, mit der rechten Hand von links nach rechts zu schreiben, da die Schreibhand sich vom Körper wegbewegt – diese Annahme beruht ihrerseits auf der Vorstellung, dass vom Körper wegführende Bewegungen natürlicher seien als Bewegungen zum Körper hin, obwohl vollkommen unklar bleibt, warum das so sein soll. Ein zweites häufig gehörtes Argument ist, dass Rechtshänder beim Schreiben von links nach rechts die Füllfeder über das Papier ziehen, während sie beim Schreiben von rechts nach links die Füllfeder schieben müssten, was zu Tintenflecken und verbogenen Federn führen würde.

Wer dem entgegenhält, dass in vielen Teilen der Welt Völker, die ebenfalls zum Großteil Rechtshänder sind, schon seit Jahrhunderten zur allseitigen Zufriedenheit von rechts nach links schreiben, bekommt zu hören, dass dies nur so aussehe. Dann wird immer das Hebräische bemüht, das zwar von rechts nach links geschrieben wird, die Zeichen wiederum von links nach rechts aufgebaut sind. Das sei auch der Grund, so wird behauptet, warum das Hebräische immer Blockschrift geblieben sei und keine flüssige, gebundene Schreibweise kenne. Eventuell kommt dann noch einer mit dem Chinesischen, das traditionell von oben nach unten geschrieben wird. Auch Chinesen bauen die einzelnen Schriftzeichen von links nach rechts auf. Aus den Regeln für das Schreiben der Schriftzeichen in diesen Sprachen sei abzuleiten, dass die Schrift immer ihrer Natur folge, und die sei eben von links nach rechts ausgerichtet.

Auf die Schieb- und Ziehbewegungen von Links- und Rechtshändern kommen wir später noch zu sprechen, auf die verbogenen Stahlfedern und Tintenflecken ebenfalls. Das letzte Argument – dass auch bei einer von rechts nach links oder von oben nach unten laufender Schrift die einzelnen Schriftzeichen von links nach rechts aufgebaut sind – trifft auf das Hebräische und Chinesische tatsächlich zu. Daraus lässt sich jedoch nicht schlussfolgern, dass das Schreiben von links nach rechts natürlich ist oder Schriftzeichen immer von links nach rechts aufgebaut sind. Dazu müssen wir nur einen Blick auf die arabischen Länder in Israels direkter Nachbarschaft werfen. Wie Hebräisch wird auch Arabisch von rechts nach links geschrieben, es ist jedoch eine Schreibschrift, die die einzelnen Buchstaben in einer fließenden Bewegung von rechts nach links miteinander verbindet. Es hat zudem keine Blockschrift, obwohl die Araber genauso Rechtshänder sind wie wir. Außerdem ist in der arabischen Kultur die Benutzung der linken Hand noch stärker tabuisiert als im Westen. In der Schule wage niemand, mit der linken Hand zu schreiben, das wird nicht geduldet.

Das chinesische Schriftzeichen *shui* für Wasser. Es wird Strich für Strich von links nach rechts aufgebaut.

Nun sticht die arabische Schrift durch ihre altehrwürdige kalligrafische Tradition hervor. Sie hat ihren Ursprung zum großen Teil im islamischen Verbot, Menschen bildlich darzustellen, ein Verbot, das früher streng gehandhabt wurde. Kalligrafie war ein Weg, innerhalb der gesetzten Grenzen künstlerisch tätig zu werden und mit Verzierungen zu arbeiten. Allein zu diesem Zweck entstanden Zierschriften, bei denen es eher um Schönheit als um Lesbarkeit ging. Wir kennen ebenfalls Zierschriften, etwa verschnörkelte Lettern auf Urkunden und Zeugnissen, doch in der arabischen Welt sind sie weitaus bedeutsamer.

Selbst die arabische Alltagsschrift unterscheidet sich von anderen Schriften durch ihre fließenden und tanzenden Linien. Arabisch schreibt man in den meisten Varianten nicht so wie wir *auf* einer Linie, sondern *um* die Linie herum. Jedes Wort tanzt sozusagen von oben rechts über der Linie nach links unten wie die endlose Folge der Wellen am

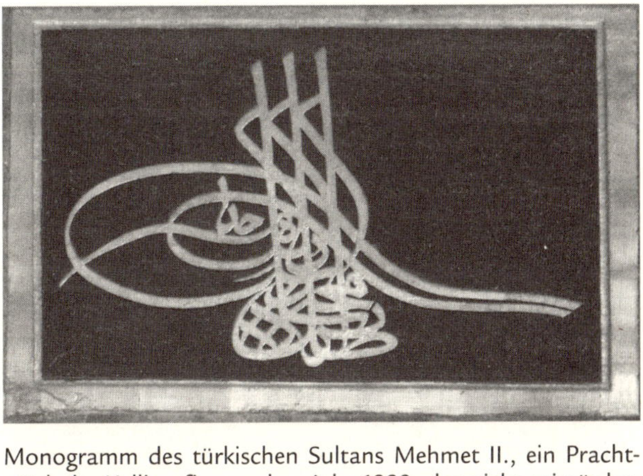

Monogramm des türkischen Sultans Mehmet II., ein Prachtstück der Kalligrafie aus dem Jahr 1223, das nicht primär lesbar, sondern vor allem schön sein soll.

Strand. Die Form vieler Buchstaben kann stark variieren je nachdem, wo ein Buchstabe seinen Platz zwischen den anderen einnimmt.

Eine Folge dieser Eigenart ist, dass die arabische Schrift nur schlecht auf einer Schreibmaschine wiedergegeben werden kann. Schreibmaschinen reduzieren alles auf eine gerade Linie von Zeichen in unveränderlicher Form. Das galt insbesondere für die Setzmaschinen arabischer Druckereien. Diese Einschränkung hat der arabischen Welt, an der die Aufklärung komplett vorbeigegangen ist und die nicht so stark auf Lesen und Schreiben fokussiert war, schlimme Streiche gespielt. Erst um 1990 machte der Computer diesem Handicap ein Ende. Moderne Textverarbeitungsprogramme und Computersysteme können die arabische Schrift inzwischen sehr gut wiedergeben.

Ist es nicht paradox, dass das Arabische, das bereits so lange besteht, gegen die »natürliche Schreibrichtung« geschrieben wird? Eine Schrift, die derart stark auf das Schreiben mit der Hand ausrichtet ist und maschinell nur mit Hilfe von modernen Computerprogrammen korrekt wiedergegeben werden kann? Wie hätte sie sich nur über den größten Teil Asiens, von der Türkei bis nach

Ein Beispiel aus dem Ruq'a, einer Form der arabischen Schrift, die vor allem im Nahen Osten im Alltag benutzt wird. Ruq'a ist mit seinen von rechts nach links abfallenden Linien bei jedem Wort ideal für das rechtshändige Schreiben von rechts nach links. (Illustration © Decotype 1989)

Indonesien, über ganz Nordafrika und über große Teile Ostafrikas, verbreiten können? Hätte sie sich dann bis heute mühelos in der gesamten Arabisch sprechenden Welt von Marokko bis in den Irak, im Iran und Pakistan halten können, ohne jemals durch eine weniger »unnatürliche« Alternative ersetzt worden zu sein? Das erscheint äußerst unwahrscheinlich.

Noch unwahrscheinlicher wird diese Annahme, wenn wir bedenken, dass unser Alphabet und die arabische Schrift in grauer Vorzeit ihren Ursprung im selben nordsemitischen Stamm hatten, zu dem auch die Griechen zählten. Dank ihrer Blockschrift hatten diese weitaus weniger Mühe mit der sogenannten unnatürlichen Schreibschrift und begannen schon um 800 v. Chr., von links nach rechts zu schreiben. Drei Jahrhunderte später war diese Schreibrichtung zur Norm geworden. Warum sollte die arabische Schreibschrift dann doch die »verkehrte« Richtung gewählt haben?

In Wirklichkeit ist die Schreibrichtung des Arabischen gar nicht so problematisch. Seinen tanzenden, künstlerischen Charakter verdankt es der optimalen Anpassung an das Schreiben mit der rechten Hand von rechts nach links. Wenn wir uns die Tanzbewegungen der arabischen Schrift genauer anschauen, erkennen wir, dass jedes Wort von rechts oben nach links unten geschrieben wird. Mit jedem folgenden Wort beginnt man wieder etwas oberhalb der Schreiblinie. So verhindert man als Rechtshänder ganz automatisch, dass das gerade Geschriebene von der Schreibhand verwischt wird und Flecken entstehen.

Dass so etwas wie eine natürliche Schreibrichtung nicht existiert, wird nicht nur an der Tatsache deutlich, dasszwei der wichtigsten Schriften, das

Arabische und die Gruppe des lateinischen, griechischen und kyrillischen Alphabets entgegengesetzte Schriftrichtungen kennen, sondern auch an der Vielfalt der Schreibweisen im Lauf der Geschichte. Noch bis ins sechste Jahrhundert vor Beginn unserer Zeitrechnung wurden einige griechische Inschriften in *Bustrophedon* geschrieben, etwa im Etruskischen und Demotischen, einer aus ägyptischen Hieroglyphen entwickelten Schrift. *Bustrophedon* bedeutet im klassischen Griechisch wörtlich »den Ochsen kehren« und bezeichnet eine Schreibweise, bei der die Zeilen abwechselnd von links nach rechts und von rechts nach links laufen, so wie der Bauer seinen Acker umpflügt. Manchmal werden dabei einzelne Schriftzeichen umgedreht.

Das Schreiben in *Bustrophedon* ist nicht so unlogisch, wie man meinen könnte: Statt am Ende einer Zeile mit dem Blick und der Schreibhand wieder ans andere Ende der Schreibfläche zu springen, schrieb und las man einfach rückwärts dort weiter, wo die Zeile geendet hatte. Da sich dieses System nie durchsetzte und auch aus dem Griechischen schnell wieder verschwand, müssen wir annehmen, dass der Vorteil den Nachteil der zwei Leserichtungen nicht aufwog. Das hängt vermutlich damit zusammen, dass Wortbilder – und manchmal auch Buchstabenbilder – in der Bustrophedon-Schrift nicht konstant sind. Dasselbe Wort kann in verschiedenen Zeilen auch sein eigenes Spiegelbild sein. Das Wort Spiegelbild etwa kann dann immer wieder anders aussehen: dliblegeipS oder auch bildlɘgɘiqƧ. Beim Buchstabieren, also dem Lesen der einzelnen Buchstaben, ist das noch nicht problematisch, doch beim schnellen Lesen geht es um das Erkennen vollständiger Wortbilder auf einen Blick, und diese Aufgabe ist bei Texten in Bustrophedon-Schrift mindestens doppelt so schwer.

Eine Schreibweise, die die Vorteile von Bustrophedon und unserer Art zu schreiben zu kombinieren versucht, wurde auf den Osterinseln erfunden, wohl der unwahrscheinlichste Ort, an dem man so etwas vermuten würde. Dort fand ein deutscher Missionar namens Zumbohm einige Nachrichtenbrettchen, *kohau rongo rongo*. In diese Holzstücke waren Zeichen geritzt, die an eine Hieroglyphenschrift erinnern. Ungewöhnlich ist jedoch, dass die Zeilen nicht nur in Bustrophedon geschrieben sind, sondern jede Zeile zudem noch gegenüber der vorigen auf dem Kopf steht. So kann man am Ende einer Zeile einfach weiterschreiben, wobei die Leserichtung in allen Zeilen gleich bleibt. Der Nachteil ist, dass das Brettchen jedes Mal umgedreht werden muss, was nicht sehr bequem ist.

Da zu der Zeit, als Zumbohm seine Entdeckung machte, niemand mehr lebte, der diese Schrift lesen konnte, blieb der Inhalt der Holzbrettchen bis heute ein Rätsel. Die Bewohner der Osterinseln

Die Schrift der Osterinseln auf einem Nachrichtenbrettchen. Die Zeilen sind in Bustrophedon geschrieben, zudem steht jede Zeile gegenüber der vorigen auf dem Kopf. Beim Schreiben wird am Ende der Zeile das Brett umgedreht (Illustration aus Jensen 1969).

glaubten jedoch zu wissen, woher die Schrift kam. Der Überlieferung nach hatte ihr erster König Hoti-Matua, der im 12. Jahrhundert übers Meer auf die Inseln gekommen war, die Schrift mitgebracht. Ob das stimmt, kann nicht überprüft werden, doch man fand beachtenswerte Übereinstimmungen zwischen Zeichen auf den Holzbrettchen und Zeichen der Indusschrift, die damals in Teilen Indiens benutzt wurde.

Die Chinesen schreiben ihre Zeichen von oben nach unten in Spalten, die von rechts nach links verlaufen, wobei jedes Zeichen wiederum von links nach rechts aufgebaut wird. Doch es gibt oder gab auch Schriften mit senkrecht nach unten verlaufenden Spalten, die von links nach rechts geschrieben wurden, wie etwa die alte mongolische Schrift oder senkrecht in Bustrophedon.

Genau besehen gibt es keine Schreibrichtung, die nicht irgendwann einmal benutzt wurde. Hat ein Volk die Schreibrichtung seiner Schrift auch manchmal verändert, sich ein anderes Schriftsystem ausgedacht oder ein System seiner Nachbarn übernommen, so gab es doch bis zum 16. Jahrhundert keine intensiven Bemühungen um eine bestimmte Schreibrichtung. Früh schien es einen Konsens darüber zu geben, dass es praktischer ist, von oben nach unten zu schreiben als andersherum, doch bei der waagerechten Schreibweise ist keine klare Tendenz zu erkennen, abgesehen davon, dass sich die Bustrophedon-Schreibweise niemals durchsetzte. In dieser Hinsicht sehr turbulent ging es im Gebiet der heutigen Türkei zu. Dort schrieb man anfangs Hethitisch unter Benutzung der Bustrophedon-Schreibweise, wechselte zum Lydischen mit einer von rechts nach links verlaufenden Schrift, gefolgt vom Griechischen, das man genau andersherum schrieb. Die Ottomanen führten 1453 die von rechts nach links verlaufende arabische Schrift ein, die schließlich 1928 unter Atatürk ein modernes lateinisches Alphabet erhielt, das wieder nach links nach rechts verläuft.

Immer wieder wurde mit großer Bestimmtheit verkündet, dass eine natürliche Schrift von links nach rechts verlaufe, doch diese scheint vor allem ein Produkt des westlichen Imperialismus und Ethnozentrismus zu sein. Imperialismus, weil in den vergangenen fünf Jahrhunderten viele Schriften in den von europäischen Mächten kolonisierten Ländern von der lateinischen Schrift verdrängt wurden. Ethnozentrismus, weil die Kolonialmächte die einheimischen Kulturen konsequent als minderwertig ansahen und deren Schreibgewohnheiten übergingen.

Vor allem Missionare hatten in der Vergangenheit großen Anteil an der Verbreitung ihrer Schrift und damit am kulturellen Kahlschlag. Heutzutage sorgt die wirtschaftliche Übermacht des Westens dafür, dass diese Entwicklung weiter anhält, wenn auch deutlich verlangsamt. China, Japan und die arabische Welt scheinen nicht mehr ohne Weiteres bereit, die lateinische Schrift zu übernehmen, das Kyrillische erfreut sich bester Gesundheit und auch die Schriften Indiens und Südostasiens sind quicklebendig. Doch weiterhin wird einfach übersehen, dass immerhin die Hälfte der Weltbevölkerung in eine andere Richtung schreibt als wir.

Da sich keine konsequente Neigung zu einer Schreibrichtung feststellen lässt, obwohl in allen Völkern die Menschen mehrheitlich rechtshändig sind, können wir davon ausgehen, dass eine natürliche Schreibrichtung nicht existiert. Mit der rechten Hand von rechts nach links zu schreiben ist

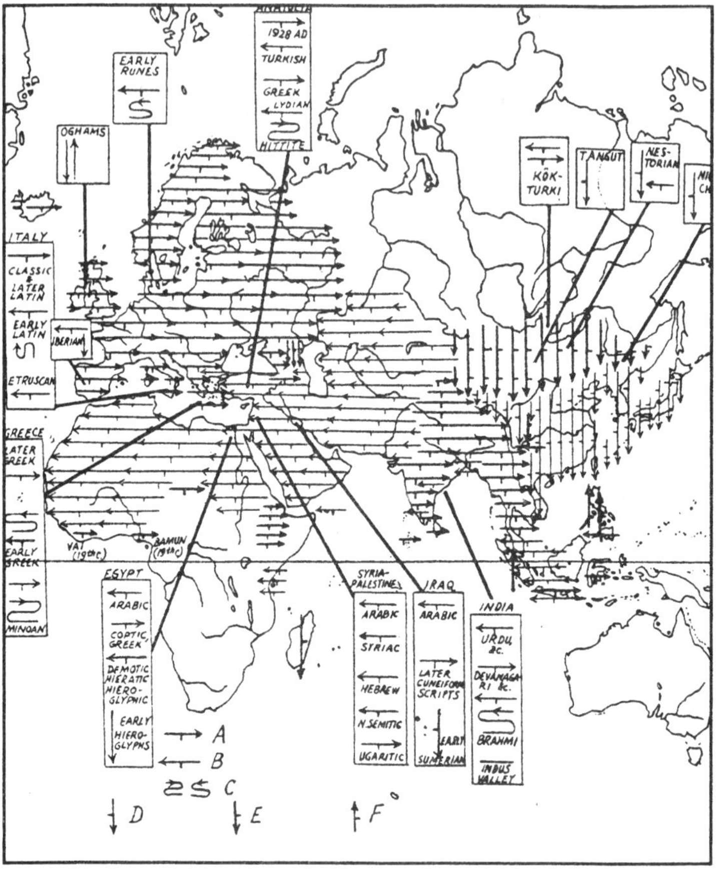


Die Ausbreitung der Schreibrichtungen in der Alten Welt bis etwa 1500. Die Pfeile zeigen an, in welche Richtung in einer Zeile bzw. Spalte geschrieben wird. Ein Querstrich gibt an, wo die nächste Zeile oder Spalte beginnt. Deutsch hat also einen Pfeil nach rechts und einen nach unten zeigenden Querstrich. Eine Schleife steht für Bustrophedon. In den Kästchen stehen Informationen zu ausgestorbenen Schriftsystemen oder zur Entwicklung in Gebieten, in denen die Schrift sich unwiderruflich veränderte. In diesem Fall steht die jüngste Konvention oben, die älteste unten (Illustration aus Hewes 1949).

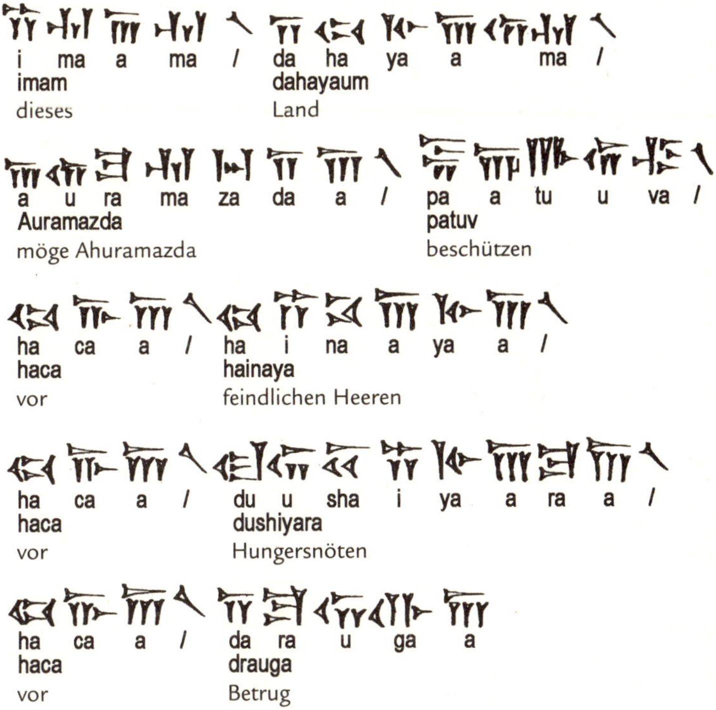


Der Keilschrifttext besagt: »Möge Ahuramazda dieses Land vor feindlichen Heeren, Hungernöten und Betrug schützen.« Die senkrechten »Striche« stellen kein Problem dar, die waagerechten und diagonalen Striche jedoch sind mit der linken Hand kaum zu schreiben. Die Keilschrift ist das einzige Schriftsystem, das für Linkshänder nur schwer zu bewältigen ist.

nicht viel unbequemer als andersherum, wie das Beispiel der Araber zeigt. Doch das bedeutet auch, dass es nicht allzu schwierig ist, mit der linken Hand von links nach rechts zu schreiben. Es gibt lediglich kleine praktische Probleme, die jedoch lösbar sind – dazu später mehr.

Und doch gibt es genau ein Schriftsystem, das nur mit der rechten Hand geschrieben werden kann: die Keilschrift. Ihren Namen verdankt sie der charakteristischen Form aus waagerechten und senkrechten Strichen, die zusammen ein Zeichen bilden. Sie wurden mit dreieckigen Stäbchen in den nassen Lehm gezeichnet, sodass am Anfang jedes Striches eine dreieckige Kerbe ähnlich einem Nagelkopf entstand. Die Keilschrift wird von links nach rechts geschrieben, die Kerben müssen dabei an der linken Seite jedes waagerechten Striches stehen. Und das ist mit der linken Hand kaum zu bewerkstelligen.

# 22

# Das Gewicht der Leber

Es fängt im Alter von zwei Jahren an und hört niemals mehr auf: Die Frage nach dem »Warum?« stellen wir immer, wenn etwas neu oder fremd für uns ist. Die Linkshändigkeit zählt dazu. Fast so lang, wie die Historiografie zurückreicht, haben Menschen sich gefragt, warum einige von uns die linke Hand gegenüber der rechten Hand bevorzugen. Die Klügeren erkannten dabei, dass darin gleich zwei Fragen zu beantworten waren. Die erste und wohl interessantere Frage lautet: Warum haben wir eigentlich eine Vorzugshand? Erst dann können wir uns als zweites fragen, warum wir nicht alle die gleiche Hand bevorzugen.

Der Erste, von dem wir wissen, dass er eine profunde Meinung zur Ursache der Einhändigkeit hatte, war Platon. Im siebten Buch seiner *Nomoi* (*Gesetze*) finden wir einen Diskurs zwischen einem Athener und dem Kreter Kleinias. Aus ihm geht hervor, dass Platon glaubte, wir kämen beidhändig zur Welt und unsere Hände würden sich erst durch den leichtfertigen Umgang der Mütter und Ammen mit ihren Kindern unterschiedlich entwickeln. »Gelähmtheit einer Hand« war die Folge. Worin dieser schlechte Einfluss besteht, das erklärt er nicht weiter. Einigen späteren Verfechtern ähnlicher Theorien kam das gerade recht, denn so konnten sie die älteste wissenschaftliche Autorität der Welt vor ihren Karren spannen.

Auch zu Platons Zeit war das Gras auf der anderen Seite des Hügels immer grüner. Dieser Grieche fühlte sich zwar seiner Meinung nach barbarischen Völkern überlegen, doch war er überzeugt, dass anderen die Erziehung manchmal besser gelang, etwa den Skythen, einem gefürchteten Kriegervolk. Skythen, so ließ Platon seinen Athener voller Neid anmerken, seien klüger als die Athener. Sie sorgten durch ein ausgeklügeltes Training dafür, dass das Geschick beider Arme und Beine gleichermaßen erhalten blieb. Damit lieferten sie den Beweis, dass widernatürlich handelte, wer seine linke Seite vernachlässigte.

Für Platon war Einhändigkeit die bedauerliche Folge falscher Erziehung. Dass diese Auffassung falsch ist, sieht man schon an der Tatsache, dass es keinen beidhändigen Skythen gab und dass Rechtshändigkeit unter allen Völkern in etwa gleich häufig vorkommt. Würde die Händigkeit allein von Kultur und Erziehung abhängen, wäre nichts anders, außer dass sie stärker tabuisiert wäre.

Seit Platon ist nur noch einmal ein ernsthafter Versuch unternommen worden, Links- und Rechtshändigkeit durch den Einfluss der Umgebung zu erklären, und zwar von dem amerikanischen Psychologen Abram Blau. Es war kurz nach dem Zweiten Weltkrieg, als der Behaviorismus die Geisteswissenschaften fest im Griff hatte. Doch bevor es so weit war, hatten mechanistische Erklärungen jahrhundertelang ihre große Zeit.

ooooooooooooooo

In der klassischen Antike war die Autorität Platons und Aristoteles unbestritten. Letzterer konnte über die Bevorzugung einer Hand nichts Interessantes sagen. Er erklärte lediglich, dass jede Bewegung »von Natur aus« von rechts komme und die linke Hand daher nicht imstande sei, allein zu agieren. Nach dem Zusammenbruch des Römischen Reiches war man mit Wichtigerem beschäftigt, als über Vorzugshände zu philosophieren, und so dauerte es bis spät ins 15. Jahrhundert, als jemand mit einer wirklich neuen Sichtweise von sich reden machte.

Dieser Jemand war der Italiener Ludovico Ricchieri, der von 1469 bis 1525 lebte. Er war der Erste (und sicher nicht der Letzte), der einen Zusammenhang zwischen Linkshändigkeit und *situs inversus* sah, dem Phänomen, dass Organe im Körper seitenverkehrt angelegt sind. Rund hundert Jahre bevor William Harvey den Blutkreislauf entdeckte, stellte Ricchieri die These auf, dass Herz und Leber die beiden Wärmequellen des Körpers seien. Das Herz versorge die linke Körperhälfte und die Leber die rechte. Könne die Leber aus irgendeinem Grund nicht ordentlich funktionieren, dann werde der Mensch zum Linkshänder. Einer Grund dafür konnte sein, dass die Leber auf der falschen Seite lag, also links.

Die Argumentation war abenteuerlich, wie wir heute wissen, und es besteht glücklicherweise auch kein Zusammenhang zwischen Vorzugshand und *situs inversus*, einem Syndrom mit weitreichenden Folgen. Dass wusste man schon damals, wie im 17. Jahrhundert im Werk des Engländers Sir Thomas Browne, einem angesehenen Bürger der Stadt Norwich, zu erkennen ist. Browne war ein klassischer Vertreter seiner Zeit. Er hatte an der Universität von Oxford, aber auch im französischen Montpellier, im italienischen Padua und im niederländischen Leiden studiert und eine umfassende Bildung erworben. Von Haus aus war er Arzt, doch mit den experimentellen Wissenschaften wie Alchimie, Astrologie und Hexerei war er ebenso vertraut. Ein echter *homo universalis*, der einmal sogar als Belastungszeuge in einem Hexenprozess auftrat, welcher mit der Verurteilung der beiden angeklagten Frauen endete.

Obwohl er vieles, was wir heute als Aberglauben und Ammenmärchen betrachten, sehr ernst nahm, wurde Browne durch seinen Kampf gegen den Aberglauben bekannt. 1648 veröffentlichte er ein Buch mit dem prachtvollen Titel *Pseudodoxia epidemica oder Untersuchungen zu häufig geglaubten Lehren und allgemein anerkannten WAHRHEITEN, die bei näherer Betrachtung nichts als ORDINÄRE MISSVERSTÄNDNISSE sind**. Darin beschäftigte er sich unter anderem mit Ideen zur Links- und Rechtshändigkeit, die in seiner Zeit populär waren, und verwarf zu Recht Ricchieris These vom *situs inversus*, da das Phänomen viel zu selten sei, um als Ursache für eine so häufige Erscheinung wie Linkshändigkeit in Betracht zu kommen. Vertauschte Organe sind nur bei einem von zehntausend Personen festzustellen, teils nicht einmal vollständig. Mal sind nur die Organe im Brustkorb seitenverkehrt, mal nur die der Bauchhöhle.

Erstaunlicherweise hatte die Idee, *situs inversus* habe etwas mit Linkshändigkeit zu tun, ein langes Leben. 1862 wurde sie von Andrew Buchanan, Psychologie-Professor in Glasgow, erneut aufgegriffen, diesmal im Zusammenhang mit einer Gleichgewichtstheorie.

* Der Originaltitel lautet *Pseudodoxia Epidemica, or Enquiries into Very Many Received Tenets and Commonly Presumed TRUTHS, which examined prove but VULGAR ERRORS.*

Die Leber, so Buchanan, ist unser größtes und schwerstes Organ. Da sie rechts der Mitte liegt, befindet sich dort auch der Schwerpunkt des Körpers. In diesem Punkt hatte er Recht, denn im Allgemeinen ist die rechte Körperhälfte tatsächlich fast ein Pfund schwerer als die linke. Falsch lag er allerdings mit der Annahme, die er daraus ableitete. Buchanan meinte, wir würden aufgrund des verschobenen Schwerpunkts zu einem Ungleichgewicht tendieren. Zum Ausgleich würden wir leicht nach links geneigt laufen und unser linkes Bein als Standbein einsetzen. Dies wiederum habe zur Folge, dass die rechte Hand größere Handlungsfreiheit erhalte, die zur allgemeinen Rechtshändigkeit führe. Dass es auch Linkshänder gab, erklärte Buchanan damit, dass sich bei ihnen aufgrund des *situs inversus* der Schwerpunkt zur anderen Seite verlagert habe.

Eine solche Theorie kann wohl nur jemand aufstellen, der noch nie einen Linkshänder aus der Nähe betrachtet hat. Es ist kaum vorstellbar, dass ein gut ausgebildeter Psychologe mit einigem Renommee damals noch davon ausging, dass *situs inversus* so häufig vorkam, um damit Linkshändigkeit erklären zu können. Merkwürdig ist auch, dass Buchanan sich offenbar nicht die Mühe machte, seine steile These an einem beliebigen Linkshänder in seinem Umfeld zu testen. Noch trauriger ist, dass bereits fast ein Jahrhundert zuvor, 1788, der unumstößliche Beweis geliefert worden war, dass diese Theorie reiner Unfug war. In dem Jahr hatte der hochangesehene Londoner Pathologe Matthew Baillie einen Artikel veröffentlicht, in dem er den Fall eines *situs inversus* beschrieb – also die umgekehrte Lage der Organe in Bauch und Brust – und eine ganze Passage der Tatsache widmete, dass der betreffende Mann ein normaler Rechtshänder war. Obwohl der Artikel 1809 nochmals in der Zeitschrift der *Royal Society of Physicians* abgedruckt wurde, war er Buchanan offenbar unbekannt. Zum Glück musste Buchanan heftige Kritik einstecken, unter anderem von Kollegen, die sich sogar die Mühe machten, einem Linkshänder in den Bauch zu kneifen oder seinem Herzschlag zu lauschen.

Bis zum Ende des 19. Jahrhunderts erschienen immer wieder Varianten von Ricchieris Blutzufuhrtheorie, wobei häufig die Schlagadern am Schlüsselbein die Hauptrolle spielten, manchmal andere Blutgefäße. Doch die Vermutung war immer dieselbe: Bei normalen Menschen sei die Blutzufuhr zur linken Hand schlechter als die zur rechten Hand, bei Linkshändern sei es umgekehrt. Als irgendwann klar wurde, dass die Ursachen für Einhändigkeit eher im Gehirn als in Händen und Armen zu suchen seien, starb die These einen stillen Tod.

Ihre allerletzte Zuckung tat sie mit der Annahme, dass die Blutzufuhr zur linken Hirnhälfte umfassender sei als die zur rechten und sich die Hälfte, die die rechte Hand steuert, dadurch besser entwickeln konnte. Um 1900 starb auch diese Idee, als bewiesen werden konnte, dass der unterschiedliche Umfang der beiden Kopfschlagadern, die jeweils eine Hirnhälfte mit Blut versorgen, nicht konsequent die linke Hirnhälfte bevorzugt und der Unterschied zudem von einem Gefäßring, dem »Circulus Willisi«, aufgehoben wird.

Die vom Körper her gedachten Erklärungsansätze hatten vier Jahrhunderte überlebt, schließlich hatten sie sich allesamt als unzureichend erwiesen.

# 23
# Die übellaunigen Ansichten des Abram Blau

Dem New Yorker Psychoanalytiker Abram Blau gebührt die zweifelhafte Ehre, mit seinem Buch *The Master Hand* 1946 die schlimmsten und diskriminierendsten Auffassungen über Linkshändigkeit in die Welt gesetzt zu haben, die sich je ein Wissenschaftler erlaubte.

Blau, Professor und Chef der Kinderpsychiatrie am New Yorker Mount-Sinai-Krankenhaus, war ein glühender Anhänger der zu seiner Zeit übermächtigen behavioristischen Strömung in der Psychologie, die lehrt, dass nahezu alle Eigenschaften des Menschen durch äußere Einflüsse bestimmt werden. Bewusstsein, Wille und Charakter halten Behavioristen für untergeordnete Faktoren, schließlich würden sie selbst durch äußere Impulse bestimmt. Das Wesen eines Menschen lasse sich nur vollständig erfassen, wenn man sich anschaue, wie er sich in seiner Umgebung verhält.

Natürlich muss selbst der eifrigste Behaviorist zugestehen, dass es vererbte Eigenschaften gibt. Man wusste auch, dass sich diese Eigenschaften in Chromosomen und DNA befanden, wenngleich in der Zeit, als Blau sein Buch veröffentlichte, noch nicht bekannt war, wie genau die DNA zusammengesetzt war und funktionierte. Die Behavioristen sagten, dass das Erbmaterial uns zwar mit einem breiten Spektrum an Verhaltensweisen ausstatte, doch wie ein Mensch sich dann tatsächlich entwickelt, welche Verhaltensweisen und Eigenschaften er ausprägt, werde fast ausschließlich durch ein System von Strafe und Belohnung geformt. Um es mit Blaus Worten zu sagen: »Erblichkeit spielt nur insoweit eine Rolle, als sie ein wertvolles Reservoir darstellt, das es auszubeuten gilt. Die tatsächliche Entscheidung liegt außerhalb des Bereichs des Keimplasmas.«

Die Außenwelt antwortet mit Strafe und Belohnung auf das Verhalten, das ein Mensch als Reaktion auf äußere Impulse zeigt. Wünschenswertes oder erfolgreiches Verhalten wird immer unterstützt, ungewünschtes und unproduktives hingegen nach und nach unterdrückt. Die Welt eines Behavioristen funktioniert nach folgendem Prinzip: Kind sieht Hund – Kind kneift Hund – Hund beißt Kind – Kind hält sich fortan von Hunden fern. Das Bemerkenswerte am Behaviorismus ist nicht, dass Strafe und Belohnung unser Verhalten bestimmen. Wir alle wissen schließlich nur allzu gut, wie wichtig Erfahrungen sind, auch wenn man durch sie lernt, sich vom heißen Ofen fernzuhalten. Bemerkenswert daran ist, wie sehr er einen Mechanismus der Verstärkung und Unterdrückung verabsolutiert und damit einhergehend andere uns formende Faktoren wie erbliche und andere biologische Einflüsse bagatellisiert.

Als überzeugter Behaviorist glaubte Blau, dass auch die dominante Rechtshändigkeit Produkt des sozialen Drucks und der Gewohnheit war, und zwar folgendermaßen: Zu Beginn der Bronzezeit kostete es viel Zeit und Mühe, Werkzeuge wie Messer und Sicheln herzustellen. Folglich waren sie sehr kostbar und wurden häufig von Eltern an die Kinder weitergegeben. Werkzeuge wie Sicheln waren nur mit einer bestimmten Hand zu gebrauchen. Da sie kostbar waren, durften sie nicht mit der anderen Hand falsch verwendet werden. So wurde durch die Werkzeuge und ihre sachgemäße Handhabung auch die Bevorzugung der einen Hand von einer Generation zur nächsten weitergegeben. Dieser Effekt wurde Blau zufolge noch verstärkt, da durch das Auftauchen der ersten Werkzeuge eine einseitige Spezialisierung viel mehr Vorteile mit sich brachte als eine zweiseitige gleichmäßige Entwicklung. Es kostete weniger Zeit und Mühe, mit einer Hand ein Werkzeug gut zu handhaben, als dieselbe Tätigkeit mit beiden Händen auszuführen. Je besser eine Hand geübt war, desto besser konnte man mit dieser Hand immer bessere Fertigkeiten erlangen.

Dass Einhändigkeit sich zu allen Zeiten hartnäckig hielt, auch bei Menschen, die selten oder nie mit kostbaren Werkzeugen hantierten, auch dafür hielt Blau eine Erklärung parat. Dabei konnte er sich allerdings nicht auf Lamarcks These von der Erblichkeit einmal erworbener Eigenschaften berufen, die bereits seit Darwins *Origin of Species* als widerlegt galt. Blau zufolge ließ sich das damit erklären, dass Menschen ihr Kulturgut hegen und pflegen. Anders als Tiere erziehen wir unsere Kinder über viele Jahre. Blau: »Kultur ist eine Kombination aus sozialer Erfahrung der Vergangenheit und intensivem Lernen, sodass jedes Kind seine Kultur an dem Punkt übernimmt, an dem die vorige Generation endet. Im wörtlichen Sinn wird so der Erfahrungsschatz des Menschen unsterblich, und ein Teil seines Besitzes wird auf seine Erben übertragen.« Das ist eine Binsenweisheit, die nichts erklärt. Das Schöne an der Weitergabe von Kultur – und auch ihre Stärke – ist gerade ihre Flexibilität: Kulturen unterscheiden sich untereinander und auch von denen früherer Generationen. Rechtshändigkeit ist unabhängig davon immer die Norm geblieben.

Wer Rechtshändigkeit aus dieser Perspektive betrachtet, wird Linkshändigkeit immer als bedauernswerte Abweichung empfinden, als krankhafte Folge mutwilliger Ablehnung des angebotenen Kulturguts oder als eine Art Unzulänglichkeit, die es einem unmöglich macht, sich zu einem gesunden sozialen Menschen zu entwickeln.

Und genau davon war Blau überzeugt. Er glaubte, dass Linkshändigkeit durch »ein angeborenes Gebrechen, falsche Erziehung oder emotionalen Negativismus« ausgelöst werde. Von diesen drei Ursachen bevorzugte Blau eindeutig letztere. Linkshändigkeit war für ihn »nichts anderes als ein Ausdruck infantilen Negativismus«, vergleichbar der »Widerspenstigkeit beim Essen oder bei der Verdauung, dem Zurückbleiben in der Sprachentwicklung und allgemeinen Perversionen, sofern ein Kind mit seinem beschränkten Ausdrucksvermögen diese zeigen kann«. Auch der erwachsene Linkshänder war für ihn eine wenig angenehme Person, da er sich durch Eigensinnigkeit auszeichne, die mit heimlichem Aberglauben, Gier, obsessivem Reinlichkeitsdrang und übermäßiger Strenge einhergeht. Das alles lag, wie konnte es anders sein, an der emotionalen Verwahrlosung durch eine lieblose, gefühlskalte Mutter, die man damals auch für Autismus bei ihren Kindern verantwortlich machte. Eine Therapie, so Blau, erbringe gute Ergebnisse, auch wenn die einmal eingeimpfte Linkshändigkeit durch sie nicht verschwinde. Sie könne nämlich als eine Art geistiges Fossil erhalten bleiben. Schon kleinen Kindern müssten alle linkshändigen Neigungen behutsam und gründlich ausgetrieben werden. Nur wenn das Kind sich beharrlich weigere, auf die rechte Hand zu wechseln, solle man es besser in seinem eigenen Saft schmoren lassen.

Wer solch kühne Behauptungen aufstellte, musste sie belegen können, und das konnte Blau nicht. Der einzige Grund, warum er damalige Erblichkeitstheorien zur Entstehung von Links- und Rechtshändigkeit ablehnte, war, dass es keinen echten Beweis dafür gab. Damit hatte er im Prinzip Recht: eine eindeutige Mendelsche Verteilung von Links- und Rechtshändigkeit, wie wir sie bei blonden und dunklen Haaren oder blauen und braunen Augen kennen, scheint es im Fall der Bevorzugung einer Hand nicht zu geben. Allerdings übersah er dabei, dass seine eigene Theorie auf Sand gebaut war und nur auf wilden, unbelegbaren Spekulationen zum Leben in der Bronzezeit fußte.

Im Dunkeln blieb zudem, warum die in seinen Augen kulturbestimmte Entwicklung zur Einhändigkeit immer zur überwiegenden Rechtshändigkeit führen musste. Vielleicht ist das gemeint, wenn er das Erbgut als »wertvolles Reservoir« charakterisiert, das eine überwiegende Rechtsneigung praktisch miteinschließt. Wenn dem so ist, hat Blaus behavioristischer Ansatz keinen Bestand: dann wäre Einhändigkeit einfach vererbbar.

Die Vorstellung, dass Linkshändigkeit Symptom einer gestörten Persönlichkeit ist, entwickelte Blau anhand von Erfahrungen mit einigen linkshändigen Patienten. Daraus den Schluss zu ziehen, dass ihre Linkshändigkeit durch eine Störung verursacht wurde, wegen der sie sich bei ihm behandeln ließen, ist absurd. Dann ließe sich genauso gut die Schlussfolgerung ziehen, dass Reichtum die geistige Gesundheit beeinflusse, weil arme Menschen sich selten einen teuren Psychoanalytiker leisten können.

Blau ließ sich bei seinen erbarmungslosen Meinungen und Aussagen mehr von haltlosen Vorurteilen als durch Ergebnisse wissenschaftlicher Neugier lenken. Das wird deutlich bei seiner Umfrage unter vierhundert Schülern, die seine Thesen untermauern sollte. Sie erbrachte keinerlei Hinweise, die seine Ansicht stützen konnten, doch das ließ Blau völlig kalt. Sein Buch enthält nichts als halbgares, pseudowissenschaftliches Geschwätz, das zu unzähligen blöden Witzen über Psychiater und Psychoanalyse führte.

# 24
## Die werfende Madonna

Unstrittig hängen die Entstehung und der Fortbestand unserer Einhändigkeit mit der Vererbung zusammen. Damit wissen wir aber noch nicht, wie stark der Faktor Erblichkeit ist und wieso letztendlich die Rechtshändigkeit zur Norm wurde. Noch weniger können wir erklären, woher immer wieder das Phänomen der Linkshändigkeit kommt.

Obwohl es schon lange besteht, können wir nicht einmal mit Sicherheit sagen, wie lange es Rechts- und Linkshändigkeit schon gibt und wann die schiefe Verteilung von eins zu zehn begonnen hat. Auf den bis zu 20.000 Jahre alten Wandmalereien in den Höhlen von Altamira, Las-

Rund 20.000 Jahre alte Appaloosa-Pferde und Handabdrücke in der Höhle von Pech Merle in Frankreich.

caux und Pech Merle finden sich unzählige Abdrücke von Händen. Einige Hände wurden zuvor in Ocker oder einen anderen Farbstoff gedrückt und dann wie ein Stempel auf die Mauer gedrückt. Die meisten solcher Abdrücke stammen von rechten Händen. Teils wurden die Umrisse einer flach auf die Wand gedrückten Hand mit einem Stück Kohle nachgezogen, bei anderen wurde Farbpulver über die aufgelegte Hand gepustet. Die meisten dieser Umrisse sind von linken Händen, was vermuten lässt, dass mit der rechten Hand gezeichnet wurde oder diese als Ablage zum Pusten des Farbpulvers diente.

Ein anderer Hinweis stammt von noch älteren Werkzeugen. Viele Archäologen sagen, die Art der Schleifspuren deute darauf hin, dass die Menschen, die sie vor rund 200.000 Jahren herstellten, etwa im gleichen Verhältnis wie wir Links- und Rechtshänder waren. Nicht nur Archäologen sehen das so.

Einen Hinweis, der noch weiter in der Zeit zurückgeht, geben die Pavianschädel, die in der Nähe von Gebeinen unseres angeblich ältesten Vorfahren, dem *Australopithecus africanus*, gefunden wurden. Hier geht es um eine Zeit, die zwei bis drei Millionen Jahre zurückreicht. Obwohl nur von kleiner Statur, konnte der Africanus ausgezeichnet Paviane jagen, da er einen großen Knochen oder stabilen Stock als Knüppel zu benutzen wusste. Die meisten Pavianschädel haben ein Loch an der Stelle, an der der Knüppel sie getroffen haben muss. Und da sich das Loch meist auf der linken Schädelseite befindet, deutet alles darauf hin, dass ein Rechtshänder die Schläge ausgeführt hat. Ein tragfähiger Beweis ist das nicht, aber wir können annehmen, dass im Laufe der

Geschichte die Bevorzugung einer Hand beim modernen Menschen und seiner Vorfahren nie anders war als heute.

ooooooooooooooo

Vor rund einhundertfünfzig Jahren haben sich zwei kluge Köpfe mit der Frage beschäftigt, wie es kam, dass die rechte Hand für die meisten von uns zur bevorzugten Hand wurde. Beide gelangten zu einer Theorie, die die Antwort bei der natürlichen Selektion suchte. Sie gehen davon aus, dass Rechtshändigkeit in einer bestimmten Phase der Evolution unserer Art im Kampf um das Bestehen gegenüber Links- oder Beidhändigkeit Vorteile mit sich brachte. Daher pflanzten sich Rechtshänder erfolgreicher fort, sodass sich ihre Eigenschaften bei einem wachsenden Teil der Bevölkerung durchsetzten. So wurden Links- und Beidhänder weitgehend verdrängt.

Thomas Carlyle, dem wir schon in der Politik die Einteilung in links und rechts zu verdanken haben, konnte 1871 im Alter von 75 Jahren aufgrund einer Lähmung seine rechte Hand nicht mehr gebrauchen. Auch in diesem Alter noch besaß er einen kreativen, rastlosen Geist, und dass es ihm plötzlich solche Mühe bereitete, mit der linken Hand zu essen und zu schreiben, machte ihn nachdenklich. Woher kam diese Spezialisierung der rechten Seite, wo doch die linke Hand im Prinzip nicht weniger begabt war? Sollte das mit den asymmetrischen Eigenschaften des Körpers zusammenhängen?

Natürlich lag es nahe, dabei an das Herz zu denken, da es links im Brustkorb schlägt. Und damit war der Keim für Carlyles Idee geboren. Wer im

Kampf die linke Hand zum Schutz und die rechte zum Angriff gebrauchte, konnte seine lebenswichtigen Organe, vor allem sein Herz, besser schützen als derjenige, der es umgekehrt machte. Rechtshändigkeit könnte also in alter Zeit als Folge der Erfindung des Schildes entstanden sein, um der linken Körperseite einen besseren Schutz zu bieten. Die rechte Hand musste dann automatisch das komplizierte Spiel von präzisem Zuschlagen und Parieren übernehmen. Zweifelsohne gelang das denen, deren rechter Arm und rechte Hand motorisch geschickter waren, besser als anderen. Die Rechtshändigen hatten somit eine größere Überlebenschance und konnten das Kampfgeschehen bald immer besser dominieren. Schließlich entstand dadurch die bekannte Verteilung von neunzig Prozent Rechtshändern und zehn Prozent Linkshändern.

Anscheinend war die Zeit reif für einen solchen Ansatz, denn noch im selben Jahr veröffentlichte der Engländer Philip Pye-Smith unabhängig von Carlyle in der medizinischen Fachzeitschrift *Guy's Hospital Reports* genau dieselbe These. Das ist schon merkwürdig, denn jeder Arzt wusste schon damals, dass das Herz zwar links von der Mitte sitzt, aber von einem auf die linke Seite konzentrierten Schutz kein zusätzlicher Nutzen zu erwarten war, geschweige denn ein bahnbrechender evolutionärer Vorteil. Damit hatte die Schild-Theorie, so verlockend einfach sie klang, keinen weiteren Bestand. Carlyles Gedanke konnte zudem nicht stimmen, wenn Linkshändigkeit wirklich so alt ist, wie die Pavianschädel vermuten lassen. Der *Australopithecus africanus* mag dann zwar ein ganzer Mann gewesen sein, mit einem Knochen oder großen Stück Holz in der Hand, doch das Schild hatte er ganz bestimmt nicht erfunden. Als Schlag ins Kontor erwies sich auch, dass viele Völker, lange nachdem der moderne Mensch entstanden war, den Schild nie entdeckten, obwohl Rechtshändigkeit auch bei ihnen die Norm ist.

Neueren Datums und viel durchdachter ist die Erklärung des amerikanischen Neurobiologen William H. Calvin, die er seit etwa 1989 vertritt und selbst die »Theorie der werfenden Madonna« nennt. Seine Geschichte setzt in ferner Vergangenheit ein, als unsere Vorfahren sich langsam zu modernen Menschen entwickelten.

Vor Millionen Jahren verließen unsere frühen afrikanischen Vorfahren die tropischen Bäume, die sie bisher bewohnt hatten, um fortan in der Steppe und Savanne zu leben. Wahrscheinlich hatten sie sich bisher von Früchten ernährt und dem, was sie zwischen den Blättern zu fassen bekamen, inklusive kleiner Insekten, vergleichbar der Nahrung heutiger Menschenaffen. Was auch immer der Grund gewesen war, ihre ursprüngliche Lebensform aufzugeben – als sie erst einmal in der offenen tropischen Savanne waren, musste es für sie schwieriger geworden sein, an Nahrung zu gelangen. In der Savanne wächst weniger als im feuchten und artenreichen Wald. Dieses Problem konnte durch ein größeres Jagdgebiet und eine Umstellung der Ernährung auf mehr Knollen und Wurzeln sowie kleinere Tiere gelöst werden. Die neuerworbene Kunst des Laufens und die schon von alters her gut entwickelten Baumbewohnerhände waren dabei äußerst nützlich. Die Hände blieben frei zum Sammeln und Tragen der Nahrung und erwiesen sich als nützlich beim Ergreifen kleinerer Tiere wie Mäuse und Kaninchen, die wie unsere Vorfahren auf dem freien Feld lebten.

Das hört sich schöner an, als es in Wirklichkeit ist. Eine Maus fängt man vielleicht noch ein, aber ein Kaninchen ist viel wendiger, größer und schneller. Auch bei den meisten anderen Tieren hat der Mensch mit bloßen Händen geringe Chancen. Er ist langsam, nicht sehr wendig und kann sich aufgrund seiner Größe nicht gut schützen. Insgesamt wird nicht allzu viel Fleisch auf dem Speiseplan gestanden haben, vegetarische Kost blieb notgedrungen die Hauptnahrung. Das allein ist schon ein Problem, denn pflanzliche Nahrung führt wenig Energie zu, vor allem, wenn sie nicht gekocht wird. Für einen Vegetarier in der Ursavanne bedeutete es, sehr lange und schwer arbeiten zu müssen, um genügend Nährstoffe zu bekommen. Wahrlich schlechte Aussichten.

Trotzdem erwies sich der langsame Jäger und Sammler als ungeahnt tüchtig. Rasant verbreitete sich vor zwei Millionen Jahren der *Homo habilis* von Zentralafrika aus über ganz Afrika. Und schon weniger als eine halbe Million Jahre später bewohnte sein Nachfahre, *Homo erectus*, große Teile der Welt, und zwar feuchte wie trockene Gebiete. Mit der Zeit lebte er überall dort, wo es warm genug war, um ohne Kleidung oder wärmenden Schutz zu überleben. Der Mensch ließ sich selbst in Gegenden nieder, wo es beinahe unmöglich ist, nur mit Wurzeln, Knollen, Nüssen und Samen zu überleben, da es dort nicht genügend Nahrung gibt oder einfach zu wenige genießbare Pflanzen wachsen.

Das bedeutete, dass die Menschen sich vom Fleisch der Vögel und kleinerer Tiere ernähren mussten, um zu überleben. Fleisch liefert viel komprimierter und einfacher Energie als Pflanzen und ist zudem überall zu bekommen. In jeder Umgebung, gleich ob in der eisigen Einöde rund um die Pole, in der Tundra oder den trocken-heißen Wüsten mit extremen Temperaturschwankungen – überall finden wir essbare Tierarten, die sich an die dort herrschenden Bedingungen angepasst haben. Der vegetarische Sammler, der ab und zu einen Hasen fing, musste sich, so Calvin, in dieser Zeit zu einem geschickten Jäger und Sammler entwickelt haben.

Erstaunlich ist nun, dass sich der Vorläufer des modernen Menschen ausbreitete, lange bevor Hilfsmittel wie Speer oder Pfeil erfunden waren. Wie fingen unsere Vorfahren genügend Tiere, um überleben zu können? Calvin erkennt dies an dem

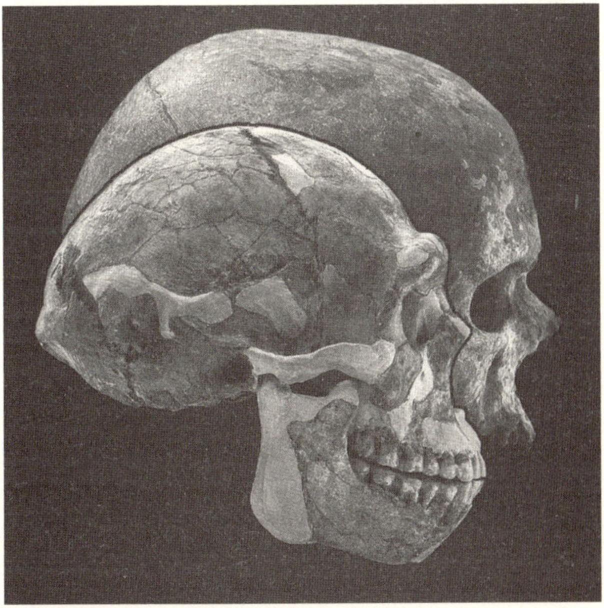

Der teilweise rekonstruierte Schädel des *Homo erectus*, dahinter der des modernen Menschen. *Erectus* hatte einen kleineren Schädel und war dennoch ein guter Jäger.

sichtbaren Unterschied zwischen unseren Jagdmethoden und denen der heutigen Menschenaffen, die noch immer an ihr ursprünglich tropisches Lebensumfeld gebunden sind.

Ein Unterschied, die Verfügbarkeit von tödlichen Waffen, kann keine Rolle spielen, da sie damals noch nicht erfunden waren. Oft heißt es, dass die Sprache, der vielleicht bedeutsamste Unterschied zwischen Mensch und Menschenaffe, diesen Unterschied begründe; sie hätte die Zusammenarbeit bei der Jagd entscheidend verbessert. Doch auch dieser Gedanke bringt uns keinen Schritt weiter. Bei der gemeinsamen Jagd spielt Sprache keine größere Rolle, wie sich leicht am Erfolg von in Rudeln jagenden Tieren wie den Wölfen erkennen lässt. Sie sind der lebende Beweis, dass uralte Techniken wie Einschließen, Hetzen und Erschöpfen auch ohne Sprache hervorragend funktionieren. Wenn Menschen zur Jagd gehen, reden sie meist über alltägliche Dinge: Beziehungen, Arbeit und Geld. Sobald es zur Sache geht, verstummen die Gespräche. Beutetiere verstehen die Menschen zwar nicht, können sie aber umso besser hören.

Doch es ist noch ein dritter Unterschied zwischen Menschen und Menschenaffen zu beobachten, ein Unterschied, der Calvin zufolge eine wichtige Rolle spielt. Menschen können gezielt werfen. Auch Affen werfen mit Steinen, aber meist ohne ein bestimmtes Ziel. Menschen gebrauchen ihren Arm als Schleuder und können auch ein kleines Ziel auf viele Meter Abstand mit großer Wucht treffen. Durch die Fähigkeit des gezielten Werfens verfügte der wenig beeindruckende *Erectus* im Radius von knapp zwanzig Metern über eine tödliche Klaue.

Der treffsichere Wurf trägt nicht nur entscheidend zum Jagderfolg bei, diese Fertigkeit kann sich aus evolutionärer Sicht in kurzer Zeit auf die ganze Art übertragen. Der Zusammenhang mit hochwertiger Nahrung ist so unmittelbar, dass von ihm eine stark selektierende Wirkung ausgeht. Wer besser als sein Nachbar werfen konnte, hatte automatisch bessere Überlebenschancen und damit auch eine bessere Chance, sein Genpaket mit dem besseren Wurfvermögen an seine Nachfahren weiterzugeben. Vorausgesetzt, dass dieses Wurfvermögen erblich ist.

Und das dürfte tatsächlich der Fall sein. Um gezielt werfen zu können, braucht es ein Steuerungsvermögen, das im Gehirn sitzt. Für einen guten Wurf muss im Bruchteil einer Sekunde anhand von Informationen der Augen über Richtung und Geschwindigkeit der Beute, das Gewicht des Steins und weiterer Faktoren ein umfassender Aktionsplan für Dutzende Muskeln entwickelt und ausgeführt werden, und zwar mit höchster Präzision. Neuronen, die Schalter in unserem Gehirn, sind dazu an sich nicht gut geeignet, da sie relativ träge und ungenau sind. Wenn jedoch sehr viele Neuronen die gleiche Aufgabe übernehmen, gewinnen sie erheblich an Präzision und Geschwindigkeit: Betrachtet man das durchschnittliche Ergebnis von Hunderten Neuronen, die für sich genommen ziemlich ungenau sind, so fällt dieses ziemlich genau aus. Arbeiten mehrere Gruppen zusammen, geht es noch schneller und genauer. Der Trick besteht darin, möglichst viel Hirnkapazität einzusetzen, soweit diese vorhanden ist.

Es mag ein historischer Zufall sein und in den Worten von Stephen Jay Gould ein überaus großartiger Zufall, dass unsere Vorfahren über die entsprechende Kapazität verfügten. Zeitgleich zur raschen Ausbreitung unserer früheren Vorfahren vollzog sich ein ebenso rasches Wachstum ihrer Hirnmasse hin zu den anderthalb Kilo, die diese heute im Schnitt wiegt. Die neue Rechenkapazität hätte sich in keinem besseren Moment entwickeln können.

Gezieltes Werfen ist eine typisch einseitige Angelegenheit. Die größte Geschwindigkeit und Präzision und damit die größte Wucht erreichen wir, wenn wir einen Arm als Schleuder einsetzen. Das bedeutet, dass die benötigte Rechenkapazität sich nur auf eine Seite des Gehirns konzentrieren muss, wobei durch seinen symmetrischen Aufbau auch die Hirnmasse auf der anderen Seite entsprechend zunimmt. Wenn diese Seite nicht zum Werfen eingesetzt wurde, konnte sie für andere Zwecke verwendet werden, was wiederum evolutionäre Vorteile mit sich brachte. Wäre das Wurfvermögen an beiden Seiten angelegt, würde dies das Gehirn zusätzlich fordern und in Beschlag nehmen, was keinem zusätzlichen Nutzen gegenübersteht. Wer mit beiden Seiten gleich gut werfen kann, ist kaum effektiver als jemand, der nur eine Seite nutzt. Vielleicht ist ein beidhändiger Werfer sogar insgesamt schlechter, weil er jedes Mal überlegen muss, welche Hand er gebrauchen soll, zumal jede Millisekunde zählt.

Damit war, so Calvins Begründung, der Keim zur wachsenden Ungleichheit bei den Funktionen beider Hirnhälften gelegt und möglicherweise sogar zur stürmischen Entwicklung des Gehirns insgesamt, die schließlich in die Ausbildung der Sprache und weiterer Eigenschaften mündete, die uns erst zu dem machten, was wir sind. Zugleich entwickelte sich unwiderruflich unsere Einhändigkeit.

Natürlich fiel Calvins Argumentation nicht einfach vom Himmel, sondern wurde von unserem Wissen über die verschiedenen Funktionen beider Hirnhälften beeinflusst. Die linke Hirnhälfte konzentriert sich auf Handlungen, bei denen die Reihenfolge wichtig ist. Das passt gut zur überwiegenden Rechtshändigkeit der Menschheit, da die linke Hirnhälfte die rechte Körperseite steuert. Calvin bietet eine sehr gute Erklärung dafür an, warum eine Hirnhälfte auf diese Art von Aufgaben spezialisiert ist, und damit auch für unsere Einhändigkeit. Seine Herleitung sagt aber noch nichts darüber aus, welche der beiden Hälften das sein muss. Und damit bleibt ein Rätsel, warum neun von zehn Menschen eine Vorliebe für *die gleiche* Hand haben. Mit anderen Worten: Was führt dazu, dass bei fast allen Menschen die linke Hirnhälfte zum Sitz der Wurfsteuerung wird und nicht die rechte, oder bei einem Menschen die eine und beim anderen die andere?

Für eine Erklärung greift Calvin zurück auf die Traggewohnheiten von Müttern mit Kindern und der Position des Herzens. Wie bereits erläutert, tragen Mütter ihre Kinder mehrheitlich auf der linken Seite, vermutlich weil Kinder sich dort am wohlsten fühlen und so am ruhigsten sind. Das kann daran liegen, dass der Herzschlag der Mutter auf der linken Seite des Brustkorbes besser zu hören ist als auf der rechten. Calvin geht davon aus, dass die *Erectus*-Frauen sich aktiv an der Jagd beteiligten und dabei ihren Nachwuchs mit sich herumtrugen. In diesem Fall hatten die Frauen mit den ruhigsten Kindern einen klaren Vorteil. Sie konnten sich leichter bewegen und liefen beim Heranpirschen an die Beute weniger Gefahr, dass das Kind durch Weinen oder Schreien ihre Position verrät. Die ruhigen Kinder saßen also auf der linken Hüfte, damit ihre Mütter die rechte Hand freihatten. Den entscheidenden Schritt zum modernen Menschen tat somit nicht der erste Steinwerfer, sondern die erste Frau, die einen Stein warf – Calvins »werfende Madonna«.

Gegen den ersten Teil von Calvins Geschichte ist nicht viel einzuwenden. Sie ist reizvoll und basiert auf Fakten. Es steht fest, dass sich die Vorfahren des Menschen, als sie einmal von den Bäumen herabgestiegen waren, rasch über allerhand Regionen verbreiteten, ohne über besonderes Werkzeug zu verfügen, und dabei zunehmend zu Fleischessern wurden. Tatsache ist auch, dass der Hirnumfang in derselben Zeit enorm zunahm und wir heute unvergleichlich besser werfen können als alle unsere Verwandten aus dem Tierreich. Und schließlich steht zudem fest, dass bei den allermeisten Menschen heutzutage die linke Hirnhälfte für die Tätigkeiten verantwortlich ist, bei denen es auf genaue Planung, Tempo und die richtige Handlungsabfolge ankommt. Bis jemand etwas Gegenteiliges beweist, dürfen wir also annehmen, dass Calvins Erklärung für unsere Einhändigkeit stichhaltig ist.

Anders sieht es mit seiner Argumentation zur bevorzugten rechten Hand aus. Dabei muss Calvin Zuflucht bei einer unbeweisbaren Behauptung zur gesellschaftlichen Rolle der *Erectus*-Frauen nehmen. Und dagegen lässt sich einiges einwenden. Erstens entfällt der Vorteil der rechtshändigen Frauen, die ihre Kinder links tragen, sobald sie diese nicht mehr mit zur Jagd nehmen. Wir wissen nicht, ob und wann das passierte. Zweitens können wir uns fragen, ob das Jagen an sich nicht viel zu riskant für Mutter und Kind war und sich Frauen lieber der Jagd fernhielten und auf die Solidarität der Stammesmitglieder setzten. Im Tierreich scheint das gelegentlich da so zu sein.

Calvins These passt auch schlecht zu den sehr fundierten Ideen des amerikanischen Biologen und Anthroposophen Richard Wrangham, der den großen Unterschied zwischen *Homo habilis* und *Homo erectus* im Beginn des Kochens sah. Seiner Überzeugung nach fiel diese Aktivität von Anfang an den Frauen zu, auch weil sie aufgrund ihrer Rolle bei der Fortpflanzung und Erziehung weniger mobil waren. Genau in der Phase, da Calvin sie als Motor für eine einseitige Gehirnentwicklung sieht, stellt Wrangham sie für immer hinter den Herd.

Es gibt noch einen vierten Einwand. Wenn das Verhalten des Kindes wirklich so viel Einfluss auf den Jagderfolg der Mutter hatte, würde es auch die Überlebenschancen des Kindes stark beeinflussen. Aber warum war dann das Verhalten der Mutter, jedoch nicht das des Kindes selektivem Druck unterworfen? Wenn Calvin Recht hätte, müsste man erwarten, dass von Natur aus stille Kinder von rechtshändigen Müttern die besten Überlebenschancen hatten und daher auch besser überdauerten. Dann müsste man auch annehmen, dass heutige Babys ihren stillen Vorfahren stark ähneln und sich mucksmäuschenstill verhalten. Zum allgemeinen Leidwesen ist das nicht der Fall. Noch immer kreischen, jammern und winden sich Kinder auf dem Arm ihrer Eltern.

# 25
## Nachdenken über das Gehirn

Der Gedanke, Einhändigkeit könne mit Unterschieden zwischen beiden Hirnhälften zu tun haben, liegt auf der Hand, allein schon deshalb, weil unsere linken Gliedmaßen von der rechten Hirnhälfte gesteuert werden und unsere rechten von der linken Hirnhälfte. Doch dauerte es bis weit ins 19. Jahrhundert, dass dieser Zusammenhang hergestellt wurde.

Dass das Gehirn mit dem Denken zu tun haben musste, vermutete schon Hippokrates vor 2500 Jahren. Doch was der Urvater aller Ärzte dachte, war kein Gemeingut. So glaubte Aristoteles, dass das warme, pochende Herz der Mittelpunkt von allem sei. Das Gehirn betrachtete er lediglich als Kühlsystem für das Blut. Doch es existierte schon früh ein echtes, konkretes Wissen etwa zur Steuerung unserer Gliedmaßen. Im 3. Jahrhundert v. Chr. hatten die alexandrinischen Gelehrten Herophilus und Erasistratus das Nervensystem entdeckt und wussten um den Unterschied zwischen efferenten und afferenten Nervenfasern. Die erste Sorte schickt Aufträge an die Muskeln, die zweite transportiert äußere Reize zum Rückenmark und von dort aus weiter zum Gehirn.

Rund vier Jahrhunderte später machte der Grieche Galenus, Leibarzt des römischen Kaisers Mark Aurel, bei Vivisektionen zahlreiche Entdeckungen zum Zusammenhang zwischen Gehirn und Geist, indem er an verschiedenen Stellen in das Rücken-

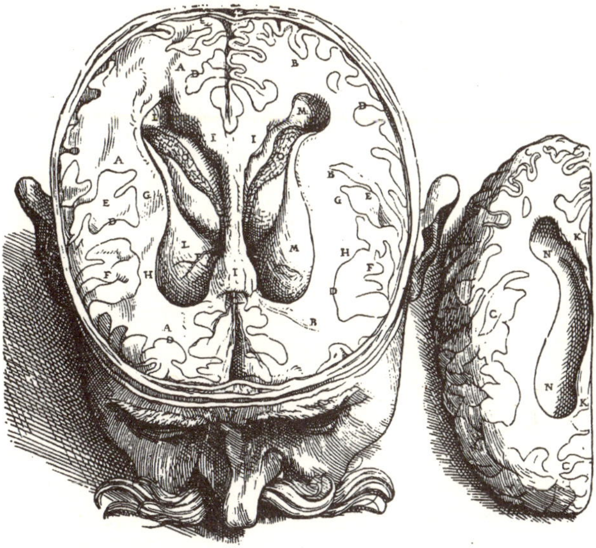

Querschnitt durch das Gehirn, angefertigt vom großen Anatom Andreas Vesalius (1514–1564). Die Ventrikel, die mit Hirnflüssigkeit gefüllten Hohlräume, sind deutlich zu erkennen.

mark von Tieren schnitt. Er war überzeugt, dass beide irgendwie zusammenhingen, doch für ihn befand sich der Geist in der Flüssigkeit, die die Hohlräume zwischen beiden Hirnhälften füllt. Diese These sollte Bestand haben, bis der geniale flämische Arzt Andreas Vesalius sie im 16. Jahrhundert eindeutig widerlegen konnte. Nach Meinung einiger Forscher sei sogar schon im ersten Jahrhundert unserer Zeitrechnung bekannt gewesen, dass die linke Hirnhälfte die Muskeln der rechten Körperseite steuere, auch wenn das nicht bewiesen ist.

Was Galenus geleistet hatte, war beeindruckend, danach geschah fast fünfhundert Jahre lang nichts Wesentliches auf diesem Gebiet. Das

Sezieren lebender und toter Körper zu Studienzwecken war schon zu Zeiten von Galenus unter Medizinern nicht mehr in Mode und sollte im Lauf der Jahrhunderte fast völlig verschwinden, um Platz zu machen für allerhand spekulative Theorien, die keine neuen Erkenntnisse brachten. Es ist übrigens die Frage, ob zunehmendes Wissen zur Funktionsweise des Gehirns dabei einen Unterschied gemacht hätte. Zahlreiche, vor allem religiöse Doktrinen blockierten jahrhundertelang die freie Entfaltung von Gedanken zum Zusammenhang zwischen Körper und Geist. Der Geist galt als etwas Höheres, er war ein Mysterium und sollte es auch bleiben. Andererseits fehlte zu der Zeit an einfachsten Mitteln, um einen Blick ins Gehirn werfen zu können. Und dann war an der grauen Masse auch nichts zu erkennen, was Auskunft über seine Funktion geben konnte. Wenn das Gehirn nicht mehr funktionierte, starb man, genau wie an Herz- oder Nierenversagen, doch warum das so war, blieb notgedrungen im Dunkel.

Die Idee, dass das Gehirn mit Denken, Gefühlen und dem nicht greifbaren »Geist« zu tun hatte, blieb jedoch über die Jahrhunderte hin lebendig. Der geheimnisvolle graue Klumpen füllte immerhin den Kopf, in dem so viele unserer ausgeprägtesten Eigenschaften zum Ausdruck kommen und durch den wir die wichtigsten Kontakte zur Außenwelt pflegen. Seit Menschengedenken glaubte man, dass man am Gesicht eines Menschen seinen Charakter und seine Intelligenz ablesen könne. Aristoteles, der sein Aussehen nur durchschnittlich fand, erklärte öffentlich, er habe es nur seiner philosophischen Übung zu verdanken, dass sein Geist weniger durchschnittlich war, als sein Gesicht vermuten ließ. Wie tief dieser Gedanke noch immer in uns verwurzelt ist, wird deutlich am Erfolg, den der Italiener Cesare Lombroso um 1900 mit ähnlichen Thesen hatte - dazu später mehr.

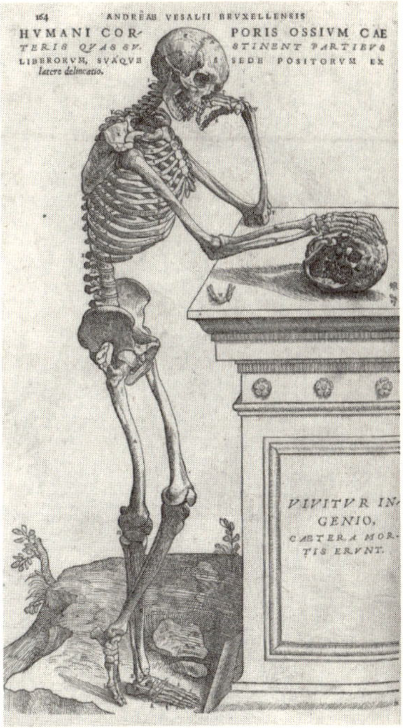

Noch als Skelett zerbrach sich Veselius den Kopf darüber, was im Gehirn vorging.

Ein Umdenken setzte im 18. Jahrhundert im Zuge der Aufklärung ein. Die wichtigste Errungenschaft dieser Epoche war, dass sie die Unantastbarkeit traditioneller, meist religiöser Dogmen in Fragen stellte. Die neuen philosophischen Denker dieser Zeit waren überzeugt, dass sich alle Dinge durch Vernunft, gestützt auf die empirische Wissenschaft, erklären ließen. Man wollte nicht länger nur spekulieren, nicht mehr blindlings den alten Autoritäten folgen, nur weil sie alt waren und etwas galten. Stattdessen schaute man genau hin und zog logische Folgerungen aus dem Gesehenen. Ob Gott oder dem Papst das gefiel oder nicht, war der ernsthaften Wissenschaft fortan egal, und das ebnete den Weg für die Freiheit, sich die Seiten des Menschen näher anzuschauen, die mit dem Geist zu tun hatten.

Bald begannen viele Wissenschaftler, sich näher mit dem Gehirn zu beschäftigen. Einer war der

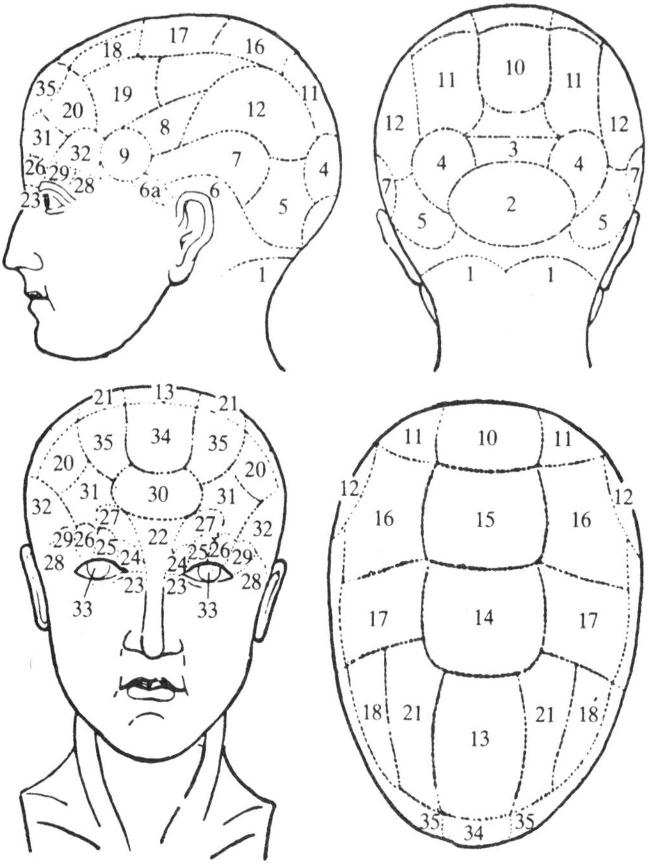


1. Verliebtheit
2. Fortpflanzungstrieb
3. Konzentration
4. Anhänglichkeit
5. Aggression
6. Zerstörungstrieb
6a. Versorgungsdrang
7. Heimlichkeit
8. Habsucht/Lerneifer
9. Positive Einstellung
10. Selbstachtung
11. Autoritätsgläubigkeit
12. Vorsicht
13. Güte
14. Ehrfurcht
15. Gewissenhaftigkeit
16. Standfestigkeit
17. Hoffnung
18. Verwunderung
19. Idealismus
20. Findigkeit
21. Imitation
22. Individualität
23. Form
24. Umfang
25. Gewicht
26. Farbe
27. Stelle
28. Menge
29. Reihenfolge
30. Eventualität
31. Zeit
32. Melodie
33. Sprache
34. Vergleich
35. Kausalität



Die Persönlichkeitsmerkmale im Gehirn nach den Phrenologen Gall, Spurzheim und Combe.

Arzt und Anatom Franz Joseph Gall (1758–1828). Er stellte als Erster fest, dass unser Gehirn aus einer Schicht grauer Substanz besteht, der Hirnrinde, die einen Kern aus weißem Material abdeckt. Gall war ein führender Vertreter der Phrenologie, die seit Anfang des 19. Jahrhunderts immer mehr an Einfluss gewann. Ihr verdanken wir zahlreiche psychologische Begriffe und Konzepte, aber auch jede Menge Missverständnisse und populäre Wahnbilder. Die Phrenologie war der erste ernsthafte Versuch, Funktions- und Verhaltensweisen des Menschen an das Gehirn zu koppeln. Dahinter stand die Vorstellung, dass bestimmte Anlagen und Eigenschaften ihren Sitz in bestimmten Teilen des Gehirns hatten und man anhand der Form des Schädels und seiner Unebenheiten ablesen konnte, wie stark bestimmte Funktionen ausgeprägt waren. Die Lokalisierung der Merkmale jedoch ging einigermaßen hemdsärmlig vonstatten. So »entdeckte« Gall das Zentrum für Individualität und neue Denkansätze direkt oberhalb der Nase, da, so meinte er, diese Stelle bei Michelangelo sehr groß war, bei den Schotten hingegen meist sehr klein!

Das Gehirn war den Phrenologen zufolge gleichsam eine Ansammlung mehr oder weniger unabhängiger Organe für Eigenschaften wie Aggressivität, Selbstachtung, Gewissenhaftigkeit und Neugierde, aber auch für Sprache, Zeitgefühl, Melodie, Humor und Schlagfertigkeit. Je größer das Organ im Verhältnis zum anderen war, desto größer die Unebenheit an der entsprechenden Stelle im Schädel und desto stärker die Ausprägung dieser Eigenschaft bei der betreffenden Person.

Obwohl es so viele Schädelkarten wie Phrenologen gab, hatten sie eines gemeinsam: Sie waren stets symmetrisch. Auf der Karte von Gall, Spurzheim und Combe stehen links und rechts immer genau dieselben »Organe«. Gall scheint ganz selbstverständlich davon ausgegangen zu sein, dass seine Gehirnorgane genauso spiegelverkehrt angelegt sind wie Arme, Beine, Lungen, Nieren, Eileiter und Hoden. Das verwundert, denn auch wenn das Gehirn auf den ersten Blick aus zwei sei-

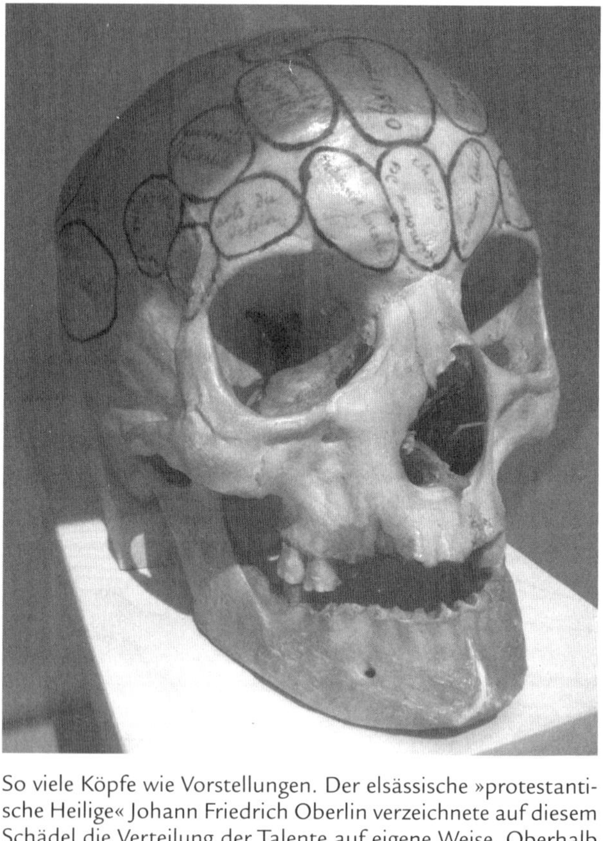

So viele Köpfe wie Vorstellungen. Der elsässische »protestantische Heilige« Johann Friedrich Oberlin verzeichnete auf diesem Schädel die Verteilung der Talente auf eigene Weise. Oberhalb der Nase, wo Gall die Individualität lokalisierte, vermutete Oberlin ein *mémoire des choses*.

tenverkehrten gleichen Hälften besteht, so sind die Unterschiede, was Krümmungen und Falten der Oberfläche angeht, nicht unbedeutend. Als studiertem Anatom muss Gall das aufgefallen sein. Mehr noch, er muss daraus seine These erst abgeleitet haben.

Die Phrenologie war denn auch keine echte Wissenschaft, eher ein archaischer Tüftelsport für respektable Herren. Gall dachte sich seine Gehirnorgane und ihre Stelle nur, statt sie wirklich aufzuspüren – was ihm auch nie gelungen wäre. Obwohl die konkreten Ansätze der Phrenologie zu nichts führten und es genügend Leute gab, die das erkannten, erfreuten sich die Auffassungen von Gall und den Seinen bis Ende des 19. Jahrhunderts großer Beliebtheit – und zwar nicht nur in Neurologen- und Medizinerkreisen, sondern auch in der Bevölkerung allgemein. Gab es doch für den gebildeten Bürger kein schöneres Gesellschaftsspiel, als auf »wissenschaftlicher Basis« die Charaktereigenschaften von Nachbarn, Freunden und Bekannten zu ermitteln, indem man die Unebenheiten ihrer Schädel betastete. Und war es nicht ein gewisser Trost, wissenschaftlich fundiert am flachen Kopf des Oberbuchhalters ablesen zu können, dass er ein hinterhältiger Intrigant war?

ooooooooooooooo

Seit etwa 1820 formierte sich seriöser Widerstand gegen die fröhliche, unbesonnene Phrenologie. Einwände formulierte vor allem der französische Physiologe Pierre Flourens, der feststellte, dass Beschädigungen an verschiedenen Stellen eines Taubengehirns die gleichen Auswirkungen hatten. Entscheidend für sie war auch nicht so sehr die

Stelle der Beschädigung als vielmehr die Menge der beschädigten Hirnmasse. Deshalb, so Flourens' Argumentation, könnten Eigenschaften und Funktionen nicht an einer bestimmten Stelle zu lokalisieren sein, sondern das Gehirn funktioniere als autonome Einheit. Obgleich er die enormen Unterschiede zwischen den Gehirnen von Vögeln und Menschen weitgehend unberücksichtigt ließ, war seine Arbeit der Anfang vom Ende der Phrenologie. Wie so häufig galt bald als unseriös, was eben noch eine Wissenschaft war. Wer noch immer der Vorstellung anhing, Teilen des Gehirns jeweils eine spezielle Funktion zuweisen zu können, musste in Fachkreisen mit großer Skepsis rechnen.

Wohl deshalb stieß der französische Hausarzt Marc Dax 1836 auf einem Kongress in Montpellier mit seiner Entdeckung, dass Patienten mit Hirnschäden auf der linken Seite oft Sprach- und Verständnisschwierigkeiten hatten, auf wenig Interesse und fand nur schwer einen Verlag, der seine Schrift veröffentlichte. Knapp dreißig Jahre später lag der Fall wiederum anders. 1861 stellte Paul Broca (1824–1880) aus Paris seine Entdeckung in dem später nach ihm benannten Hirnbereich vor. Er berichtete, dass Sprachprobleme entstanden, wenn dieser Bereich eine Schädigung erfuhr, während Sprachverständnis, Gedächtnis und andere mit der Sprache zusammenhängende Funktionen intakt bleiben konnten. Dieser Bereich musste daher spezifisch mit der Sprache zu tun haben.* Keine zehn Jahre später entdeckten

* 1865 gelang es Dax' Sohn, das Werk seines Vaters zu veröffentlichen, doch den Ruhm hatte inzwischen Broca geerntet. Nicht zu Unrecht, denn im Vergleich zu Dax hatte Broca eine viel genauere Vorstellung davon, wo die Sprachfunktionen angesiedelt waren.

Fritsch und Hitzig einen senkrecht durch die Mitte der beiden Hirnhälften verlaufenden Streifen, der für die Steuerung der Gliedmaßen und andere bewegliche Körperteile zuständig ist, die motorische Hirnrinde.

Damit änderte sich alles. Die Lokalisierung der Hirnfunktionen war also doch möglich, genau wie die Phrenologen immer behauptet hatten, wenn auch auf anderer Grundlage. Nicht komplette Charakterzüge oder Eigenschaften wie Kreativität, Verlogenheit oder Standhaftigkeit hatten einen festen Platz, sondern einfachere, abstraktere Funktionen. Bei Dingen wie der Registrierung der Stel-

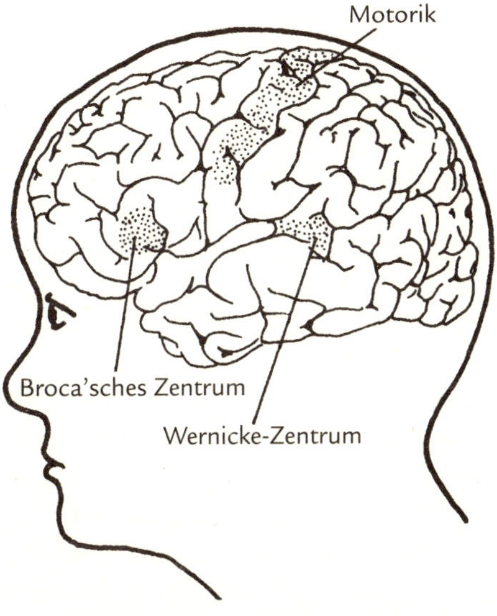


Die linke Hirnhälfte zeigt das Broca'sche Zentrum und das Wernicke-Zentrum, die für das Sprechen bzw. das Sprachverständnis zuständig sind. Oben das Feld, das die beweglichen Körperteile steuert. Direkt dahinter ein entsprechender »sensorischer« Bereich. Er verarbeitet Reize, die der Tastsinn von der Haut verschiedener Körperteile aus zum Herzen transportiert.

le, an der Licht auf die Netzhaut fällt, dem Empfinden einer Berührung, dem Beugen und Strecken eines Arms oder Fingers und Kaubewegungen wissen wir inzwischen recht gut, welches Stück der Hirnrinde dafür zuständig ist. Die komplexen Charakterzüge der Phrenologen stehen mit dem Gehirnaufbau in keiner Weise in Zusammenhang. Sie sind Endprodukte von Gehirnprozessen, die auf höchstem Niveau ablaufen, zusammen mit der Ansammlung von Erfahrungen, Erziehung und anderen Impulsen im Gedächtnis. Bei diesem Resultat sind die Grundkomponenten unmöglich noch zu erkennen, so wenig, wie wir in den zierlichen Bewegungen einer Balletttänzerin in *Schwanensee* die Nervenimpulse erkennen, die durch ihren Körper rasen, um Muskeln genau im richtigen Moment zu strecken oder zusammenzuziehen.

Und das war noch nicht alles. Auch die funktionale Symmetrie, die die Phrenologen einfach vorausgesetzt hatten, gab es nicht oder nur teilweise. Das Broca'sche Sprachzentrum befindet sich nur in der linken Hirnhälfte. Das entsprechende Gebiet in der rechten Hälfte hat mit Sprache überhaupt nichts zu tun, und das Gleiche gilt für einige andere seither entdeckte Gebiete. Daher konnte nicht länger von der Gleichartigkeit beider Hirnhälften die Rede sein, was sofort zu der Frage führte, welche Hirnhälfte nun wirklich dominiere.

Und so ersetzte ein Mythos den anderen. Schnell verfestigte sich der Gedanke, die linke Hirnhälfte dominiere die rechte. Schon die Tatsache, dass die meisten Menschen Rechtshänder sind, legte die Vermutung nahe, dass die linke Hirnhälfte die rechte Hand steuere. Und so war es sehr verlockend anzunehmen, dass diese Hirnhälfte auch besser entwickelt sei. Hinzu kam, dass alle bislang entdeckten Spezialisierungen, die nur in einer Hirnhälfte vorkamen, allesamt in der linken Hälfte saßen und in enger Verbindung zu typisch menschlichen und daher sehr geschätzten Errungenschaften wie Sprache und – später – Rechnen standen. Die ersten und zugleich wichtigsten Entdeckungen waren das Broca'sche Zentrum, das bei der Produktion der Sprache eine Rolle spielt, sowie das Sprachzentrum, das der Deutsche Carl Wernicke 1874 entdeckte und das vor allem für das Sprachverständnis zuständig ist. Die für die Motorik zuständige Hirnrinde ist zwar schön symmetrisch in beiden Hirnhälften zu finden, doch der deutsche Neurologe Hugo Liepmann wies zu Beginn des 20. Jahrhunderts nach, dass die linke Hirnhälfte auch bei der Koordinierung komplexer Bewegungen eine besondere Rolle spielt.

Alles drehte sich darum, die linke Hirnhälfte zum strahlenden Mittelpunkt des menschlichen Geistes zu machen, die mit komplexen, typisch menschlichen Funktionen reich gesegnet war. Sie war für schwierige Bewegungsabläufe allein verantwortlich und sorgte für die wichtigsten intellektuellen Leistungen: Sprechen, Sprachkompetenz, Rechnen und, über die rechte Hand, Schreiben. Die rechte Gehirnhälfte fiel ihr gegenüber deutlich zurück. Sie erinnerte an eine öde, dünn besiedelte Wüste, in der nichts geschah, was über einfachste Anforderungen hinausging.

Vorläufig galt allgemein, dass die linke Hirnhälfte der Meister aller Klassen war. Doch zur Rolle der rechten Hirnhälfte gab es mindestens zwei Theorien. Der einen zufolge war die rechte Hälfte in der Tat ein größtenteils brachliegendes Reservoir an Hirnkapazität, das noch ungeahnte Möglichkeiten bot. Es konnte notfalls Funktionen der anderen Hälfte übernehmen und vielleicht sogar einiges mehr. Schon aus evolutionärer Sicht ist das eine schwierige Geschichte. Es wäre eine große Ausnahme, wenn ein derart energiefressendes, extrem kompliziertes Organ ganz ohne konkreten Nutzen entstanden wäre. Trotzdem hielt sich diese Ansicht lange genug, um das so optimistische wie unausrottbare Missverständnis in die Welt zu setzen, dass wir nur zwei, zehn oder zwanzig Prozent unserer Hirnkapazität wirklich nutzen.

Der anderen Ansicht zufolge war die rechte Hirnhälfte ein Duplikat der linken und stellte eine Art Reservesystem dar. Die rechte Hälfte war also nicht leer, sondern umfasste stets einsatzbereit schlummernde Kopien der in der linken Hälfte aktiven Ausrüstung. Es stimmt, dass unser Körper mit doppelten Systemen ausgestattet ist, obwohl wir auch mit der Hälfte auskämen. Wir besitzen zwei seitenverkehrte Nieren, Lungen und Eierstöcke, während jeweils eine oder einer ausreichen würde. Doch keines dieser doppelten Systeme arbeitet mit halber Kraft. Beide Teile sind voll aktiv. Die eine Niere oder Lunge wartet nicht untätig ab, bis sie irgendwann benötigt wird, weil die andere ausfällt. Schon deshalb ist es unwahrscheinlich, dass das Gehirn so funktioniert.

oooooooooooooooo

Erst nach 1950 wurde durch Forscher wie dem Franzose Henri Hecaen und den Briten Oliver Zangwill und Brenda Milner deutlicher, was sich in der rechten Hirnhälfte abspielt. Nach und nach kamen Aufgaben der rechten Hirnhälfte ans Licht wie das Interpretieren visueller Informationen und das Erkennen von Gesichtern, musikalische Funktionen wie das Erkennen von Melodien und die Orientierung im Raum.

Dieses bessere Verständnis lag vor allem an neuen Untersuchungstechniken. Bis dahin hatte alle Erkenntnis auf sogenannten natürlichen Experimenten basiert. Menschen erlitten durch einen Sturz, Schlag oder eine Gehirnblutung einen Hirnschaden, wodurch einige Funktionen ausfielen. War der Patient (teils erst Jahre später) gestorben, konnten Wissenschaftler den Schädel öffnen und untersuchen, welche Teile des Gehirns genau zerstört waren. Indem man die beschädigten Stellen und die damit einhergehenden Ausfallerscheinungen bei verschiedenen Menschen verglich, erhielt man langsam eine Vorstellung davon, welche Teile des Hirngewebes für welche Aufgabe existenziell waren.

Das war immerhin etwas, aber sehr weit führte diese Methode nicht. Unfälle, Hirnblutungen und Hirnschläge schalten oft willkürlich große Areale des Gehirns ab. Sie halten sich nicht an die angenommene Einteilung in Bereiche mit jeweils speziellen Funktionen. Die Folge war häufig eine Vielfalt an Schäden, die nur schwer einzuordnen waren. Zudem schlagen Unfälle, Blutungen und Infarkte nicht zweimal auf gleiche Art und Weise zu, was es schwierig machte, Patienten zu vergleichen. Schließlich sind viele Patienten in so schlechter Verfassung, dass sie nicht mehr in der Lage sind, an einer Untersuchung teilzunehmen. Und dann wirft diese Art von Untersuchung immer das Problem auf, dass die Existenz zweier Phänomene nicht zwangsläufig bedeutet, dass zwischen ihnen ein direkter Zusammenhang besteht. Deshalb darf man bei einer bestimmten Beschädigung einer bestimmten Funktion nicht daraus schließen, dass die ausgefallene Funktion »folglich« an dieser Stelle sitzt. Wenn man an einem Auto ein Rad abmontiert, kann es nicht mehr fahren, doch daraus kann man nicht ableiten, dass das Auto nur auf diesem einen Rad fuhr.

Bis in die 1950er-Jahre hinein gab es nur zwei andere Möglichkeiten, um etwas über den Bau des Gehirns zu erfahren. Die eine war das Wegschneiden der Hirnrinde. Außer in extremen Fällen war das bei Menschen nicht durchführbar, man musste sich mit Tierversuchen begnügen mit allen damit verbundenen Beschränkungen und Unsicherheiten. Die andere Methode war die direkte elektrische Stimulierung von Teilen der Hirnrinde bei Gehirnoperationen. Diese Methode führte zur Entdeckung einiger Bereiche, die mit Motorik und sinnlicher Wahrnehmung zu tun haben, und leistet Hirnchirurgen noch immer gute Dienste bei ihrer Entscheidung, wo sie schneiden und wo nicht. Insgesamt ist sie jedoch bei weniger eindeutigen Funktionen zu ungenau.

Die neu entdeckten Methoden boten vor allem die Möglichkeit, eine Hirnhälfte für sich allein funktionieren zu lassen. Ein besonderes Beispiel waren die *Split-Brain*-Operationen des Amerikaners Roger Sperry und seiner Kollegen um 1965. Er durchtrennte dabei das *corpus callosum* sowie eventuell andere kleinere Stränge, sodass die beiden Hirnhälften nur noch über einen mühsamen Umweg durch den Hirnstamm miteinander in Kontakt treten konnten.

Das klingt nach der Arbeit eines verrückten Professors, doch Sperry war alles andere als ein besessener Doktor Moreau. Er half Menschen, die an einer ernsten Form der Epilepsie litten, verursacht durch starke spontane Impulswellen, die durch das *corpus callosum* von einer Hirnhälfte zur anderen und wieder zurück strömten. Man stelle sich Wasser vor, das in einem Gefäß wild hin und her geschüttelt wird. Sperry nahm an, die Durchtrennung der Verbindung könne verhindern, dass die Impulswellen zu hoch ausschlugen. Und diese Theorie klang plausibel. Bei Tierversuchen ließen sich keine anderen Folgen erkennen, und so begann Sperry, die Hirnhälften seiner Patienten zu trennen.

Die Sache funktionierte. Sperrys Operationen sorgten bei vielen hoffnungslosen Epileptikern für eine spürbare Besserung. Zugleich boten sie die einmalige Chance, jede Hirnhälfte separat anzusprechen, da Informationen nur an eine Netzhauthälfte gegeben wurden. Die Untersuchungen bestätigten definitiv, dass wesentliche Teile der Sprachorganisation und -produktion in der Regel in der linken Hirnhälfte sitzen, während das Erkennen von Bildern vor allem in der rechten Hirnhälfte abläuft. Ein Patient konnte, wenn er mit der rechten Hälfte seiner Netzhaut, also mit der rechten Hirnhälfte, ein Haus sah, oft mühelos mit der linken Hand Gegenstände anweisen, die typischerweise zu einem Haus gehören, nur benennen konnte er sie nicht. Umgekehrt konnte er mit der linken Netzhauthälfte, also mit der linken Hirnhälfte, das Wort »Haus« lesen, aber nicht auf die entsprechende Abbildung zeigen. Für das Erkennen der Abbildung brauchte er die Unterstützung der rechten Hirnhälfte, und die war nicht involviert.

Weniger invasiv und doch nicht ganz ungefährlich ist der Wada-Test, benannt nach dem japanisch-kanadischen Hirnchirurgen J. A. Wada, der ihn entwickelt hat. Wada arbeitete in den ersten

Jahren nach dem Zweiten Weltkrieg in Japan mit Soldaten mit Hirnverletzungen, die mit Elektroschocks behandelt wurden. Das brachte ihnen zwar eine gewisse Linderung, führte aber zu einer zusätzlichen Schädigung des Gedächtnisses und des Sprachvermögens. Nach einigen Umwegen kam Wada auf die Idee, die linke Hirnhälfte, in der diese Funktionen angesiedelt sind, vor den Elektroschocks mit Amobarbital zu betäuben. Das Schicksal spielte Wada in die Hand. Ein Junge mit Kopfschuss, den aufgrund seiner Verwundung ständig epileptische Anfälle quälten, wurde zur Behandlung eingeliefert. Hier konnte nicht mehr von sich hin und her bewegendem Wasser gesprochen werden, sein Hirn war ein Becken voll schäumender Wogen, so schlimm, dass der Junge gar nicht mehr zu Bewusstsein kam. Wada versuchte die Kettenreaktion zu durchbrechen, indem er die linke Hirnhälfte des Jungen betäubte. Das half.

Wada hatte damit unverhofft einen Weg gefunden, Schäden durch Elektroschocks zu begrenzen und unkontrollierte Epilepsie in den Griff zu bekommen. Sein Verfahren sollte als Wada-Test berühmt werden. Wenn man eine Hirnhälfte betäubte, bot das eine noch nie da gewesene Möglichkeit, sich nur mit der anderen zu befassen. Er bestätigte und erweiterte die von Sperry bei seinen Split-Brain-Patienten erlangten Erkenntnisse. Wurde die linke Hirnhälfte stillgelegt, dann konnte der Betroffene meist für eine gewisse Zeit nicht mehr zählen oder sprechen und hatte große Mühe, gesprochenen Anweisungen zu folgen. Passierte das Gleiche mit der rechten Hälfte, konnte die Person nicht mehr singen.

Einige Zeit, bevor Wada sich an die Arbeit machte, hatte auf der anderen Seite des Globus ein deutscher Neurologe eine wichtige Entdeckung gemacht. Klaus Conrad behandelte und untersuchte in den letzten Jahren des Zweiten Weltkriegs in einem Feldlazarett achthundert Menschen mit Kopfverletzungen. Klingt brutal, aber Schusswunden sind bei Hirnforschern sehr beliebt, da sie im Vergleich zu einfachen Unfällen, Hirnblutungen oder Hirninfarkten saubere, scharf begrenzte Zerstörungen im Gehirn anrichten. Conrad machte eine außergewöhnliche Entdeckung. Seit Brocas Tagen rund einhundert Jahre zuvor hatte die These Bestand, dass das Sprachzentrum an derselben Hirnseite saß wie die Steuerung der Vorzugshand. Bei der großen Mehrheit der Rechtshänder saßen also beide links. Das Gehirn eines Linkshänders, so glaubte man, war demgegenüber spiegelverkehrt, sodass bei ihm beide Funktionen ihren Sitz in der rechten Hirnhälfte hätten. Es war eine Weiterführung der alten Annahme, dass die Hirnhälften auch funktional auf irgendeine Art gespiegelt waren, und auch die uralten Ideen zu Linkshändigkeit und *situs inversus* spukten noch in den Köpfen umher.

Obwohl die sogenannte Broca-Regel allgemein akzeptiert wurde, war sie noch niemals getestet worden. Linkshänder gibt es an sich schon nicht häufig, ebenso Menschen mit Sprachverlust und anderen kleineren Schäden. Ein Neurologe begegnet also nur selten einem Menschen, der linkshändig ist und zugleich unter Aphasie leidet. Um genügend Testpersonen für eine verlässliche Untersuchung zu finden, brauchte es einen Weltkrieg. Den hatte Conrad nun, und bei seiner Untersuchung machte er die Entdeckung, dass ein hoher Prozentsatz an aphatischen Linkshändern links angeschossen worden war, genau wie seine rechtshändigen Patienten. Die gängige Theorie stimmte offenbar hinten und vorn nicht.

Das führte zu einer neuen Erkenntnis, die bis ins 21. Jahrhundert Bestand haben sollte. Die Gehirne von Linkshändern waren zwar nicht spiegelverkehrt zu denen von Rechtshändern, allerdings mehr oder minder lateralisiert. Rund zwei von drei Linkshändern haben wie Rechtshänder ihr Sprachzentrum links sitzen, der Rest teilt sich wiederum in zwei Gruppen, von denen bei der einen »alles« rechts sitzt und bei der anderen die Funktionen auf links und rechts verteilt sind. Letztere Gruppe hat dadurch etwas bessere Aussichten, durch schwere Kopfverletzungen nicht zu stark aphatisch zu werden, doch dieser Vorteil ist relativ. Man darf nur hoffen, dass niemand auf diese Weise entdecken muss, wie besonders sein Gehirn ist.

ooooooooooooooo

Menschen wären nicht Menschen, wenn die Entdeckung der Funktionen, auf die die rechte Hirnhälfte spezialisiert zu sein scheint, nicht wieder Anlass zu neuen Mythen und Missverständnissen gegeben hätte. Die Gegenüberstellung mit den Spezialgebieten der linken Hirnhälfte – Zählen, Rechnen, Sprechen und Sprachverarbeitung – wurde schon bald von Fachleuten, Amateuren und Frauenzeitschriften zum Anlass genommen, zum Gegensatz einer kühlen, berechnenden und analytisch denkenden Person links und einem warmen, emotionalen und ganzheitlichen Typus rechts verabsolutiert zu werden. Von dort war es nur ein kleiner Schritt zu dem Gedanken, dass die Persönlichkeit ausschließlich dadurch bestimmt wird, welche Hirnhälfte sie dominiert. Künstlerische, musikali-

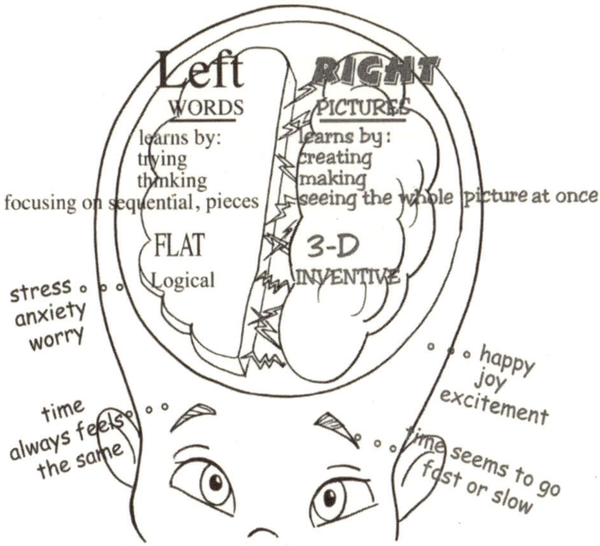


Werbematerial für einen Kurs, der ein Leben im Einklang mit sich selbst verspricht. Die Unterteilung in links und rechts scheint dem Anbieter Mühe bereitet zu haben.

sche und stark gefühlsbetonte Menschen seien demnach rechts-dominant, während beim analytisch geprägten Kaltblüter die linke Seite die Oberhand behält.

Das passte natürlich gut zur klassischen gesellschaftlichen Unterscheidung von Wissenschaft und Kunst, Geisteswissenschaften und Naturwissenschaften. So wunderbar sogar, dass die abwegigen Konsequenzen einer derartigen Einteilung allzu gern übersehen wurden. Der archetypische Naturwissenschaftler ist ein kluger, doch stiller und schüchterner, sozial unbeholfener Typ. Der kreative, schwer zu begreifende künstlerische Leichtfuß fühlt sich im sozialen Miteinander pudelwohl. Er rezitiert, beschwört und schreibt romantische Briefe, klangvolle Gedichte und leidenschaftliche Literatur. Die, wie man sagt, links-orientierten Naturwissenschaftler kommen also mit der Königin der linken Hirnhälfte, der Sprache, sehr schlecht aus, während die Rechts-Dominierten sich mit ihr in bester Gesellschaft fühlen. Seit vielen Jahren wird verkannt, wie paradox das Ganze ist und wie es dem Dominanz-Gedanken den Boden unter den Füßen wegzieht. Damit werden die Unterschiede zwischen den beiden Hirnhälften direkt wieder auf eine schlichte Tabelle mit Unterschieden reduziert, eine scheinbare Ordnung, die ruhig inkonsequent sein darf und nichts mit der Realität zu tun haben muss. Wir können es einfach nicht lassen.

Genauso unvermeidlich war, dass ein Zusammenhang zwischen Dominanz-Gedanken und Vorzugshand hergestellt wurde. Linkshänder wurden im Vergleich zu Rechtshändern als weniger redegewandt, aber kreativer und vor allem visuell begabter abgestempelt. Für den Linkshänder, der schon immer als ungeschickt galt, mag es ein schwacher Trost sein. Für die ausgeprägte künstlerische Veranlagung gibt es allerdings keinen Beweis. Inzwischen gilt als eher unwahrscheinlich, dass es einen solchen Beweis jemals geben wird, denn neue Techniken ermöglichen einen besseren Blick in das Gehirn. Doch darauf hat man bis in die letzten Jahre des 20. Jahrhunderts warten müssen.

oooooooooooooooo

*Als Jean-Luc noch immer leicht benommen von seinem Teufelsritt auf der Spitze der Rakete in die Raumstation kroch, blickte er geradewegs in das amerikanische Vollmondgesicht des Kommandanten.*

*»Mr. Picard, willkommen an Bord der Internationalen Raumstation ISS. Wie war es in Baikonur? Ist es in Kasachstan noch immer so chaotisch? Sie lernen es doch nie. Die Russkis brauchen einfach wieder einen Zaren, der ihnen sagt, was sie zu tun haben. Ich bin froh, dass Sie kommen. Mit den Franzosen hat man doch immer Spaß.«*

*»Danke, äh, das freut mich«, antwortete Picard etwas verblüfft. »Ich hoffe, ich kann mich hier nützlich machen.« Er folgt dem Mann, der in den kommenden zwei Wochen sein Chef sein wird, hinüber zum Wohnbereich der Station.*

*»Mit Sicherheit. Machen Sie sich keine Sorgen. Aber zuerst möchte ich Ihnen etwas zeigen.« Der Kommandant deutet auf das Fenster an der Seitenwand des Moduls. Mit einer leichten Handbewegung stupst er den schwerelosen, nichtsahnenden Picard in die richtige Richtung.*

*»Aua! Merde – oh pardon, ich muss mich noch daran gewöhnen, rechtzeitig zu stoppen.« Wütend reibt sich Picard über die schmerzende Wange, die soeben unsanft mit dem Fenster in Berührung kam. Doch dann vergisst er seinen Schmerz, ergriffen von dem, was er sieht. Draußen hängt inmitten Millionen hell funkelnder stecknadelgroßer Sterne eine riesige dunkle Kugel mit goldglänzendem Schimmer: die Erde, hinter der gerade die Sonne versinkt. Dort unten ist es Nacht.*

*Der Kommandant klopft ans Fenster und zeigt auf etwas: »Schauen Sie, der Lichtfleck dort, nein, weiter nach rechts: Das ist Paris! Ich dachte, das würden Sie gern sehen.«*

*Picard nickt. Ein blasser Lichtpunkt, mehr ist nicht zu erkennen. Nur vor seinem inneren Auge entfaltet sich das Bild von einem Gewimmel voller Autos, Busse und Menschen. In Gedanken hört er den Lärm, sieht die hell erleuchteten Geschäfte und die Theatertüren, die sich öff-*

*nen oder wieder schließen, diese betäubende Vielfalt an Dingen, die erst zusammen eine Stadt ausmachen. Doch was bleibt, nicht einmal vierhundert Kilometer über der Erde, davon übrig? Nicht mehr als ein blasser Fleck.*

ooooooooooooooo

Etwa so, wie der neu eingetroffene Astronaut Paris aus der Ferne nur als blassen Fleck wahrnimmt, können wir heute in das gesunde, normal funktionierende menschliche Gehirn schauen. Vor allem dank der Riesenfortschritte in der Computertechnik kamen in den letzten Jahren des 20. Jahrhunderts immer neue Instrumente auf, mit denen man ohne Hauen und Brechen und sogar ohne Betäubung einen Hauch davon erhascht, was sich bei einem Menschen unter seiner Schädeldecke abspielt. Die wohl wichtigste Erfindung datiert aus den 1990er-Jahren, bekannt als fMRI – *functional Magnetic Resonance Imaging* bzw. funktionelle Magnetresonanztomographie.

Wo das Gehirn stark arbeitet, verbraucht es viel Energie in Form von Sauerstoff. Er wird im Hämoglobin herantransportiert, mit dem rote Blutkörperchen gefüllt sind. Stellen im Gehirn, an denen der Stoffwechsel erhöht ist, werden also stärker durchblutet als Stellen, die nicht aktiv sind. Außerdem entziehen die hungrigen Neuronen den heranströmenden Blutkörperchen so viel Sauerstoff, dass ihr Hämoglobin sauerstoffarm wird. Dieses Hämoglobin hat andere magnetische Eigenschaften als sauerstoffreiches Hämoglobin, und dieser Unterschied lässt sich mittels Magnetismus messen.

Die Messung erinnert an Röntgenaufnahmen, verläuft aber ohne gefährliche Strahlen. Wenn sauerstoffreiches Hämoglobin in ein Magnetfeld gelangt, bildet es ein sehr schwaches eigenes, entgegengesetztes Magnetfeld. Es widersetzt sich dem externen Magnetfeld ganz leicht. Sauerstoffarmes Hämoglobin bildet in einem externen Magnetfeld ein kaum messbares eigenes Feld in gleicher Richtung und verstärkt so das externe Magnetfeld leicht. Wenn nun eine Körperseite dem externen Magnetfeld ausgesetzt ist, lässt sich auf der anderen Seite punktgenau messen, wie groß die Kraft des Magnetfeldes noch ist. Die »Schatten«, die wir dadurch finden, verraten, dass sich irgendwo zwischen Magnetquelle und Messpunkt Material befindet, durch das die magnetischen Kräfte nur schwer hindurchgehen. Je tiefer der Schatten, desto widerborstiger das Material.

Diese Messung wird mit einem MRT-Scanner vorgenommen. Er ähnelt im Prinzip einem riesigen, sehr starken ringförmigen Magneten, durch den man eine Person vollständig hindurchschieben kann. Dabei wird zunächst ein Grundbild aufgenommen, eine Karte des Gehirns in Ruheposition. Dann wird mit Hilfe der Computertechnik in rasantem Tempo eine große Zahl nebeneinanderliegender Magnetprofile angefertigt, quasi magnetische Querschnitte vom Kopf. Vergleichbar einem Brot, das in Scheiben geschnitten wird, fertigt man einen Satz Aufnahmen von links nach rechts und von vorn nach hinten an. Durch die Kombination dieser Sätze entsteht ein dreidimensionales Magnetbild des Gehirns.

Soll das Gehirn nun eine Aufgabe ausführen – ein Wort erkennen, von eins bis zehn zählen oder Rechenaufgaben lösen –, dann machen sich die Bereiche des Gehirns, die für diese Aufgabe zuständig sind, direkt an die Arbeit. In diesem Moment schneidet der Scanner erneut einen kompletten dreidimensionalen Satz an Brotscheiben aus dem inzwischen angestrengt denkenden Hirn. Die Unterschiede zwischen diesem Satz und den Grundfotos vom Anfang zeigen die aktiven Stellen im Gehirn an. Die Intensität der Unterschiede lässt das Maß der Aktivität erkennen.

Wir messen also zunächst die Struktur eines Gehirns und dann die dort stattfindende Aktivität, wobei wir genau wissen, welche Aufgabe das Gehirn gerade ausführt, denn diese haben wir ihm selbst zugewiesen. Für diesen letzten Schritt, das Messen und Lokalisieren einer Aktivität oder Funktion, steht das f in fMRI.

Seit Ende des 20. Jahrhunderts hat fMRI enorm an Popularität gewonnen. Inzwischen finden sich ständig neue Bilder vom Gehirn mit aktiven Arealen in leuchtenden Farben in Zeitungen und Zeitschriften, meist mit Bildunterschriften, die verraten, wo das menschliche Gehirn Wörter erkennt, Freude erlebt oder Scham empfindet. Das ist in der Tat beeindruckend, doch zugleich können wir nicht mehr als eine globale, sehr grobmaschige Landkarte erwarten. Es ist kaum mehr als ein winziger Schritt auf dem langen Weg zur Entschlüsselung der Funktionsweise des Gehirns. Denn auch mit den allerbesten Scantechniken sehen wir nicht mehr als das, was unser Astronaut auf der Erde sah: blasse Flecken. Die Flecken verraten uns zwar, dass bestimmte Areale an bestimmten Aufgaben beteiligt sind, aber nicht, was sie genau tun oder warum. Wir sehen Paris, aber nicht das Gewimmel an Menschen, Autos und Bussen, das die Einzigartigkeit von Paris erst ausmacht. Nicht die Cafés, Geschäfte und

Theater, geschweige denn, dass wir begreifen, welches Ziel all die Menschen und Autos haben oder was sich im Innern der Cafés und Geschäfte gerade abspielt.

oooooooooooooooo

Anfangs förderten die neuen Bildgebungsverfahren keine neuen Erkenntnisse in Bezug auf die Vorzugshand zutage. Das war kein Zufall. Man interessierte sich nicht mehr besonders für das Thema Links-/Rechtshändigkeit und es fehlte eine zündende neue Idee. Linkshänder wurden nicht einmal mehr als Testpersonen geschätzt. Man wusste längst, dass ihr Gehirn außer im Bereich der Handmotorik auch in der Positionierung der vielfach untersuchten Sprachfunktionen von der rechtshändigen Norm abwich. Ihre abweichenden Aktionsmuster machten es nur unnötig schwierig, Daten von Gruppen mit Testpersonen eindeutig zu interpretieren.

Erst 2009 veränderte sich das, als Untersuchungen am Max-Planck-Institut in Nimwegen sowie dem Donders Institute for Brain, Cognition and Behaviour, ebenfalls in Nimwegen, zeigten, dass es im Bereich des Sehens häufig Unterschiede gab, die mit der Bevorzugung einer Hand zusammenhingen. Sogar beim Erkennen von Gesichtern aktivierten Linkshänder mehr Neuronen in ihrer linken Hirnhälfte als in ihrer rechten. Damit brach ein Eckpfeiler dessen weg, was wir über die Geografie des Gehirns zu wissen glaubten. Das Erkennen von Gesichtern war seit vielen Jahren das Paradebeispiel für eine ausschließlich in der rechten Hirnhälfte anzutreffende Fertigkeit gewesen.

Man wusste schon lange, dass das Gehirn eines Linkshänders weniger streng lateral ausgerichtet ist als das eines durchschnittlichen Rechtshänders – das war immer die Erklärung dafür gewesen, dass Linkshänder nicht so häufig von Aphasie betroffen waren, wenn ihre linke Hirnhälfte verletzt wurde. Doch die Forscher in Nimwegen entdeckten, dass die Gehirne von Linkshändern in vielerlei Hinsicht von der rechtshändigen Norm abwichen. Beim Erkennen von Gesichtern, Körpern und Stühlen setzen Rechtshänder, wie allgemein bereits angenommen, vor allem ihre rechte Hirnhälfte ein, während Linkshänder stärker ihre linke Hirnhälfte beanspruchen. Bei der ersten Gruppe kann man zu Recht von einer rechts-lateralisierten Funktion sprechen, bei Linkshändern jedoch ist das nicht festzustellen. Es sind bei ihnen nicht nur an einigen Stellen, sondern allgemein weniger Unterschiede zwischen linker und rechter Hirnhälfte zu erkennen.

Das führt zu interessanten Fragen wie der, ob das Gedächtnis von Links- und Rechtshändern anders organisiert ist und was dies über die Arbeit des Gedächtnisses verrät. So gibt es eine Vorstellung vom Gehirn, die davon ausgeht, dass die Bedeutung eines Begriffes – also eines Konzepts –, nicht abstrakt und unabhängig im Gedächtnis abgespeichert wird, sondern dass Begriffe möglichst ihre körperlichen Eigenschaften und Empfindungen im Körper des Trägers dieses Konzeptes finden. Hierbei spricht man von »verkörperter Kognition«. Konkret bedeutet das, dass die Bedeutung eines Handlungsverbs wie »lecken« oder »treten« im Wesentlichen darauf beruht, Areale im Gehirn zu aktivieren, die, wenn wir diese Handlungen tatsächlich ausführen, aktiv werden, kurz bevor die motorische Hirnrinde die endgültigen Bewegungsaufträge an die Muskeln sendet. Mit anderen Worten: Das Verstehen und Begreifen des Begriffes »treten« besteht bis zu einem gewissen Grad aus der Ausführung der Planungsphase der gleichnamigen Tätigkeit.

Wenn die Theorie der »verkörperten Kognition« zutrifft, dann verwundert es nicht, wenn Links- und Rechtshänder Verben, die eine mit der Hand ausgeführte Aktion wie »kneifen«, »werfen« oder »aufheben« bezeichnen, unterschiedlich verstehen und abspeichern, und zwar mit den prämotorischen Bereichen ihrer Vorzugshand. Und auch das scheint der Fall zu sein. Durch fMRI-Untersuchungen konnte nachgewiesen werden, dass bei Rechtshändern die betroffenen Areale in der linken Hirnhälfte aufleuchten und bei Linkshändern die entsprechenden Areale ihrer rechten Hirnhälfte.

Dazu gesellt sich das bereits erwähnte, von Daniel Casasanto 2009 entdeckte Phänomen, dass Menschen die Welt und die Dinge darin auf der Seite ihrer Vorzugshand positiver wahrnehmen als das, was sich auf der anderen Seite befindet. Und so bleibt wenig übrig von dem Bild, das wir uns von den Unterschieden in der Ausstattung des Gehirns von Links- und Rechtshändern gemacht hatten. Die Unterschiede scheinen nämlich größer zu sein als angenommen und zudem auch ein wesentlich breiteres Spektrum an Funktionen abzudecken, wenn nicht sogar sämtliche Funktionen. Eine strenge Lateralisierung einschließlich von Funktionen, die bei allen Menschen nur einer Hirnhälfte zuzuordnen sind, ist weniger häufig anzutreffen, als wir dachten. Die Lateralisierung ist nicht nur ein Denkmal unseres Wissens über das Gehirn, sondern manifestiert auch den Unterschied zwischen uns und anderen Arten. Ein Denkmal, das in seinen Grundfesten erschüttert wird.

Trotz der großen, vielfältigen und offenbar vielschichtigen Unterschiede zwischen den Gehirnen von Links- und Rechtshändern bleiben Linkshänder genauso unauffällig und normal wie vorher. Die wichtigste Schlussfolgerung ist dann wohl einfach die, dass unsere Hirne flexibler sind, als wir dachten.

oooooooooooooooo

Das bedeutet natürlich nicht, dass alle Auffassungen und Theorien aus der zweiten Hälfte des 20. Jahrhunderts nichts taugen, ganz im Gegenteil. Zunächst bleibt festzuhalten, dass sich besonders die rechte Hirnhälfte mit Dingen wie räumlichem Denken, dem Komponieren und Erkennen von Melodien und der Bildinterpretation beschäftigt. Die linke hingegen kann besser zählen, rechnen und zeigt ein besseres Zeit- und Sprachverständnis.

Hinzu kommt, dass viele der Aufgaben, die wir als solche erkennen, alles andere als einfach sind,

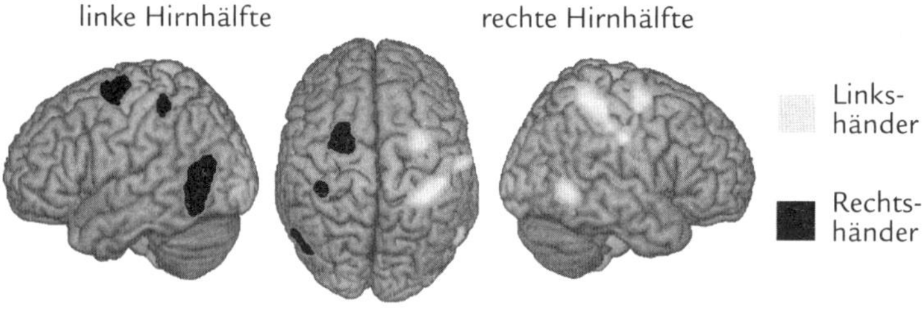


Die Hirnareale, die bei Links- und Rechtshändern aufleuchten, wenn Verben erkannt werden, die für mit der Hand ausgeführte Handlungen stehen. Die Bedeutung dieser Wörter scheint nicht nur in den mit Motorik befassten Hirnarealen gespeichert zu sein, sie liegt zudem noch an der Seite, von der aus die Vorzugshand gesteuert wird. (Illustration aus: Willems u. a. 2009)

sondern vielmehr die Zusammenarbeit verschiedener Teilaufgaben und Fähigkeiten erfordern. Denken, Verstehen, Schreiben und Lesen sind lediglich knappe Begriffe für äußerst komplexe Prozesse. Es wäre sehr verwunderlich, wenn alle bei diesen höheren Funktionen eingebundenen Prozesse in ein und derselben Hirnhälfte säßen.

Die Dinge, die wir mit Sicherheit einer bestimmten Stelle einer Hirnhälfte zuordnen können, sind relativ einfache, abstrakte Teilprozesse, die erst zusammen höhere Funktionen ermöglichen. Wahrscheinlich ist nicht wirklich wichtig, an welcher Stelle eine bestimmte »Funktion« sitzt, es geht eher um den grundsätzlichen Unterschied zwischen beiden Hirnhälften. Und diesen Unterschied macht vermutlich nicht so sehr aus, wo die Teilprozesse sitzen, sondern vielmehr in der Art und Weise, wie diese Prozesse ablaufen. Sie unterscheiden sich in ihrem Verhalten folglich stärker als in ihrer Tätigkeit.

Um das zu überprüfen, müssen wir uns einmal die Hände ansehen. Jeder Mensch kann eine Faust machen, seine Hand flach auf einen Tisch legen und mit seinen Fingerspitzen auf ihm trommeln. Auch Menschen mit einer Hirnverletzung können das, solange sie keine ernsten Lähmungserscheinungen haben. Jeder Mensch mit und ohne Hirnschädigung kann drei einfache Handlungen in der Reihenfolge ausführen, in der sie ihm vorgemacht werden: die Hand zur Faust ballen, die Hand flach auf den Tisch legen, mit den Fingerspitzen trommeln. Nur bei einem Menschen mit einer Verletzung an der linken Hirnhälfte sieht das anders aus. Die einzelnen Handlungen sind im Prinzip auch für ihn kein Problem, wohl aber die Reihenfolge. Bezeichnend ist, dass dies ungeachtet, ob die

Person Links- oder Rechtshänder ist, nicht nur für seine rechte Hand gilt, die von der beschädigten Hirnhälfte gesteuert wird, sondern ebenso für seine linke Hand, deren Steuerung nicht in Mitleidenschaft gezogen ist.

Das lässt die Schlussfolgerung zu, dass das Problem nichts mit der Steuerung der Hände zu tun hat. Offenbar spielen die beschädigten Teile auf der linken Seite keine so große Rolle bei der Ausführung der vorgegebenen Handlungen, das Problem liegt im Erinnern der Abfolge eines Programms, egal mit welcher Hand. Gesunde Menschen und Menschen mit einer beschädigten rechten Hirnhälfte haben meist keine Probleme, die Reihenfolge der Aufgabe einzuhalten.

Das Planen und Ordnen komplexer Handlungen wird der linken Hälfte zugeschrieben. Sie kann ein Aktionsprogramm abspulen, das in einer bestimmten Reihenfolge ausgeführt werden muss. Das ist genau die Eigenschaft, die William Calvins Überlegungen zu den Ursachen unserer Einhändigkeit zugrunde lag. Dieser Ansatz kam eigentlich schon auf, seit Liepmann kurz nach 1900 entdeckt hatte, dass die linke Hirnhälfte für komplexe Bewegungen beider Körperhälften zuständig ist. Das erklärt auch die hohe Wahrscheinlichkeit von Sprachproblemen bei einer Verletzung der linken Hirnhälfte. Sprachproduktion ist eine Tätigkeit, die sich auf das Zusammensetzen und Auseinandernehmen von Sätzen und Wörtern konzentriert sowie auf Strukturen, bei denen die richtige Reihenfolge von Bedeutung ist. Im Grunde geht es um eine höchst komplexe Zusammenfügung verschiedener Niveaus und Teilaufgaben; sie sind jeweils strengen Regeln unterworfen, die wir als Grammatik kennen. Bei jedem Satz, egal, ob er gesagt oder gehört und verstanden wird, müssen viele sukzessive Informationen rasant verarbeitet werden, damit wir nicht ausgebremst werden.

Wir können daher mit großer Sicherheit sagen, dass die linke und die rechte Hirnhälfte jeweils eigene Aufgaben erfüllen, mal allein, mal gemeinsam. Die linke Hälfte ist dabei vor allem in Bereichen gut, die mit Zahlen, Zeitgefühl und Sprache zu tun haben, also Aufgaben, bei denen eine bestimmte Ordnung wichtig ist. Die rechte Hälfte versteht sich besser auf das Erkennen und Verknüpfen von Informationen. Der Kandidat bei einem Ratequiz, der ein Lied schon am ersten Akkord erkennt, verdankt dies wohl vor allem seiner rechten Hirnhälfte, die die einmalige Kombination von Klangfarbe, Tonhöhe und anderen Faktoren, mit der das Lied beginnt, direkt erkennt. Wenn der Kandidat dann auf dem Tisch den Rhythmus mitklopft, ist seine linke Hirnhälfte direkt eingebunden, da das Klopfen eine in die Zeit eingebundene Handlung darstellt.

Die Unterschiede in der Funktionsweise der beiden Hirnhälften sind eher nur tendenziell, zwar stark tendenziell, aber nicht absolut. Eine erhebliche Bandbreite für eine mehr oder weniger strenge Trennung bzw. mehr oder weniger deutliche Lateralisierung ist möglich. Linkshändigkeit kann eine Folge davon sein, muss es aber nicht, denn wir dürfen nicht vergessen, dass die große Mehrheit der Linkshänder in Bezug auf typische Spezialisierungen dieselbe Verteilung der Funktionen im Gehirn zeigt wie fast alle Rechtshänder. Und wir müssen uns bewusst sein, dass wir trotz modernster Technologie noch sehr wenig über das Gehirn wissen.

Hirnhälften unterscheiden sich nicht nur durch das, was sie tun und wie sie funktionieren, sondern auch anatomisch voneinander, also in ihrer materiellen Form. In der Regel sind einige Bereiche des Gehirns an einer Seite etwas größer als an der anderen. Manchmal unterscheiden sie sich auch in ihrer Form. Bei Linkshändern scheinen diese Unterschiede meist kleiner auszufallen, und im einzelnen Fall sind die Verhältnisse sogar umgekehrt zu denen, die sich bei Rechtshändern beobachten lassen. Linkshänder zeigen anatomisch gesehen untereinander mehr Variationen als Rechtshänder, auch wenn es wieder nicht mehr als eine Tendenz ist und für die Mehrheit der Linkshänder die Dinge nicht anders liegen als beim durchschnittlichen Rechtshänder. Es mag einen gewissen Zusammenhang zwischen Vorzugshand und Gehirnform geben, aber es kann nicht die Rede sein von einem »Vorzugshand-Talent«, wie es Phrenologen nennen würden.

Es gibt noch eine mögliche anatomische Ursache für unsere Einhändigkeit, die streng genommen außerhalb des Gehirns liegt. Es wird behauptet, dass die Bevorzugung einer Hand von Unterschieden in den Nervenbahnen abhängig ist, die das Gehirn mit beiden Armen und Beinen verbinden. Die linke Hälfte des Gehirns steuert nicht nur den rechten Arm und die rechte Hand, sondern auch den Rest der rechten Körperhälfte, und umgekehrt. Und zwar in jeder Hinsicht. Die Verbindungen zwischen einer Hirnhälfte und den Muskeln und beispielsweise dem Tastsinn der gegenüberliegenden Körperhälfte bestehen aus einem dicken Nervenstrang, der vom Gehirn durch die Wirbelsäule verläuft und von dort aus alle Winkel des Körpers erreicht. Daneben gibt es noch

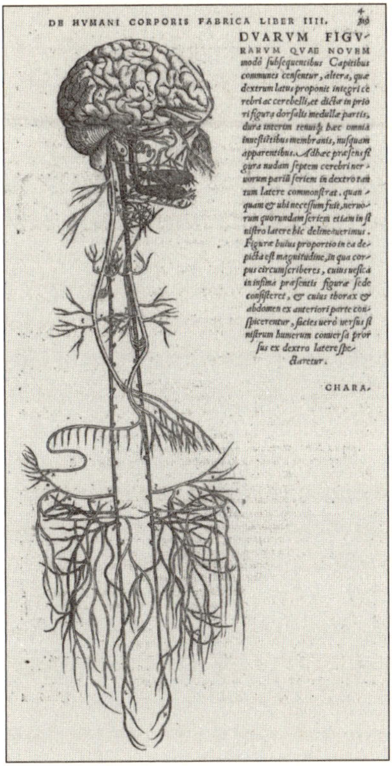


Das Hauptwegenetz des Nervensystems, wie Vesalius es darstellt. Die locker schwingenden Bündel weiter oben führen zu den Armen und Händen, die längsten Ausläufer führen über das Rückgrat hinunter zu Rumpf und Beinen.

Verbindungen zwischen jeder Hirnhälfte und der jeweiligen Körperhälfte, wenngleich dieser Strang wesentlich dünner ist. Durch letztere Verbindungen führt eine einseitige Hirnschädigung nicht notwendig zu einer völligen Lähmung oder kompletten Gefühllosigkeit des durch das beschädigte Hirngewebe gesteuerten Körperteils.

Von jeder Hirnhälfte führen also zwei Nervenstränge durch die Wirbelsäule, ein dicker Strang zur gegenüberliegenden Körperhälfte und ein dünner direkt nach unten. Die dicken Stränge kreuzen sich gleich unter dem Gehirn, sodass sie sich bereits oben an der Wirbelsäule auf der richtigen Seite befinden. Nun können die dicken Stränge, wobei jeder ungefähr gleich viele Stellen der Körpers versorgen muss, im Umfang sehr unterschiedlich sein. Das Gleiche gilt für die dünnen Stränge. Auffallend ist, dass bei acht von zehn Menschen die dicken wie die dünnen Nervenstränge, die zur rechten Körperhälfte führen, dicker sind als ihre Kollegen, die für die linke Seite zuständig sind. Acht von zehn, dieses Verhältnis ist schon sehr bezeichnend. Man könnte beinahe annehmen, dass eine bessere Infrastruktur die Bevorzugung einer Hand fördert, sodass der Verkehr zwischen Gehirn und Körperhälften schneller und genauer verläuft. Doch das scheint nicht der Fall zu sein, denn es gibt keinerlei Zusammenhang zwischen unterschiedlich dicken Nervensträngen und Vorzugshand.

# 26
# Allerhand Tierisches

Nachdem im Verlauf des 19. Jahrhunderts deutlich wurde, dass sich beim Menschen die beiden Hirnhälften deutlich unterscheiden, stürzten sich nicht wenige Neurologen auf die Tiere, um zu ergründen, ob bei ihnen Ähnliches festzustellen war. Die plumpen neurologischen Geräte der Zeit waren für eine Untersuchung gesunder Menschen nicht zu gebrauchen. Dazu kamen höchstens Menschen in Frage, die eine Hirnverletzung erlitten hatten oder sich aus irgendeinem Grund einer Gehirnoperation unterziehen mussten. Mit Tieren war es weniger problematisch. Mit ihnen wurde munter experimentiert und sie wurden aufgeschnitten, manchmal mit erstaunlichen Ergebnissen. Anders als gedacht hatten auch Tiere häufig eine Vorliebe für eine bestimmte Pfote, an der sie auch hartnäckig festhielten.

Das war beispielsweise bei Ratten zu beobachten. Bei einem Experiment sperrte man Ratten in einen Glaskäfig, an dessen Vorderwand eine Röhre angebracht war, in der man eine kleine Leckerei versteckt hatte. Die Röhre war so dicht an einer Seite montiert, dass die Ratte nur mit der Vorderpfote der Körperseite hineingreifen konnte, mit der sie gegen die Seitenwand lehnte. Es zeigte sich, dass einige Ratten halsstarrig die falsche Vorderpfote benutzen wollten. Sie hatten also eine ausgesprochene Vorliebe für diese Pfote und kamen nicht einmal auf die Idee, dass sie den Leckerbissen mit der anderen Pfote mühelos erreichen konnten. Andere Exemplare waren weniger wählerisch, ihnen war es egal, wo die Röhre saß. Ohne Zögern gebrauchten sie die Pfote, die am besten geeignet war.

Noch auffälliger wurde das Ganze, als bei den Ratten, die eine starke Vorliebe für eine bestimmte Pfote zeigten, ein Stückchen Gehirn, das diese Pfote steuerte, gezielt beschädigt wurde. Nach einigen Tagen bewegte die Ratte zwar wieder die Pfote, doch sie funktionierte offenbar weniger gut als zuvor. Trotzdem gaben die Ratten ihr weiterhin den Vorzug. Das erinnert stark an das Verhalten von Menschen. Was auch immer die Vorliebe für eine Hand oder Pfote auslöst - wenn sie erst einmal feststeht, fällt es schwer, sich davon zu lösen.

Mögen solche Ergebnisse auch überraschen, so lässt sich aus derlei Experimenten doch wenig Relevantes für die menschliche Präferenz ableiten. Bei Tieren vom Affen bis zum Frosch lassen sich kaum Spezialisierungen der einen oder anderen Hirnhälfte feststellen, die denen des menschlichen Gehirns ähneln. Zwar scheint bei Vögeln wie etwa Spatzen und Kanarienvögeln die linke Hirnhälfte stärkeren Anteil am Singen zu haben als die rechte, doch Gehirne von Vögeln unterscheiden sich grundlegend von denen der Säugetiere - und entsprechend auch von denen der Menschen -, sodass uns diese Überlegungen nicht weiterbringen. Ein weiteres Problem ist, dass es häufig kaum Kriterien gibt, die auf eine Vorliebe hinweisen könnten. Bei Ratten kann das Angeln nach Leckereien noch als wichtige Aufgabe dienen, aber wie soll man bei einem Spatzen oder bei einer Möwe eine Vorliebe für ein Bein oder einen Flügel feststellen?

Noch stärker als bei Experimenten mit Menschen gilt bei Tierversuchen, dass man nicht immer weiß, was genau man sieht. Der Schein trügt, und zwar umso stärker, je entfernter die Tiere von uns abstammen. So berichtete 1996 das renommierte Wissenschaftsmagazin *Nature*, dass bei einer Amphibie zum ersten Mal eine Vorliebe für einen Fuß festgestellt worden war. Die Forscher hatten ganz normalen europäischen Kröten ein Stück feuchtes Papier auf Nase und Mund geklebt oder ihnen etwas über den Kopf gestülpt und dann geschaut, welchen Fuß die Tiere zuerst gebrauchten, um das störende Ding zu entfernen.

Kröte, die ihren Magen ausspuckt und wieder einschluckt. In der mittleren Reihe ist zu sehen, wie der Magen nach rechts aus dem Maul heraushängt.

Das italienisch-australische Forscherteam kam bei ihrer Froschquälerei zu sensationellen Ergebnissen: Mehr als andere Tiere ähnelten die Kröten den Menschen. Sechs von zehn bevorzugten den rechten Fuß, nur einer von sechs wählte den linken Fuß. Das restliche Viertel zeigte keine deutliche Vorliebe. Das ist sehr eigenartig, denn eine zufällig bestimmte Vorliebe für einen Fuß hätte bedeutet, dass ein Viertel der Kröten dem linken Fuß den Vorzug gibt, ein Viertel dem rechten Fuß und der Rest unentschieden ist. Kröten zeigen also genau wie Menschen eine offenkundig ungleiche Verteilung, wobei die Kröten mit einer Vorliebe für links mit rund 15 Prozent in etwa dem Prozentsatz bei Menschen entsprechen. Die Lateralisierung, die angebliche Ursache für unsere Handpräferenz, scheint also auf die gemeinsamen Vorfahren von Mensch und Kröte zu verweisen.

Leider hatte man sich zu früh gefreut. Tomio Naitoh von der japanischen Shimani-Universität griff zusammen mit Richard Wassersug von der Dalhousie-Universität im kanadischen Halifax zum Stift, um die Leser von *Nature* eines Besseren zu belehren. Kröten, schrieben die beiden Wissenschaftler, haben die Angewohnheit, giftige und unverdauliche Futterreste über ihr Maul zu entfernen. Dazu spucken sie ihren gesamten Magen aus und reinigen die Magenwände mit ihren Vorderfüßen. Da der Magen einer Kröte asymmetrisch ist, hängt er immer rechts aus dem Maul heraus. Die Kröte kommt so am besten mit ihren Füßen ans Maul. Es ist also gut möglich, dass die Kröten mehrheitlich einfach auf die Unvollkommenheit am Kopf reagieren, wenn sie ihren Magen reinigen. Man kann das als Vorliebe für einen Fuß deuten, dann jedoch eine, die durch den Aufbau der Eingeweide der Kröte bestimmt wird – und nicht durch ihr Gehirn. Das gab der These von rechtsfüßigen gemeinsamen Vorfahren von Kröte und Mensch den Rest.

Bereits im Jahr 1990 hatten Wissenschaftler behauptet, dass Rhesusaffen Rechtshänder seien. Dies ließe sich daran erkennen, dass die Knochen in ihrem rechten Arm meist länger und kräftiger sind als die im linken Arm. Seltsamerweise erwähnten die Forscher auch, dass der Unterschied bei Männchen im Alter kleiner wurde, bei Weibchen jedoch größer. Sie schlossen mit einiger Zurückhaltung daraus, dass vielleicht mehr dahinter steckte. Was das sein konnte, erklärte zwei Jahre später die Neuseeländerin Rachel Baskerville. Veränderungen im Skelett, die im Zusammenhang mit Alter und Geschlecht stehen, sind meist hormonell bedingt. Bei Menschen beispielsweise waren schon in der Vergangenheit Asymmetrien im Schulterbereich gefunden worden, da der Knochen auf einer Seite stärker als der auf der anderen von Testosteron angegriffen wird. Der Testosteronspiegel sinkt bei Männern im Lauf ihres Lebens, während er bei Frauen leicht ansteigt, ein Muster, das sich an Affenknochen gut ablesen lässt.

Die Unterschiede bei den Affengliedmaßen konnten genauso gut eine Begleiterscheinung von kleinen Unregelmäßigkeiten in der Rumpfsymmetrie insgesamt sein. Bei Menschen mit Rückenproblemen, die durch einen falschen Hüftstand verursacht werden, kommt es regelmäßig vor, dass ein Bein zum Ausgleich etwas kürzer ist als das andere. Doch was nun genau die Ursache für die Unterschiede bei Rhesusaffen ist; mit der Vorliebe für eine bestimmte Pfote hat sie wohl nichts zu tun.

Und doch haben die vielen Tierversuche eines gezeigt: Es stimmt, dass Säugetiere eine bestimmte Pfote bevorzugen, doch auf eine Weise, die sich gründlich von der Vorliebe bei Menschen unterscheidet. Bei Tieren ist die Gruppe der »Rechtspfotigen« etwa ebenso groß wie die Gruppe der »Linkspfotigen«, während rund die Hälfte der Tiere keine Pfote bevorzugt. Es kann also keine Rede von einer Schieflage sein, wie sie für den Menschen typisch ist.

Weitaus faszinierender ist, dass es bisher nicht gelang, die Vorliebe für eine bestimmte Pfote zu züchten so wie eine Augenfarbe oder andere Eigenschaften. Mit Mäusen wurde das sehr lange vergeblich versucht. Generation um Generation war keine Veränderung zu sehen: Es gab immer ungefähr gleich viele Links- und Rechtspfotige sowie eine Gruppe von Unentschiedenen. Das brachte den Beweis, dass sich die Vorliebe für eine Pfote auf jeden Fall nicht an die Mendelschen Vererbungsgesetze hält. Angenommen, dass die Vorliebe für eine Pfote bei Tieren und die Vorliebe für eine Hand bei Menschen doch etwas miteinander zu tun haben, so brachte die Labormaus das Rätsel um die Vorzugshand seiner Lösung nicht näher, im Gegenteil.

# 27

# Andere Asymmetrien und Vorlieben

Von den meisten Menschen, selbst wenn wir sie gut kennen, können wir nicht direkt sagen, ob sie Links- oder Rechtshänder sind, aber gibt es eine Gruppe, von der wir es genau wissen: die Sportler. Linkshändigkeit ist ein wichtiger Vorteil bei Sportarten, in denen zwei gegeneinander antreten wie etwa beim Tennis, Fechten und Boxen. Auch beim Baseball, wo es im Prinzip auf ein Duell zwischen Werfer und Schlagmann hinausläuft, ist sie nicht zu unterschätzen. Der Grund liegt auf der Hand: Linkshänder sind meist in der Minderheit.

Es fängt schon beim Training an, für das der Sportler die meiste Zeit aufwendet. Da die meisten Sportler wie der Rest der Bevölkerung Rechtshänder sind, trifft jeder in neun von zehn Fällen auf rechtshändige Trainingspartner. Diese Asymmetrie mag für Linkshänder anfangs lästig sein, doch mit der Zeit gewöhnen sie sich an den rechtshändigen Gegner. Gut trainierten Linkshändern ist es egal, welche Hand ihr Gegner bevorzugt. Treffen sie im Wettkampf einmal auf einen Beidhändigen, so stört es sie nicht weiter. Linkshänder sind dann sogar gerade in ihrem Element.

Für Rechtshänder sieht die Sache anders aus. Sie trainieren wie die Linkshänder in neun von zehn Fällen mit rechtshändigen Trainingspartnern. Das ist angenehm, doch wenn sie ab und zu gegen einen linkshändigen Gegner antreten müssen, sind sie doppelt benachteiligt. Sie müssen in einen asymmetrischen Kampf gehen, auf den sie kaum vorbereitet sind, gegen einen Kontrahenten, der im Umgang mit Asymmetrie mit allen Wassern gewaschen ist. Es überrascht daher nicht, dass in den Ranglisten von Box-, Tennis- und Fechtsiegern zahlreiche Linkshänder auftauchen, ebenso in den Listen von Top-Scorern beim Baseball.

Unter Fußballern gibt es zudem eine linksfüßige Minderheit. Sie benutzen ihr rechtes Bein vorzugsweise als Standbein und schießen den Ball mit dem linken Fuß. Solche Spieler sind gefragt, denn sie können auf Ecken schießen, mit denen die meisten Spieler Probleme haben. Für die Mehrheit der rechtsfüßigen Spieler sind sie unberechenbar und lästig.

Neben links- und rechtsfüßigen Fußballern gibt es Spieler, die mit beiden Beinen gut schießen können. Menschen, die beide Hände gleichermaßen gut einsetzen können, sind äußerst rar. Beidfüßigkeit hingegen kommt häufiger vor, was daran liegen kann, dass die Aufgaben eines Vorzugsbeins doch etwas einförmiger sind als die, die man von einer Hand erwartet. Es geht um Ballbeherrschung, dem Äquivalent zum gezielten Werfen. Über andere Fertigkeiten verfügen die Füße nicht, und unsere Zehen dienen nur dazu, dass wir laufen und aufrecht unser Gleichgewicht halten, eine Arbeit, für die beide Füße gleichermaßen zuständig sind. Eine spezielle Fertigkeit, selbst eine komplexe, lässt sich durch häufiges Training auch auf der nicht bevorzugten Seite perfekt erlernen. Linkshänder, die mit rechts schreiben gelernt haben, sind dafür der lebende Beweis, genauso wie linkshändige Musiker, die mit der rechten Hand spielen.

Die meisten Fußballer halten jedoch ängstlich an ihrem Vorzugsfuß fest. Nicht jeder schafft es, mit dem anderen Bein genügend zu trainieren, sodass ein Tritt mit dem falschen Fuß häufig misslingt. Eine seltene Ausnahme war der legendäre, ausschließlich linksbeinige niederländische Fußballrebell Willem van Hanegem, bekannt für seine sogenannten krummen Bälle. Als er in seiner besten Zeit einmal einen Strafstoß verwandeln musste, wobei das Tor ihn zum besten Torschützen des Landes gemacht hätte, trat er aus reinem Starrsinn mit dem rechten Fuß – und verpatzte den Schuss kläglich.

Wir sind einhändig und einfüßig – wie sieht es mit Asymmetrien im Rest des Körpers aus? Neben Armen und Beinen gibt es nur noch ein Körperteil, mit dem wir aktiv derart filigrane und komplizierte Handlungen ausführen können, dass man eine asymmetrische Vorliebe vermuten könnte: die Zunge. Wir besitzen zwar nur eine, doch ihre beiden Hälften werden von der jeweils gegenüberliegenden Hirnhälfte gesteuert. Die Zunge muss zwei besonders anstrengende Arbeiten ausführen.

Zum einen ist sie für die effiziente Vorbearbeitung des Essens zuständig, das wir uns in den Mund stopfen. Sie muss dafür sorgen, dass keine Nahrung der alles zermahlenden Gewalt des Gebisses entkommt, während sie selbst immer knapp außerhalb des Zahnbereichs bleiben muss. Wenn das einmal schiefgeht, merken wir es sofort. Die zweite Aufgabe der Zunge ist die Bildung verschiedener Sprachlaute. Die Laute sind abhängig von den subtilen Biegungen der Zunge und müssen auch noch in sehr schnellem Tempo aufeinander folgen, was ein straffes Zusammenspiel der Bewegungen von Lippen, Unterkiefer und Stimmbändern erfordert. Wenn man bedenkt, dass wir in der Regel ohne große Anstrengung rund 180 Wörter in der Minute sprechen können, und wenn dann noch berücksichtigt wird, dass ein Wort im Schnitt aus vier oder fünf unterschiedlichen Sprachlauten besteht, dann wird deutlich, welche akrobatischen Kunststücke sich hinter unseren Zähnen abspielen.

Einige Menschen haben tatsächlich eine ausgeprägte Vorliebe für eine Seite. Normalerweise ist sich niemand der Vorliebe für eine bestimmte Zungenseite bewusst, doch dies lässt sich einfach testen. Man muss jeweils eine Seite der Zunge sanft zwischen die Zähne klemmen und ohne sie loszulassen einen Text rezitieren. Die Zungenseite, mit der sich leichter und verständlicher sprechen lässt, ist die Vorzugsseite. Obwohl Menschen eine klare Vorliebe haben, ist leider wenig darüber bekannt, wie die Verteilung zwischen Links- und Rechtszünglern aussieht und inwiefern sie mit der Verteilung von Links- und Rechtshändern zusammenhängt.

OOOOOOOOOOOOOOO

Alle anderen Körperteile, die eine Vorzugsseite haben, sind motorisch wenig aktive Organe, mit denen wir unsere Umgebung wahrnehmen, sie haben vor allem sensorische Funktionen. Am auffälligsten sind hier sicher Augen und Ohren. Sie sind auch die einzigen Sinnesorgane, über die sich zu unserem Thema etwas Verlässliches sagen lässt. In beiden Fällen ist eine deutliche Vorliebe für eine Seite zu beobachten.

Beim Sehen nutzen wir meist ein Auge als Guckauge und das andere als Messauge. Das eine kümmert sich um die Wahrnehmung, das andere dient vor allem der Messung des Winkels, in dem wir das, was wir gerade sehen, mit beiden Augen gleichermaßen gut wahrnehmen, um den Abstand entsprechend einschätzen zu können. So entsteht dreidimensionales Sehen. Doch bei den meisten Menschen sind nicht beide Augen gleich gut. Brillen- oder Kontaktlinsenträger kennen das, sie haben oft Gläser oder Linsen in unterschiedlicher Stärke. Man könnte also erwarten, dass die meisten Menschen ihr besseres Auge bevorzugt als Guckauge einsetzen, doch das ist nicht der Fall. Die Vorliebe für ein Auge wird offenbar schon früh festgelegt und verändert sich auch nicht, wenn die Sehschärfe eines Auges oder beider Augen nachlässt, meist zu Beginn der Pubertät. Hier scheint es eine treffende Parallele zu der Hartnäckigkeit zu geben, mit der die erwähnten Laborratten an ihrer Vorliebe für eine Pfote festhalten, koste es, was es wolle.

Die Vorliebe für ein Auge lässt sich auf verschiedene Weise testen, doch die meisten Verfahren sind nicht sehr zuverlässig, da die Vorliebe für eine Hand die Messung stört. Es macht beispielsweise wenig Sinn, zu beobachten, welches Auge jemand benutzt, wenn er mit dem Gewehr oder mit Pfeil und Bogen zielt, da die Vorliebe für eine Hand bestimmt, wie die Waffe gehalten und welche Schulter benutzt wird. Besser ist es, zu beobachten, mit welchem Auge jemand durch ein Mikroskop schaut oder durch den Sucher des Fotoapparats. Für kleine Kinder gibt es einen sehr einfachen und verlässlichen Test, man braucht dazu nur eine Röhre, etwa eine zusammengerollte Zeitschrift. Man schaut durch eine Seite der Röhre und bittet das Kind, auf der anderen Seite zurückzuschauen. Das Auge, das an der anderen Seite der Röhre erscheint, ist das Vorzugsauge. Obwohl bei verschiedenen Untersuchungen zum Vorzugsauge die Zahlen weit auseinandergingen, bevorzugt doch jeder von uns konsequent ein Auge. Rund zwei Drittel bevorzugen das rechte Auge, der Rest das linke Auge.

Ohren sind wieder ein Fall für sich. Wir wissen nicht, ob es eine echte Vorliebe für ein Ohr gibt, weil es nahezu unmöglich ist, dies durch einen Test erkennbar zu machen. Es gibt keinen Test, bei dem nicht auch andere Vorlieben, etwas für eine Hand, mit hineinspielen. Doch etwas anderes lässt sich beobachten: Beim Wahrnehmen von Geräuschen arbeiten zwei vollkommen gesunde Ohren nicht gleich. Und seltsamerweise hängt die Antwort auf die Frage, welches Ohr nun bevorzugt wird, davon ab, welche Art von Geräusch man wahrnimmt. Im Allgemeinen scheinen wir mit Sprache verknüpfte Geräusche, also Sprachlaute, besser mit dem rechten Ohr zu hören als mit dem linken.

Die wichtigste Untersuchungsmethode ist der sogenannte dichotische Hörtest, bei dem beide Ohren einbezogen sind. Etwas vereinfacht ausgedrückt werden der Testperson über einen Kopfhörer von zwei Seiten gleichzeitig verschiedene Wörter in die Ohren gebrüllt, die sie wiederholen muss. Häufig bleiben die Wörter, die auf dem rechten Ohr gehört wurden, besser im Gedächtnis als die über das linke Ohr aufgenommenen. Handelt es sich jedoch um Geräusche, die nichts mit Sprache zu tun haben, etwas Musik, tritt ein leicht umgekehrter Effekt ein.

Wir müssen die Ergebnisse derartiger Experimente immer mit Skepsis betrachten, denn der dichotische Test ist für die Testperson ziemlich schwierig. Daher ist denkbar, dass das Ergebnis zum Teil verfälscht wird. Die Testperson versucht natürlich, eine akzeptable Antwort zu geben, und kann dazu allerhand Strategien entwickeln, die nicht wirklich auf die Art des angebotenen Materials reagieren. Doch auch dann sind die Unterschiede beim Hören derart groß, dass wir sie ernst nehmen und uns fragen müssen, was genau die Ursache ist. An den Ohren selbst kann es nicht liegen, sie sind in jeder Hinsicht gleich. Auch an einem Unterschied im Empfinden kann es nicht liegen, denn ein Ohr, das schlecht hört, hört auch Sprache und andere Klänge ähnlich schlecht.

Die einzige Möglichkeit, die uns bleibt, ist zu schauen, ob es einen Unterschied zwischen den beiden Hirnhälften gibt, die die Klänge verarbeiten. Jedes Ohr ist direkt mit beiden Hirnhälften verbunden, man sollte also annehmen, dass die kürzeste Verbindung die wichtigere ist, da sie die schnellste ist oder auf dieser kurzen Strecke weniger Störungen auftreten können. Doch das ist nicht der Fall. Sprachlaute werden mit dem rechten Ohr besser aufgenommen, während ihr Verarbeitungszentrum meist links zu finden ist. Umgekehrt ist die rechte Hirnhälfte relativ stärker in die Verarbeitung von Melodien eingebunden, während wir diese Klänge besser mit dem linken Ohr hören. Die Nervenstränge, die von gegenüberliegenden Ohr kommen, sind offenbar den Strängen überlegen, die ein Ohr mit der Hirnhälfte auf derselben Seite verbinden, vergleichbar dicht nebeneinanderliegenden Telefonkabeln, die sich gegenseitig stören. Es kann also keine Rede von einem Vorzugsohr sein, sondern nur von einem Vorteil für eine bestimmte Art von Klangmaterial an einem bestimmten Ohr. Dies hängt ab von der Stelle im Gehirn, an dem diese Klänge verarbeitet werden, und der typischen Architektur der Nervenbahnen, die Ohren und Verarbeitungszentren miteinander verbinden.

Wenn die Ohren einen Unterschied zwischen sprachlichen und nicht-sprachlichen Klängen machen, kann es sein, dass bei den Augen etwas Ähnliches abläuft und dass Buchstaben und Wörter vorzugsweise über eine Hälfte des Gesichtsfelds und nicht-sprachliche, oder treffender: nicht-symbolische Bilder und Muster über die andere Hälfte verarbeitet werden. Obwohl diese Vermutung naheliegt, lässt sie sich weder beweisen noch widerlegen. Bei entsprechenden Versuchen traten derart viele Störfaktoren und Unsicherheiten auf, dass echte Schlussfolgerungen nicht gezogen werden konnten.

ooooooooooooooo

Eine solch breite Skala von Asymmetrien wirft natürlich die Frage auf, ob ein Zusammenhang zwischen ihnen besteht. Ist ein Linkshänder auch linksäugig, linksbeinig, oder linkszüngig? Und falls es diesen Zusammenhang gibt, hängt er dann auch mit der Ausstattung des Gehirns zusammen? Ist es möglich, dass bei einer stark linksorientierten Person die Verteilung der Hirnfunktionen genau umgekehrt zu der einer durchschnittlich veranlagten Person ist? Dass ein enger Zusammenhang zwischen verschiedenen Formen von Links- und Rechtsorientierung besteht, davon war der Amerikaner Beaufort Sims Parson felsenfest überzeugt. 1924 präsentierte er eine unfehlbare Methode, angeborene Linkshändigkeit mit einem selbstgebauten Apparat, dem Manuskop, festzustellen.

Das Manuskop hatte er entworfen, um die Vorliebe für eine Hand objektiv festzustellen. Menschen geben nicht immer verlässliche Antworten auf die Frage nach ihrer Vorzugshand, sondern werden häufig von ihrem Umfeld in Richtung Rechtshändigkeit gedrängt, zu Parsons Lebzeiten wahrscheinlich noch stärker als heute. Das passiert besonders gern in der Schule. Da die meisten Eltern Rechtshänder sind, wird auch zu Hause alles mit rechts vorgemacht, und viele Geräte sind auf den Gebrauch durch Rechtshänder ausgelegt. Umgekehrt wäre es ebenso denkbar, dass ein von Natur aus rechtshändiges Kind linkshändiger Eltern sich zu einem gewissen Grad wie ein Linkshänder verhält.

Dieser soziale Druck fehlt vollständig, wenn es um das Vorzugsauge geht. Wir sind uns nicht einmal bewusst, dass wir es überhaupt haben. Parson meinte, dass »Augigkeit« nicht nur mit der Vorliebe für eine Hand zusammenhängt, sondern sogar deren Ursache ist. Diese Idee hatte seit einigen Jahren eine wachsende Anhängerschaft gefunden. Mit seinem Manuskop glaubte er, das Ei des Kolumbus gefunden zu haben. Wenn das Vorzugsauge erst einmal festgestellt worden war, konnte man bestimmen, ob einer von Natur aus Links- oder Rechtshänder ist.

Schade nur für Parson und andere Anhänger dieser Augigkeitstheorie, dass sie hinten und vorn nicht stimmte. Zwar sind wir mehrheitlich rechtsäugig, genau wie die meisten von uns Rechtshänder sind, doch die Verteilung dieser beiden Vorlieben ist völlig verschieden. Außerdem sind unter Linkshändern relativ gesehen nicht mehr Linksäugige anzutreffen als unter Rechtshändern. Menschen besitzen eine Vorzugshand und ein Vorzugsauge, doch die Vorlieben haben sich offenbar unabhängig voneinander entwickelt.

Für Füße und Beine gilt mehr oder weniger dasselbe. Auf den ersten Blick sind die Rechtsorientierten wieder in der Mehrheit, wenn auch nicht im gleichen Maße wie bei der Vorzugshand, und es scheint auch keinen nachweisbaren Zusammenhang zwischen der Hand- und der Fuß- bzw. Beinvorliebe zu geben. Es ist sogar möglich, dass die Vorliebe für ein Bein rein zufällig ist, so wie die Vorliebe für eine bestimmte Pfote bei Tieren. Es wird behauptet, dass das bevorzugte Bein das Bein ist, mit dem man beim Gehen den ersten Schritt tut, doch was beweist das? Die einzige Aktivität, die einen Unterschied zutage fördert, der halbwegs dem gleicht, was die Vorzugshand ausmacht, ist Fußball. Dabei sollte man bedenken, dass die meisten Menschen mit keinem ihrer Beine einen Ball vernünftig schießen können. Es ist gut möglich, dass den etwa dreißig Prozent Linksbeinigen nur eine gleich große Zahl Rechtsbeiniger gegenübersteht und zwischen beiden eine Gruppe liegt, die überhaupt keine Vorliebe hat. Dreißig Prozent, das entspricht in etwa dem, was wir als Zufallsverteilung erwarten würden.

Wie es sich schließlich mit der Zunge verhält, darüber können wir nur spekulieren. Es ist etwas seltsam, ganze Gruppen von Menschen zu bitten, mit zwischen die Zähne geklemmter Zunge ein Lied zu singen oder ein Gedicht aufzusagen und dabei verständlich zu klingen.

# 28
# Zählarbeit

Das ewig streitende Zeichentrickfilm-Duo Tom und Jerry macht uns große Freude, wenn es vor lustigen Überraschungen steht wie der Tür, hinter der sich eine Backsteinmauer verbirgt. Weniger lustig war es, dass Medizin und Psychologie in der zweiten Hälfte des 19. Jahrhunderts vor einer ganz ähnlichen Art Tür standen. Man wusste inzwischen, dass die Vorliebe für eine Hand mit der Spezialisierung der Hirnhälften zu tun hatte, aber das Gehirn selbst sollte noch lange Zeit für eine direkte Erforschung unzugänglich bleiben.

Also suchte man sein Heil in indirekten Methoden: Psychologische und statistische Untersuchungen sollten eine Übersicht über Eigenschaften geben, die bei Linkshändern so häufig auftraten, dass man nicht mehr an einen Zufall glauben konnte. Damit wollte man ermitteln, ob die Bevorzugung einer Hand erblich ist und ob es sich bei Linkshändigkeit um eine Abweichung handelt, die vielleicht auf andere Anomalien hindeutete. Konnte die Entstehung der Linkshändigkeit dadurch auch nicht geklärt werden, so würde man doch etwas darüber erfahren, warum bis heute eines von zehn Neugeborenen als Linkshänder zur Welt kommt. Gutachten und Forschungsberichte zum Thema bilden inzwischen eindrucksvolle Berge.

Aus praktischen Gründen konzentrieren sich viele Untersuchungen auf Gruppen, die ohnehin auf die ein oder andere Weise von der Norm abweichen: Sonderschüler, Menschen, die in Krankenhäusern oder Anstalten behandelt werden, Häftlinge oder Kinder, die beim Schularzt oder Schulpsychologen landen. Praktischerweise muss man nach derartigen Gruppen nicht lange suchen, sie leben in organisierten Gruppen in Gebäuden, die für Mitarbeiter von Universitäten, Instituten und Krankenhäusern bequem zu erreichen sind. Als Teil eines Systems sind sie daran gewöhnt, untersucht zu werden, es stört sie also nicht, wenn jemand auch noch etwas zu ihrer Händigkeit wissen will. Dieses Thema interessiert sie meist nicht sonderlich, weshalb es ihnen nichts ausmacht, an einer harmlosen Forschungsreihe teilzunehmen. Sie bietet eine Abwechslung von der trüben Alltagsroutine. Zudem stehen von diesen Gruppen meist auch andere medizinische und psychologische Informationen als Vergleichsmaterial zur Verfügung. Das hat den nicht unwichtigen Vorteil, dass eine solche Untersuchungsreihe relativ billig ist.

Es gibt noch einen zweiten, mindestens ebenso wichtigen Grund, sich auf diese Gruppe zu konzentrieren. Seit Menschengedenken kursieren Klischees und Vorurteile gegenüber Linkshändern, die durch die Entdeckung der Spezialisierung der Hirnhälften noch verstärkt wurde. Linkshändigkeit betrifft nur eine Minderheit und wird daher fast automatisch als Abweichung gesehen. Eine Abweichung gilt fast immer als etwas Negatives, das korrigiert werden muss. Dies ist eine der vielen Formen, in denen das Denken in Gegensätzen, in »wir«, die wir der Norm entsprechen, und »denen«, die anders sind, unsere Einstellung gegenüber unseren Mitmenschen beeinflusst.

Aus jüngerer Vergangenheit ist das krudeste Beispiel »wissenschaftlicher« Forschung auf Basis unumstößlicher Vorurteile – wobei es nicht nur um Linkshändigkeit ging – noch stets das Werk von Cesare Lombroso. Er glaubte, Eigenschaften wie Intelligenz, Verlässlichkeit und Kriminalität ließen sich an äußeren Merkmalen wie der Form des Gesichts oder des Kopfes, der Körperhaltung und natürlich auch an der Vorzugshand ablesen. Um 1900 wandte er sich der Linkshändigkeit zu und fand prompt einen stark erhöhten Anteil Linkshänder unter Kriminellen, besonders unter kriminellen Frauen. Dass er Linkshänder den etwas gesitteteren Kriminellen zurechnete, durften die noch als Kompliment auffassen. Lombroso zufolge war einer von drei Schwindlern und Hochstaplern Linkshänder, während das unter ordentlichen Menschen nur bei einem von zwanzig der Fall war. Mörder und Vergewaltiger zeigten laut dem großen Schädelvermesser eine weitaus geringere Neigung zur Linkshändigkeit, nur neun Prozent zählten zu dieser Gruppe.

Lombrosos Zahlen waren reines Blendwerk, seine Arbeiten sind längst im hintersten Winkel des Friedhofs der Wissenschaften begraben. Doch damit sind die bewussten oder unbewussten Vorurteile unter Forschern nicht ausgestorben. So führte der Psychiater Stier 1911 im Auftrag des deutschen Oberkommandos des Heeres eine Untersuchung zur Linkshändigkeit in der Armee durch. Stier hatte schon früher zur Linkshändigkeit publiziert und war überzeugt, dass es sich um eine erbliche Eigenschaft handelt, die sich vor allem bei primitiven Völkern häufig zeigt. Das sagt nicht nur etwas über die Vorurteile des Mannes, sondern zeigt auch, dass er sich um Zahlen und Fakten nicht viel kümmerte. Es überrascht denn auch nicht, dass er im Allgemeinen von nur vier Prozent Linkshändern ausging, während er unter den dümmsten Soldaten

Köpfe deutscher Krimineller aus Lombrosos Standardwerk *L'homme criminel*: A Ladendiebe, E Mörder, H Taschendiebe und I Einbrecher. Daneben andere Straftäter. Laut Lombroso mussten unter ihnen etwa zwanzig Linkshänder sein.

gleich dreimal so viele ausmachte. Der amerikanische Psychiater und Linkshänderschreck Abram Blau warnte noch 1961 junge Eltern in einem Zeitungsartikel: »Lassen Sie nicht zu, dass Ihr Kind zum Linkshänder wird!« Auch der bedeutende englische Kinderpsychologe Cyril Burt charakterisierte 1937 in seiner Arbeit *The Backward Children* Linkshänder nicht gerade wertfrei so: »Sie schielen, sie stottern, sie schlurfen und stolpern, sie zappeln herum wie ein Seehund auf dem Trockenen. Plump im Haus und ungeschickt im Spiel – es sind wahrlich Stümper und Pfuscher auf ganzer Linie ...« Von so viel Voreingenommenheit war nicht mehr viel Gutes zu erwarten.

Lombroso, Stier und Blau sind natürlich keine leuchtenden Beispiele der Wissenschaft, und kein vernünftiger Mensch würde heute ihre Spinnereien noch ernst nehmen. Bei Burt liegt die Sache anders, denn von einer Affäre um die Verlässlichkeit einer Untersuchung bei Zwillingen abgesehen war er doch im Großen und Ganzen ein sorgfältig arbeitender Wissenschaftler, der noch immer großes Ansehen genießt. Dass ihm nicht auffiel, wie wenigen stümperhaften Zapplern und schielenden Stotterern er im Alltag begegnete, zeigt schon, wie verräterisch tradierte Vorurteile sind und wie schwer es ist, sich ihrer zu entledigen. Zweifellos haben derlei Stereotype dann auch Einfluss auf die Interpretation der Forschungsergebnisse gehabt.

ooooooooooooooo

In den vergangenen Jahrzehnten hat es zahllose Forschungsarbeiten zur Verteilung der Linkshändigkeit unter Menschen abseits der Norm gegeben. Auf den ersten Blick müssen die Ergebnisse beunruhigen. Gleich, unter welcher Abweichung eine Gruppe litt, immer schien die Zahl der Linkshänder höher zu sein als im normalen Mittel: Stotterer, Legastheniker, geistig Behinderte, schwer erziehbare Kinder, Leute, die unter Heuschnupfen, Asthma, Allergien und anderen Immunerkrankungen leiden, Epileptiker, Brustkrebspatienten – unter all ihnen waren auffallend viele Linkshänder anzutreffen. Es gab so eine Untersuchung, die eine klare Verbindung zwischen Linkshändigkeit und Alkoholismus konstatierte, und eine, die einen unleugbaren Zusammenhang zur Kriminalität nachwies. Ein Artikel behauptete sogar, dass Linkshändigkeit in den armen Vierteln großer amerikanischer Städte mit starkem Rauchen in Zusammenhang steht.

Aber so wie eine Schwalbe noch keinen Sommer macht, gibt auch eine Untersuchung noch keinen Anlass für ein in Stein gemeißeltes Gesetz, auch wenn die Medien es oftmals so darstellen wollen. Die Ergebnisse dieser Art von Forschung liefern etwas ganz anderes. Sie zeigen, wie wahrscheinlich es ist, dass derartige Zusammenhänge zwischen zwei Phänomenen bestehen können. Ist die Wahrscheinlichkeit sehr gering, dann hat der Forscher ein signifikantes Ergebnis und schreibt einen Artikel für eine wissenschaftliche Zeitschrift, sodass Kollegen seine Behauptungen überprüfen können. Es ist also keineswegs ein knallharter Beweis, dass der gefundene Zusammenhang auch wirklich besteht, geschweige denn, dass das eine Phänomen das andere verursacht. Die Veröffentlichung eines Forschungsergebnisses ist also eher mit dem Handeln der Polizei zu vergleichen, der genügend Gründe vorliegen, um einen Tatverdächtigen für ein bestimmtes Vergehen zu verhaften. In beiden Fällen gibt es einen hinreichenden Verdacht, mehr nicht.

Die Ergebnisse jeder Untersuchung sind nur so fundiert wie die ihr zugrunde gelegte Prämisse. Denkfehler im Versuchsaufbau oder bei der Durchführung und Interpretation machen Ergebnisse so wertlos wie ein Auto mit Holzzylindern unter der glänzenden Motorhaube oder einen Computer mit Wollverkabelung. Schlimmer noch: Solange niemand die Fehler aufdeckt, führen solche Ergebnisse in die Irre. So entstehen Mythen wie der Mythos vom Krebs verursachenden Spinat. Schlamperei bei der Durchführung hat denselben Effekt, ebenso Instrumente, die nicht das tun, was von ihnen angenommen wird, oder andere Annahmen an der Realität vorbei. Kurzum, es ist nicht ganz einfach, selbst eine vermeintlich einfache Untersuchung verlässlich aufzubauen und durchzuführen. Selbst der sorgfältigste, genaueste Forscher bekommt Probleme mit der tückischsten alle Annahmen: die Frage nach der Repräsentativität der Stichprobe.

In der Praxis ist es nie machbar, die gesamte relevante Bevölkerung in eine Studie einzubinden. Das gelingt allenfalls bei langfristigen, enorm wichtigen Bevölkerungsscreenings. Diese sind jedoch äußerst selten und finden nur statt, wenn es um häufig auftretende tödliche Krankheiten wie Brust- oder Gebärmutterhalskrebs geht, und auch dann nur in Ausnahmefällen. Forscher arbeiten konkret also immer mit einer heterogenen Gruppe, von der man annimmt, sie sei repräsentativ für die Gesamtbevölkerung. Ob das stimmt, lässt sich schwer nachprüfen, auch weil niemand genau sagen kann, was nun eigentlich ein normaler Mensch ist.

Den goldenen Mittelweg bietet dann eine willkürliche Stichprobe aus der Gesamtbevölkerung, die so groß ist, dass auch Statistiker sie akzeptieren. Doch auch das bringt in Wirklichkeit äußerst selten eine Verbesserung mit sich. Die Stichproben sind aufgrund von Geld- und Zeitmangel meist so klein, dass sie gerade eben noch zugelassen sind, und alles andere als beliebig ausgewählt. Sehr häufig nimmt man Zuflucht bei Studenten oder Patienten und lässt die Durchschnittsbevölkerung links liegen. Ein weiteres Problem ist, dass nur Menschen an der Studie teilnehmen dürfen, die ihr bewusst zustimmen. Und auch das kann das Bild verzerren.

Wiederholung ist ein Mittel, um dennoch an verlässliche Ergebnisse zu kommen. Das ist einer der wichtigsten Gründe, warum Forscher genau darlegen müssen, wie sie ihre Untersuchung aufgebaut und durchgeführt haben. Indem sie für andere genau nachvollziehbar gemacht wird, können Fehler im Aufbau der Studie noch im Nachhinein entdeckt werden. Das passierte zum Beispiel den Forschern, die geglaubt hatten, dass Kröten Rechtsfüßer sind, aber nicht begriffen, dass der von ihnen ersonnene Test aus anatomischen Gründen diese These überhaupt nicht beweisen konnte – sie wurden einige Monate nach der Veröffentlichung ihrer Arbeit dafür gerügt.

Wenn andere Forscher mit anderen Testpersonen beim gleichen Forschungsaufbau und derselben Methode zu den gleichen Ergebnissen gelangen, ist die Wahrscheinlichkeit groß, dass ihre Ergebnisse eine gewisse Aussagekraft haben. Die Wahrscheinlichkeit, dass Forscher unabhängig voneinander unbewusst genau den gleichen Fehler bei der Durchführung machen, wird mit jeder Wiederholung kleiner. Machen sie jeweils einen anderen Fehler, dann müssen sich die daraus entstehenden Verzeichnungen auf Dauer gegenseitig aufheben, und man erhält einen stabilen, verlässlichen Mittelwert, dem wir einigermaßen trauen können.

ooooooooooooooo

Wenn wir das alles im Hinterkopf behalten und uns Studien anschauen, die Linkshändigkeit mit verschiedenen Erkrankungen und Gebrechen in Zusammenhang bringen, gelangen wir an den Punkt, dass wir das Ganze noch skeptischer betrachten müssen. Ein großes Problem ist etwa das Fehlen einer eindeutigen oder allgemein akzeptierten Definition von Links- und Rechtshändigkeit. Einige Forscher teilen ihre Testpersonen in zwei Gruppen, andere nehmen eine Einteilung in Links-, Rechts- und Mischhänder vor. Manchmal gilt jemand schon als Linkshänder, wenn er nur eine Aufgabe mit links oder angeblich mit links ausführt, manchmal erst dann, wenn er praktisch alle Aufgaben buchstäblich mit links ausführt. Meist wird mit einem Fragebogen gearbeitet, manchmal müssen die Teilnehmer auch ihr Können demonstrieren, und in wieder anderen Fällen wird die Vorliebe für eine Hand mithilfe zweifelhafter Geschicklichkeitstests überprüft. Bei einer Studie umfasst eine Checkliste nur drei Aufgaben, bei der nächsten arbeitet man dann mit zehn oder zwölf Kriterien. Der eine Forscher achtet bewusst nicht auf die Schreibhand, um den störenden Einfluss des sozialen Drucks auszuschließen, während der andere die Schreibhand bewusst als wichtiges Indiz nutzt. Das heißt, dass jemand, der in einer Untersuchung als Rechtshänder zählt, in der nächsten die Reihen der Linkshänder verstärkt, mit allen denkbaren Folgen.

Außerdem finden sich immer wieder Eintagsfliegen, Studien, die nie wiederholt werden. Das ist verständlich. Studien zur Vorzugshand genießen keine hohe Priorität, und es braucht eine große Gruppe von Testpersonen, unter denen sich genügend Linkshänder befinden müssen, um kleine Unterschiede im Verhältnis von Links- und Rechtshändern verlässlich nachzuweisen.

Problematisch ist auch, dass es eine Heidenarbeit bedeutet, eine Gruppe Linkshänder zu finden, die ausreichend groß ist, um verlässlich der Frage nachgehen zu können, ob eine Erkrankung bei ihnen auffällig häufiger oder weniger häufig auftritt. Gewöhnlich wurde der Spieß deshalb umgedreht. Man nahm eine direkt zur Verfügung stehende Gruppe mit einem bestimmten Merkmal - Häftlinge, Legastheniker, Krebspatienten - und schaute, ob sie aus mehr oder weniger Linkshändern bestand als im Schnitt der Gesamtbevölkerung. Das ist der Weg, auf dem nahezu alle Verbindungen mit Leiden, Erkrankungen und Gebrechen gefunden werden. Bei den wenigen Malen, die dies andersherum angegangen wurde, wurde nie ein nennenswerter Zusammenhang gefunden. Paradoxerweise zeigt sich also immer wieder, dass Menschen, die an einer bestimmten Krankheit leiden, häufiger als der Durchschnitt Linkshänder sind, dass aber Linkshänder nicht häufiger als andere an derselben Krankheit leiden.

Im Laufe der Zeit haben sich jedoch einige Kriterien herauskristallisiert, die in Bezug auf die Frage nach den Ursachen der Vorzugshand und eventuelle Folgen einen Anhaltspunkt bieten könnten - darauf kommen wir noch zu sprechen.

So hat sich (auch wenn die Resultate nie genau gleich ausfallen) bei vielen großen und kleinen

Studien gezeigt, dass Linkshändigkeit bei Männern häufiger vorkommt als bei Frauen. Zehn zu neun Prozent, vierzehn zu zwölf Prozent, diese Zahlen wurden dazu genannt.

Als gesichert gilt, dass bei Menschen mit einer vermuteten oder tatsächlichen Hirnschädigung, wie leicht diese auch sein mag, Linkshändigkeit häufiger vorkommt. Daraufhin wurde untersucht, ob es einen Zusammenhang zwischen Linkshändigkeit und schwierigen Geburten sowie Geburten durch ältere Mütter gab, und auch dabei gab es meist ein halbwegs sicheres Ergebnis. Alles in allem genügt dies jedenfalls, um den Gedanken, Linkshändigkeit sei die Folge einer Hirnschädigung, nicht ohne Weiteres beiseitezufegen.

Dem steht gegenüber, dass Linkshändigkeit längst nicht alle Hirnschäden erklären kann. Es gibt schließlich auch viele Rechtshänder mit einem Hirnschaden und vor allem viel zu viele Linkshänder, denen es gut geht. Deshalb müssen wir davon ausgehen, dass Linkshändigkeit noch andere Ursachen hat.

Eine andere Tatsache, die immer wieder bemüht wird, ist, dass der Prozentsatz an Linkshändern mit zunehmendem Alter stark abnimmt. Der Satz »Wer mit zwanzig nicht links ist, hat kein Herz; wer mit vierzig immer noch links ist, hat keinen Verstand« ist in vielen Varianten zahlreichen Menschen von Winston Churchill und Georges Clemenceau bis zu Aristide Briand zugeschrieben worden. Dabei ging es immer um Politik, doch seltsamerweise läuft es mit der Vorliebe für eine Hand ähnlich ab, denn der Anteil der Linkshänder in der Bevölkerung geht von Zwanzig- zu Vierzigjährigen stark zurück.

Es gibt berechtigte Annahmen, dass auch Erblichkeit bei der Bestimmung der Vorzugshand eine

Rolle spielt. So besteht ein deutlicher Zusammenhang zwischen der Vorzugshand der Eltern und der der Kinder. Bei Paaren mit einem linkshändigen Partner ist die Wahrscheinlichkeit, dass auch das Kind Linkshänder ist, etwa doppelt so groß im Vergleich zu der Wahrscheinlichkeit von grob zehn Prozent, die für ein Kind von einem Rechtshänder-Paar gilt. Sind beide Elternteile Linkshänder, verdoppelt sich die Wahrscheinlichkeit für ein linkshändiges Kind nochmals und liegt demnach bei rund vierzig Prozent. Das kann natürlich ein Fall von Nachahmung sein, da die Eltern einfach ein gutes Vorbild geben. Das ist allerdings höchst unwahrscheinlich. Erstens hat die absolute Mehrheit der Linkshänder noch immer zwei rechtshändige Eltern, und zweitens gibt es Hinweise, dass bei mindestens einem Teil der Fälle die Vorzugshand schon vor der Geburt festgelegt ist. Rund fünf Prozent der Ungeborenen lutschen schon in der Gebärmutter am linken Daumen, was sich später als Linkshändigkeit zeigt. Auf dieses Verhalten ihrer ungeborenen Kinder haben Eltern jedenfalls keinen Einfluss.

Ein weiterer Hinweis auf erbliche Einflüsse ist die Tatsache, dass Linkshändigkeit bei Zwillingen etwa doppelt so oft vorkommt wie bei einzelnen Kindern. Überaus rätselhaft ist, dass dies bei eineiigen wie auch zweieiigen Zwillingen zu beobachten ist.

Insgesamt wird deutlich, wo wir die Ursachen für die Vorliebe für eine Hand suchen müssen: bei erblichen Einflüssen und Unfällen. Auf diese beiden Faktoren stützen sich denn auch die wichtigsten modernen Theorien: die genetische Theorie von Marian Annett und die Hormon-Testosteron-Theorie von Norman Geschwind.

# 29
# Linkshändig durch Gene

Linkshändigkeit wurde im Laufe des 20. Jahrhunderts wiederholt durch genetische Unterschiede zu erklären versucht, was jedoch meist ins Nichts verlief. Das lag vor allem daran, dass die Verteilung zwischen Links- und Rechtshändern sich nicht mit den noch immer gültigen Mendelschen Regeln vertrug, die der österreichische Mönch Gregor Mendel nach Versuchen in seinem Erbsenbeet aufgestellt hatte. Sie erklären, wie genetische Eigenschaften von Generation zu Generation weitergegeben werden und wann sie auftreten.

Mendel leitete seine Regeln vom Äußeren seiner Erbsenpflanzen ab. Was sich in den Erbsenschoten selbst abspielte, darüber wusste er nichts. Inzwischen ist bekannt, dass jede normale Zelle von Pflanze, Tier und Mensch Erbmaterial enthält, das fast immer im Zellkern sitzt und in den Chromosomen gespeichert ist. Hierbei handelt es sich um kleine Eiweißspulen, umwickelt von so etwas wie einem langen Spaghettifaden aus DNA, die in einigen Abschnitten eine Art Rezept zur Eiweißproduktion oder zur Steuerung der Aktivität anderer Abschnitte enthalten. Dies sind die Gene. Zusammen bilden die Gene aller Chromosomen ein Buch, das die Rezeptur eines ganzen Lebewesens enthält. Da es nichts annähernd so Kompliziertes gibt wie den lebenden Organismus, ist dieses »Buch« ein wahrlich monumentales Werk, das in einigen Fällen aus bis zu Hunderten von Bänden bestehen kann.

Beim Menschen sind es genau 23 Bände. In jedem Zellkern unseres Körpers sitzen 23 unterschiedliche Chromosomen. Da alle Chromosomen paarweise auftreten, enthält der Kern einer normalen Körperzelle demzufolge 46 Chromosomen. Bis auf eine Ausnahme besteht ein Paar aus zwei gleichen Chromosomen.

Das 23. Paar bildet eine Ausnahme, da es nur bei Frauen aus zwei gleichen Chromosomen besteht.

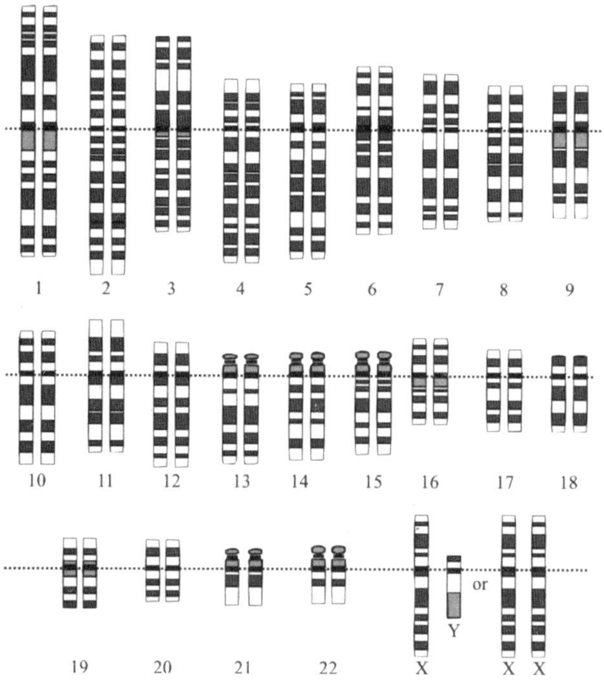


Vereinfachte Darstellung der Chromosomen im menschlichen Zellkern. Die normalen Chromosomen, auch Autosomen genannt, sind von groß nach klein durchnummeriert. Die Geschlechtschromosomen heißen X (weiblich) und Y (männlich). Rechts unten ist das Paar doppelt abgebildet, ein Mann hat nur das Chromosomenpaar XY, die Frau nur das Paar XX.

Das ist übrigens genau das, was eine Frau zur Frau macht, denn es handelt sich um das Geschlechtschromosom. Frauen haben zwei X-Chromosomen, während Männer ein X-Chromosom und ein Y-Chromosom besitzen. Das Y-Chromosom zeichnet biologisch gesehen einen Mann aus. Auf diesem Chromosom sind die Erbmerkmale gespeichert, die ihn von der Frau unterscheiden.

Wenn nun bei der Fortpflanzung zwei normale Zellen von Vater und Mutter zum Urkern eines Kindes verschmelzen würden, besäße das Kind nicht zwei, sondern vier Exemplare jedes Chromosoms. Die nächste Generation hätte acht Chromosomen, ihre Kinder sechzehn, und bald würden die Zellwände unter dem Druck von Milliarden Chromosomen buchstäblich platzen. Darum ist die Fortpflanzung allein Aufgabe spezieller Fortpflanzungszellen, den Eizellen bei der Frau und den Spermatozoen beim Mann, die, wenn sie voll ausgereift sind, nur noch ein Exemplar von jedem Chromosom enthalten. Verschmilzt eine Eizelle mit einer Samenzelle, dann hat das Resultat wiederum zwei Exemplare von jedem Chromosom, eventuell mit einem Paar XY anstelle des Paares XX.

Ein Kind erhält von beiden Eltern genau einen kompletten Chromosomen-Satz. Trotzdem kann man direkt sehen, dass Kinder niemals ein reiner Halb-und-Halb-Mix ihrer Eltern sind. Das hat zwei Ursachen.

Zum einen kann ein Gen diverse Varianten haben. Viele Gene kommen in verschiedenen Formen vor, was entsprechende Folgen haben kann. Manchmal wirkt sich dies nur auf die von Haar, Haut und Augen aus. Einige spezielle Varianten können krank machen und die Ursache für Erbkrankheiten sein. Zwischen den Genvarianten gibt es Vorrangregeln. Einige Varianten – die rezessiven – lassen sich unterdrücken, wenn das Kollegen-Chromosom eines Chromosomenpaares eine andere Variante besitzt. Sie verschaffen sich nur Geltung, wenn sie zu zweit sind. Andere Genvarianten sind dominant und setzen sich immer durch. Da Vater und Mutter immer nur ein Genpaar auf ihren Chromosomen an ihr Kind weitergeben, entstehen beim Kind Merkmals-Kombinationen, die weder beim Vater noch bei der Mutter direkt zu erkennen sind. Kinder ähneln dadurch zwar ihren Eltern, doch sind sie nicht die Summe beider Teile oder der genaue Querschnitt ihrer Merkmale.

Der zweite Grund ist ein Phänomen namens Rekombination. Die Evolution ist ein durch Zufall bestimmtes Ausscheidungsrennen. Es manifestiert sich in einem Fortpflanzungssystem, das möglichst viele Varianten gewährleistet. So erhält eine Art immer die bestmögliche Überlebenschance – dort, wo tausend Formen entstehen, sind immer ein oder zwei, die unter den zufällig herrschenden Lebensumständen besonders gut gedeihen. Rekombination bedeutet, dass in diesem Prozess, aus dem schließlich Fortpflanzungszellen mit nur einem Exemplar jedes Chromosoms hervorgehen, die zwei Exemplare von jedem Chromosom zunächst ordentlich durchgeschüttelt werden. Das einzelne Chromosom, das weitergegeben wird, ist also keine exakte Kopie eines der beiden Exemplare in den Zellen der betreffenden Eltern, sondern ein Mix von beiden. Das führt dazu, dass Kinder nicht in jedem Merkmal ihren Eltern ähneln, sondern ihren Vorfahren insgesamt ähnlich sehen. Dieses Mischen der Karten, die Rekombination, sorgt dafür, dass ein oder zwei Eigenschaften der Vorfahren später noch nachzuweisen sind. Drittens liegt es an der Rekombination, dass kein Mensch, abgesehen von den Geschlechtsmerkmalen, seinen Brüdern oder Schwestern hundertprozentig ähnlich ist. Durch die Rekombination wird die genetische Zusammensetzung jeder Eizelle und jeder Samenzelle einzigartig.

Die Mendelschen Regeln beschreiben die Vorrangregeln zwischen den Genvarianten und die Folgen für die durch ein einzelnes Gen bestimmten Merkmale. Die Haarfarbe ist hier ein gutes Beispiel. Nehmen wir der Einfachheit halber an, dass es nur die beiden Haarfarben Blond und Schwarz gibt. Für diese Eigenschaft ist ein Gen verantwortlich, das in zwei Varianten vorkommt, die wir mit B für Blond und S für Schwarz bezeichnen. Jedes Kind bekommt von seinen Eltern entweder ein B oder ein S mit.

Wenn es sowohl von seinem Vater wie von seiner Mutter eine S-Variante bekommt, wird sein Haar garantiert schwarz. In seiner Erbmasse findet sich nichts, was blondes Haar auslösen würde. Umgekehrt bekommt jedes Kind mit zwei B-Varianten natürlich blondes Haar. Wer nun glaubt, dass Kinder, die durch ein Elternteil mit einer B-Variante beglückt werden und vom anderen Elternteil eine S-Variante erhalten, dunkelblondes Haar bekommt, liegt falsch. Das Haar wird schwarz. Daran sieht man, dass die S-Variante dominant ist: Steht eine S-Variante neben einer B-Variante, dann setzt sich die S-Variante durch. Die B-Variante ist folglich rezessiv.

Jemand mit blondem Haar trägt also immer die Kombination BB in sich, während Dunkelhaarige sowohl SS als auch SB in sich tragen. Das bleibt nicht ohne Folgen. Während zwei blonde Menschen, weil sie gemeinsam keine einzige S-Variante weitergeben können, immer blonde Kinder bekommen, können zwei schwarzhaarige Elternteile sowohl schwarzhaarige als auch blonde Kinder bekommen. Wenn beide Eltern SB sind und nur ein B weitergeben, ist das Resultat BB, also blond. Rezessive Varianten können über mehrere Generationen unbemerkt weitergegeben werden, um dann plötzlich unvermutet wieder aufzutauchen.

Das mag sich nach einer Laune der Natur anhören, doch sind die Verhältnisse zwischen Nachkommen mit verschiedenen nur durch ein Gen bestimmten Merkmalen größtenteils unerschütterlich. Wenn beide Genvarianten gleich häufig vorkommen, trägt ein Viertel der Bevölkerung zwei Exemplare der rezessiven Variante in sich, ein Viertel zwei der dominanten Variante und der Rest ein dominantes und ein rezessives Exemplar, was bedeutet, dass drei Viertel der Bevölkerung das dominante Merkmal in sich tragen.

ooooooooooooooo

Die Existenz der Linkshändigkeit kann nicht nur auf den Unterschied zwischen dominanten und rezessiven Varianten zurückgeführt werden, denn die Zahl der Linkshänder erreicht die 25 Prozent einer rezessiven Variante nicht einmal entfernt. Doch Varianten kommen nicht immer gleich häufig vor. Blondes Haar ist in Skandinavien ganz normal, sodass die B-Variante dort extrem häufig anzutreffen sein muss. Außerhalb von Europa muss man lange nach Menschen mit blondem Haar suchen (von immigrierten Europäern einmal abgesehen). Die B-Variante ist dort äußerst selten. Mit einem blonden Chinesen ließe sich viel Geld verdienen. Angenommen, die Links-Variante wäre ziemlich selten, würden sich dann die richtigen Verhältnisse zwischen Links- und Rechtshänder nicht von selbst ergeben?

Das wäre zu schön, tatsächlich aber macht dieser Vorschlag die ganze Sache noch komplizierter, denn Unterschiede in der Verteilung der Genvarianten sind die eigentliche Ursache der Merkmale für eine Rasse: Hautfarbe, Haarfarbe, Form und Farbe der Augen und noch einiges andere. Schon eine gewisse Isolation in Kombination mit anderen Klimabedingungen genügt, um in einem Zeitraum von rund eintausend Jahren Völker hervorzubringen, die sich in ihren Merkmalen deutlich voneinander unterscheiden. Und es bleibt auch nicht bei nützlichen, wenn auch harmlosen Anpassungen in Bezug auf Merkmale wie Form und Farbe. Die Sichelzellenanämie ist eine schwere, fast überall rezessive Krankheit, die sich an einem Defekt der roten Blutkörperchen zeigt. Die Blutkörperchen nehmen dabei eine Sichelform an und können nicht mehr ihre normale Arbeit ausführen. In Malaria-Gebieten kommt die Sichelzellenanämie viel häufiger vor, da die Krankheit Schutz vor der noch schädlicheren Malaria bietet. Der Malaria-Parasit siedelt während einer Phase seines Lebenszyklus in gesunden roten Blutkörperchen; Sichelzellen interessieren ihn nicht.

Die Verteilung der Handvorliebe ist mit diesen Aspekten nicht zu vergleichen, denn sie bleibt überall und immer dieselbe. Die Handvorliebe ist somit eine Eigenschaft, die von äußeren Umständen unberührt bleibt und bei der die natürliche Selektion nicht greift. Doch gerade die Anfälligkeit für die Selektion ist Kern der Mendelschen

Regeln. Durch Kreuzung spielte Mendel Gott, der die Umstände bestimmte, unter denen seine Pflanzen sich fortpflanzen durften. Wie viel Macht der Mensch dabei entfalten kann, beweist sich an der einfachen Tatsache, dass Dänische Dogge, Pudel, Beagle, Pekinese und der nackte Chihuahua innerhalb einiger tausend Jahre durch Kreuzung und Selektion aus denselben Vorfahren hervorgegangen sind. Eine riesige Bandbreite an Variation – und doch scheint bei Tieren die Bevorzugung einer Pfote unmöglich durch Züchtung zu beeinflussen sein.

Im verzweifelten Versuch, die Idee einer auf die Mendelschen Regeln zurückgehenden Vererbung einer Vorzugshand zu retten, wurde sogar vorgeschlagen, dass die rezessive linke Variante eines angenommenen Vorzugsgens schlecht funktioniere, sodass selbst Menschen mit zwei rezessiven Exemplaren noch zum Rechtshänder werden könnten, aber das war keine wirklich gute Idee. Einerseits müsste eine solche Genvariante schon sehr schlecht funktionieren, wenn sie dafür verantwortlich sein soll, dass Linkshändigkeit bei eineiigen Zwillingen zwar häufiger vorkommt, doch dann in der Mehrheit der Fälle bei nur einem der Zwillinge auftritt. Gleichzeitig müsste sie wiederum sehr gut funktionieren, um zu gewährleisten, dass in der Bevölkerung der Anteil von Linkshändern mit zehn Prozent konstant bleibt.

Endgültig muss man sich von einer durch Mendel inspirierten Erklärung für die Verteilung der Handvorliebe verabschieden, wenn man Folgendes berücksichtigt: Um die Verteilung mit einer rezessiven Genvariante erklären zu wollen, müssten zwei linkshändige Eltern nur linkshändige Kinder zur Welt bringen können. Und das entspricht nicht der Realität, denn die Mehrheit der Kinder solcher Paare ist normal rechtshändig.

oooooooooooooooo

Den besten Versuch, die Linkshändigkeit doch mit den Genen in Zusammenhang zu bringen, unternahm 1970 Marian Annett, Psychologin an der Universität im englischen Hull. Sie ging davon aus, dass die Verteilung der Handvorliebe bei Menschen und der Pfotenvorliebe bei Tieren sich zwar unterscheidet, doch einander ähnelt. Die Verhältnisse bei Tieren lassen vermuten, dass die Verteilung vollkommen zufällig zustande kommt: Ein Viertel ist linkspfotig, ein Viertel rechtspfotig und der Rest ist nicht eindeutig zuzuordnen. Bei Menschen hatte Annett etwa vier Prozent Linkshänder ausgemacht, die Rechtshänder machten ungefähr zwei Drittel aus und dann blieb eine

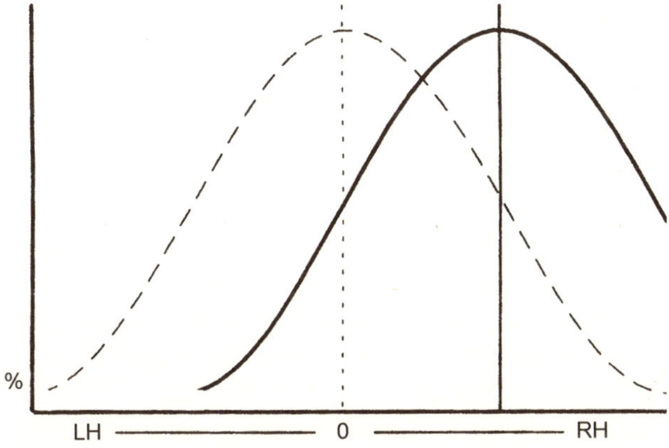


Die Verteilung von Links-, Rechts- und Mischhändigkeit bei Tieren (gestrichelte Linie) und Menschen nach Marian Annett.

Gruppe von Mischhändern von rund 30 Prozent der Bevölkerung. Stellt man dies in einer Grafik dar, sieht man sowohl für Menschen als auch für Tiere eine Normalverteilung in Form einer Glockenkurve. Der Unterschied ist, dass die Kurve bei Menschen einen kräftigen Ruck nach rechts zeigt. Der mit Abstand größte Teil der Kurve - und somit der Menschen - befindet sich auf der Seite der Rechtshändigkeit, während die größte Gruppe bei den Tieren sich neutral zwischen Links- und Rechtshändigkeit bewegt. Das sind die Tiere, die sich nicht für Links oder Rechts entscheiden können.

Die Verschiebung nach rechts ist eine grafische Wiedergabe der schiefen Verteilung von Links- und Rechtshändern, die Annett zufolge durch den *right shift factor*, also den rechtsverschiebenden Faktor, ausgelöst wird. Dieser Faktor wird durch ein Gen bestimmt, das nicht jeder besitzt. Wer dieses Gen habe, werde garantiert zum Rechtshänder. Wem es fehle, bei dem spielen die Umstände oder der Zufall eine Rolle, ob und in welchem Maße er links-, rechts- oder mischhändig werde.

Der Deutlichkeit halber ließe sich der rechtsverschiebende Faktor als Gen mit zwei Varianten betrachten. Eine Genvariante, R genannt, führt zur Rechtshändigkeit, während die andere, NUL genannt, keinerlei Auswirkung auf die Handvorliebe hat. NUL verhält sich folglich rezessiv, sodass jeder mit einer R-R-Kombination ebenso Rechtshänder wird wie jemand mit einer R-NUL-Kombination. Nur Träger von NUL-NUL werden abhängig von den Umständen teilweise Linkshändigkeit aufweisen. Sind die Umstände jedoch neutral, dann ist wiederum eine zufällige Verteilung zu erwarten:

Ein Viertel der NUL-NUL-Typen wird Linkshänder, die Hälfte Mischhänder und der Rest normal Rechtshänder.

Auf diese Weise konnte Annett die schiefe Verteilung schlüssig erklären und auch begründen, warum Linkshänder eine größere Chance auf linkshändige Kinder haben als Rechtshänder. Das spricht eindeutig für ihren Vorschlag.

Auch die bereits erwähnte merkwürdige Spiegelung der inneren Organe, als *situs inversus* bekannt, deutet in diese Richtung, dies scheint nämlich genau deshalb ausgelöst zu werden. So haben unter anderem Versuche mit getrennten Salamandereiern gezeigt, dass *situs inversus* nicht wie angenommen als Folge eines Gendefekts auftritt, sondern durch das Fehlen eines Richtungsgens für die Anordnung der Eingeweide. Im Schnitt die Hälfte der Salamander, denen ein solches Richtungsgen fehlt, entwickelt sich normal, bei den übrigen wurde der Rumpfinhalt gespiegelt. Mechanismen der Art, wie sie Annett vorgeschlagen hat, bestehen also tatsächlich.

Allerdings weiß Annett mit Zwillingen nichts anzufangen. Ihr rechtsverschiebender Faktor erklärt weder die erhöhte Zahl Linkshänder unter eineiigen Zwillingen noch die bei zweieiigen Zwillingspärchen. Bei eineiigen Zwillingen kann man das Problem zu lösen versuchen, indem man annimmt, dass es unter ihnen mehr NUL-NUL-Individuen als normal gibt, doch das führt zu nichts. Die Zwillingsbrüder und -schwestern haben nämlich dieselben Eltern und müssten somit auch einen höheren Anteil an NUL-NUL-Kombinationen besitzen, also genauso häufig Linkshänder sein. Doch das ließ sich in fast keiner der Untersuchungen nachweisen. Außerdem bleiben zweieiige Zwillinge ein vollkommen unerklärliches Phänomen.

Linkshändig oder rechtshändig – fast schien es, als sei jede genetische Erklärung dazu verurteilt, im Sande zu verlaufen. Hinzu kam, dass bei jedem genetischen Ansatz noch eine gesonderte Deutung erfolgen musste, um alle Fälle zu klären, bei denen die Linkshändigkeit auf eine Beschädigung des Gehirns hinwies. Es erstaunt daher nicht, dass viele weiterhin vermuteten, Linkshändigkeit beruhe immer auf einem Unfall oder einer Schädigung.

# 30

# Linkshändig durch Hormone

*Auch wenn wir inzwischen mit Gewissheit sagen können, dass der Roswell-Vorfall von 1947 ein Ammenmärchen war, so wurde doch 1974 auf einem streng geheimen militärischen Übungsgelände im amerikanischen Bundesstaat Nevada ganz sicher ein UFO von der US-Luftwaffe abgeschossen und heimlich geborgen. Zudem war einer der Insassen noch einige Wochen am Leben und wurde von amerikanischen Geheimdienstleuten endlos verhört. Doch keine Geheimhaltung ohne Leck, und so wissen wir, dass das UFO vom Mars kam, dass es nicht seine erste Mission war und dass Marsianer sich grundlegend von uns unterscheiden. Sie werden ungeschlechtlich gezeugt und sind dabei auch direkt erwachsen. Es gibt keine Geschlechter, Kinder in unserem Sinne kennen sie nicht, und Marsianer agieren durch und durch rational – dadurch konnten sie schon in einem frühen Stadium interplanetarische Reisen unternehmen, während die Menschheit in dieser Hinsicht ziemlich hinterherhinkt.*

*Der überlebende Marsianer, in den geheimen Vernehmungsprotokollen Alien47 genannt – für Verschwörungstheoretiker ein unwiderstehlich pikantes Detail –, berichtete, dass dies die allererste Mission zur Erde war und ihr Raumgleiter erst gegen Ende der Mission abgeschossen worden war. Sie hatten gerade den letzten entführten Menschen zurück zur Erde gebracht, den sie zuvor an Bord ihres Mutterschiffes untersucht hatten. Dieses hatte die ganze Zeit über unbemerkt im Schatten des Mondes gelegen. Während der drei Vollmonde ihres*

*Verbleibs unweit der Erde hatten sie fünfzig bis sechzig Menschen entführt und auf ihren Untersuchungstisch gelegt, um ein Rätsel zu lösen, das den Roten Planeten schon seit dem Herbst 1971 (unserer Zeitrechnung) beschäftigte.*

*Am 27. November jenes Jahres wurde der Mars zum ersten Mal in seiner Geschichte von einem Erdobjekt getroffen. Es war die russische Sonde Mars 2, die jämmerlich zerbarst. Die Marsianer konnten gerade noch eine kleine russische Fahne an einem Stück Stahldraht aus den Trümmern bergen – es hatte die Vernehmungsspezialisten ziemlich viel Kopfzerbrechen bereitet, bis sie begriffen, was Alien47 ihnen zu beschreiben versuchte, da die Marsianer keine Ahnung hatten, was Fahnen waren. Als fünf Erdentage später die Sonde Mars 3 in die dünne Atmosphäre eintrat und erfolgreich landete, waren die Marsianer völlig kopflos geworden und hatten alles daran gesetzt, das Objekt zu bergen und unschädlich zu machen. Deshalb hatten die Russen auch den Funkkontakt unmittelbar nach der Landung verloren. Diesmal fanden die Marsianer nicht nur ein Tableau mit ihnen völlig unbekannten mathematischen Zeichen, die sie überaus faszinierten, sondern auch einen Stapel Passfotos, die ein russischer Techniker im Raumschiff versteckt hatte, um Außerirdischen eine Vorstellung von der Menschheit zu vermitteln.*

*Die Fotos vermittelten den Eindruck, dass es zwei Arten von Erdbewohnern gibt. Die meisten hatten ein glattes Kinn, während andere Bartwuchs aufwiesen. So etwas hatten die Marsianer, die einander wie ein Ei dem anderen glichen, noch nie gesehen. Sie beschlossen, eine Mission zur Erde zu entsenden, um herauszufinden, mit welch merkwürdiger Lebensform sie es hier zu tun hatten. Doch nun war die Mission zu einem Ende gekommen und Alien47 den Menschen in die Hände gefallen.*

*Bei der Untersuchung der entführten und betäubten Menschen hatte sich herausgestellt, dass einige der glatten Kinne kleine frische Schnitte und rote Flecken auf dem Adamsapfel hatten. Die Marsianer konnten jedoch diese Schnitte oder Flecke nie zwischen dem Bartwuchs entdecken. Alien47 erzählte stolz, dass die Spezialisten an Bord nach langem Hin und Her zu dem Schluss gekommen waren, dass der Wuchs durch ein immer wieder ausgeführtes Beschädigungsritual entstanden sein musste. Offenbar traf das tägliche Trauma die Menschen schwer, und meist blieben keine Spuren zurück, aber das war nicht bei allen der Fall. Sie schlossen daraus, dass es wohl nur eine Art Mensch gab, genau wie auch nur eine Art Marsianer existierte. Die Wort für Wort überlieferten Protokolle zeigen, dass die überraschten Vernehmer vergeblich und auf lächerliche Weise versuchten, Alien47 von seinem Irrglauben abzubringen und ihm verständlich zu machen, dass es Männer und Frauen gab. Und auch Kinder, die sich ebenso wie Frauen nie rasieren mussten. Doch Alien47 ließ sich nicht überzeugen. Er blieb dabei: Das konnte nicht sein. Frauen, Kinder – eine derart bizarre Theorie wollte er nicht glauben. Zumal es eine viel einfachere Erklärung gab. Sie wollten sich bestimmt nur über ihn lustig machen, hielt er den Agenten vor. Stellen Sie sich nur einmal vor, hatte er spöttisch gerufen, was passiert, wenn die Mission mit einer solch unglaublichen Geschichte nach Hause zurückkehrt. Die gesamte Besatzung würde, nachdem die Regenten vom Mars herzlich gelacht hätten, direkt in die gefürchteten Minen von Baf deportiert werden! Völlig erschöpft war Alien47 danach in eine Art Koma gefallen, aus dem er nie wieder erwachte. Wo er letztlich geblieben ist, weiß niemand genau.*

Natürlich hatte Alien47 Unrecht, doch er tat genau das, was jeder kluge Wissenschaftler tut: Er suchte nach der einfachsten möglichen Erklärung für die von ihm wahrgenommenen Phänomene. Je weniger Vermutungen man anstellen muss, desto weniger falsche Vermutungen macht man. So ist auch zu erklären, dass die sich hartnäckig haltende Theorie, einige Fälle von Linkshändigkeit seien auf eine Hirnschädigung zurückführen, Menschen auf die Idee brachte, Linkshändigkeit könne einen traumatischen Hintergrund haben. Das würde bedeuten, dass Linkshändigkeit auf eine Hirnschädigung zurückzuführen sei, die die Steuerung der eigentlichen Vorzugshand derart beeinflusse, dass die andere etwas besser funktioniere, wenn auch nicht so wesentlich, dass es überhaupt ins Gewicht falle.

Zwar sind einige Untersuchungen, die Linkshändigkeit mit einem Unfall verknüpfen, von zweifelhafter Qualität, doch es gibt so viele von ihnen, dass man doch annehmen könnte, Linkshändigkeit sei die Folge einer Entwicklungsstörung vor der Geburt oder eine kurz vor der Geburt entstandene Hirnschädigung. Neben Verbindungen mit diversen Erkrankungen fand man auch Zusammenhänge zwischen Linkshändigkeit und langen oder schweren Geburten, Kaiserschnitten, einem hohen Alter der Mutter, Unverträglichkeit der Blutgruppe und Ähnlichem. Das mag als Begründung wenig befriedigen, doch was immer bei der Entwicklung von der befruchteten Eizelle bis zum Neugeborenen schiefgeht, kann anscheinend als Haupt- oder Nebenwirkung zur Linkshändigkeit führen.

Daher ist es so reizvoll, eine traumatische Wirkung als alleinige Ursache von Linkshändigkeit anzusehen. Reizvoll, weil diese Theorie so einfach ist: Während alle anderen Theorien von mindestens zwei Formen der Linkshändigkeit ausgehen müssen, gibt es hier nur eine Ursache, da Traumata nun einmal eindeutig bestehen. Außerdem ist sie konkret und nachvollziehbar. Es ist nicht abwegig oder schwierig, der Idee einer partiellen Hirnschädigung etwas abzugewinnen, denn während der Schwangerschaft und während oder kurz nach der Geburt kann es immer wieder zu Schädigungen kommen.

Ein weiterer Vorteil der allgemeinen Traumatheorie ist, dass sie auch den erhöhten Prozentsatz an Linkshändern bei Zwillingen gut erklären kann. Zwillinge sitzen lange in der Gebärmutter fest, was das Risiko einer Schädigung erhöht. Bei der Geburt muss zudem immer ein Zwilling länger warten, und auch das erhöht das Risiko von Sauerstoffunterversorgung und möglicherweise Linkshändigkeit. Das hört sich alles schön und gut an, doch es gibt keine Basis dafür, da die Traumatheorie stillschweigend von der unbewiesenen Annahme ausgeht, dass wir von Natur aus alle Rechtshänder sind. Das kann man mit Blick auf die Untersuchungen an Tieren so natürlich nicht stehen lassen. Zudem würde die Tatsache, dass zehn Prozent der Bevölkerung Linkshänder sind, bedeuten, dass diese zehn Prozent mit einem Hirntrauma zur Welt gekommen sind. Schlimmer noch, da in allen Gruppen, in denen Linkshänder überproportional vertreten sind, die übergroße Mehrheit noch immer ganz normal rechtshändig ist, muss die Zahl der Menschen mit Hirndefekt gigantisch groß sein. Wenn Linkshändigkeit auf ein bestimmtes Leiden verweist, warum sollte dann für Rechtshänder etwas anderes gelten?

Umgekehrt kommt Linkshändigkeit häufiger vor als alle Abweichungen, mit denen es in Verbindung gebracht wird, wie bei Alien47, der mehr glatte Kinne als bärtige antraf. Er versuchte sie fälschlicherweise mit der Ursache – dem Rasieren – zu erklären, und genauso ist es hier auch. Das würde bedeuten, dass jeder Stoß, den ein ungeborenes Kind erhält, direkt zur Linkshändigkeit führt und bisweilen auch zu einer anderen Abweichung, was jedoch sehr unwahrscheinlich ist.

Außerdem müssen nicht alle Verbindungen zwischen Linkshändigkeit und anderen Abweichungen auf ein Trauma hindeuten. Ein Trauma ist kein von Natur aus gegebener Zustand, sondern wird durch äußere Einflüsse oder als Folge eines Defekts herbeigeführt. Hier lässt sich die in den Jahren 2005 bis 2009 durchgeführte niederländische Studie anführen, die einen positiven Zusammenhang zwischen der Häufigkeit von Brustkrebs in jungem Alter – was glücklicherweise selten ist – und Linkshändigkeit feststellte. Wenn es also wirklich eine Verbindung gibt, würde das vielmehr auf eine nicht-traumatische Ursache hindeuten, die durch einen dummen Zufall sowohl die Wahrscheinlichkeit auf Linkshändigkeit als auch auf Anfälligkeit für Brustkrebs in frühem Alter erhöht. Dabei kann es sich um eine Genvariante handeln oder um ein Problem des Hormonhaushalts.

Die Existenz traumatisch bedingter Linkshändigkeit ist als Anreiz zur Suche nach einer Erklärung für Linkshändigkeit in dieser Richtung nicht so zwingend, wie man zunächst annehmen könnte. Wenn es keinen zwingenden Grund zu der Annahme gibt, dass wir alle von Natur aus Rechtshänder sind, muss folglich auch eine traumatische

Rechtshändigkeit bestehen. Nur ist diese nirgends zu erkennen. Dieses Fehlen liegt wiederum an der schiefen Verteilung zwischen Links- und Rechtshändern, während Hirntraumata im Schnitt links und rechts gleichermaßen vorkommen. Rechnen wir das kurz nach.

Wir gehen von 10.000 Kindern aus, darunter zehn Prozent natürliche Linkshänder. Der Einfachheit halber nehmen wir an, dass Hirntraumata, die eine Umkehrung der Vorzugshand verursachen, bei einem von hundert Kindern auftreten. Dann ist Folgendes zu beobachten:

- Im Laufe ihrer Entwicklung werden 50 Kinder links eine Schädigung erleiden und 50 Kinder rechts.
- Von denen, die links eine Schädigung zeigen, werden die Rechtshänder traumatisch linkshändig. Das sind 45. Mit den übrigen Linkshändern passiert nichts.
- Von denen, die rechts eine Schädigung zeigen, werden die Linkshänder traumatisch rechtshändig. Das sind 5, während mit den 45 Rechtshändern nichts passiert.
- Am Ende der Entwicklung liegt die Zahl der Linkshänder also bei 1000 - 5 + 45 = 1040, darunter 45 traumatische Linkshänder. Das entspricht vier Prozent der Gesamtzahl.
- Am Ende der Entwicklung liegt die Zahl der Rechtshänder also bei 9000 - 45 + 5 = 8860, darunter 5 traumatische Rechtshänder. Das ist nur ein halbes Prozent der Gesamtzahl.

Der Einfluss von Traumata auf Umfang und Zusammensetzung der Linkshänder-Gruppe ist deutlich erkennbar, doch die winzige Gruppe traumatischer Rechtshänder geht in der Rechtshänder-Gruppe, in der sie landet, vollkommen unter.

Wenn eine Gruppe Linkshänder um vier Prozent wächst, bedeutet das, dass der Anteil Linkshänder in einer Gesamtgruppe ungefähr um ein halbes Prozent zunimmt. Das entspricht in etwa der Erfahrung, dass in einer Gruppe mit einer Erkrankung die Zahl der Linkshänder häufig über dem Durchschnitt liegt. Doch selbst bei einer derart geringen Erhöhung müssen wir davon ausgehen, dass in einem von hundert Fällen ein Trauma auftritt, das gerade so viel Einfluss auf die Vorzugshand hat, dass die andere Hand die Arbeit der Vorzugshand übernimmt, allerdings in so geringem Maße, dass dies unbemerkt bleibt. Wir glauben dann, wir hätten es mit einem normalen Linkshänder zu tun.

Das sind strenge Anforderungen, die wir bei Traumata anlegen, Vorgänge, die von Natur aus dazu neigen, willkürlich zuzuschlagen. Wenn der ganz spezielle Trauma-Typus, der die Handvorliebe beeinflusst, schon so häufig vorkommt, wie hoch müsste dann wohl die Gesamtzahl an Unfällen sein? Oder existiert ein Risikofaktor, der ausschließlich einen bestimmten Trauma-Typus auslöst? Der Mann, der hier ein ganzes Stück weiterkam, war Norman Geschwind.

ooooooooooooooo

Norman Geschwind war von 1969 bis 1984, als er im Alter von 58 Jahren starb, Professor für Neurologie an der renommierten amerikanischen Harvard Medical School. In Fachkreisen genoss er höchste Anerkennung. Er war einer, der immer weiter dachte als andere, immer etwas schneller und besser war und mit neuartigen Gedanken überzeugte. Und seine Gedanken kreisten um Testosteron!

Bei Geschwind besagt der Begriff »traumatisch« nicht, dass ein Linkshänder automatisch negative Folgen erfahren muss. Im Gegenteil, Linkshändigkeit ist für Geschwind nur ein einfach erkennbares Anzeichen, dass das Gehirn der betreffenden Person etwas anders zusammengesetzt ist als andere, in Kombination mit diversen Eigenschaften vom erhöhten Risiko für Immunerkrankungen wie Heuschnupfen bis zu den seltsamsten Allergien, Migräne, Hasenscharte, Epilepsie und einigem mehr. Dem kann sehr wohl ein vermindertes Risiko für andere Krankheiten und Leiden gegenüberstehen. So sind in den Tropen Träger der Sichelzellenanämie weniger anfällig für Malaria. Das hört sich seltsam an, doch tatsächlich scheint es beispielsweise einer an Schizophrenie erkrankten Person, die die Hälfte eines Zwillingspärchens ist, besser zu gehen, wenn einer der Zwillinge zudem Linkshänder ist, als wenn beide Rechtshänder wären.

Geschwind fand den Schüssel zur Erklärung der Linkshändigkeit in zwei Symptomen. Zum einen war Linkshändigkeit bei Mädchen etwas weniger häufig anzutreffen als bei Jungen. Zweitens bestand augenscheinlich ein auffälliger Zusammenhang zwischen Linkshändigkeit und Immunerkrankungen. Die große Frage war, welcher Zusammenhang zwischen diesen beiden Symptomen bestand. Linkshändigkeit hatte also irgendwie mit der Verteilung der Funktionen über die Hirnhälften zu tun. Doch welche Rolle dabei die Immunerkrankungen spielten, war ein vollkommenes Rätsel.

Zur Lösung dieses Rätsels betrachtete Geschwind zunächst die simple Frage: Worin vor allem unterscheidet sich vor der Geburt die Entwicklung von Jungen und Mädchen? Die Antwort fand er im Testosteron, dem männlichen Geschlechtshormon. Männliche Embryos baden geradezu darin, da sie es selbst produzieren; bei Mädchen ist das nicht der Fall.

Nun sind Jungen allgemein anfälliger für Störungen im Immunsystem, sodass die nächste Frage war, ob vielleicht doch ein Zusammenhang zwischen Testosteron und Immunerkrankung festzustellen war. Und auch das gelang Geschwind. Eine hohe Dosis Testosteron hat eine hemmende Wirkung auf die Thymusdrüse, die wichtige Aufgaben beim Aufbau und bei der genauen Abstimmung des Immunsystems übernimmt.

Im nächsten Schritt musste eine Verbindung zwischen Testosteron und Gehirn nachgewiesen werden. Und auch hier war der clevere Geschwind erfolgreich. Bekannt war, dass die linke Hirnhälfte sich etwas früher entwickelt als die rechte. Eine hohe Konzentration an Testosteron schien die Entwicklung der linken Hirnhälfte zu hemmen, und zwar genau in einer Phase, da diese Hälfte sehr empfindlich ist. Diese Phase ist deshalb länger, was wiederum ein doppeltes Risiko bedeutet: Zum einen kann die linke Hirnhälfte leicht geschädigt werden und zum anderen kann es sein, dass sie durch die sich später entwickelnde rechte Hirnhälfte mehr oder weniger eingeholt, gar überflügelt wird. Dadurch besteht eine erhöhte Anfälligkeit für Abweichungen wie Legasthenie, aber auch Linkshändigkeit.

Das alles ergab Sinn, doch es blieb die Frage, woher die linkshändigen Mädchen kamen. Obwohl weibliche Embryos kein Testosteron produzieren, werden sie fast genauso häufig linkshändig wie Jungen. Und Mädchen können wie Jungen an Beschwerden leiden, die Geschwind mit einer Störung im Testosteronspiegel in Zusammenhang brachte, wenn auch weniger häufig. Geschwind stellte fest, dass Mütter als Nebenprodukt verschiedener Prozesse Testosteron produzieren. Dadurch kann bei Mädchen der Testosteronspiegel höher als normal steigen. Es geht also nicht um die absolute Freisetzung von Testosteron, die bei Jungen und Mädchen recht unterschiedlich ist, sondern vielmehr um die relativ hohe Konzentration.

Es war eine klug konstruierte Antwort, die sicher auch nicht ganz falsch ist. Sie ist zudem einmalig, da sie als einzige einen nachvollziehbaren Zusammenhang zwischen der etwas größeren Häufigkeit der Linkshändigkeit bei Jungen und ihrer größeren Anfälligkeit für Immunerkrankungen, Allergien und Ähnlichem herstellt. Doch dies kann nicht die ganze Geschichte sein, denn auch Geschwinds Theorie greift nicht bei eineiigen Zwillingen. Denn wie ließe sich dann erklären, dass unter eineiigen Zwillingen, von denen einer Linkshänder ist, der andere es nicht ist?

Bei Jungen lässt sich dafür noch eine plausible Erklärung finden, da männliche Embryos ihr eigenes Testosteron produzieren. Nun ist es so, dass zwei von drei Zwillingspaaren zwar die äußere, nicht jedoch die innere Embryonalhülle miteinander teilen. Solange bei diesen Zwillingen der Testosteronüberschuss, den einer der beiden produziert, innerhalb der inneren Embryonalhülle bleibt, muss das den anderen nicht unbedingt beeinträchtigen. Aber warum wird bei identischen

Zwillingen bei dem einen ein Überschuss an Testosteron produziert, beim anderen jedoch nicht? Das kann nicht am Erbmaterial liegen, denn das ist bei beiden Zwillingen gleich. Aber die Umgebung ist es auch: Einflüsse, die von der Mutter herrühren, müssten beide gleich stark treffen.

Bei weiblichen Zwillingen tut sich Geschwind noch schwerer. Das Testosteron, das bei ihnen für die genannten Abweichungen sorgt, stammt immer aus dem Mutterleib. Es bleibt ein Rätsel, warum die beiden genetisch identischen Damen in spe trotzdem unterschiedlich reagieren.

# 31

# Wie ungünstige Eigenschaften weiterleben

Nach einem Jahrhundert an Forschungsarbeit sind wir keinen Schritt weiter und stehen größtenteils mit leeren Händen da, denn keine der drei besten Erklärungen für Links- und Rechtshändigkeit ist wirklich befriedigend.

Allgemeine Traumatheorien haben diverse Mängel, wobei das größte Manko wohl ist, dass sie annehmen müssen, dass sich bei Neugeborenen immer und überall erschreckend viele Hirnschäden zeigen, die sich später, wenn die Person aufwächst, kaum zeigen. Doch vor allem die Untersuchung aus dem Jahr 2009, die nachwies, dass die Unterschiede in der Ausstattung der beiden Hirnhälften bei Links- und Rechtshändern viel größer und allgemeiner sein können als bislang angenommen, erschwert es, hinter jeder Linkshändigkeit gleich ein Trauma zu vermuten.

Geschwind ist da mit seiner Testosterontheorie etwas besser unterwegs, auch wenn er das Zwillingsproblem nicht wirklich lösen kann. Sein Ansatz kann deshalb auch nicht die Linkshändigkeit an sich erklären, auch wenn nicht abwegig erscheint, dass Testosteron hinter Fällen des traumatischen Wechsels der Vorzugshand steckt.

Damit bleiben nur die genetischen Erklärungsansätze à la Marian Annett. Als sie ihren *right shift factor* vorstellte, war dies nicht mehr als ein abstraktes Konzept. Inzwischen ist die Genetik weiter und ihre

These hat ein hübsches »biologisches Mäntelchen« umgelegt bekommen. So wurde vorgeschlagen, dass es sich in Wirklichkeit um eine rezessive Genvariante für Linkshändigkeit auf dem X-Chromosom mit geringer Penetranz (prozentuale Wahrscheinlichkeit zur Ausbildung eines bestimmten Genotyps) handelt. Wenn man annimmt, dass dieses Gen auf dem X-Chromosom liegt, kann man die etwas häufigere Linkshändigkeit bei Jungen besser erklären. Männer haben nur ein X-Chromosom, sodass sich jede entsprechende Genvariante als dominant erweist. Es gibt keine Kopie, die dieser Genvariante den Weg versperrt. Bei Jungen macht sich die rezessive linke Variante bemerkbar, bei Mädchen hingegen nur dann, wenn diese Variante bei beiden X-Chromosomen vorkommt.

Der Begriff Penetranz wird hilfsweise verwendet, weil der Effekt einer derartigen Penetranz aufgrund mangelnden Gegenspielers viel zu stark ist. Jungen sind häufiger Linkshänder als Mädchen, wenn auch nicht sehr stark. Penetranz ist eine Verfeinerung der alten Zweiteilung in dominante und rezessive Genvarianten bei Mendel. Im Laufe der Zeit hat sich gezeigt, dass dominante Genvarianten sich bei der Person, die sie in sich trägt, nicht immer zeigen. Das ist etwa bei Polydaktylie, also der Überzahl von Fingern und Zehen, der Fall. Polydaktylie ist unter anderem Folge des Vorhandenseins einer dominanten Variante eines Gens, doch zeigt sich nur bei zwei von drei Trägern dieser Genvariante tatsächlich diese Überzahl. Man spricht daher von einer Penetranz von 65 Prozent. Wichtigste Folge einer unvollständigen Penetranz ist, dass dominante Merkmale genau wie rezessive einige Generationen überspringen können, um dann unvermittelt wieder aufzutreten.

Penetranz beschreibt also, wie eine Genvariante seinen Einfluss ungebremst ausüben kann, doch solange nicht deutlich ist, wer auf die Bremse tritt, ist nichts *erklärt*. Wenn nicht auch noch unumstößlich feststeht, welches Gen für die Linkshändigkeit verantwortlich ist, ist ein derartiges Gen, um im Polizeijargon zu sprechen, höchstens etwa, das »Verdacht erregt«. Nicht mehr als jemand, dem wenig nachzuweisen ist und den man nicht einmal zum Verhör vorladen kann, geschweige denn aufgrund von Gesetz und Beweislage schuldig sprechen.

Selbst wenn es gelänge, mit einer List an der Penetranzschraube für ein vermutetes Vorzugshand-Gen auf dem X-Chromosom zu drehen, um sich so den tatsächlichen Chancen auf eine Vererbung von Linkshändigkeit zu nähern, bringt uns das kein Stück weiter. Das liegt daran, dass Genvarianten die Verteilung der Handvorliebe nie direkt erklären können. Warum das so ist, wird am Schicksal von Darwins berühmten Finken deutlich.

oooooooooooooooo

Auf halbem Weg seiner vielbeachteten Reise auf der *HMS Beagle* fing und präparierte Charles Darwin 1835 auf den Galapagosinseln verschiedene Vögel, darunter einige hässliche Finkenarten, die sich stark ähnelten. Die Männchen waren allesamt pechschwarz, die Weibchen trugen ein mausgraubraunes Federkleid. Der auffälligste Unterschied zwischen den Arten waren Form und Größe ihrer Schnäbel. Erst viele Jahre später, als Darwin längst wieder zu Hause in Down House in Kent war, begriff er die eigentliche Bedeutung der verschiedenen Schnabelformen: Durch den Einfluss eines stark diversifizierten Futterangebots auf den Inseln waren aus einer Urfink-Art sechs jeweils sehr spezialisierte Arten entstanden. Auf einer Insel, auf der sie sich vorwiegend von großen, harten Samen ernähren mussten, waren Finken mit großen, kräftigen Schnäbeln zum Knacken von Nüssen im Vorteil gewesen und hatten sich als dominant erwiesen, bis schließlich alle Finken der Population einen großen Schnabel hatten. Auf Inseln, auf denen die Vögel sich nur von kleinen, schwer erreichbaren Samen ernähren konnten, war genau das Umgekehrte passiert, und so weiter.

Drei von sechs Darwinfinken, die es nur auf den Galapagosinseln gibt. Links oben der kleinschnabelige *Geospiza parvula*, rechts oben *Geospiza fortis* und unten *Geospiza magnirostris*, was »mit dem großen Schnabel« bedeutet. (Illustration nach John Gould 1838–1841)

Nach heutigem Wissensstand können wir sagen, dass die Schnabelform von den zwei Genprodukten BMP4 und Calmodulin abhängt. Je mehr BMP4 ein Vogelembryo produziert, desto breiter und tiefer wird sein Schnabel, während eine höhere Calmodulin-Konzentration für einen längeren Schnabel verantwortlich ist. Die Schnabelformen von Darwins Finken spiegeln also einen ersten genetischen Unterschied in einer langen Folge. Denn mit der Zeit hatten sich bei den voneinander isoliert lebenden Finkenpopulationen auf den Inseln des Archipels derart viele genetische Varianten angehäuft, dass sich daraus unterschiedliche Arten entwickelten.

Verläuft die Evolution gemeinhin auch langsam, so kann die Natur doch manchmal schnell reagieren. 1982 waren einige Exemplare der Finkenart *Geospiza magnirostris* bei einem besonders schweren Sturm zur Galapagosinsel Daphne hinübergeweht worden. Auf dieser Insel mit großen, harten Samen gediehen diese Finken mit großen Schnäbeln ganz hervorragend, sogar besser als die weniger gut ausgestatteten einheimischen Kollegen der Art *Geospiza fortis*. Doch 2004 schlug auf Daphne eine Trockenperiode zu, so erbarmungslos, dass fast keine großen Samen mehr zu finden waren. Es gab nur noch Kaktussamen, doch die ließen sich mit großem Schnabel nur schwer herauspulen. Die Finkenpopulation machte sofort schlapp, und auf der Bühne erschienen die einstigen Verlierer mit ihren kleineren Schnäbeln. So musste nicht nur *Geospiza magnirostris* das Feld räumen, auch innerhalb der heimischen Art gewannen diejenigen mit den kleinsten Schnäbeln schnell an Boden. Schon kurz nach der Trockenheit hatte der durchschnittliche Schnabelumfang der Vögel rasant abgenommen. Binnen eines Vierteljahrhunderts war zum zweiten Mal ein neues, anderes Gleichgewicht zwischen den Arten entstanden, und durch äußeren Druck hatten sich die Merkmale einer Art im Eiltempo verändert.

Das ist natürlich etwas anderes als die Entstehung einer gänzlich neuen Art, und doch ist bemerkenswert, dass sich mit Änderung der äußeren Umstände die genetische Variation sofort bemerkbar machte. Und das ist immer der Fall. Durch Variation innerhalb eines Genpakets wird eine Art flexibel und widerstandsfähig. Variation erhöht die Chance, dass ein Teil der Population in der Lage ist, auf Veränderungen der Lebensumstände zu reagieren und damit zu überleben. Was wäre gewesen, wenn Darwins Finken alle große Schnäbel gehabt hätten? Dann würde es heute vermutlich keine Finken mehr auf der Insel geben.

Die Ursache dieser Variation liegt im Auftreten und eventuell späteren Verschwinden von Genvarianten. Das ist der Motor der Evolution. Ohne Mutation gibt es keine neue Variation, ohne Variation keine Selektion, keine Anpassung an die äußeren Umstände und letztlich keine lebende Natur. Das bringt mit sich, dass das Verhältnis zwischen Trägern verschiedener Genvarianten zwangsläufig instabil ist. Das gesamte System zielt darauf ab, Veränderungen zu ermöglichen. Folge dieser Instabilität ist, dass sich die für den Fortpflanzungsprozess günstigen Merkmale mit der Zeit in der Gesamtpopulation verbreiten. Alles, was sich als nachteilig erweist, fällt unwiderruflich der Selektion anheim. Durch Rezessivität, Seltenheit und geringe Penetranz kann es sich noch über einige Generationen hinziehen, aber wirklich nachteilige Merkmale treten nach kürzester Zeit nur noch selten oder gar nicht mehr auf.

Selbst der Umfang, in dem gengebundene Merkmale auftreten, die keinerlei Effekt auf den Fortpflanzungsprozess haben, ist instabil. Eigentlich dürften diese Merkmale nicht bestehen, es gibt keine Kraft, die für ihre Verbreitung sorgt. Der Effekt, der beschreibt, dass es dennoch ab und zu passiert, wird als Gendrift bezeichnet, das ziellose Umherschweifen von Genvarianten. Dieses Szenario lässt sich wie folgt beschreiben:

Das unumstößliche Gesetz, dass vorteilhafte Varianten sich immer verbreiten und schädliche verschwinden, ist eine statistische Tatsache. Es gilt für große Populationen in ihrer Gesamtheit, gemessen über viele Generationen hinweg. Man muss sich eine solche Population als großen Ozean von aufeinanderfolgenden Individuen vorstellen. Vom Flugzeug aus weit oberhalb der Wolken betrachtet, gleicht der Ozean einer ausgedehnten, glänzenden, nahezu glatten Oberfläche. Das ist das durchschnittliche Bild. Doch an Bord eines Schiffes auf dem Wasser ist das Meer mal ruhig und spiegelglatt und kurz darauf ein Inferno aus haushohen, peitschenden Wellen oder ein raues, schaumgekröntes Waschbrett. In großen Systemen wie Meeren oder weltweiten Populationen treten starke Abweichungen vom Durchschnitt in der Regel nur örtlich und zeitlich begrenzt auf.

Von einer solchen Abweichung spricht man beispielsweise, wenn sich in einer kleinen Subpopulation eine wirkungslose Genvariante durch Zufall verbreitet. Von dort kann sie dann noch weiter in die Population eindringen. Genau das meint der Begriff Gendrift. Manche denken, dass die Linkshändigkeit auf diese Weise ihren Weg in die Menschheit gefunden hat, gerade weil der Prozentsatz an Linkshändern derart konstant bleibt. Doch das ist Unsinn. Dass die wirkungslosen Merkmale nicht durch Selektionsdruck wachsen oder verschwinden, macht sie noch nicht stabil. Genauso einfach und zufällig, wie sie erscheinen, können sie auch wieder verschwinden. So kann sich das in einer Generation zeigen, zwei Generationen später jedoch nicht mehr, oder umgekehrt.

Schlimmer noch, man würde bei Merkmalen, die aufgrund der Gendrift bestehen, starke Unterschiede zwischen Teilpopulationen erwarten. Angenommen, ein Schiff voller Kolonisten mit zufällig zwei Prozent Linkshändern an Bord landet auf einer einsamen Insel. Wenn Linkshändigkeit irgendwann durch Gendrift entstanden wäre, würden wir erwarten, dass sich ohne Selektionsdruck im Prinzip nichts verändert. Ein paar Generationen später müssten auf der Insel immer noch etwa zwei Prozent der Bevölkerung Linkshänder sein oder das seltene Phänomen wäre durch Zufall ganz verschwunden. Doch das kommt in der Wirklichkeit nicht vor.

ooooooooooooooo

Wenn sich die charakteristische Verteilung von Links- und Rechtshändigkeit nicht aus bestehenden, anerkannten biologischen Mechanismen ableiten lässt, ist es nur vernünftig, das Ganze einmal umzudrehen. Man kann zunächst die Merkmale dieser Verteilung feststellen und dann einen passenden Mechanismus suchen.

Aller Rätselhaftigkeit zum Trotz ist das ein oder andere gesichert. Etwa, dass der Handvorliebe eine

Vererbung zugrunde liegt. Und dass die Grundwahrscheinlichkeit für das Auftreten von Linkshändigkeit unveränderlich bei zehn Prozent liegt; bei Linkshändigkeit eines Elternteils verdoppelt sich die Wahrscheinlichkeit, dass das Kind ebenfalls Linkshänder wird. Verrückterweise ist jedes Merkmal, das diese Bedingungen erfüllt, offenbar selbststabilisierend, solange das Produkt von Grundwahrscheinlichkeit und Einfluss beider Eltern unter hundert Prozent bleibt. Liegt der Prozentsatz darüber, verbreitet sich das Merkmal unaufhaltsam über alle Individuen.

Kommen wir noch einmal zurück auf das Beispiel mit den Kolonisten, die sich auf einer einsamen Insel niederlassen. Wenn sie sich nun fortpflanzen, bilden sie Paare, die mal aus zwei Rechtshändern, mal aus einem Rechts- und einem Linkshänder und mal auch aus zwei Linkshändern bestehen. Wie viele Paare von jeder Zusammensetzung es gibt, hängt von der Größe der Gruppe und dem Prozentsatz der mitgereisten Linkshänder ab. Doch wenn jeder Nachkomme auf jeden Fall eine zehnprozentige Chance auf Linkshändigkeit hat und sich diese Chance mit jedem linkshändigen Elternteil verdoppelt, dann wird die Kolonie nach einiger Zeit immer noch die gleiche Anzahl Linkshänder haben, ungeachtet der an Land gegangenen Menge Kolonisten und ungeachtet davon, ob die Gruppe wächst, schrumpft gleich groß bleibt. Es hat auch keinen Einfluss, ob auf dem Schiff nur ein Linkshänder, ein Rechtshänder oder von beiden gleich viele waren. In allen Fällen sind nach einigen Generationen 12,7 Prozent der Bevölkerung Linkshänder, ein Prozentsatz, der danach unverändert bleibt.

| Population | % Linkshänder | Paare | | | Kinder | |
|---|---|---|---|---|---|---|
| | | lh-lh | lh-rh | rh-rh | lh | rh |
| **10 000** | **2,0** | 2 | 196 | 4802 | 1040 | 8960 |
| 10 000 | 10,4 | 54 | 932 | 4014 | 1219 | 8781 |
| 10 000 | 12,2 | 74 | 1070 | 3856 | 1259 | 8741 |
| 10 000 | 12,6 | 79 | 1100 | 3821 | 1268 | 8732 |
| 10 000 | 12,7 | 80 | 1107 | 3813 | 1270 | 8730 |
| 10 000 | 12,7 | 81 | 1108 | 3811 | 1270 | 8730 |
| 10 000 | 12,7 | 81 | 1108 | 3811 | 1270 | 8730 |

| Population | % Linkshänder | Paare | | | Kinder | |
|---|---|---|---|---|---|---|
| | | lh-lh | lh-rh | rh-rh | lh | rh |
| **10 000** | **98,0** | 4802 | 196 | 2 | 3920 | 6079 |
| 10 000 | 39,2 | 769 | 2383 | 1848 | 1938 | 8062 |
| 10 000 | 19,4 | 188 | 1562 | 3250 | 1425 | 8575 |
| 10 000 | 14,2 | 102 | 1222 | 3676 | 1305 | 8695 |
| 10 000 | 13,0 | 85 | 1135 | 3780 | 1278 | 8722 |
| 10 000 | 12,8 | 82 | 1115 | 3803 | 1272 | 8728 |
| 10 000 | 12,7 | 81 | 1110 | 3809 | 1271 | 8729 |
| 10 000 | 12,7 | 81 | 1109 | 3810 | 1270 | 8730 |

Die Tabelle zeigt, wie sich die Linkshändigkeit in einer Anfangspopulation von 10.000 Personen stabilisiert, von denen 2 bzw. 98 Prozent Linkshänder sind, wenn die Grundwahrscheinlichkeit auf Linkshändigkeit bei 10 Prozent liegt und sich durch jeden linkshändigen Elternteil die Wahrscheinlichkeit verdoppelt. Bei durchschnittlich zwei Kindern pro Paar bleibt die Bevölkerungszahl stabil. Binnen fünf bis sechs Generationen ist eine stabile Verteilung von 12,7 gegenüber 87,3 Prozent erreicht.

Es macht auch nichts aus, ob ein Merkmal mit diesen Charakteristiken evolutionsgeschichtlich gesehen vor- oder nachteilig ist. Das ist schön, denn ein rätselhafter Aspekt des Bestehens von Linkshändigkeit neben Rechtshändigkeit war immer gewesen, dass niemand sich ausmalen konnte, welche positive Wirkung auf den Fortpflanzungsprozess dafür sorgte, dass die Linkshändigkeit Bestand hatte. Wenn die Vorliebe für eine Hand eine Frage der Existenz von Genvarianten unter Selektionsdruck war, dann musste ein solcher Vorteil bestehen. Vielleicht ein ähnlicher Vorteil wie der der Sichelzellenanämie in von Malaria heimgesuchten Regionen, doch niemand ist hier zu einem konkreten Ergebnis gelangt. Da wir jedoch nun wissen, dass Links- und Rechtshändigkeit auf keinen Fall von einem Duo an Genvarianten abhängen kann, sind wir auch von der Pflicht befreit, uns einen nicht greifbaren Vorteil vorstellen zu müssen. Denn auch eine evolutionäre Qualität ist bei sich selbst stabilisierenden Merkmalen kaum von Bedeutung.

Um uns das vor Augen zu führen, müssen wir ein anderes menschliches Merkmal betrachten, eines, das zwar in keinem Zusammenhang mit der Linkshändigkeit steht, aber eine ähnliche stabile Verteilung kennt. Das ist das Merkmal der sexuellen Veranlagung.

Wie die Handvorliebe wird die sexuelle Veranlagung grob in zwei Gruppen eingeteilt, etwa im selben Verhältnis von eins zu zehn. Die Mehrheit orientiert sich am anderen Geschlecht, nur rund zehn Prozent am eigenen. Wie bei der Handvorliebe ist diese Zweiteilung nicht in Stein gemeißelt und absolut, meist sind Personen überwiegend das eine oder andere. Bei der sexuellen Veranlagung scheint es häufiger eine gemischte Bevorzugung für ein Geschlecht zu geben, doch der Schein trügt: So gibt es Menschen, die sich aus ideologischen Gründen bisexuell nennen. Wie die Zahl von

Linkshändern scheint der Prozentsatz an Homosexuellen mit beiderlei Neigung durch die Jahrhunderte hinweg überall auf der Erde mehr oder weniger konstant, doch gibt es einen elementaren Unterschied. Während die Frage offen bleibt, ob mit der Handvorliebe evolutionäre Vor- oder Nachteile verknüpft sind, steht fest, dass Homosexualität das Paradebeispiel für ein Merkmal ist, das dem Fortpflanzungsprozess schadet.

Ein echter Homosexueller lässt das andere Geschlecht links liegen und stellt sich damit in Sachen Fortpflanzung selbst ins Abseits. Seine Lebensform ist aus der Perspektive sexueller Selektion evolutionär so katastrophal nachteilig, dass es ein Rätsel bleibt, wie Homosexualität sich jemals hat etablieren können und sich trotz aller Hindernisse gar so durchgängig behaupten konnte.

Man sollte erwähnen, dass ein Grund für die Beständigkeit der Homosexualität in ihrer Unterdrückung liegt. Homosexualität wird fast überall missbilligt, teils rundweg abgelehnt oder bekämpft. Allenfalls durften sich Männer innerhalb eines gewissen Rahmens versündigen, auch wenn homosexuelle Kontakte heute selbst in stark segregierten Gesellschaften geflissentlich übersehen und als Ventil für die Frustration junger Männer betrachtet werden. Das änderte nichts daran, dass man von ihnen erwartete, eine Familie zu gründen und für Nachwuchs zu sorgen. Frauen wurden meist nicht beachtet. Für sie galt und gilt, traurig genug, noch heute in vielen Gesellschaften die viktorianische Redensart »*Close your eyes and think of England*«.

Die meisten homosexuellen Männer und Frauen hatten im Laufe der Jahrhunderte somit wenige

Möglichkeiten, ihre Orientierung auszuleben. Notgedrungen erfüllten sie mehr oder weniger erfolgreich ihr Soll an Familienplanung und Fortpflanzung. Das ist auch heute kaum anders, nicht nur in den Ländern, in denen Homosexualität offiziell nicht besteht, sondern selbst in Westeuropa und Amerika. Wer kennt nicht einen verstockten Junggesellen, ewigen Nesthocker oder Einsiedler? Das sind alles Lebensformen, die zweifellos vielen Homosexuellen ein unverdächtiges, wenn auch vielleicht unerfülltes Leben ermöglichen.

Als selbststabilisierende Eigenschaft nach Art der Linkshändigkeit kann sich die Homosexualität sicher relativ leicht einen Platz in der Gesellschaft erobert haben. Mehr noch, sobald sie aus welchen Gründen auch immer in einem oder mehreren Individuen besteht, wird sie diesen Platz erobern. Die negativen Folgen für die Fortpflanzung ändern nichts daran. Es wird lediglich eine etwas höhere durchschnittliche Geburtenzahl erforderlich sein, um die Bevölkerungszahl insgesamt konstant zu halten.

Dazu ein konkretes Beispiel. Wir legen dieselben Werte wie bei der Linkshändigkeit zugrunde. Es gibt also eine Grundwahrscheinlichkeit für Homosexualität bei jedem Kind von zehn Prozent, die sich verdoppelt, wenn ein Elternteil homosexuell ist. Wir nehmen weiter an, dass alle Paare, die sich aus zwei Homosexuellen zusammensetzen, sich nicht fortpflanzen, und dass die Hälfte der Paare, von denen ein Partner homosexuell ist, das ebenfalls nicht tut. Das sind strenge Bedingungen, die einen herben Schlag für die Fortpflanzungswahrscheinlichkeit darstellen. Doch selbst unter diesen Umständen liegt die durchschnittliche Kinderzahl pro Paar, bei der die Bevölkerungszahl konstant bleibt, statt bei zwei nun bei nicht mehr als bei 2,25 Prozent. Die Zahl der Homosexuellen in der Bevölkerung bleibt mit elf Prozent äußerst stabil.

| Population | % Homosexuelle | Paare | | | Kinder | |
|---|---|---|---|---|---|---|
| | | ho-ho | ho-he | he-he | ho | he |
| **10 000** | **2,0** | 2 | 196 | 4802 | 1125 | 9900 |
| 11 025 | 10,2 | 57 | 1010 | 4445 | 1227 | 9911 |
| 11 138 | 11,0 | 68 | 1092 | 4409 | 1238 | 9911 |
| 11 149 | 11,1 | 69 | 1100 | 4406 | 1239 | 9912 |
| 11 151 | 11,1 | 69 | 1101 | 4405 | 1239 | 9912 |
| 11 151 | 11,1 | 69 | 1101 | 4405 | 1239 | 9912 |

| Population | % Homosexuelle | Paare | | | Kinder | |
|---|---|---|---|---|---|---|
| | | ho-ho | ho-he | he-he | ho | he |
| **10 000** | **98,0** | 4802 | 196 | 2 | 45 | 180 |
| 225 | 19,8 | 4 | 36 | 72 | 24 | 179 |
| 203 | 12,0 | 1 | 21 | 79 | 23 | 178 |
| 201 | 11,2 | 1 | 20 | 79 | 22 | 178 |
| 200 | 11,1 | 1 | 20 | 79 | 22 | 178 |
| 200 | 11,1 | 1 | 20 | 79 | 22 | 178 |

Die Tabelle zeigt, wie sich die Homosexualität in einer Anfangspopulation von 10.000 Personen stabilisiert, wenn die Grundwahrscheinlichkeit auf Homosexualität bei zehn Prozent liegt, ein homosexueller Elternteil die Wahrscheinlichkeit verdoppelt, homosexuelle Paare sich nicht fortpflanzen und Paare, bei denen nur ein Partner homosexuell ist, sich in der Hälfte der Fälle nicht fortpflanzen. Durchschnittlich bekommt ein Paar 2,25 Kinder. Auch wenn nun anfänglich 98 Prozent der Bevölkerung homosexuell sind oder nur 2 Prozent, bleibt der Prozentsatz innerhalb von fünf Generationen bei einem Wert von 11 Prozent, bei einer stabilen (wenngleich auch sehr unterschiedlichen) Bevölkerungszahl.

Es ist möglich, dass es weitere ähnliche Merkmale gibt, Merkmale, die immer und überall mit der gleichen Häufigkeit vorkommen und für Selektion unempfänglich sind. Wir müssen sie nicht unbedingt kennen, da es sich hier vielleicht um uninteressante oder unauffällige Merkmale handelt oder um Prozesse, die sich im Innern des Körpers abspielen. Sie müssen auch nicht miteinander in Verbindung stehen, so wie es auch keinen Zusammenhang zwischen sexueller Veranlagung und Handvorliebe gibt. Sie können darum auch verschiedene Ursachen haben und sogar auf unterschiedlichen Prinzipien basieren. Welche das sind, das ist nach wie vor ein Rätsel. Zur Ermittlung der Triebkraft für die Linkshändigkeit können wir noch einen Versuch unternehmen. Dabei hilft das bemerkenswerte Verhalten von Zwillingen.

# 32

## Linkshänder als verkappte Zwillinge

Im Jahr 1967 stellte der Psychologe Subirana mit einem Stoßseufzer fest, Linkshänder seien offenbar ausschließlich dazu da, Neurologen das Leben schwer zu machen. Mit gleichem Recht ließe sich behaupten, Zwillinge seien nur deshalb auf der Welt, um Erklärungen für Linkshändigkeit zu sabotieren. Wie wir es auch drehen und wenden, immer stehen sie auffällig im Weg.

Könnte man daraus nicht auch die Lehre ziehen, dass wir Zwillinge bisher immer von einem falschen Blickwinkel aus betrachtet haben? Zwillinge bilden eine besondere Gruppe, und wir haben uns daran gewöhnt, sie als etwas Besonderes zu sehen. Aber was, wenn das nicht zutrifft, sobald die Linkshändigkeit ins Spiel kommt? Was wäre, wenn der Zwilling, so selten er auch ist, der Normalfall und ein linkshändiger Einling die Ausnahme ist? Der Gedanke ist rein spekulativ, aber sehr reizvoll. Vor allem, wenn wir uns zunächst auf eineiige Zwillinge beschränken.

Mindestens drei Tatsachen lassen sich als Grundlage heranziehen. Erstens ist Linkshändigkeit unter Zwillingen etwa zweimal häufiger anzutreffen als bei Einlingen. Das ist längst bekannt, doch interessant wird es, wenn wir dies mit einem zweiten Faktum kombinieren: Bei Linkshändern ist die Wahrscheinlichkeit, dass sie Zwillinge bekommen, zweimal so hoch wie bei Rechtshändern.

Es besteht somit nicht nur zwischen Zwillingsschaft und Linkshändigkeit ein Zusammenhang, sondern auch zwischen Zwillingselternschaft und Linkshändigkeit.

Drittens ist bei Linkshändern die Wahrscheinlichkeit, ein linkshändiges Kind zu bekommen, etwa doppelt so hoch wie bei Rechtshändern. Und wenn wir dies wiederum mit dem zweiten Faktum kombinieren, sehen wir, dass Linkshänder eine etwas erhöhte Chance auf Zwillinge wie auch auf ein linkshändiges Kind haben. Das klingt verheißungsvoll, zumal mit Blick darauf, dass die Zahl eineiiger Zwillinge von Gesellschaft zu Gesellschaft kaum oder gar nicht variiert, ganz wie in der Fraktion der Linkshänder.

Wir müssen nun noch einen Schritt weitergehen und eine kühne These aufstellen. Nehmen wir an, dass ein Zusammenhang zwischen Zwillingsschaft und Linkshändigkeit nicht rein zufällig besteht, sondern dass eine eineiige Zwillingsschaft die Bedingung für das Entstehen von Linkshändigkeit ist und dass nur aus Embryos, die sich in einem frühen Stadium teilen, ein oder zwei linkshändige Embryos entstehen können.

Das Reizvolle an dieser Idee ist, dass dann nur noch ein Merkmal von einer Generation an die nächste weitergegeben werden muss, um die nichttraumatische Linkshändigkeit wie auch die Existenz von Zwillingen zu erklären. Dieses Merkmal muss eine stärkere oder schwächere Neigung zur Teilung des ursprünglichen Embryos sein. Wenn der Körper der Mutter von Natur aus einen bestimmten konstanten Druck zur Teilung auf den entstehenden Embryo ausübt, und wenn dieser Druck bei linkshändigen Eltern stärker als bei rechtshändigen Eltern ist, dann steht das im Einklang mit der Erfahrung, die wir bei Zwillingen und Linkshändern gemacht haben. Wir haben dann ein Merkmal gefunden, das in jeder Hinsicht dafür sorgt, dass die Handvorliebe auf Vererbung beruhen kann, ohne in direkter Abhängigkeit von bestimmten Genvarianten zu stehen. Doch bis wir so weit sind, müssen wir noch einige Hindernisse überwinden.

Wir scheinen schon Schiffbruch zu erleiden, bevor wir überhaupt gestartet sind, und zwar an der unleugbaren Tatsache, dass Zwillinge seltener sind als Linkshänder. Aus einem von zehn Geburten entsteht ein Linkshänder, eineiige Zwillinge gibt es nur in drei oder vier von tausend Fällen. Um festzustellen, ob hier trotzdem eine Verbindung besteht, müssen wir uns zunächst das Entstehen von Zwillingen genauer betrachten.

oooooooooooooooo

Eineiige Zwillinge beginnen ihre Karriere in den ersten acht bis neun Tagen nach der Befruchtung. Dann kann sich das Zellklümpchen, das sich zu einem echten Embryo entwickeln will, in zwei etwa gleich große Teile teilen, die beide zu einem selbstständigen Embryo heranwachsen. Das Zellklümpchen ist zwar winzig, doch ein sehr komplexer Körper. Das beliebte Bild der befruchteten Eizelle, die augenblicklich in zwei Teile zerfällt, so wie eine normale Zelle sich teilt, trifft nicht zu. Diese Vorstellung beruht auf bekannten Experimenten mit Eiern von Salamandern. Wird ein Ei durchgeschnitten, entwickeln sich hier zwei neue Eier, in denen jeweils zwei Tiere heranwachsen. So funktioniert es bei Menschen leider nicht. Menschliche Zwillinge entstehen in der Regel viel später.

Am vierten Tag nach der Befruchtung bildet sich ein Häutchen um das Zellklümpchen des entstehenden Embryos. Dieses Häutchen, äußere Embryonalhülle oder Chorion genannt, umfasst in zwei von drei Fällen beide Teile eines eineiigen Zwillings, sodass wir wissen, dass etwa zwei von drei Zwillingpaaren erst danach entstehen. Die Zwillinge, die sich zu dem Zeitpunkt schon geteilt haben, entwickeln jeweils ein eigenes Chorion. Um den siebten Tag herum bildet sich ein neues Häutchen, die innere Embryonalhülle oder Amnion. Dieses Häutchen teilen Zwillinge beinahe nie, denn zu dem Zeitpunkt hat die Teilung bereits stattgefunden. Die Mehrheit der Zwillinge entsteht zwischen dem vierten und siebten Tag nach der Befruchtung. Die seltenen Fälle, in denen die Teilung spät auftritt, sodass der Zwilling Chorion und Amnion teilt, führt zu Resultaten wie siamesischen Zwillingen.

An der späten Teilung lässt sich erkennen, dass die Bildung eines Zwillings ein recht komplizierter und riskanter Prozess ist. Beim Teilen einer einzigen Zelle kann relativ wenig schieflaufen. Teilung bereitet den meisten Zellen kaum Kopfzerbrechen. Aber eine ganze Zellstruktur lässt sich nicht einfach so teilen, dass beide Teile die Voraussetzung für eine Weiterentwicklung erfüllen. Bleibt die Frage, wie Mutter Natur das immer wieder gut hinbekommt.

Wir können die Frage möglichst einfach zu beantworten versuchen, indem wir annehmen, dass es kein allzu kompliziertes Prozedere gibt: Wenn ein Embryo sich teilt, dann passiert das willkürlich. In den allermeisten Fällen besitzt einer der Teile dann nicht ausreichend Material, um sich weiterzuentwickeln. Es ist nicht mehr als ein

Klümpchen aus ein paar Dutzend Zellen, die einfach spurlos verschwinden können. Das mag sich wenig effizient anhören, doch dem Prozess wohnt die Schönheit der Einfachheit inne, und wir nähern uns der Richtung, in der wir suchen wollen. Denn die allermeisten Kinder, die zu Beginn der Schwangerschaft als Zwilling starten, kommen später doch als Einling zur Welt.

Auf den ersten Blick könnte man sagen, dass einfach nachvollziehbar sein müsste, ob dieser Gedankengang etwas für sich hat, doch dem ist nicht so. Wir sprechen über ein Ereignis in den ersten Tagen einer normalen Schwangerschaft. Für gewöhnlich wissen die zukünftigen Eltern zu diesem Zeitpunkt noch nicht, dass sie ein Kind gezeugt haben, und mit künstlichen Befruchtungen kommen wir in diesem Fall nicht weiter. Selbst wenn wir genau sagen könnten, was sich zu diesem Zeitpunkt genau abspielt – welche werdende Mutter wäre bereit, sich und ihre zarte Frucht für eine Untersuchung zur Verfügung zu stellen? Nicht umsonst ist das Entstehen eineiiger Zwillinge trotz modernster Technik bis heute ein Rätsel.

ooooooooooooooo

Kehren wir zum Ausgangspunkt unserer Betrachtung zurück: Linkshändigkeit entsteht durch Teilung eines Embryos. Ein weiterer Hinweis, dass wir mit dieser Idee nicht völlig falsch liegen, ist die Tatsache, dass die Teilung in derselben Phase stattfindet, in der auch die Grundlage für die Symmetrien und Asymmetrien des sich entwickelnden Wesens entsteht. Ein Embryo in diesem Stadium mag wie ein schleimiges Klümpchen erscheinen, doch es wird sehr zügig daran gearbeitet, die Basisunterschiede zwischen Rücken und Bauch und Kopf und Unterteil auszubilden. Das muss auch so sein, denn innerhalb von drei Wochen nach der Befruchtung muss sich das Rückgrat eines Menschen ausgebildet haben. Dann hat sich bereits so etwas wie ein Rückenmarkstrang gebildet, ein Ansatz, aus dem sich Organe und Muskeln, ein einfacher Blutkreislauf und sogar das Herz bilden. Dies ist sozusagen das Kaulquappenstadium, in dem der Embryo etwa einen Zentimeter groß ist.

Manchmal erkennt man bei eineiigen Zwillingen, dass unscheinbare Asymmetrien in einem der beiden umgekehrt ausgebildet sind. Ein bekanntes Beispiel ist die Form etwa eines Ohrs, das bei einem Zwilling an einer Seite exakt die gleichen Um-

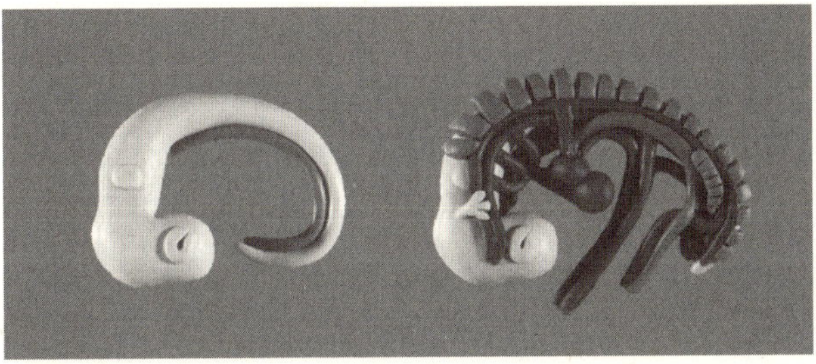

Modell von Colin Quilter von der Universität Auckland in Neuseeland, das einen drei Wochen alten menschlichen Embryo zeigt. Links ist nur der Nervenstrang zu sehen, der sich zum Rückenmark ausbildet. Darauf ist ein Knopf zu erkennen, der zum Gehirn wird. In der Innenkurve des Strangs liegt das Notochord, eine primitive Urwirbelsäure. Rechts das Modell mit vollständigem Blutkreislauf und Herz (den Kügelchen in der Mitte). Auf dem Rücken verlaufen die Somiten, das Ursegment, aus dem sich Haut, Wirbelsäule und Muskeln bilden. Dieses Stadium wird binnen zwei Wochen nach der letzten Gelegenheit zur Zwillingsausbildung erreicht.

risse hat wie beim anderen Zwilling das Ohr auf der anderen Seite. Andere häufig auftretende Seitenverkehrungen sind die Form eines Augenlids und der Haarwirbel. Das alles kann seine Ursache in einer Störung der normal verlaufenden Teilung eines Embryos haben, die genau dann auftritt, wenn sich erste Strukturen herausbilden. Ebenso gut können wir annehmen, dass wir im Prinzip alle Rechtshänder sind und es durchaus möglich ist, dass die Teilung den ersten Ansatz zum Entstehen von asymmetrischen Gehirnmerkmalen stört, wodurch einer der beiden Embryos zum Linkshänder wird oder sogar beide.

Wenn die Teilung reibungslos verlaufen soll, darf es sich hierbei nur um eine leichte Störung der normalen Anlage von Asymmetrien handeln. Schließlich reden wir noch immer von einem äußerst winzigen und besonders verletzlichen Objekt. Im Fall, dass die Teilung misslingt, erfahren werdende Eltern zum Glück nie, dass dies der Beginn einer Schwangerschaft war.

Dass wichtige Umkehrungen nicht allzu häufig stattfinden, kann daher auch nicht überraschen, genauso wenig wie die Tatsache, dass solche Umkehrungen, etwa in Fällen von teilweisem oder komplettem *situs inversus*, schwere Probleme verursachen. Auch im Gehirn, das sich im Moment der Teilung erst noch entwickeln muss, kann nichts allzu Verrücktes ablaufen. Meist sehen die Gehirne von Linkshändern auch nicht viel anders aus als die von Rechtshändern, und auch bei ihnen sitzen die wichtigsten Funktionen am gewohnten Platz. Bei einer Minderheit findet eine gewisse Umkehrung statt. Doch soweit wir mit heutigen Mitteln, vor allem der Magnetresonanztomografie, sehen können, ist die Folge meist, dass das Gehirn eines

Linkshänders etwas wenig stark lateral ausgerichtet ist. Intuitiv bestätigt das die Idee, dass eine leichte Kräuselung im frühen Entwicklungsstadium daran schuld ist, verursacht durch die Teilung eines Embryos.

oooooooooooooooo

Anhand der wenigen gesicherten Fakten können wir einigermaßen gut errechnen, wie groß bei Embryos die Neigung zur Teilung sein muss. Wir wissen, dass die Chance, Linkshänder zu werden, bei rund zehn Prozent liegt. Für Zwillingspaare gilt, dass die Wahrscheinlichkeit, beide Rechtshänder zu werden, bei etwa 64 Prozent liegt, während die Wahrscheinlichkeit, dass einer von ihnen Linkshänder ist, 32 Prozent beträgt - wer gut im Rechnen ist, wird feststellen, dass wir der Übersicht halber nur grob überschlagen. Das passt gut zu den Werten, die bei Untersuchungen immer wieder zutage treten und denen zufolge Linkshändigkeit bei einem Drittel von Zwillingpaaren auftritt. Die Chance, dass mindestens ein Zwilling Linkshänder wird, liegt mit 36 Prozent etwas höher, da zu dieser Gruppe auch die seltenen Fälle gerechnet werden, in denen beide Zwillinge Linkshänder sind.

Fest steht zudem, dass die Wahrscheinlichkeit, dass eine Befruchtung zu einem lebensfähigen eineiigen Zwilling führt, etwa bei drei bis vier Promille liegt. Wenn also 100.000 Befruchtungen stattfinden, dann entstehen daraus 100.400 Individuen - aus vierhundert Embryos sind erfolgreich Zwillinge hervorgegangen. Da einer von zehn linkshändig ist, sind unter den Neugeborenen folglich 10.040 Linkshänder. Wenn sie alle durch Teilung entstanden sind, wissen wir, wie viele embryonale Teilungen mindestens stattgefunden haben müssen. Die Zahl ist nämlich identisch mit der Anzahl Linkshänder geteilt durch die Wahrscheinlichkeit für ein Zwillingspaar mit mindestens einem Linkshänder. Teilen wir das Ergebnis wiederum durch die Gesamtzahl von 100.000 Befruchtungen, dann erhalten wir die Wahrscheinlichkeit auf Teilung des Embryos. Und die liegt bei knapp 28 Prozent.

Da wir wissen, dass aus tausend Befruchtungen nur in vier Fällen wirklich ein Zwilling hervorgeht, können wir auch sagen, wie hoch die Wahrscheinlichkeit ist, dass aus einer Teilung des Embryos zwei lebensfähige Individuen entstehen: noch nicht einmal anderthalb Prozent.

Wir können nun bestimmen, wie die Merkmale der Eltern die Neigung zur Teilung bei ihren Embryos beeinflussen. Zwillinge kommen so selten vor, dass wir den Einfluss von Zwillingseltern getrost außer Acht lassen können, doch das gilt sicherlich nicht für die Händigkeit der Eltern. Jeder willkürliche Embryo hat eine Chance von 81 Prozent, von zwei Rechtshändern gezeugt zu werden. 18 Prozent haben Eltern, deren Handvorliebe verschieden ist, und ein Prozent wird von zwei Linkshändern gezeugt. Wenn wir diese Zahlen mit der Tatsache kombinieren, dass jeder linkshändige Elternteil die Chance auf eine Teilung und Entstehung von Zwillingen verdoppelt, dann müssen wir daraus schließen, dass sich bei rechtshändigen Elternpaaren 23 Prozent der Embryos teilen, bei mischhändigen Paaren 46 Prozent und bei Paaren, die aus zwei Linkshändern bestehen, satte 92 Prozent.

Wenn wir nun noch berücksichtigen, dass die Basisdaten nur Annäherungswerte darstellen – der

Prozentsatz an Linkshändern ist beispielsweise nicht bei *genau* zehn Prozent nachweisbar, die Wahrscheinlichkeit auf ein linkshändiges Kind steigt nicht pro Elternpaar um genau zwei –, können wir festhalten, dass unter Rechtshändern bei einem Viertel der Embryos eine Teilung festzustellen ist und unter gemischten Paaren bei der Hälfte, während sich die Embryos von komplett linkshändigen Paaren nahezu alle teilen. Bei Zwillingen als Eltern muss das Bild ähnlich aussehen.

ooooooooooooooo

So erhalten wir genau die richtige Anzahl an Linkshändern und auch an eineiigen Zwillingen sowie eine Erklärung für die Tatsache, dass der Prozentsatz, in dem beide in sämtlichen Bevölkerungen vorkommen, unumstößlich feststeht – auf Grundlage einer einzelnen Vermutung. Diese Annahme geht davon aus, dass beide Zahlen aus dem vielfältigen Teilen der Embryos in einem frühen Stadium resultieren. Der Rest der verwendeten Daten sind allesamt bekannte Erfahrungswerte und Forschungsergebnisse. Zudem entsteht die Handvorliebe aus einem Mechanismus, von dem wir wissen, dass er für mehrere Umkehrungen verantwortlich ist, und nicht aus einer speziell für den Wechsel der Handvorliebe zuständigen Genvariante.

Gleichwohl können wir nicht beweisen, dass es tatsächlich so ist. Das müssen wir den Embryologen überlassen.

Uns bleiben noch genügend ungelöste Rätsel. So ist nicht klar, inwieweit sich der Einfluss der Eltern auswirkt. Wenn also die Neigung zur Teilung von den Einflüssen aus dem Mutterleib abhängt, welchen Beitrag leistet dann der Vater? Man muss einmal genau untersuchen, welche Rolle Eltern überhaupt spielen. Rein linkshändige Paare sind ziemlich selten, sodass der Eindruck schnell in die Irre führen kann. Zudem muss man sich ansehen, ob es bei mischhändigen Eltern einen Unterschied macht, welcher Elternteil linkshändig ist. Es würde keineswegs überraschen, wenn mütterliche Eigenschaften schwerer wiegen.

Nicht hinreichend erklärt ist zudem, warum wir von Natur aus alle rechtshändig sein sollten und nicht linkshändig. Die beste Geschichte dazu stammt von William Calvin über den beruhigenden Einfluss des pochenden Mutterherzens, aber wirklich zufriedenstellend ist auch das nicht.

Letztlich landen wir wieder bei den rätselhaften zweieiigen Zwillingen, die ebenfalls eine erhöhte Chance auf Linkshändigkeit haben. Lösen können wir dieses Rätsel nicht, es sei denn, wir ignorieren es als nicht zweckdienlich. Zweieiige Zwillinge kommen nämlich in verschiedenen Bevölkerungsgruppen unterschiedlich häufig vor. Daraus lässt sich jedoch kein direkter Zusammenhang zwischen dem Entstehen dieser Zwillinge und dem Entstehen von Linkshändigkeit ableiten. Ein Teil der erhöhten Wahrscheinlichkeit für Linkshändigkeit kann Traumata zugeschrieben werden. Zwillinge haben im Mutterleib nun einmal sehr wenig Platz. Zwillingsschwangerschaften werden oft vorzeitig mit technischen Mitteln eingeleitet, während bei einer Geburt ohne Kaiserschnitt immer ein Zwilling warten muss, bis er an der Reihe ist, mit allen damit verbundenen Risiken wie Sauerstoffunterversorgung. Vielleicht spielt auch der Umstand, dass in den letzten zehn Jahren viele zweieiige Zwillingspärchen durch künstliche Befruchtung zustande gekommen sind, eine Rolle.

Was die Ursachen der Linkshändigkeit betrifft, liegt der Ball also wieder bei der Forschung. Bis mehr Informationen vorliegen, kann wenig Neues gesagt werden. Deshalb müssen wir endlich die Folgen der Linkshändigkeit näher betrachten, denn die finden sich in genügender Zahl und Ausprägung. Einige sind real, andere gründen auf reiner Fantasie, insgesamt decken sie das gesamte Spektrum von harmlos über sonderbar bis überaus störend ab.

# 33

# Die Folgen: Trotz, Perversität und Krankheit

»Gen für Linkshändigkeit gefunden«, titelte BBC News am 31. Juli 2007 und fügte direkt hinzu: »Das Team aus Oxford nimmt an, dass der Träger des Gens auch ein größeres Risiko hat, psychotische Erkrankungen wie Schizophrenie zu entwickeln.« Linkshänder müssten sich aber keine Sorgen machen, beruhigte der Leiter des Forschungsteams, denn »die übergroße Mehrheit der Linkshänder wird damit keine Probleme bekommen«. Wie groß diese Mehrheit genau war, wurde nicht erwähnt.

Schon komisch, wie es manchmal läuft. Als würde ein Suppenhersteller eine Erklärung verbreiten mit dem Inhalt: »Leider sind in unseren Dosensuppen immer wieder kleine Glassplitter gefunden worden, aber keine Sorge, die übergroße Mehrheit der Verbraucher wird das nicht treffen.« Die Presse würde aus dem Suppenchef ebenso Hackfleisch machen wie Kunden, Lebensmittelbehörde, Polizei und Justiz.

2007 erschienen neue alarmierende Berichte, diesmal in Australien. Dort hatte eine groß angelegte Untersuchung gezeigt, dass linkshändige Kleinkinder in verschiedensten Bereichen weniger leisteten als ihre rechtshändigen Altersgenossen. Außerdem schenkten sie Lernaktivitäten weniger Beachtung und schauten viel mehr fern. Noch schlechter sah es für Kinder ohne deutliche

Handvorliebe aus. Sie würden an »hemisphärischer Unentschlossenheit« leiden. Immerhin vermeldeten die Forscher, Letzteres könne zum Teil auch daran liegen, dass die Handvorliebe bei einigen Kindern in der Altersgruppe noch nicht endgültig feststehe, aber sie stellten unumwunden fest, dass Links- wie auch Mischhändigkeit nichts Gutes verhieß.

Gleichzeitig erwähnten sie die vielleicht bemerkenswerteste Studie des beginnenden 21. Jahrhunderts. In dieser Studie, durchgeführt an der renommierten Johns Hopkins University in Baltimore, zeigte sich, dass hochgebildete linkshändige Männer in Amerika gut und gerne fünfzehn Prozent mehr verdienen als ihre rechtshändigen Kollegen. Erklären konnten sie diesen Neid erregenden Unterschied nicht. »Es wird nicht deutlich«, so die australischen Wissenschaftler, »ob die studierten Linkshänder mehr Geld verdienen, weil sie auf dem Arbeitsmarkt mehr leisten oder weil sie sich häufiger für eine bessere Ausbildung entscheiden und dadurch erfolgreicher sind.« Nun ja. Allerdings ist in beiden Fällen nicht die alarmierende Rückständigkeit erklärt, die sie bei ihren 5.000 australischen Kleinkindern feststellten. Rückständigkeit und geringe Leistungsfähigkeit ergeben keine erfolgreichen Schüler.

Merkwürdig ist, dass nirgendwo sonst derart große Unterschiede festgestellt wurden. Sollten Linkshänder wirklich so geringe Leistungen erbringen und so viele Probleme haben, dann würden Förderschulen, Jugendämter und Vollzugsanstalten der Linkshänder nicht mehr Herr werden. So ist es aber nicht. Wenn Linkshänder im Schnitt wirklich mehr verdienten, wäre die rechtshändige Mehrheit dann nicht längst gegen diese Benachteiligung ins Feld gezogen? Auch das ist nicht passiert. Im Alltag fragt sich niemand, ob Linkshänder etwas Besonderes oder gar gefährlich sind.

Linkshändern selbst ist all das auch meist völlig egal. Sie sind einiges gewohnt, die meisten Thesen sind schnell wieder vergessen. Natürlich kann es passieren, dass sich drei Linkshänder am Stammtisch treffen – was bei einer Wahrscheinlichkeit von eins zu tausend selten vorkommt – und genüsslich über kurzsichtige Lehrer herziehen, die ihnen ihre Jugend unnötig schwer gemacht haben, aber damit ist der Fall für sie erledigt. Die Opferrolle liegt Linkshändern nicht. Läden mit Artikeln für Linkshänder führen ein Nischendasein. Der britische Onlineshop Anything Left-Handed ist die Ausnahme, die die Regel bestätigt. Versuche, eigene Vereine zu gründen, gehen fast immer schief. Nur die Vereinigten Staaten scheinen groß genug zu sein, um ihre Lefthanders Association dauerhaft am Leben zu halten.

Das heißt nicht, dass Linkshänder ihre abweichende Handvorliebe nicht zu spüren bekommen. Die Folgen sind nur anderer Art, als von den Rechtshändern angenommen. Und Folgen meint auch nicht immer Nachteile, manchmal ergeben sich sogar Vorteile. Und Probleme sind häufig nicht so gravierend und schwer zu lösen, wie der Rechtshänder annehmen mag. Rechtshänder sehen manchmal zu Linkshändern auf wie das Publikum zu einem Illusionisten, der gerade ein armes Mädchen durchsägt: Es ist ein bisschen unheimlich und man weiß, dass man auf keinen Fall nachmachen sollte, was man da sieht. Der Linkshänder ist wie der Illusionist ein Könner auf seinem Gebiet. Von Natur aus hat er in seiner linken Hand mehr Geschick als jeder Rechtshänder, außerdem ist er von Kindheit an gewohnt, sich in der Welt der Rechtshänder zurechtzufinden. Mit seiner notgedrungen größeren Flexibilität reagiert er entspannt auf eine manchmal widrige Außenwelt.

Vorurteile gegenüber Linkshändern gibt es zuhauf, zu einem echten Links-Bashing steigern sie sich jedoch nicht. Außerhalb der Schule haben die Vorurteile kaum praktische Folgen; aber dass sogar Wissenschaftler von Rang und Namen gedankenlos herrschende Vorurteile übernehmen, ist ärgerlich und gefährlich. So wird man nicht herausfinden, ob sich Linkshändigkeit tatsächlich auf Körper und Geist auswirkt. Die Gefahr ist vielmehr, dass man zu Unrecht ein Leiden vermutet oder jemand ebenfalls zu Unrecht als dumm abstempelt. Abram Blau war so einer, Cyril Burt ebenso und noch vor Kurzem der kanadische Linkshänderschreck Stanley Coren. Auch früheren Psychoanalytikern wie Wilhelm Stekel und Wilhelm Fließ, Anhänger von Sigmund Freud, die mit Symbolen und alten Volksweisheiten jonglierten, ist in dieser Hinsicht vieles vorzuwerfen.

Stekel behauptete zu Beginn des 20. Jahrhunderts, dass in Träumen links das Symbol für Verbrechen sei und »folglich« auf Homosexualität, Inzest oder Perversion hinweise. Fließ ging noch einen Schritt weiter: Er übertrug Stekels Traumdeutung auf die Realität und fügte die im Volksglauben verankerte uralte Verbindung von links und Weiblichkeit hinzu. »Wo Linkshändigkeit vorhanden ist«, dozierte er, »erscheint auch der gegensätzliche Geschlechtscharakter betont. Dieser Satz ist nicht nur ausnahmslos richtig, sondern es gilt auch seine Umkehrung: wo ein Weib mannähnlich oder ein Mann weibähnlich ist, da findet sich eine Betonung der linken Körperhälfte. Wer das weiß, hat die Wünschelrute zur Auffindung der Linkshändigkeit. Diese Diagnose stimmt immer.« Kurz: Für ihn war Linkshänder ein Schimpfwort, doch damit nicht genug: Was er eine Vermischung von männlichen und weiblichen Eigenschaften nannte, war in seinen Augen so viel wie Degeneration, weshalb es ihn nicht überraschte, dass es »so viele« Linkshänder unter Verbrechern und Prostituierten gab. Das alles publizierte er, ohne sich bewusst zu machen, welche Folgen sein Geschwafel in der sexuell vernagelten Gesellschaft seiner Zeit für Linkshänder haben konnte – und für Homosexuelle, die ebenfalls mühelos in die kriminelle Ecke gedrängt wurden. Freud selbst war begeistert von den Gedanken seines guten Freundes Fließ zur Bisexualität und der Vermischung von Eigenschaften, zeigte sich in einem persönlichen Brief jedoch vom Zusammenhang mit den Körperhälften weitaus weniger begeistert. Trotzdem fühlte er sich nie bemüßigt, sich öffentlich von diesen Ansichten zu distanzieren.

Das Schlimmste an derlei pseudowissenschaftlichem Geschwätz ist, dass es von bekannten und anerkannten Herrschaften geäußert wird, die sich selbst Wissenschaftler nennen, Menschen, die sich einer ehrlichen Wissenschaft verpflichtet fühlen sollten, die uns bereichert.

Im Allgemeinen geht es in der Welt der Wissenschaft zum Glück weniger verantwortungslos zu, auch wenn der Einfluss unüberlegt reproduzierter Klischees und tief wurzelnder Mythen spürbar bleibt. Das zeigt sich vor allem an der allgegenwärtigen Neigung, Linkshändigkeit als Problem zu betrachten. So wird ständig ein Zusammenhang mit allerlei Krankheiten suggeriert, während andere mögliche Begleiterscheinungen der Linkshändigen unter den Tisch fallen. In der Folge verfestigt sich der Gedanke, dass mit Linkshändern irgendetwas nicht stimmt, worauf es bei Licht besehen keinerlei Hinweise gibt. Natürlich gibt es Linkshänder, die an Legasthenie, Heuschnupfen, Stottern, Persönlichkeitsstörungen oder geistiger Behinderung leiden. An manchen Krankheiten leiden Linkshänder tatsächlich häufiger als Rechtshänder, doch der Zusammenhang ist nur sehr schwach ausgeprägt, und genügend Linkshänder sind kerngesund. Ob es Zusammenhänge zwischen Linkshändigkeit und Eigenschaften gibt, die kein Handicap darstellen, wissen wir nicht – das hat man noch so gut wie nie untersucht.

Durch die einseitig auf Gesundheitsrisiken konzentrierte Forschung und Berichterstattung entsteht die irrige Vorstellung, Linkshändigkeit lasse allgemein auf einen schlechteren Gesundheitszustand schließen. Dazu gibt es keinen Anlass, wie Norman Geschwind anhand des folgenden großartigen Beispiels gezeigt hat. In der westlichen Welt besteht für Frauen ein hohes Risiko für allerhand schwere Krankheiten, die Männer nicht haben können, zum Beispiel Gebärmutterhals- und Brustkrebs. Auch Schwangerschaften und Geburten sind allein Frauensache und trotz moderner Medizin noch immer nicht völlig risikolos. Und doch werden Frauen im Schnitt älter als Männer, weil das erhöhte Risiko durch eine geringere Chance, von oft tödlich endenden Krankheiten wie Herzinfarkt oder Lungenkrebs getroffen zu werden, mehr als ausgeglichen wird.

Mit konkretem Blick auf Linkshändigkeit ist die Prognose bei schizophrenen Zwillingen ein so klarer wie rätselhafter Fall. Diese fällt deutlich harmloser aus, wenn einer der Zwillinge Linkshänder ist, und das muss nicht einmal derjenige sein, der an Schizophrenie leidet.

Vorerst besteht kein Grund zu der Annahme, dass sich Linkshänder im Allgemeinen geistig und körperlich von anderen unterscheiden. Wenn es einen Unterschied geben sollte, dann wäre er zu klein, als dass man von der Linkshändigkeit eines Menschen auf seinen Gesundheitszustand schließen könnte. Das wäre so unsinnig wie aus der Tatsache, dass ein Mann eine Glatze bekommt, zu folgern, er unterziehe sich einer Krebsbehandlung oder seine Frau vergifte ihn mit Arsen, obwohl er es ganz einfach nur mit Haarausfall zu tun hat.

Man mag intuitiv behaupten, Linkshänder seien etwas widerspenstiger und eigensinniger als der Durchschnitt, aber auch dafür gibt es keinen Beweis. Nicht, dass diese Charakterzüge wesentlich mit der Vorliebe für die linke Hand zusammenhingen, doch Linkshänder lernen bereits bei den ersten Versuchen, ihre Schnürsenkel zu binden, dass sich selbst helfen müssen und nicht einfach das Verhalten anderer abschauen können. Linkshänder müssen sich immer etwas mehr anstrengen, weil sie den Vorgang spiegeln müssen. Rechtshänder müssen das nur in dem seltenen Fall, wo ein rechtshändiges Kind bei linkshändigen Eltern aufwächst. Die meist rechtshändigen Erzieher und Lehrer sind fast durchgängig nicht in der Lage, alltägliche Aufgaben links herum vorzumachen, selbst wenn sie wollten. Die meisten sind froh, Schnürsenkel und Krawatten in eine Richtung ordentlich binden zu können, und das wird ihnen niemand verübeln.

Man macht sich gar nicht so leicht bewusst, was es bedeutet, alles mit links oder mit rechts auszuführen, da es sich meist um Aufgaben handelt, die man automatisch und ohne großes Nachdanken verrichtet. Nur der Linkshänder merkt es, bewusst oder unbewusst, und sucht einsam nach einer Lösung. In der Regel findet er auch schnell eine, weshalb er wiederum nicht weiter auffällt und seine Umwelt noch weniger an seine besondere Handvorliebe denkt.

Und so schließt sich der Kreis. Ein Linkshänder ist von klein auf immer etwas stärker auf sich selbst gestellt als andere. Folgsamer wird er dadurch nicht.

34

## Zwei linke Hände: die Ford-Skala

Die Ungeschicklichkeit von Linkshändern ist sprichwörtlich. Man erinnere sich nur an das schauerliche Bild vom umherstolpernden Stümper, das der Kinderpsychologe Cyril Burt gezeichnet hat. Zu allem Unglück, so sagt man, können sie links und rechts nicht auseinanderhalten. Stimmt dieses von der Händigkeit eines Menschen hergeleitete Bild oder ist es nur wieder eine dieser Volksweisheiten, die mehr mit der Logik unseres Denkens als mit belegbaren Fakten zu tun haben?

Dazu müssen wir uns erst einmal vergewissern, was genau wir mit Händigkeit meinen. Die Händigkeit im Zusammenhang mit der Handvorliebe bezieht sich auf den Wert, den jemand auf der sogenannten Ford-Skala erreicht. Als Richard Nixon 1974 das sinkende Schiff seiner Präsidentschaft verließ, wurde Gerald Ford als sein Vize plötzlich und unerwartet zum Präsidenten der Vereinigten Staaten von Amerika. Ford regierte bis 1977. Er war Linkshänder und ein ausgesprochener Tollpatsch. Einer mit großem Talent, vor aller Augen die Gangway hinabzustolpern, gegen Kellner mit vollbeladenden Tabletts zu rempeln und in allerhand peinliche Situationen zu geraten. Ford konnte in keinem Buch blättern, ohne einen Fleck zu hinterlassen, und keine Tasse Tee trinken, ohne eine Überschwemmung anzurichten. Ford war ein ebenso liebenswürdiger Mensch wie fähiger Präsident, eine wahrlich seltene Kombination. Und doch ist er vielen in Erinnerung geblieben, weil er seinen großen Körper nur schlecht unter Kontrolle hatte, was als Beleg für die Ungeschicklichkeit von Linkshändern galt. Deshalb passt es gut, die Skala, auf der die Körperbeherrschung gemessen wird, nach ihm zu benennen.

Die Position auf der Ford-Skala gibt an, wie gut oder schlecht jemand kann, was Ford so auffallend fehlte: alltägliche motorische Fertigkeiten, das Geschick darin, sich seines Körpers unauffällig und störungsfrei zu bedienen. Wer den höchsten Wert auf der zehnstufigen Ford-Skala erreicht, ist ein normaler Mensch, der mit Dingen umzugehen weiß, ohne sie zu beschädigen, der beim Einschenken nicht über den Rand gießt und mit etwas Übung erfolgreich als Kellner arbeiten könnte. Auf der Ford-Skala erhält jeder zwei getrennte Noten: eine für die Geschicklichkeit und das Zusammenwirken von Hand und Auge und eine zweite für das Manövrieren durch den Alltag.

Was Geschicklichkeit und das Zusammenwirken von Hand und Auge betrifft, haben verschiedene Untersuchungen nachgewiesen, dass zwischen Links- und Rechtshändern kaum ein Unterschied besteht. Hierbei hat man beobachtet,

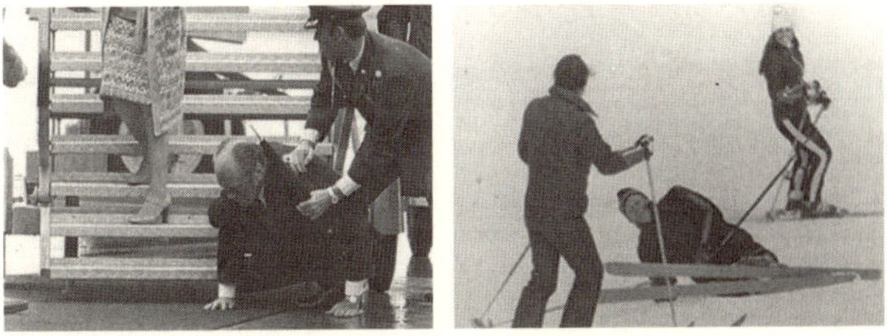

Präsident Ford in zwei typischen Haltungen, unten an der Gangway zur *Airforce 1* und auf der Skipiste.

wie schnell Menschen Stäbchen in Löcher stecken, eine Figur präzise nachzeichnen und mit den Fingern trommeln können. Fast jeder kann dies mit seiner Vorzugshand besser und schneller ausführen als mit der anderen, was niemanden wirklich überrascht. Es hat sich aber auch gezeigt, dass Linkshänder mit ihrer linken Hand in etwa genauso schnell und präzise arbeiten wie Rechtshänder mit ihrer rechten Hand. Ein deutlicher Unterschied zeigt sich nur, wenn wir uns lediglich die ungeschicktesten unter ihnen anschauen. In dieser Gruppe liegen Linkshänder prozentual leicht über dem Durchschnitt, was sich mit der nicht geringen Zahl traumatischer Linkshänder erklären lässt, also der Rechtshänder, die durch eine Hirnschädigung zu Linkshändern wurden und eigentlich mit der Nicht-Vorzugshand arbeiten müssen, da die echte Vorzugshand weniger leistungsfähig ist.

Linkshänder erreichen in Bezug auf ihre Geschicklichkeit folglich im Allgemeinen normale Werte auf der Ford-Skala. Dass sie als ungeschickt gelten, kann daher nur eine Frage der Wahrnehmung sein: Trotz gleich guter Leistungen werden sie als ungeschickt *eingestuft*, und das ist weniger unlogisch, als es scheint. Manchmal liegt die Ursache in der äußeren Form von Instrumenten und Apparaten, die für Linkshänder nicht geeignet ist. Andere Gründe haben nichts mit Ungeschicklichkeit zu tun, sondern nur mit dem Unverständnis der großen Rechtshänder-Welt gegenüber der Linkshänder-Sphäre.

Linkshänder machen vieles einfach andersherum, und das sieht in den Augen der mehrheitlichen Rechtshänder merkwürdig und manchmal unheimlich aus. Was immer ein Linkshänder tut, gleich ob er Brot schneidet, eine Krawatte bindet oder strickt, stets verletzt er durch die Art, wie er es tut, alle im Rechtshänder verankerten Regeln der Kunst. Ein Beispiel dafür ist die Mutter einer linkshändigen Tochter, die aus der Küche rannte, sobald ihr Kind Brot, Gemüse oder Fleisch schnitt, und rief, das »schaurige Gefummel nicht mitansehen« zu können. Küchenmesser sind gefährlich, und der Mutter hatte man von klein auf beigebracht, mit dem Messer nur ganz sorgsam und auf die ihr bekannte Art zu hantieren. Was ihre liebe Tochter nun tat, widersprach allen Gesetzen im Umgang mit Messern, ungeachtet des Resultats.

Manchmal gebrauchen Linkshänder in der Tat Methoden, die etwas seltsam oder zumindest unelegant aussehen, da sie es nicht besser oder falsch gelernt haben. Die unzähligen kleinen Fertigkeiten, die man bis zum zehnten Lebensjahr gelernt haben muss, werden in neun von zehn Fällen von Rechtshändern vorgemacht. Für Rechtshänder ist das kein Problem, sie müssen lediglich nachmachen, was man ihnen zeigt. Linkshänder dagegen müssen das Gesehene umdrehen und selbst herausfinden, wie das geht, wenn es überhaupt möglich ist. Eigentlich haben Linkshänder mehr Respekt für ihre praktische Kreativität verdient, denn sie finden zumeist eine gute Lösung.

Die Arbeit eines Linkshänders ist für einen Rechtshänder, der sie fortführen muss, manchmal äußerst lästig. Wer als Rechtshänder den Arbeitstisch eines Linkshänders übernimmt, bemerkt zu seinem Ärger, dass Dinge auf der falschen Seite stehen. Wer sich von einem Brot eine Scheibe abschneiden will, an dem zuvor ein Linkshänder hantiert hat, bekommt es wahrscheinlich mit einem aus seiner Sicht schief geschnittenen Brot zu tun. Boshaft gesagt: Wo ein Linkshänder am Werk war, liegt für einen Rechtshänder kein Stein mehr auf dem anderen. Der Linkshänder hingegen ist an die Umkehrung gewöhnt. In neun von zehn Fällen übernimmt er die Arbeit eines Rechtshänders. Es fällt ihm nicht einmal mehr auf, dass die Dinge auf dem Tisch andersherum liegen, dass die Lampe an der ungünstigen Seite steht und so weiter. Niemals würde sich über das Chaos beschweren, das sein ungeschickter rechtshändiger Vorgänger hinterlassen hat.

Werfen wir nun einen Blick auf das andere Kriterium der Ford-Skala: die Kontrolle über den Körper. Linkshänder haben hier einen schlechten Ruf, sie gelten als Menschen, die durchs Leben stolpern wie körperlich schnell aufgeschossene Jugendliche in der Pubertät, mit Bewegungen, die Franzosen *gauche* nennen, wörtlich links bzw. linkisch. Draußen im realen Leben ist auch dies kaum festzustellen, zumindest nicht mess- und nachweisbar – wenn das überhaupt möglich ist.

Das Fehlen von Belegen hat Berufsdenker noch nie abgeschreckt. Der kanadische Psychologe Stanley Coren meinte, Linkshänder verhielten sich in der Öffentlichkeit ungeschickt aufgrund der natürlichen Neigung, sich gegen den Uhrzeigersinn zu bewegen, während sich Rechtshänder im Uhrzeigersinn bewegten. Dadurch stießen sie häufig mit anderen zusammen.

Auf den ersten Blick erscheint diese These nicht abwegig. Es ist durchaus bekannt, dass Menschen an einer Weggabelung oder beim Betreten eines Saales mehrheitlich dazu neigen, sich im Uhrzeigersinn zu bewegen. Supermärkte und Ausstellungen sind so eingerichtet, dass der Kunde oder Besucher, der immer wieder rechts abbiegt, automatisch an den meisten Artikeln oder

Kunstschätzen entlangläuft. Bei offiziellen Anlässen lässt sich Ähnliches beobachten. Wer sich dreht, tut dies normalerweise im Uhrzeigersinn. In der Bundeswehr lautet der Befehl »Rechtsum«. Beim Standardtanz wenden sich die Tänzer bei den meisten und vor allem bei den besonders komplizierten Drehbewegungen nach rechts, was bedeutet, dass der führende Herr sich um seine Achse dreht und nicht um den ausgestreckten linken Arm. Das kommt dem Gleichgewicht gewiss sehr zugute. Coren zufolge haben Linkshänder aber den unbezwingbaren Drang, sich linksherum zu drehen, sodass sie sich buchstäblich gegen den Strich bewegen und Turbulenzen verursachen. Der linkshändige Gerald Ford ist für Coren das Paradebeispiel.

Coren unternahm ein Experiment, das seine Theorie vollauf zu bestätigen schien. Schien, denn wie wir sehen werden, taugte seine Argumentation wenig. In einem viereckigen, kahlen und fensterlosen Raum, in dessen hinterer Wand sich genau mittig eine mit einer Gardine verdeckte Tür befand, stellte er links und rechts der Mitte zwei identische Tische und Stühle auf. Von der Tür aus betrachtet war der Raum also vollkommen symmetrisch eingerichtet. Die Teilnehmer des Experiments erhielten draußen einen Stift und einen Fragebogen mit der Bitte, ihn in diesem Raum auszufüllen. Die Liste fragte nach der Vorliebe für eine Hand, doch in Wirklichkeit wollte Coren wissen, an welchem der zwei Tische die Testpersonen Platz nahmen: Setzten sie sich links oder rechts hin, und hatte das mit ihrer Handvorliebe zu tun?

Das Ergebnis zeigte, dass sich die große Mehrheit wie zu erwarten an den Tisch rechts vom Eingang setzte. So verhielten sich gut zwei von drei Rechtshändern, aber nur einer von drei Linkshändern. Letztere tendierten auf eine Weise nach links, die zweieinhalb Mal so groß war wie bei den Rechtshändern. Für Coren war damit der Beweis erbracht: Linkshänder bewegen sich andersherum, und das erklärt auch ihren Ruf als Tollpatsche.

Froh, sein Vorurteil bestätigt zu sehen, hatte sich Coren allerdings zu früh gefreut. Dazu muss man sich anschauen, was seine Daten in der Praxis bedeuten, etwa in einem Tanzsaal. Erwartungsgemäß werden zehn Prozent der Paare von einem linkshändigen Herrn in den Saal geführt, die übrigen neunzig Prozent Herren sind Rechtshänder. Corens Zahlen zufolge wird ein linkshändiger Herr zweieinhalb Mal mehr Fehler beim Drehen machen als ein rechtshändiger. Wenn ein rechtshändiger Herr an diesem Abend im Schnitt einmal durch eine falsche Drehung alles durcheinanderbringt, dann passiert das einem Linkshänder folglich zweieinhalbmal so häufig. Sind nun hundert Paare im Saal, dann sorgen die Rechtshänder neunzig Mal für ein blaues Schienbein, die Linkshänder hingegen fünfundzwanzig Mal, also zehn mal zweieinhalb. Das Risiko, von einem Linkshänder getreten zu werden, liegt demnach bei rund zwanzig Prozent! In acht von zehn Fällen ist es ein rechtshändiger Stümper. Das ist sicher kein Grund, einen Linkshänder schief anzusehen.

In nur zwei von zehn Fällen schuldig zu sein und dennoch immer die Schuld für alles zu bekommen, das ist schon sehr ungerecht. Wieder sorgt die Kombination von Volksweisheit und der Art, wie einige Menschen die Dinge wahrnehmen, dafür, dass Linkshänder allen gegenteiligen Belegen zum Trotz als ungeschickt gelten. Tritt einem ein Rechtshänder auf die Füße, hält man ihn für unaufmerksam, und damit hat es sich. Bringt einen ein Linkshänder zu Fall, dann sagt jemand wie Coren: Seht ihr, so sind sie.

Schließlich sagt der Volksmund noch, Linkshänder würden rechts und links durcheinanderbringen. Das mag stimmen. Linkshänder haben schon als Kind gelernt, Vorgemachtes seitenverkehrt nachzumachen. Und das ist auch später immer wieder der Fall: Was ein anderer mit rechts tut, machen sie mit links. Schlimmer noch: *Sagt* ein anderer rechts, ist das für sie oft links. Möglich, dass dies zu Unsicherheit in Bezug auf links und rechts führt. Doch wir wollen bei dieser Spekulation an Freud erinnern, einen eindeutigen Rechtshänder. Der bekannte seinem Freund Fließ gegenüber einmal, dass er als Kind Schwierigkeiten mit links und rechts hatte, sich aber auch als Erwachsener noch mit diesen Begriffen herumschlug. Räumliche Vorstellung, so gab er zu, sei nicht seine Stärke. Zweifel in der Art eines Winnie-Pu sind also nicht exklusiv Linkshändern vorbehalten.

# 35
# Der Zwang der Dinge

Den alten Griechen zufolge regierte in frühester Urzeit, als es den Menschen noch nicht gab, Urgott Uranos die Welt. Seine Söhne waren die Titanen, hochgewachsene junge Männer, deren jüngster Kronos hieß. Mit der Rebellion von Kronos gegen seinen Vater Uranos begann der ewig währende Kampf zwischen Väter und Söhnen, in dem jeder Sohn, wenn er seinerseits Vater geworden ist, selbst zum Verlierer wird.

In jener Zeit ging es wenig zimperlich zu. Kronos entmachtete seinen Vater, indem er eine Feuersteinsichel in seine linke Hand nahm, seinen schlafenden Vater kastrierte und die Sichel mit den Genitalien ins Meer warf. Dann verbannte der ehrgeizige Jüngling seinen Erzeuger für immer in die Unterwelt und nahm seinen Platz auf dem Himmelsthron ein, bis der Tag kam, an dem er von seinem eigenen Sohn Zeus unsanft entthront wurde. Aus den abgeschnittenen Hoden des Uranos und dem Meer wurde Aphrodite geboren, die Göttin der Liebe, sodass aus Kronos' grausamer Tat doch noch etwas Gutes entstand. Wie alle Mythen beschäftigt sich auch diese Geschichte mit den ewigen Themen des Lebens, den Triebkräften, denen wir alle gehorchen. Das ist nichts Besonderes. Auffällig ist aber die Rolle der linken Hand. Sicheln sind an sich einhändige Geräte, die es fast nur zum rechtshändigen Gebrauch gab. Dass Kronos ausdrücklich seine linke Hand einsetzte, muss also eine symbolische Bedeutung haben. Vielleicht versuchte man so das Unheilige der Tat zu betonen, den Widerstand gegen die gefestigte Ordnung.

Was für Sicheln gilt, gilt auch für die meisten anderen Werkzeuge, Apparate und Maschinen: Sie sind für den rechtshändigen Gebrauch entworfen. Das bringt für den heranwachsenden Linkshänder lauter kleinere Probleme mit sich. Einseitig geschliffene Messer sind für ihn an der falschen Seite geschliffen, sodass er leicht schief schneidet. Scheren haben falsch geformte Fingergriffe, was zu schmerzhaften Flecken und Blasen führt, und die Schneiden liegen verkehrt aufeinander. Sie gehen bei Druck also nicht zusammen, sondern auseinander, sodass das zu schneidende Material umknickt – Rechtshänder kennen das Phänomen, wenn sie die Nägel ihrer rechten Hand schneiden. Die Maßeinteilungen im Innern von Messbechern stehen auf der falschen Seite, sodass ein Linkshänder sie nicht lesen kann. Und so gibt es eine ganze Reihe alltäglicher Gebrauchsgegenstände, die für einen Linkshänder überhaupt nicht alltäglich sind, wie etwa Korkenzieher, Stielpfannen und Saucenlöffel mit Auslass und natürlich Dosenöffner. Auch Broschen und Knöpfe lassen sich immer nur auf der falschen Seite öffnen. Fischmesser und Kuchengabeln mit Schneidekante sind für Linkshänder vollkommen ungeeignet, ebenso die modernen Einweggabeln, die nur an einer Seite gezackt sind. Und die Lineale erst! Die Zentimetereinteilung von links nach rechts zwingt Linkshänder, Linien zur Null hin zu ziehen, was zu irritierenden Irrtümern führen kann.

Viele weitere Dinge, an die man nicht direkt denkt, sind für den rechtshändigen Gebrauch gemacht, der Arm altmodischer Plattenspieler beispielsweise. Der befindet sich immer rechts wie der Münzeinwurf der Jukebox oder der Schlitz für die Bankkarte beim Geld- oder Fahrkartenautomaten. Das Zündschloss am Lenkrad sitzt überall auf der Welt rechts. Bei Hi-Fi-Geräten sitzen die wichtigsten Knöpfe, etwa der Lautstärkeregler, nach wie vor rechts. Die Bedienungselemente von Monitoren und Fernsehgeräten befinden sich, wenn sie nicht unten angebracht sind, immer rechts. Das klingt unspektakulär, doch betätigt man als Linkshänder den Knopf, hängt man mit dem Arm vor dem Bild. Filmkameras sind so ausgerichtet, dass sie nur auf der rechten Schulter getragen und mit der rechten Hand bedient werden können. Der Auslöser einer Fotokamera befindet sich ebenfalls rechts.

Beispiele gibt es zuhauf. Bügeleisen mit einem praktisch seitlich angebrachten Kabel sind regelrecht kriminell. Nähmaterial, wie es in Operationssälen verwendet wird, ist für Rechtshänder konzipiert, von den übrigen Instrumenten einmal ganz abgesehen. Linkshändige Näher und Schneider haben nicht nur damit zu kämpfen, dass die Bedienknöpfe der Nähmaschinen rechts angebracht sind, es bereitet ihnen auch Probleme, dass sie alle Stecknadeln andersherum einstecken. Die Nadeln, die beim Nähen wieder aus dem Stoff gezogen werden müssen, zeigen bei Linkshändern unvermeidlich mit ihren Köpfen zum Stickfuß hin, sodass sie sich nur mühsam herausziehen lassen.

Bohrmaschinen haben einen sogenannten Feststeller, damit der Einschalter nicht die ganze Zeit gedrückt werden muss. Dieser Knopf befindet sich – für Linkshänder völlig unpraktisch – an der linken Seite. Höchst gefährlich sind Handkreissägen, elektrische Heckenscheren und Kettensägen, bei denen für Linkshänder größte Vorsicht geboten ist. Leider sind es gerade die wirklich linkischen Linkshänder, die das nicht verstehen. In Fabriken sieht es nicht viel besser aus. Bei Maschinen und Steuerpulten ist die Bedienung immer auf rechtshändigen Gebrauch eingestellt, bis hin zum Notschalter.

In unserer von Männern dominierten Welt lässt sich Herrenbekleidung nur mit der rechten Hand auf- und zuknöpfen. Ein Mann, der sich den rechten Arm bricht, entdeckt, dass sein sonst so dienstbarer Hosenschlitz sich in ein widerspenstiges Biest verwandelt. Im Gegensatz dazu lässt sich Frauenbekleidung genau andersherum schließen. Das ist sicher eine Folge unserer tiefverankerten Neigung zur Zweiteilung und Polarisierung. Frauen werden mehrheitlich dazu gezwungen, ihre Kleidung gegen die natürliche Richtung zuzuknöpfen.

Das erklärt vielleicht einen merkwürdigen Unterschied zwischen Männer und Frauen. Männer knöpfen ihr Oberhemd zuerst ganz auf und ziehen es dann aus. Frauen dagegen öffnen nur die allernötigsten Knöpfe und ziehen ihre Bluse dann einfach über den Kopf. Wenn man sie dazu befragt, werden sie sagen, dass es ihnen zu mühsam sei, alle Knöpfe auf- und wieder zuzuknöpfen. Und das stimmt: Mit der Nicht-Vorzugshand ist das immer etwas schwieriger.

Auf der Computertastatur sitzen die Zifferntasten zwar noch immer rechts, doch die Digitalisierung hat Linkshändern auch viel Gutes beschert. Früher, als noch Papier benutzt wurde, war der am Block verbleibende Kontrollabschnitt bei Schecks und Überweisungsträgern den Linkshändern immer im Weg. Je mehr Schecks entnommen waren, desto tiefer sank die Schreibfläche nach unten, und der Stapel Kontrollabschnitte, auf den der Linkshänder seine Hand legen musste, wurde zunehmend lästiger. Es gab sogar Banken, die aus diesem Grund rechts geheftete Scheckbücher herausgaben.

Inzwischen haben Websites viele Schalter und Verkaufstheken verdrängt. Auch das hat das Leben der Linkshänder angenehmer gemacht. Sie sind erlöst von den Stiften an einer Kette, die immer an der rechten Seite befestigt war, sodass sie einem Linkshänder im Weg und noch dazu viel zu kurz war.

Gut, dass auch die Telefonzellen alter Schule weitgehend verschwunden sind. Der Hörer war immer links vom Gerät angebracht, sodass Rechtshänder ungestört wählen konnten und ihre Schreibhand frei hatten. Linkshändern war ständig die Schnur im Weg.

oooooooooooooooo

Notgedrungen passen sich Linkshänder ihrer Umgebung an. Im Vergleich zu Rechtshändern setzen sie weitaus häufiger ihre Nicht-Vorzugshand ein und entwickeln diese daher auch viel besser. Artikel für Linkshänder sind selten – von Küchenutensilien und Schreibwaren vielleicht abgesehen. Nur Scheren für Linkshänder bekommt man im Handel relativ leicht.

Dass es trotz eines enormen Käuferpotenzials von mehr als einer halben Milliarde Menschen um das Angebot so schlecht bestellt ist, hat seine Gründe. Stößt ein Linkshänder mal auf einen Artikel für Linkshänder, braucht er ihn eigentlich nicht mehr, da er sich längst auf die Rechtshänder-Variante eingestellt hat. Zudem bekommt jemand, der mit Gegenständen für Linkshänder umzugehen gelernt hat, Probleme etwa mit vielen am Arbeitsplatz zur Verfügung stehenden Geräten. Im Allgemeinen arbeitet er darum lieber mit der für ihn weniger geeigneten Ausführung.

Das klappt in den meisten Fällen auch sehr gut. Beim Zuschneiden von Stoff und Papier lässt sich auch mit einer vernünftigen Normalschere gut arbeiten, solange nicht zu viel Druck ausgeübt wird. Nur im Kindergarten, in denen diese primitiven Ersatzscheren mit stumpfen Spitzen gebraucht werden, bekommen Linkshänder echte Probleme. Mit dem Lineal können Linien, wie bereits gesagt, nur zur Null hin gezogen werden. Das ist nicht ideal, funktioniert aber. Und so gibt es verschiedene Möglichkeiten, das Fehlen einer Linkshänder-Variante einigermaßen zu kompensieren.

Manchmal genügt dieses Kompensieren allerdings nicht, dann ist alles unterhalb des Optimums unzumutbar und auch niemals zu teuer. So kam es, dass früher technische Zeichner, Ingenieure und Architekten je nach Vorzugshand an Zeichentischen für Links- oder Rechtshänder arbeiteten. Es gibt auch entsprechende Ausstattungen für Zahnärzte, ebenso wie Operationssäle entsprechend der Vorzugshand des Chirurgen ausgelegt werden können. In der Medizin wird durchaus über die Handvorliebe derjenigen nachgedacht, die uns zu Leibe rücken. Dazu gehört auch die Diskussion über den Stand der Forschung zum Einfluss von Links- und Rechtshändigkeit beim Operieren.

Wenngleich Linkshänder leicht mit Material für Rechtshänder umzugehen wissen und sich Mediziner so ihre Gedanken machen, darf nicht darüber hinweggesehen werden, dass Ergonomen und Industriedesigner die Bedürfnisse von Linkshändern im Allgemeinen nonchalant ignorieren, selbst wenn das gefährliche Folgen haben kann. Mit ein bisschen Nachdenken müsste sich doch eine neutral oder einfach umschaltbare Heckenschere entwerfen lassen. Anscheinend gibt es dafür keinen Bedarf, und in Erwartung einer ablehnenden Antwort ist kein Linkshänder so vermessen, danach zu fragen. Bedarf entsteht umgekehrt nur, wenn es ein entsprechendes Angebot gibt.

Übrigens haben mangelnde Kreativität und wirtschaftliche Interessen nichts mit der Diskriminierung von Linkshändern zu tun. Dass Designer und Ergonomen keinen Gedanken an die Frage nach der Vorzugshand verschwenden, wurde um das Jahr 1990 deutlich, als in Supermärkten elektronische Kassen Einzug hielten. Die Kassiererin musste fortan keine Preise mehr in die Kasse eingeben, sondern zog die Artikel einfach über den Scanner. Anfangs war das eine mühsame Angelegenheit und kostete eher mehr als weniger Zeit. Viele Artikel mussten zweimal oder noch öfter über den Scanner geführt werden, bis dieser die Ware endlich registrierte. Die Kassiererinnen dachten zunächst, der Scanner sei verschmutzt. Überall standen plötzlich Sprühflaschen an den Kassen und die Damen putzten eifrig ihr elektronisches Auge. Das half nicht oder kaum, denn das Problem war nicht der Schmutz, sondern die Tatsache, dass das nicht durchdachte Design ungewollt Kassen für Linkshänder hervorgebracht hatte, die für neunzig Prozent der Kassiererinnen nicht geeignet waren.

Die klassische Supermarktkasse mit Registrierkasse war so aufgestellt, dass die Kassiererin mit ihrer linken Seite neben dem Transportband saß. So konnte sie die Artikel mit der linken Hand vom Band nehmen und mit der rechten Hand den Preis eintippen. Für Linkshänder war das eine Plage, doch für die rechtshändige Mehrheit ideal. Mit der Einführung des Scanners wurde der Stuhl der Kassiererin um neunzig Grad gedreht, sodass sie nun direkt am Transportband saß, rechts vor ihr die Tastatur für Artikel, die sich nicht scannen ließen. Der Scanner wurde ein Stück links von der Kassie-

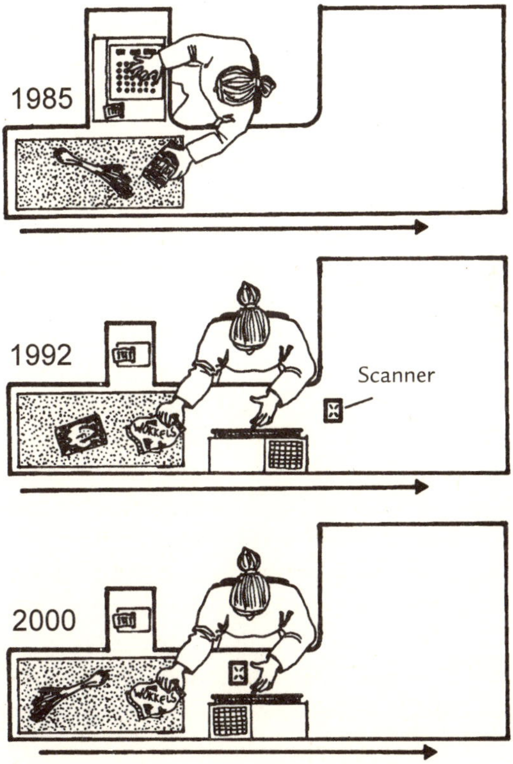

rerin am Ende des Bandes platziert, denn dort war Platz für den Einbau.

Das alles erschien logisch, hatte jedoch unerwartete Folgen. Jetzt nahm die Kassiererin die Waren nicht mehr mit der linken Hand an, sondern mit der rechten. Das war an sich kein Problem, doch die Feinarbeit musste sie nun an der anderen Seite ausführen, also mit ihrer linken Hand. Mit ihr zog sie die Artikel mit dem Strichcode über den Scanner, und das gelang den meisten nicht auf Anhieb. Inzwischen sitzt der Scanner nicht mehr so weit links, sondern befindet sich direkt vor der Kassiererin.

# 36

# Schreiben und nützliche Handarbeiten

*»Oh«, lachte der jung gebliebene Sechziger über seinem Bier. »Ja, ich bin Linkshänder, aber in der Schule haben sie mir beigebracht, mit rechts zu schreiben. Nun, das ging gut, kein Problem.«*

*»Aber du schreibst mit links, du trinkst dein Bier mit links!« Ich steckte den Bierdeckel ein, auf den mein Gegenüber gerade seine E-Mail-Adresse gekritzelt hatte.*

*»Ja ... aber ich musste erst mit rechts schreiben. Und das habe ich gemacht. Bis ich dreizehn war. Dann sagte ein Lehrer, dass ich auch gern mit links schreiben könne, wenn ich will. Da habe ich die Hand gewechselt.«*

*»So? Dann bist du also einer dieser umerzogenen Rechtsschreiber. Hast du keine Probleme bekommen? Das hört man doch immer, dass sie dann bettnässen und so, und stottern.«*

*»Nein ... eigentlich nicht. An irgendeinen Zwang kann ich mich nicht erinnern. Ich bin auch gern zur Schule gegangen.«*

*»...«*

*»Aber ich habe früher stark gestottert.«*

*»Du? Was du nicht sagst. Das hast du glücklicherweise komplett abgelegt.«*

*»Jaaa ... ich habe gestottert bis in die ersten Jahre auf der weiterführenden Schule, also bis ich ungefähr dreizehn war. Danach wurde es von selbst besser.«*

*»Bis du dreizehn warst ...«*

*»Ja.«*

*»Als du anfingst, mit links zu schreiben.«*

*»Stimmt, ich glaube schon.«*

*»Besteht da kein Zusammenhang? Du hast mit links zu schreiben begonnen und hörtest plötzlich auf zu stottern?«*

*»Herrje. Da habe ich noch nie drüber nachgedacht. Also echt, das kann sogar sein!«*

ooooooooooooooo

Äußerst zweischneidig sind die Erfahrungen vieler Linkshänder mit dem Schulsystem, vor allem während ihrer Grundschulzeit. Als Kind stoßen sie auf viel Unverständnis und erleben die Unwissenheit ihrer Lehrer. Sie müssen sich einer Norm anpassen, die ihnen fremd ist. Oder sie werden sich selbst überlassen, bekommen dabei aber ständig zu hören, sie würden den Anforderungen nicht genügen. Sie lernen offenbar, über vieles hinwegzusehen, so wie der Biertrinker oben sein wundersam verschwundenes Stottern nie damit in Zusammenhang gebracht hat, dass er gezwungen wurde, mit rechts zu schreiben.

Und sie geben nicht klein bei, suchen stattdessen auf eigene Faust nach passenden Lösungen. Das gelingt ihnen so gut, dass sie sich blitzschnell zu ganz normalen Schülern entwickeln. Bittet man einen Lehrer, einen Stapel Klassenarbeiten einer ihm unbekannten Klasse nach dem Geschlecht der Schüler zu sortieren, gelingt ihm das ziemlich gut. Soll er den Stapel jedoch nach Links- und Rechtshändern unterscheiden, ist das Ergebnis ernüchternd. Selbst die für sie schwierige Schrift bekommen Linkshänder, gleich, ob sie mit links oder mit rechts schreiben, schon nach ein bis anderthalb Jahren genauso schnell und gut hin wie ihre rechtshändigen Schulkameraden, und das trotz des Handicaps und des verkehrten Unterrichts.

Dies ändert nichts an der Tatsache, dass es nicht schön ist, zu etwas gezwungen zu werden, gegen das sich der Körper sträubt. Eigentlich muss es Spuren hinterlassen. Doch man hat noch keine echten Beweise dafür gefunden, dass Stottern, Bettnässen und andere nervlich bedingten Symptome eine Folge umerzogenen Rechtsschreibens sind. Andererseits hört man derartige Geschichten so häufig, dass man sie nicht einfach ignorieren kann, zumal, wenn sie von den Linkshändern selbst stammen.

Bis vor einigen Jahrzehnten war es die Regel, dass Schüler ausdrücklich gezwungen wurden, mit der »guten Hand« schreiben zu lernen. Kluge Köpfe unter den Lehrern, die ein linkshändiges Kind unterstützten und ihm mit Ratschlägen weiterhalfen, waren äußerst selten. Zwar gibt es heute nicht mehr die brutalen Maßnahmen früherer Zeiten, als man mit dem Lineal auf die linke Hand schlug oder den linken Arm auf dem Rücken festband, aber wirklich viel geändert hat sich nicht. Auch heute werden in der modernen westlichen Welt Kinder nach wie vor subtil genötigt, es erst einmal mit rechts zu probieren; das sei doch besser. So soll etwa die Hälfte der linkshändigen Kinder von einem mysteriösen Leiden heimgesucht sein, das in Pädagogen- und Lehrerkreisen »angewöhnte Linkshändigkeit« heißt. Sie seien nicht linkshändig, sie tuen nur so, diese Schlingel! Zu beobachten ist zudem eine typisch rechtshändige Form von Besorgnis gegenüber den zarten Seelen der Linkshänder. Diese würde Schaden nehmen, wenn man sich in einer rechtshändigen Welt als Außenseiter fühle. Wie man das in positivem Sinne verändert, wenn man sie quasi zu Patienten erklärt und ihre natürliche Vorliebe verurteilt, das sei dahingestellt. Nicht totzukriegen ist der Mythos, unsere Schrift sei so stark auf das Schreiben mit rechts ausgerichtet, dass es für einen Linkshänder unmöglich erscheint, am Schreiben mit links festzuhalten. Millionen von Linkshändern beweisen täglich das Gegenteil.

Die ganzen pädagogischen Sorgen sind purer Nonsens, anders kann man es nicht sagen. Wer von klein auf Linkshänder ist, hat sich bis zu dem Alter, in dem er schreiben lernt, längst festgelegt. Denjenigen, bei denen die Vorzugshand noch nicht eindeutig feststeht und die trotz rechtshändiger Vorbilder die linke Hand wählen, sind mögliche Einwände egal. Oder sie haben ganz andere, ernsthafte Probleme. Und ja, es gibt bestimmt den ein oder anderen Linkshänder, der wegen seiner Linkshändigkeit getriezt wird, doch das geschieht auch, und noch viel schlimmer, aufgrund von Haarfarbe, Akzent, Name, Zahnspange, Nasenform, Markenkleidung, seltsamer Mutter, Noten und dergleichen. Bei Therapeuten und Psychiatern meldet sich nie jemand wegen seiner Linkshändigkeit.

Die wahren Gründe für den Wunsch nach Umerziehung von Linkshändern haben mit der Sorge um ihren Schreiberfolg kaum etwas zu tun, sondern mit Konformismus und deplatziertem Ordnungsdrang. Ein Linkshänder stört das gleichförmige Bild der braven, still arbeitenden Klasse. Also soll er sich anpassen, damit alle schön ordentlich mit derselben Hand schreiben. Je autoritärer das Bildungssystem, desto stärker das Bedürfnis nach Uniformität und desto schwerer das Leben der Linkshänder.

Doch das würde niemand laut zugeben. Offiziell ist alles auf das Wohl des armen Linkshänders ausgerichtet. Das beliebteste fürsorglich gemeinte Argument zur Umerziehung beim Schreibenlernen ist die vermaledeite angewinkelte Hand. Linkshändern wird immer unterstellt, sie hätten ein unsauberes Schriftbild, da sie das frisch Geschriebene mit ihrer Hand verschmierten und nicht sehen könnten, was sie schreiben, da ihnen die Hand im Weg sei. Folglich schrieben sie mit einer merkwürdigen, über der Schreiblinie gekrümmten Klaue, der gewinkelten Schreibhaltung. Doch auch dieses Argument ist nicht stichhaltig.

Natürlich gibt es etliche Linkshänder, die mit angewinkelter Hand schreiben. Das sieht komisch aus, denn den Rechtshändern bleibt unerklärlich, was an der angewinkelten Hand praktisch sein soll. Wer Erwachsene beim Schreiben etwas genauer betrachtet, dem fällt auf, dass es bestimmt zehn oder mehr Arten gibt, wie Menschen ihren Stift halten. Viele Formen schmerzen schon beim Anblick. Da wird der Stift zwischen drei oder gar vier Fingerspitzen oder oben gegen die Handfläche zwischen Zeige- und Mittelfinger geklemmt, und die angewinkelte Haltung gibt es in allerlei Formen und Ausprägungen. Linkshänder haben aber

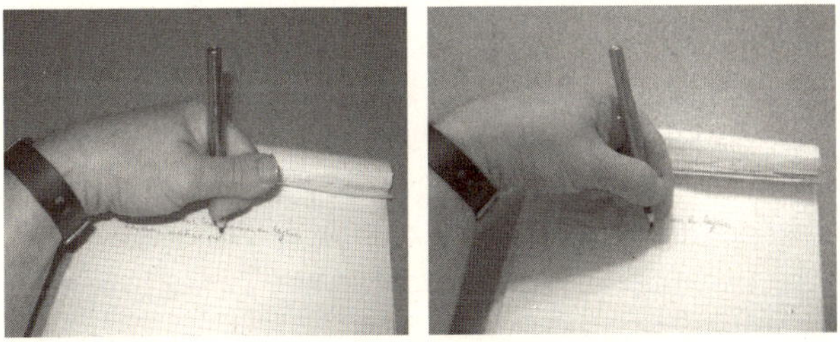

Zwei Spielarten einer schrecklich angewinkelten Hand.

nicht häufiger als Rechtshänder eine seltsame Schreibhaltung. Wir können daraus schließen, dass nicht der Schreibunterricht die Schreibhaltung bestimmt, sondern dass ein Schüler sie sich selbst beibringt – mit wechselndem Erfolg.

Nicht auszurotten im Bildungswesen ist die Behauptung, sogenannte überkreuz liegende Lateralisierungsmuster würden nichts Gutes bedeuten. Diese Auffassung geht zurück auf die altmodische Vorstellung zu dominanten Hirnhälften, bei der unerschütterlich annahm, es sei besser, wenn Vorzugshand, -auge und -fuß von derselben Hirnhälfte gesteuert werden. Dafür gibt es keinerlei Belege und ein Zusammenhang zwischen Vorzugshand und anderen Vorlieben konnte auch nie nachgewiesen werden. Komischerweise wird es auch nur als Problem der Linkshänder gesehen. Niemand versucht, Rechtshänder zu Linkshändern umzuschulen, wenn sie linksbeinig oder linksäugig zu sein scheinen.

Das darf keineswegs überraschen, und im Zweifelsfall ist alle Besorgnis auch nur Augenwischerei. Denn wenn es nicht gelingt, ein mit links schreibendes Kind auf rechts umzupolen, gibt der Fachmann meist auf. Das Kind wird seinem Schicksal überlassen, da sich kaum ein Lehrer die Mühe macht, selbst mit links schreiben zu lernen, um es dem Schüler dann korrekt vorzumachen. Linkshänder sind längst daran gewöhnt, denn auch beim Stricken oder anderen Handarbeiten müssen sie selbst sehen, wie sie sich aneignen, was ihnen konsequent verkehrt vermittelt wurde. Auf mehr als bloßes Missfallen, wenn ihnen das nicht direkt gelingt, dürfen sie dabei nicht hoffen.

Im schlimmsten Fall bekommen Linkshänder eine sogenannte linkshändige Schreibmethode vorgesetzt. Was bedeutet, dass ihnen auf der Grundlage

»Schreiben in der Grundschule. Erste Schreibübungen für Linkshänder« – Umschlag eines Buches zur nach links geneigten Schrägschrift für Linkshänder. So funktioniert es ganz bestimmt nicht, denn die nach links geneigte Schrift wird nirgendwo akzeptiert. Sie stigmatisiert Linkshänder, statt ihnen zu helfen.

pseudowissenschaftlicher Erkenntnisse über natürliche Bewegungen und Richtungen eine nach links geneigte Schrift beigebracht wird. Beim Schreiben haben sie nichts davon, da der Neigungswinkel völlig irrelevant ist, es macht die Sache nur schlimmer, weil in der Gesellschaft eine nach links geneigte Schrift nicht akzeptiert wird, man wird höchstens schief angesehen. Jede Missachtung ist besser, als vom Regen in die Traufe zu kommen.

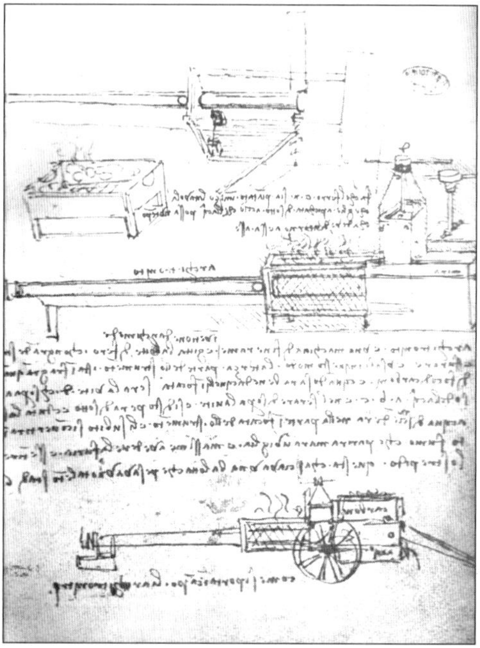

Leonardo da Vincis Entwurf für eine kupferne Dampfkanone mit Notizen in Spiegelschrift.

Ein weiterer tief verwurzelter Mythos besagt, dass Linkshänder von Natur aus zur Spiegelschrift neigen. In der Schule ist auch das wieder Anlass zu falscher Sorge, außerhalb des Schulumfelds eine Quelle für Missverständnisse. Wobei sich nicht wenige Linkshänder als Kind tatsächlich das Schreiben in Spiegelschrift beigebracht haben, ein Kunststück, mit dem man Eindruck schinden kann. Es würde auch kaum überraschen, wenn Rechtshänder mit ihrer linken Hand genauso flüssig in Spiegelschrift schreiben lernen könnten, denn an der Schrift an sich liegt es nicht.

Zum Entstehen des Spiegelschriftmythos hat Leonardo da Vinci beigetragen, der selbst Linkshänder war und die Angewohnheit hatte, spiegelverkehrt zu schreiben. Warum er das tat, ist ein Geheimnis, das er mit ins Grab genommen hat. Es wird behauptet, er habe damit seine Notizen für Spione und Konkurrenten unleserlich machen wollen, aber das ist wenig wahrscheinlich. Seine Zeitgenossen im 15. und 16. Jahrhundert waren nicht so dumm, sich von so etwas zum Narren halten zu lassen. Leonardo stammte aus einer Familie von Notaren; Schreiben spielte also für ihn eine wichtige Rolle. In einer Welt voller Analphabeten war das in Kombination mit seiner Linkshändigkeit vielleicht schon Anlass genug für einen Querdenker wie den jungen Leonardo, sich die Spiegelschrift beizubringen – nur so zum Spaß, weil er es konnte, um sich zu unterscheiden und andere zu verblüffen. Sigmund Freud sah darin natürlich wieder einen Zusammenhang mit unausgelebter Sexualität. Am 9. Oktober 1898 schrieb er an Fließ, der damals sein Schüler war: »Leonardo, von dem kein Liebeshandel bekannt ist, war vielleicht der berühmteste Linkshänder.«

Schon früh faszinierte Menschen das Schreiben in Spiegelschrift, und sie verwechselten es häufig mit Linkshändigkeit. 1540 veröffentlichte der Römer Giovanni Battista Palatino einen Kalligrafie-Leitfaden, der sich schnell zum Bestseller entwickelte. Darin widmete er ein ganzes Kapitel der *lettera mancina*, »Linkshänder-Schrift«. Er meinte damit eine Spiegelschrift, die Rechtshänder am besten mit ihrer linken Hand ausführen konnten.

Damit war die Grundlage für eine anhaltende Verwirrung gelegt. Um 1560 beschrieb der Bildhauer Raffaello da Montelupo, ebenfalls Bewohner der Ewigen Stadt, in seiner Autobiografie, was ihm als junger Linkshänder ein halbes Jahrhundert zuvor widerfahren war. »Ich möchte nicht leugnen, dass ich von Natur aus Linkshänder bin«, berichtet er, »und dass ich, da es mir mit dieser Hand leichter fiel als mit der rechten, auch damit schrieb, da es meinen Lehrer nicht störte, in dem Wissen, dass meine Handschrift gut war. Ich habe also immer meine linke Hand gebraucht, ob ich nun schrieb oder Bilder aus der *Morgante* abmalte, welche wir in der Schule lasen. Sobald ich mein Blatt der Länge nach hinlegte, um mit links zu schreiben*, sahen viele überrascht auf, sie dachten, ich würde *all'ebraica* (Hebräisch, also von rechts nach links; Anm. des Autors) schreiben, und dass meine Schrift unlesbar sein würde. In diesem Zusammenhang erinnere ich mich an einen seltsamen Vorfall: Als ich in Florenz für einen Notar eine Quittung über einen gewissen Betrag ausstellte, legte ich das Blatt der Länge nach hin, und der Notar hatte Zweifel, ob meine Schrift lesbar sein würde. Als ich einen Satz geschrieben hatte, nahm er das Blatt, sah, dass er es gut lesen konnte, und rief dann bestimmt zehn Notare hinzu, die sich das Ganze ansehen sollten. Als die Quittung fertig war, fügte ich noch ein paar Wörter mit rechts hinzu, denn auch das beherrschte ich ganz gut, wenngleich ich im Laufe der Zeit aufgehört hatte, mit rechts zu schreiben. Wie ich schon sagte, kann ich besser mit links zeichnen. Als ich einmal den *Arco di Trasi al Colosseo* (Konstantinsbogen; Anm. des Autors) zeichnete, kamen Michelangelo und Sebastiano del Piombo vorbei und blieben stehen, um mir zuzuschauen. Nun muss man wissen, dass beide, wenn auch von Natur aus Linkshänder, alles

* Wahrscheinlich meint er, dass er sein Papier quer hinlegte und von oben nach unten schrieb – eine extreme Variante des Schräglegens, das man bei Linkshändern häufiger sieht. Wir kommen später noch auf diesen Punkt zurück.

mit ihrer rechten Hand taten, außer wenn etwas mit Kraft ausgeführt werden musste. Sie sahen mir eine Weile überrascht zu und staunten, da keiner von beiden, soweit bekannt, jemals etwas mit der linken Hand ausgeführt hatte.«

Wie Da Montelupo munter berichtete, schreiben Linkshänder nicht in Spiegelschrift, sondern genau wie jeder andere auch. Ohne Üben gelingt ihnen die Spiegelschrift genauso wenig wie dem ungeübten Rechtshänder. Wenn ein Schreibanfänger schon dazu neigt, in seinem noch leeren Schreibheft rechts anzusetzen, hilft es, mit einem simplen Kreuz am linken Rand den Anfangspunkt zu markieren.

Mehr als vor der Spiegelschrift fürchtet man sich in der Schule vor gespiegelten Buchstaben und Wörtern. Kinder, die schreiben lernen, spiegeln anfänglich gern einige Buchstaben; vor allem bei den Großbuchstaben *S* und *N* ist das zu beobachten, auch bei den Buchstabenpaaren *d* und *b* sowie *q* und *p*. Doch solche Verwechslungen unterlaufen nicht nur Linkshändern. Selbst ungeübte Erwachsene haben Probleme damit genau wie diejenigen, die auf unübliche Weise schreiben müssen – in Versalien an Brücken und Wände gesprühte Parolen zeugen davon. Natürlich ist es möglich, dass linkshändige Kinder ausgeprägter und länger als Rechtshänder die Angewohnheit haben, Buchstaben zu spiegeln, doch diese Annahme muss erst noch handfest belegt werden. Bis dahin existiert nur der subjektive Eindruck der mehrheitlichen Rechtshänder. Und der scheint ziemlich häufig zu täuschen.

Komischerweise ist es überhaupt nicht schwierig, mit der linken Hand gut und bequem zu schreiben. Es gibt nur ein paar Dinge, die dabei zu berücksichtigen sind.

Wer mit rechts schreibt, hält den Stift möglichst locker zwischen Daumen und Zeigefinger, wobei der Stift seitlich vom Mittelfinger ruht. Schreiben geschieht hauptsächlich mit zwei Bewegungen: Die kleinen hin- und hergehenden Bewegungen aus dem Handgelenk sorgen für die Auf- und Abstriche der Buchstaben, und durch einen langsamen Schwung aus dem Ellbogen werden die Zeilen allmählich von links nach rechts beschrieben. Der Schwung setzt unten in der Körpermitte an. Das Papier liegt dabei leicht schräg mit der rechten Ecke nach oben, sodass der Unterarm in der Zeilenmitte rechtwinklig zur Schreibrichtung liegt. Die Schreibhand bleibt dadurch immer unter der Schreiblinie und ist sich selbst nicht im Weg. Das Schreiben kostet so am wenigsten Mühe. Berührt das Handgelenk das Papier, darf der Druck nicht zu stark sein, damit der Schwung nach rechts fließend ist.

Wenn die Aufstriche fein, die Abstriche kräftig ausgeführt werden wie bei der Kalligrafie und der altmodischen Schönschrift, betont das die natürlichen Bewegungsabläufe beim Schreiben: Abwärts geht es mit einer Bewegung aus dem Handgelenk auf den Körper zu, und diese lässt sich besser mit mehr Kraft ausüben als die vom Körper wegführende Bewegung, mit der die Aufstriche gemacht werden. Schreiben mit rechts erinnert an die Bewegung beim Kartoffelschälen. Auch das lässt sich besser mit einer Bewegung zum Körper hin ausführen.

Linkshänder schreiben größtenteils genau wie Rechtshänder. Auch hier liegt der Schreibarm in der

Zeilenmitte rechtwinklig zur Schreibrichtung. So liegt das Papier wieder schräg, diesmal mit der linken Ecke nach oben. Auch die Haltung des Stifts ist dieselbe: Er ruht locker zwischen Daumen und Zeigefinger, seitlich vom Mittelfinger. Der Stift muss so hoch festgehalten werden, dass die Spitze, wenn die Finger sich in Ruhestellung befinden, knapp einen Millimeter über dem Papier liegt.

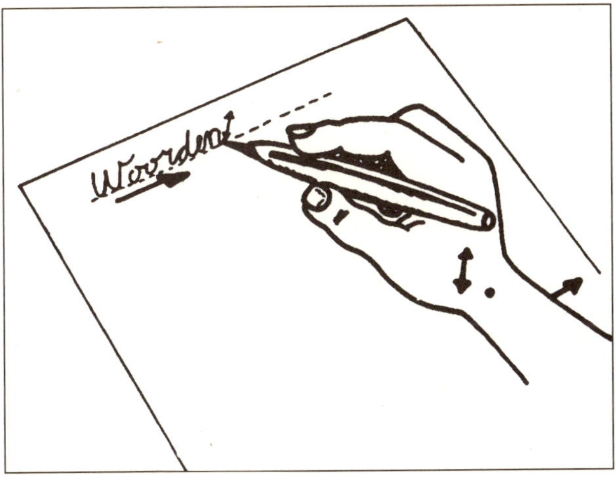

Hauptbewegung beim Schreiben mit der rechten Hand. Das Papier sollte möglichst schräg liegen, sodass der Schreibarm parallel zum Papierrand und rechtwinklig zur Schreibzeile liegt.

Auch hier liegt die Schreibhand selbstverständlich immer unter der Schreiblinie, sodass nichts verschmiert und das bereits Geschriebene gut sichtbar ist. Der langsame Schwung aus dem Ellbogen dient auch dem Linkshänder dazu, vom Anfang bis zum Ende der Zeile zu kommen, nur ist es hier keine Bewegung nach außen, sondern nach innen, die etwa in der Mitte des Körpers endet, statt dort zu beginnen. So weit ist das alles nichts Besonderes.

Der gravierende Unterschied besteht in den kleinen Bewegungen, mit denen die Auf- und Abstriche der Buchstaben geformt werden. Bei einem Rechtshänder geschieht das mit einer Schwenkbewegung aus dem Handgelenk heraus, beim Linkshänder ist die Bewegungsrichtung um

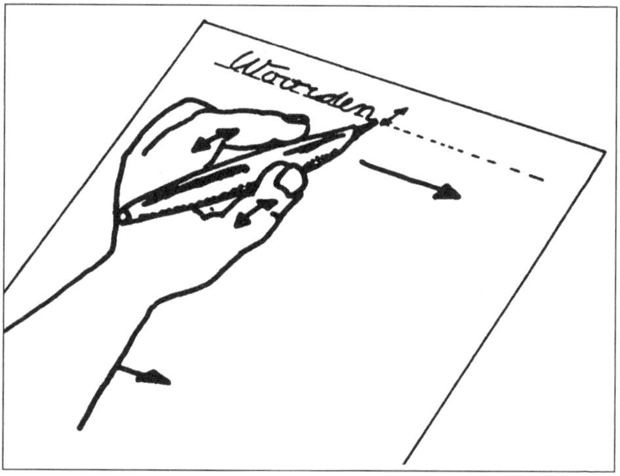

Beim Schreiben mit der linken Hand sollte das Papier so schräg liegen, dass der Schreibarm parallel zum Blattrand liegt und rechtwinklig zur Schreibzeile. Die kleine Schreibbewegung verläuft nicht hin und zurück, sondern vor und zurück.

neunzig Grad gedreht: Sie liegt etwa auf einer Linie von Hand und Stift. Die Bewegung entsteht, wenn man Daumen, Zeigefinger und Mittelfinger, die zu dritt den Stift halten, gemeinsam krümmt und streckt. Diese Bewegung ähnelt jener, mit der man mit einer Pinzette einen Splitter herauszieht.

Die linkshändige Schreibbewegung ist etwas subtiler und empfindlicher für Druck als das »Kartoffelschälen« beim Rechtshänder. Ungeübte Schreiber versuchen, ihre Briefe in ein Schema zu pressen, indem sie ihren Stift fest umklammern und kräftig aufs Papier drücken. Die Schrift der Rechtshänder wird dadurch nicht schöner, aber für Linkshänder ist das geradezu verheerend. Es braucht schon etwas Konzentration und Kontrolle. Auch sollte besser kein Kugelschreiber benutzt werden, da er zum festen Aufdrücken verführt. Abgesehen davon gibt es keinen Grund, warum Linkshänder nicht genauso gut schreiben sollten wie der beste Rechtshänder. Sogar feine Aufstriche und dicke Abstriche sind für sie nicht unnatürlich: Sie unterstreichen lediglich die notgedrungen leichte, gestoßene Streckbewegung und die kräftigere und sicherer gezogene Krümmung nach unten.

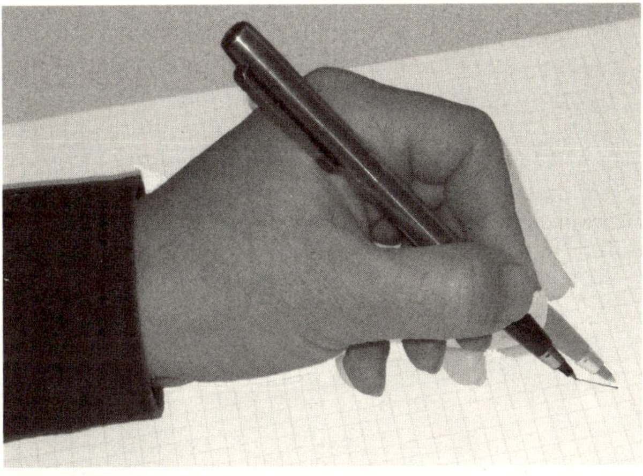

Die linke Hand in Aktion. Buchstaben werden mit einer Art Pinzettenbewegung ausgeführt: vor und zurück mit dem Stift zwischen Daumen, Zeigefinger und Mittelfinger. Die Hand liegt immer unter der Schreibzeile.

Bleibt noch zu erwähnen, dass Linkshänder einige Buchstabenformen etwas anders formen müssen, als es Rechtshänder üblicherweise tun. Diese Formen finden Linkshänder ganz von allein, wenn sie sich nicht zu sehr mit den Lehrbüchern abmühen, die ihnen das Formen der Buchstaben beibringen wollen, denn diese geben ein schlechtes Beispiel. Wer nicht allzu streng beäugt, wie Linkshänder einen Buchstaben formen, und mehr darauf achtet, ob das Ergebnis ein brauchbarer, deutlicher Buchstabe ist, erweist seinen linkshändigen Schülern einen großen Dienst.

# 37

# Der Mythos vom aussterbenden Linkshänder

Im Jahr 1991 erreichte die Linkshänder eine höchst beunruhigende Nachricht. Sehr medienwirksam verbreitete der kanadische Psychologe Stanley Coren die Geschichte, Linkshänder würden im Schnitt sieben Jahre früher sterben als Rechtshänder. Rechtshänder würden in den Vereinigten Staaten im Schnitt 75 Jahre alt, während Linkshänder nur rund 66,5 Jahre erreichten. Eine solch niederschmetternde Folge der Linkshändigkeit hatte noch nie jemand zuvor konstatiert.

Die Linkshänder, an fantastische Märchen über ihre Unarten bereits gewöhnt, ließen selbst dieses Attentat gelassen über sich ergehen. Nicht so Corens Kollegen: Schon kurz darauf erschien in der Fachpresse harsche Kritik an der Arbeit von Coren und seiner treuen Assistentin Diane Halpern. Und selbst in normalen Zeitungen und Magazinen wurde der Kritik noch Beachtung geschenkt. All das gibt Anlass, noch einmal genau zu untersuchen, warum Corens Geschichte nichts taugt.

Stanley Coren hatte sich bereits jahrelang mit Linkshändigkeit beschäftigt, als ihm auffiel, dass Linkshändigkeit nicht nur bei Männern häufiger auftrat als bei Frauen, sondern auch bei Jüngeren häufiger als bei Älteren. Befragungen erbrachten das Bild, Linkshändigkeit würde im Lauf des Lebens von der Bildfläche verschwinden. Oder, so überlegte Coren, sind es vielleicht die Linkshänder, die von der Bildfläche verschwinden? Das wollte er näher untersuchen.

1988 befasste er sich in einer Vorstudie mit Baseballspielern der amerikanischen Profiliga, der weltweit einzigen Gruppe, deren Handvorliebe peinlich genau registriert wird. Daraus schloss er, dass Linkshänder im Schnitt einige Monate eher sterben als vergleichbare Rechtshänder, eine Schlussfolgerung, die der amerikanische Forscher E. K. Wood vom California Institute of Technology in der Zeitschrift *Nature* vom 15. September 1988 aufgrund handwerklicher Fehler zerriss. Coren, so erklärte Wood überzeugend, habe seine Hausaufgaben in Statistik nicht gemacht, seine Studie ließe keinerlei Schlussfolgerungen zu.

Coren ließ sich nicht beirren und machte weiter. Eine breiter angelegte Untersuchung musste her. Das Problem war, die erforderlichen Daten einer größeren Zahl möglichst vergleichbarer Verstorbener zu sammeln, ohne gleich ganze Familien zu schockieren oder Behörden gegen sich aufzubringen. Schließlich verschaffte er sich mit Hilfe kalifornischer Behörden Daten von etwa eintausend Personen aus dem Raum Südkalifornien. Dazu wurde neun Monate nach dem Tod einer Person ein Fragebogen mit drei Fragen an die Angehörigen verschickt: Mit welcher Hand schrieb der Verstorbene, mit welcher zeichnete er und mit welcher warf er einen Ball? Wenn die Antwort auf alle drei Fragen »mit rechts« lautete, wurde die Person als Rechtshänder eingestuft, andernfalls galt sie als Linkshänder.

Bereits hier zeigen sich deutliche Webfehler in seiner Untersuchung. Vermutlich können Sie bei engen Familienmitgliedern mit großer Sicherheit sagen, mit welcher Hand sie schreiben, aber wie sieht es mit der Zeichenhand aus? Bei Menschen, die das nicht häufig tun? Wie oft haben Sie Ihren Vater oder Onkel eigentlich zeichnen gesehen? Und wissen Sie überhaupt, mit welcher Hand Ihre Mutter oder Tante einen Ball wirft? Wie lange ist es her, dass Sie das zuletzt gesehen haben? Und sind Sie sich bei der Antwort ganz sicher? Wir wissen, dass Menschen Fragen selbst nach ihrer eigenen Handvorliebe nicht immer verlässlich antworten. Das wirft ernsthafte Zweifel an der Tauglichkeit solcher Angaben zu Angehörigen auf, die bereits seit knapp einem Jahr tot sind.

Coren verglich nun miteinander, wie alt die verstorbenen Links- und Rechtshänder geworden waren. So kam er zu der schockierenden Entdeckung, dass die Linkshänder im Schnitt sieben Jahre weniger gelebt und in allen Altersgruppen ein höheres Sterblichkeitsrisiko hatten als die rechtshändigen Bewohner der Region.

Nun wurde Linkshändigkeit früher viel stärker bekämpft, auch in den Vereinigten Staaten, darunter hatten gerade die Älteren in der untersuchten Gruppe überproportional zu leiden. Dennoch glaubte Coren – völlig zu Recht –, dass dieser Zwang den enormen Unterschied noch nicht erklärte. Denn Umfragen aus der Jugendzeit der Personen hatten gezeigt, dass der Prozentsatz derjenigen, die öffentlich zu ihrer Linkshändigkeit standen, damals nicht viel niedriger gewesen war als zu Corens Zeit. Daraus kann man schließen, dass Menschen auch in Zeiten starker sozialer Repression ihre Linkshändigkeit nicht einfach verleugneten. Doch dieser Punkt ist nicht so belastbar, wie es scheint. Bei älteren Studien wurde immer nach der eigenen Vorzugshand gefragt, während Coren nach der Vorzugshand anderer Menschen fragte, was einen großen Unterschied macht.

Coren suchte nach Erklärungen für diese erstaunliche Differenz und wurde fündig. Kurz gesagt lief seine Argumentation darauf hinaus, dass die Linkshänder häufiger und schwerer von Unfällen betroffen waren als Rechtshänder, manchmal sogar mit tödlichem Ausgang, sodass sie häufig schon vor ihrem siebzigsten Lebensjahr körperlich am Ende oder gestorben waren. Das lag seiner Ansicht daran, dass die Welt für Rechtshänder ausgerichtet ist und für die von Natur aus ungeschickteren Linkshänder viel gefährlicher als für ihre rechtshändigen Brüder und Schwestern.

Wie Coren zu seinen Schlussfolgerungen kommt, veranschaulicht seine Auswertung von Autounfällen. Linkshänder verursachen unserem Psychologen zufolge weitaus häufiger tödliche Unfälle als Rechtshänder, ganz einfach deshalb, weil Linkshänder andere Reflexe haben als Rechtshänder. Wenn man jemanden heftig erschreckt, indem man ihm einen Ball ins Gesicht wirft, hebt er in einem Abwehrreflex die Hände vor seinen Körper, wobei die Vorzugshand die Brust und die andere Hand das Gesicht schützt. Coren zufolge führt dieser Schreckreflex am Steuer dazu, dass ein Linkshänder einen Ruck nach links auf die Gegenfahrbahn macht, während Rechtshänder ihr Steuer nach rechts ziehen, also weg vom Gegenverkehr.

Klingt nicht schlecht, taugt aber nicht als Argument. Zum Schreckreflex gehört ganz wesentlich, dass die Hände gespreizt werden. Beim Autofahren würde man in diesem Fall nicht am Lenkrad drehen, sondern es loslassen. Wenn wir das im Notfall nicht tun, findet auch kein spezifischer Schreckreflex statt.

Gehen wir einmal davon aus, dass Corens Schreckreaktion eine Rolle spielt. Dann müssten in Ländern mit Linksverkehr vor lauter Kollisionen wahrlich grausame Zustände herrschen. Coren erklärt nun, dass der Verkehr in solchen Ländern tatsächlich eine Katastrophe sei, und nennt England und Irland als Beispiele. Der Verkehr dort, behauptet er, sei tatsächlich sehr unsicher, es ereigneten im Schnitt mehr Unfälle als im Rest Europas. Es überrascht nicht, dass dies vor ihm noch nie jemandem auffiel, denn Coren vergleicht hier Äpfel mit Birnen. Um seine These zu untermauern, vergleicht er die Zahlen zum britischen und irischen Verkehr mit denen von vierzehn anderen europäischen Ländern *zusammen*. Wird jedoch jedes Land *einzeln* mit England und Irland sowie auch untereinander verglichen, dann sehen wir England und Irland irgendwo im Mittelfeld. Den Spitzenplatz in Sachen Unsicherheit halten Spanien und Frankreich, in denen rechts gefahren wird.

Corens These vom riskanten Fahrverhalten der Linkshänder basiert zudem auf der Gesamtzahl der tödlichen Unfälle, bei denen einer seiner tödlich Verunglückten hinter dem Steuer saß. Die Schuldfrage lässt er dabei außen vor, und, noch schlimmer, auch die Unfallart bleibt unberücksichtigt, während seine Schreckreflextheorie nur bei Frontalzusammenstößen mit dem Gegenverkehr zutrifft, und diese Fälle machen in der Gesamtheit aller Unfälle mit tödlichem Ausgang nur einen geringen Teil aus.

Coren zählt nicht nur Äpfel und Birnen zusammen, seine Grundlage ist dabei auch noch erschreckend klein. Wenn wir annehmen, dass der amerikanische Straßenverkehr nicht extrem viel unsicherer ist als etwa der in den Niederlanden, dann waren, ausgehend von den Zahlen des Zentralen Amtes für Statistik im Jahr 1989, etwa ein Prozent von Corens Toten Verkehrsopfer. Wir sprechen also über nicht mehr als zehn Verkehrstote, unter denen sich wahrscheinlich auch noch Beifahrer befinden, deren Schreckreaktionen irrelevant sind. Aber geben wir Coren noch eine Chance und gehen davon aus, dass alle zehn Verkehrstoten auf ihrer letzten Fahrt auch am Steuer saßen. Coren stellt fest, dass Linkshänder viermal so oft tödlich verunglücken wie Rechtshänder. Wenn wir von den üblichen zehn Prozent Linkshändern ausgehen, was mit Corens Daten übereinstimmt, dann wird deutlich, dass Coren seine weitreichende Schlussfolgerung auf zwei bis drei linkshändige Bruchpiloten stützt. Kurzum, Stanley Coren nimmt uns auf den Arm.

Ein sehr interessanter Einwand, wenngleich auch insgesamt der Todesstoß für Corens Daten, kam von dem Wissenschaftsjournalisten Martin van der Laan, veröffentlicht am 9. März 1991 in der niederländischen Tageszeitung *Trouw*. Van der Laan setzte bei Corens Behauptung an, unter zwanzigjährigen Männern seien ungefähr zwanzig Prozent Linkshänder, während der Prozentsatz bei Fünfzigjährigen auf fünf Prozent zurückgegangen sei. Der Unterschied liege laut Coren in der Sterblichkeitsrate. Nach Daten der niederländischen Zentralstelle für Statistik sterben etwa fünf Prozent der Männer zwischen ihrem zwanzigsten und fünfzigsten Lebensjahr. Von hundert Zwanzigjährigen erreichen also im Schnitt 95 das fünfzigste Lebensjahr, und das wird in den USA nicht viel anders aussehen als in den Niederlanden. Doch dann ist es kaum möglich, dass der Prozentsatz der

Linkshänder zwischen diesen beiden Altersgrenzen von zwanzig auf fünf sinkt. Selbst wenn nur Linkshänder sterben, müssten noch immer fünfzehn Prozent Linkshänder übrig bleiben. Wer bislang noch Zweifel hegte, kann sich nun definitiv entspannt zurücklehnen: Coren ist seiner eigener Begeisterung auf den Leim gegangen und hat auf der Grundlage von offenkundig nicht repräsentativen Daten und einer untauglichen Methode völlig unsinnige Schlussfolgerungen gezogen.

ooooooooooooooo

Bleibt die Behauptung, Linkshändigkeit nehme mit zunehmendem Alter der befragten Personen ab. Corens grundlegender Fehler war seine Annahme, dass Linkshänder früher sterben, ein aus der Luft gegriffener, viel zu weit gehender Gedanke. Wenn wir Gruppen aus fünfzigjährigen Frauen fragen, ob sie gerade Mutter geworden sind, wird die Antwort bei allen nein lauten. Leiten wir daraus die These ab, dass fruchtbare Frauen sehr jung sterben?

Zur Erklärung wird besonders gern angeführt, dass sozialer Zwang bestehe. Der Umstand, dass Linkshändigkeit früher viel stärker unterbunden wurde, habe einige Menschen vergessen lassen, dass sie eigentlich Linkshänder waren. Hört sich unwahrscheinlich an und ist es auch. Bei einer breit angelegten englischen Studie von 1998 zeigte sich, dass die Berücksichtigung von Antworten auf Fragen zu Themen wie Schreiben und in geringerem Maße Zeichnen kaum Einfluss auf den Grad der rückläufigen Linkshändigkeit mit zunehmendem Alter hatte. Im Jahr 2000 wurden mehr als tausend Personen im Alter von 65 bis 100 Jahren befragt, auch dabei war kein Zusammenhang festzustellen. Die Forscher mussten machtlos schlussfolgern, dass »altersbezogene Variationen in der Handvorliebe am besten durch mehrere Faktoren erklärt werden können, bei denen aber nicht genau bestimmt werden kann, wie sie einander beeinflussen«. Mit anderen Worten: Wir haben keine Ahnung!

Dabei liegt bereits seit 1988 eine glaubhafte und sehr einfache Erklärung für den scheinbar vorzeitigen Tod von Linkshändern vor. Diese sauber konzipierte und durchgeführte Studie der Psychologen Ellis, Ellis und Marshall erschien in der Neuropsychologie-Fachzeitschrift *Cortex* und bezog mehr als 6.000 Personen im Alter von 15 bis 70 Jahren ein. In dieser Gruppe sank die Linkshändigkeit von rund neun Prozent bei den jüngsten auf etwa fünf Prozent bei den ältesten Teilnehmern. Obwohl die Zahlen wesentlich undramatischer ausfallen als bei Coren, bleibt der Unterschied doch zu groß, um ihn allein mit dem nachlassenden sozialen Druck auf Linkshänder erklären zu können. Auch hier wurde mit Fragebögen gearbeitet, doch die Fragen gingen sehr viel weiter als Corens primitive Liste, auf der nur drei Fertigkeiten abgefragt wurden. Die Teilnehmer mussten bei zehn Fertigkeiten ankreuzen, ob sie hierbei eher die linke oder die rechte Hand benutzten. Gab es eine starke Vorliebe für eine Fertigkeit, durften die Teilnehmer zwei Kreuzchen setzen. Maximal machte jeder Teilnehmer zwanzig Kreuzchen und minimal zehn.

Die Frage ist, wie die Verteilung der Kreuzchen der Jüngsten und Ältesten ausfallen muss, um die festgestellte Abnahme der Linkshändigkeit zu erklären. Die Antwort ist ziemlich verblüffend: Abhängig davon, wie viele doppelte Kreuzchen durchschnittlich gemacht wurden, muss bei einem von zwei bis drei Teilnehmern genau ein Kreuzchen von links nach rechts wandern. Das bedeutet konkret, dass der Unterschied schon dann ausreichend erklärt ist, wenn einer von zwei bis drei Teilnehmern im Laufe seines Lebens für eine der zehn Fertigkeiten eine andere Hand benutzt. Man kann sogar so weit gehen und behaupten, dass die Person nicht einmal unbedingt ihre Hand wechseln muss, es genügt schon, wenn ihre Handvorliebe weniger stark ausgeprägt ist und sie statt zwei nur noch ein Kreuzchen setzt. Denkt man an das Sprichwort, dass das Alter milde mache, ist der letzte Punkt nicht so unwahrscheinlich. Zu berücksichtigen ist auch, dass jeder sich gern als etwas Besonderes fühlen möchte. Linkshändigkeit ist etwas Besonderes, und man wäre schön dumm, dies als Jugendlicher für sich zu behalten, wenn man danach gefragt wird. In fortgeschrittenem Alter ist einem so etwas dann nicht mehr so wichtig.

# 38

## Kreativ, musikalisch, genial und berühmt!

»Ist Ihr Kind Linkshänder? Dann ziehen Sie vielleicht gerade ein Genie groß«, titelte 1975 die englische Zeitschrift *The Listener*. Es war einer dieser Artikel, die Linkshändern große kreative und künstlerische Gaben zuschreiben im Glauben an die vermeintliche Dominanz der emotionalen, kreativen rechten Hirnhälfte. Aber ach! Mit einem solchen Ansatz kommt man nicht sehr weit, auch wenn sich Linkshänder darüber freuen mögen, die genug gestresst sind von den negativen Volksweisheiten, dem Unverständnis von Erziehern und Lehrern und den Hiobsbotschaften eines Stanley Coren. Dass sich nicht nur unter Geistesgestörten, sondern auch unter Genies ungewöhnlich viele Linkshänder befinden, ist eine beliebte Behauptung. Doch was besagt das, wenn man keine Ahnung hat, wie viele Genies es jemals gegeben hat? Regelmäßig wird auf weltberühmte Linkshänder wie Michelangelo und Leonardo da Vinci verwiesen – in vielen Fällen völlig zu Unrecht, denn die Lust an der Eingemeindung ins Lager der Linkshänder ist häufig größer als die Faktenlage. Nein, Picasso war kein Linkshänder, Bob Dylan ist auch keiner. Das bringt alles nichts, mit gleichem Recht und ebenso wenig Erfolg könnte man Herren mit Glatze und Blutschwamm mit der Existenz von Michael Gorbatschow trösten oder Nervenkranke mit dem Erfolg von Stephen Hawking oder depressive Rothaarige mit dem Ruhm von Vincent van Gogh.

Bis zum Überdruss kursieren Geschichten aus Hochschulen und Konservatorien, auf denen jede Menge Linkshänder mit hervorragenden Leistungen überzeugten, womit die kreative Überlegenheit von Linkshändern belegt werden soll. Das mag alles sein, doch nachprüfbare Belege, dass Linkshändigkeit besondere Talente hervorbringt, gibt es nicht, weder zum Guten noch zum Schlechten. In nur zwei Bereichen sind Linkshänder unumstößlich klar im Vorteil.

Zum einen bei Sportarten wie Tennis, Baseball, Boxen und Fechten. Dem steht gegenüber, dass Linkshändigkeit beim Hockey und Polo ein Nachteil sein kann.

Zum anderen ergibt sich beim Blick auf die Liste der jüngsten US-Präsidenten ein bemerkenswertes Bild. Diese illustre kleine Gruppe versammelt eine enorm große Anzahl Linkshänder. Von den letzten sieben Präsidenten bis einschließlich Barack Obama waren fünf Linkshänder. Nur Jimmy Carter und George W. Bush waren Rechtshänder. Auch der republikanische Bewerber von 2008, John McCain, gehört diesem Club an; 1992 waren sowohl der amtierende Präsident George Bush senior als auch seine beiden Herausforderer Bill Clinton und Henry Ross Perot Linkshänder. Doch verrät das etwas über Linkshänder im Allgemeinen? Wenn, dann kann es nichts Gutes sein, denn nette Menschen kommen bei einem *rat race* wie dem um die amerikanische Präsidentschaft nie bis ganz oben. Andererseits ist das hier eine sehr spezielle Gruppe, und so können wir getrost davon ausgehen, dass daraus wenig ableiten lässt.

Linkshänder sind einfach nur linkshändig. In einer überwiegend rechtshändigen Welt bekommen sie vielfach untaugliche Vorbilder, falsche Anleitungen und schlecht geeignete Werkzeuge. Daher sind sie von klein auf noch stärker als ihre rechtshändigen Mitmenschen auf sich selbst angewiesen. So können sich Linkshänder vielleicht mit dem Gedanken schmeicheln, überdurchschnittlich unabhängig zu sein.

# Literaturverzeichnis

Achbar, M. (Hg.), Manufacturing consent: Noam Chomsky and the Media, Black Rose Books (1995)

Altera, Wat doen we eigenlijk voor uitgesproken linkshandigen, in: Pedagogische Studiën (1970)

Anderson, M. G., Lateral Preference and Longevity, in: Nature (1989)

Annett, M., The Distribution of Manual Asymmetry, in: British Journal of Psychology (1972)

Annett, M., Handedness in Children of Two Left-Handed Parents, in: British Journal of Psychology (1974)

Annett, M., Hand Preference and the Laterality of Cerebral Speech, in: Cortex (1975)

Annett, M., A Coordination of Hand Preference and Skill Replicated, in: British Journal of Psychology (1976)

Annett, M., Left, Right, Hand and Brain: The Right Shift Theory, Lawrence Erlbaum (1985)

Annett, M. & Manning, M., The Disadvantages of Dextrality for Intelligence, in: British Journal of Psychology (1989)

Apuleius, L., De gouden ezel (metamorfosen), vertaald en toegelicht door Vincent Hunink, Athenaeum - Polak & van Gennep (2003)

Bächtold-Stäubli, H., Handwörterbuch des deutschen Aberglaubens, De Gruyter (1987)

Bakan, P., Handedness and Alcoholism, in: Perceptual and Motor Skills (1973)

Bakan, P., Dibb, G. & Reed P., Handedness and Birth Stress, in: Neuropsychologia (1973)

Bambach, C. C., Leonardo, Left-Handed Draftsman and Writer, New York, The Metropolitan Museum of Art (2003)

Barnes, F., Temperament, Adaptability and Left-Handers, New Scientist (1975)

Barsley, M., Linkshandigheid: wetenswaardigheden en curiosa voor links- en rechtshandigen, Hilversum, Haan (1968)

Barsley, M., Left-Handed Man in a Right-Handed World, London, Pitman (1970)

Baskerville, R. F., On the Directional Asymmetry of Rhesus Macaque Forelimb Bones, in: American Journal of Physical Anthropology (1992)

Bellugi, U., Klima. E. S., u. a., Examining Language Dominance Through Hand Dominance, Boston University Conference on Language Development (1986)

Belmont, L. & Birch, H. S., Lateral Dominance and Right-Left Awareness in Normal Children, in: Child Development (1963)

Benbow, C. P., Physiological Correllates of Extreme Intellectual Precocity, in: Neuropsychologia (1986)

Benton, A. L., Right-Left Discrimination and Finger Localization, Hoeber-Harper (1959)

Benton, A. L., Meyers, R. & Polder, G., Some Aspects of Handedness, in: Psychiatric Neurology (1962)

Best, C. T., Hemispheric Function and Collaboration in the Child, in: Academic Press (1985)

Bever, T. G. & Chiarello, R. J., Cerebral Dominance in Musicians and Nonmusicians, in: Science (1974)

Birkett, P., Relationships Among Handedness, Familial Handedness, Sex and Ocular Sighting-Dominance, in: Neuropsychologia (1979)

Bisazza, A., u. a., Right-Pawedness in Toads, in: Nature (1996)

Bishop, D. V. M., How Sinister is Sinitrality?, in: Journal of the Royal College of Physicians of London (1983)

Bishop, D. V. M., Does Hand Proficiency Determine Hand Preference?, in: British Journal of Psychology (1983)
Bishop, D. V. M., On the Futility of Using Familial Sinistrality to Subclassify Handedness Groups, in: Cortex (1989)
Bishop, D. V. M., Handedness and Developmental Disorder, London, MacKeith (1990)
Blakeslee, T. R., The Right Brain, MacMillan (1980)
Blau, A. The Master Hand: A Study of Right and Left Sidedness and its Relation to Laterality and Language, in: Research Monographs of the American Orthopsychiatric Association (1946)
Blau, A., Don't Let Your Child be a Leftie!, in: Lakeland Ledger, 5. März (1961)
Bock, G. R. & Marsh, J. (Hg.), Biological Asymmetry and Handedness, Wiley (1991)
Boklage, C. E., On the Distribution of Non-Right-Handedness Among Twins and their Families, in: Acta Genet. Med. Gemellol (1981)
Boklage, C. E., Twinning, Handedness, and the Biology of Symmetry; in: Geschwind & Galaburda (1984)
Bouma, J. M., Perceptual Asymmetries and Hemispheric Specialization, Diss. Freie Universiteit Amsterdam (1988)
Bourassa, D. C., McManus I. C. & Bryden, M. P., Handedness and Eye Dominance: A Meta-Analysis of their Relationship, in: Laterality (1996)
Bradshaw, J. L., Right-Hemisphere Language: Familial and Non-Familial Sinistrals, Cognitive Deficits and Writing Hand Position in Sinistrals, and Concrete-Abstract, Imageable-Non-Imageable Dimensions in Word Recognition. A Review of Interrelated Issues, in: Brain and Language (1980)
Bradshaw, J. L. & Nettleton, N., Human Cerebral Asymmetry, Prentice Hall (1983)

Briggs, G. G. & Nebes, R. D., The Effects of Handedness, Family History and Sex on the Performance of a Dichotic Listening Task, in: Neuropsychologia (1976)

Brightwell, R., Is your Child Left-Handed? Then you May be Bringing up a Genius, in: The Listener, 7. Februar (1975)

Bryden, M. P., Perceptual Asymmetry in Vision: Relation to Handedness, Eyedness and Speech Lateralization, in: Cortex (1973)

Burt, C., The Backward Child, University of London Press (1937)

Calnan, M. & Richardson, K., Developmental Correlates of Handedness in a National Sample of 11-Year-Olds (National Children's Bureau, London), in: Annals of Human Biology (1976)

Carlyle, T., The French Revolution, A History in Three Volumes, Charles C. Little & James Brown (1837)

Carroll, L., Through the Looking Glass, Macmillan (1872)

Casasanto, D., Embodiment of Abstract Concepts: Good and Bad in Right and Left-Handers, in: Journal of Experimental Psychology (2009)

Casasanto, D., Willems, R. & Hagoort, P., Body-Specific Representations of Action Verbs: Evidence from fMRI in Right- and Left-Handers, in: Psychological Science (2010)

Castillo, G. A., Left-Handed Teaching: Lessons in Affective Education, New York, Praeger (1974)

CBS, Linkshandigheid, in: Maandbericht Gezondheidsstatistiek (1986)

Chamberlain, H. D., The Inheritance of Left-Handedness, in: Journal of Heredity (1928)

Clark, K., Leonardo da Vinci, London, Penguin (1939)

Clark, M. M., Left-Handedness – Laterality Characteristics and their Educational Implications, University of London Press (1957)
Clark, M. M., Linkshandige kinderen: onderzoek en praktijk, Nijkerk, Intro (1980)
Cole, J., Paw Preference in Cats Related to Hand Preference in Animals and Man, in: Journal of Comparative & Physiological Psychology (1955)
Collins, R. L., On the Heredity of Handedness, in: Journal of Heredity (1968/69)
Conrad, K., Über aphasische Sprachstörungen bei hirnverletzten Linkshändern, in: Der Nervenarzt (1949)
Corballis, M. C., Human Laterality Academic Press (1983)
Corballis, M. C. & Beale, I. L., On Telling Left from Right, in: Scientific American (1971)
Corballis, M. C. & Beale, I. L., The Psychology of Left and Right, New Jersey, L. Erlbaum (1976)
Coren, S., Left-Handedness and Accident-Related Injury Risk, in: American Journal of Public Health (1989)
Coren, S., The Left-Hander Syndrome: The Causes and Consequences of Left-Handedness, John Murray (1992)
Coren, S. & Halpern, D., Left-Handedness: A Marker for Decreased Survival Fitness, in: Psychological Bulletin (1991)
Coren, S. & Halpern, D., Hand Preference and Life Span, in: New England Journal of Medicine (1991)
Coren, S. (Hg.), Left-Handedness: Behavioral Implications and Anomalies, Amsterdam: North-Holland (1990)
Coren, S., Searleman, A. & Porac, C., Rate of Physical Maturation and Handedness, in: Developmental Neuropsychology (1986)

Coryell, J. F. & Michel, G. F., How Supine Postural Preferences of Infants Can Contribute Toward the Development of Handedness, in: Infant Behaviour and Development (1978)

Coulmas, F., The Writing Systems of the World, Oxford, Basil Blackwell (1989)

Crovitz, H. F., On Direction in Drawing a Person, in: Journal of Consult Psychology (1962)

Dart, R., The Predatory Implemental Technique of Australopithecus, in: American Journal of Physical Anthropology (1949)

Dawson, J., Temne-Arunta Hand-Eye Dominance and Cognitive Style, in: Journal of Psychology (1972)

Deglin, V. L., Our Split Brain, in: The Unesco Courier, Januar (1976)

Dekay, J. T., The Left Handed Book, Evans (1966)

Demarest, J. & Demarest, L., Does the Torque Test Measure Cerebral Dominance in Adults?, in: Perceptual and Motor Skills (1980)

Dennis, W., Early Graphic Evidence of Dextrality in Man, in: Perceptual and Motor Skills (1958)

Dimond, S. J. & Blizard, D. A., Evolution and Lateralization of the Brain, in: New York Academy of Science (1977)

Draaisma, Douwe, Het einde van de hersenverdoving, in: amc-magazine, Oktober (2004)

Duffy, F. H, McAnulty, G. B. & Schachter, S. C., Brain Electrical Activity Mapping, in: Geschwind & Galaburda (1984)

Dumont, J. J. Leerstoornissen dl. 1 en 2, Lemniscaat (1976)

Eling, P., Waarom is rechts schrijven toch beter dan links?, in: Jeugd, School en Wereld (1987)

Eling, P. & Vreede-Chabot, B., Is ons schrift gemaakt voor de rechterhand?, in: Tijdschrift voor Orthopedagogiek (1989)

Ellis, S. J., u. a., Is Forced Dextrality an Explanation for the Fall in the Prevalence of Sinistrality with Age? A Study in Northern England, in: Journal of Epidemiological Community Health (1998)
Ellis, S. J., Ellis, P. J. & Marshall, E., Hand Preference in a Normal Population, in: Cortex (1988)
Engen, A. van, Leerkrachten en handigheidskeuze. Een inventariserend onderzoek naar de handigheidsproblematiek in klas 1 bij het schrijfonderwijs, Groningen (1980)
Engen, A. van, Nota Schrijfdidactiek voor Linkshandigen, Assen, SABD Drente (1981)
Engen, A. van, Schrijfdidactiek voor Linkshandigen, in: Informatiepunt Basisonderwijsnr. 170 (1982)
Ettlinger, G, & Moff A., u. a., Lateral Preferences in the Monkey, in: Nature (1964)
Finch, G., Chimpanzee's Handedness, in: Science (1941)
Fincher, J., Lefties, Barnes & Noble (1993)
Flament, F., Coordination et Prevalence Manuelle Chez le Nourrisson, Aix, Eds. CNRS (1975)
Flatt, A. E., Is Being Left-Handed a Handicap? The Short and Useless Answer is »Yes and No«, in: Baylor University Medical Center Proceedings (2008)
Fritschi, L., Divitini, M. u. a., Left-Handedness and Risk of Breast Cancer, in: British Journal of Cancer (2007)
Gangestad, S. W. & Yeo, R. a., Behavioral Genetic Variation, Adaptation and Maladaptation: An Evolutionary Perspective, in: Trends in Cognitive Sciences (1997)
Gardner, M., The Ambidextrous Universe: Left, Right and the Fall of Parity, Pelican Books (1982)
Gaur, A., A History of Writing, Cross River Press (1992)
Geraedts, J., u. a. (Hg.), Evolutie zit in je genen, over Darwin en Genomics, St. Bio-Wetenschappen & Maatschappij (2009)

Geschwind, N. & Galaburda, A. M., Cerebral Dominance: The Biological Foundation, Harvard University Press (1984)
Geschwind, N. & Galaburda, A. M., Cerebral Lateralization: Biological Mechanisms, Associations and Pathology, MIT Press (1987)
Geschwind, N. & Galaburda, A. M., Cerebral Lateralization, Biological Mechanisms, Associations and Pathology I: A Hypothesis and Program for Research, in: Archives of Neurology (1985)
Geschwind, N. & Galaburda, A. M., Cerebral Lateralization, Biological Mechanisms, Associations and Pathology II: A Hypothesis and Program for Research, in: Archives of Neurology (1985)
Geschwind, N. & Galaburda, A. M., Cerebral Lateralization, Biological Mechanisms, Associations and Pathology III: A Hypothesis and Program for Research, in: Archives of Neurology (1985)
Gesell, A. & Ames, L. B., The Development of Handedness, in: Journal of Genetical Psychology (1947)
Glick, S. D., Cerebral Lateralization in Non-Human Species, Academic Press (1985)
Goldschmidt, T., De andere linkerkant: links en rechts in de evolutie, Amsterdam Athenaeum - Polak & Van Gennep (2003)
Gooch, S., Right Brain, Left Brain, in: New Scientist (1980)
Gooch, S., The Double Helix of the Mind, Wildwood House (1980)
Gordon, C. H., Forgotten Scripts: Their Ongoing Discovery and Decipherment, Revised and Enlarged Edition, New York, Dorset Press (1984)
Gordon, N., Left-Handedness and learning, in: Developmental Medicine and Child Neurology (1986)
Gould, J., The Zoology of the Voyage of HMS Beagle Under the Command of Captain Fitzroy, R. N., dur-

ing the Years 1832 to 1836, Edited and Superintended by Charles R. Darwin, Part 3. Birds, Smith, Elder & Co. (1838-1841)

Graaf-Tiemersma, M. J. de, Linkshandigheid en dyslexie: de testosteron-theorie voor cerebrale lateralisatie, Diss. Universität Utrecht (1995)

Groenen, M. & Megens, H. J., Darwins vinken, in Geraedts u. a. (2009)

Groff, P., Who are the Better Writers – the Left-Handed or the Right-Handed?, in: Elementary School Journal (1964)

Gross, K., Menschenhand und Gotteshand in Antike und Christentum, Stuttgart, A. Hiersemann (1985)

Haenen-van der Hout, C. G., Handschrift als signaal: wegwijzers voor ouders voor het vroegtijdig herkennen van problemen in de schrijfontwikkeling, Deventer, Ankh-Hermes

Hall, J. G., Twinning, in: The Lancet (2003)

Halpern, D. F. & Coren, S., Do Right-Handers Live Longer?, in: Nature (1988)

Harburg, E., Feldstein, A. & Papsdorf, J., Handedness and Smoking, in: Perceptual and Motor Skills (1978)

Hardyck, C. & Petrinovitch, L. F., Left-Handedness, in: Psychological Bulletin (1977)

Hardyck, C., Goldman, C. R. & Petrinovitch, L. F., Handedness and Sex, Race and Age, in: Human Biology (1975)

Hardyck, C., Petrinovitch, L. F. & Goldman, R. D., Left-Handedness and Cognitive Deficit, in: Cortex (1976)

Harris, J. L., Cultural Influences on Handedness: Historical and Contemporary Theory and Evidence; in: Coren (1990)

Harris, N., Left Hand, Right Hand, in: British Medical Journal (1981)

Harvey, T. J., Science and Handedness, in: British Journal of Educational Psychology (1988)

Hatta, T. & Nakatsuka, E., A Note on the Hand Preference of the Japanese people, in: Perceptual and Motor Skills (1976)

Hecaen, H. & Ajuriaguerra, J. de, Left-Handedness: Manual Superiority and Cerebral Dominance, New York, Grune & Stratton (1964)

Hecaen, H. & Sauguet, J., Cerebral Dominance in Left-Handed Subjects, in: Cortex (1971)

Herron, J. (Hg.), Neuropsychology of Left-Handedness, New York, Academic Press (1980)

Herron, J., Galin, D., u. a., Cerebral Specialization, Writing Posture and Motor Control of Writing in Left-Handers, in Science (1979)

Hewes, G. W., Lateral Dominance, Culture, and Writing Systems, in: Human Biology (1949)

Hicks, R. & Kinsbourne, M., On the Genesis of Human Handedness: A Review, in: Journal of Motor Behavior (1976)

Hudson, P., Linkshandigheid: een biologische ruk naar rechts, in: Psychologie, September (1982)

Huheey, J., Concerning the Origin of Handedness in Humans, in: Behavior Genetics (1977)

Institoris, H. & Sprenger, J., Heksenhamer / Malleus maleficarum, übersetzt und mit Vorwort von Ivo Gay, Voltaire (1487/2005)

Jaarsma, P., Handen in Schilderkunst en Praktijk, in: Contact (1963)

Jabes, E., La mémoire et la main, FataMorgana (1988)

Jackson, J., Ambidextrality, London, Kegan Paul (1905)

Jackson, J. F. E. I. S., Ambidexterity, Or, Two-Handedness and Two-Brainedness, in: Kegan Paul, Trench, Trubner & Co (1905)

Jarman, R. F. & Nelson, J. G., Torque and Cognitive Ability: Some Contradictions to Blau's Proposals, in: Journal of Clinical Psychology (1980)
Jaynes, J., The Origin of Consciousness in the Breakdown of the Bicameral Mind, Boston, Houghton Mifflin (1976)
Jensen, H., Die Schrift in Vergangenheit und Gegenwart, VEB deutscher Verlag der Wissenschaften, Berlin (1969)
Johnston, D. W., u. a., Nature's Experiment? Handedness and Early Childhood Development, bisher unveröffentlicht (ohne Jahresangabe)
Johnston, D. W., Shah, M. & Shields, M. A., Handedness, Time Use and Early Child Development, in IZA Discussion Paper 2752 Bonn, IZA (2007)
Jordan, H. E., Hereditary Left-Landedness with a Note on Twinning, in: Journal of Genetics (1914)
Kappers, E. J., Structureringstendentie, hemisfeerspecialisatie en leren lezen, Diss. Universität Utrecht (1986)
Kellmer Pringle, M. L., The Incidence of Some Supposedly Adverse Family Conditions and of Left-Handedness in Schools for Maladjusted Children, in: British Journal of Educational Psychology (1961)
Kerckhove, D. de & Lumsden, C. J. (Hg.), The Alphabet and the Brain: The Lateralization of Writing, Berlin, Springer Verlag (1988)
Keulen, M., Linkshandigen: laten we ze links liggen?, in: Jeugd, School en Wereld (1981)
Kimura, D., Manual Activity During Speaking II: Left-Handers, in: Neuropsychologia (1973)
Knecht, S., u. a., Handedness and Hemispheric Language Dominance in Healthy Humans, in: Brain (2000)

Komai, T. & Fukuoka, G., A Study on the Frequency of Left-Handedness and Left-Footedness Among Japanese School Children, in: Human Biology (1934)
Kramer, J., Linkshändigkeit: Wesen, Ursachen, Erscheinungsformen, mit Übungen fur linkshändige und gehemmte Kinder und Jugendliche, Solothurn, Antonius Verlag (1961)
Laan, M. van der, Links is toch zo eng niet, in: Trouw, 9. März (1991)
Lanthony, P., Les peintres gauchers, Lausanne, Editions L'Âge d'Homme (2005)
Lawson, N. C., Inverted Writing in Right- and Left-Handers in Relation to Lateralization of Face Recognition, in: Cortex (1978)
Levy, J., Possible Basis for the Evolution of Lateral Specialization of the Human Brain, in: Nature (1969)
Levy, J., Review of Evidence for a Genetic Component in the Determination of Handedness, in: Behavior Genetics (1976)
Levy, J. & Nagylaki, T., A Model for Genetics of Handedness, in: Genetics (1972)
Liederman, J. & Kinsbourne, M., Rightward Bias in Neonates Depends upon Parental Right-Handedness, in: Neuropsychologia (1980)
Liederman, J. & Kinsbourne, M., The Mechanism of Neonatal Rightward Turning Bias: A Sensory or Motor Asymmetry?, in: Infant Behaviour and Development (1980)
Liedermann, J. & Coryell, J., The Origin of Left-Hand Preference: Pathological and Non-Pathological Influences, in: Neuropsychologia (1982)
Lishman, W. & McMeekan, E. R. L., Handedness in Relation to Direction and Degree of Cerebral Dominance, in: Cortex (1977)
Lombroso, C., L'homme criminel, Bocca Frères (1888)

Lombroso, C., Left-Handedness and Left-sidedness, in: North American Review (1903)
Lovejoy, A. O., The Great Chain of Being: A Study of the History of an Idea, Harvard University Press (1936)
Mandal, M. K., u. a. (Hg.), Side Bias: A Neuropsychological Perspective, Kluwer (2000)
McManus, I. C., Handedness, Language Dominance and Aphasia: A Genetic Model, Cambridge University Press (1985)
McManus, I. C., Right Hand, Left Hand, The Origins of Asymmetry in Brains, Bodies, Atoms and Cultures, Weidenfeld & Nicolson (2002)
McManus, I. C. & Bryden, M. P., The Genetics of Handedness, Cerebral Dominance, and Lateralization; in: Rapin & Segalowitz (1992)
Mengler, W., Linkshändigkeit und Streichinstrumentenspiel, eine Annäherung an ein weitgehend unentdecktes Thema, in: Das Orchester (2004)
Mesker, P., De menselijke hand: een onderzoek naar de ontwikkeling van de handvaardigheid in relatie tot die van de cerebrale organisatie, gedaan bij leesgestoorde kinderen, Nimwegen, Dekker en Van de Vegt (1977)
Miller, E., Handedness and the Pattern of Human Ability, in: British Journal of Psychology (1971)
Muller, B., Linkshandig schrijven? Dominantie-onderzoek voor linker- en rechterhand, in: BZZTôH (1985)
Mulligan, J., u. a., Hormones and Handedness, in: Hormone Research (2001)
Naitoh, T. & Wassersug, R. J., Why are Toads Right-Handed?, in: Nature (1996)
Naitoh, T., Wassersug R. J. & Lesli, R. A., The Physiology, Morphology, and Ontogeny of Emetid Behavior in Anuran Amphibians, in: Physiological Zoology (1989)

Needham, R. (Hg.), Right and Left: Essays on Dual Symbolic Classification, University of Chicago Press (1973)

Neville, A. C., Animal Asymmetry, in: Edward Arnold (1976)

Nottebohm, F., Ontogeny of Bird Song, in: Science (1970)

Oldfield, R. C., Handedness in Musicians, in: British Journal of Psychology (1969)

Oldfield, R. C., The Assessment and Analysis of Left-Handedness: The Edinburgh Inventory, in: Neuropsychologia (1971)

Parson, B. S., Left-Handedness: A New Interpretation, New York, MacMillan (1924)

Pavert, J. van de, Links/Rechts: over linksheid, linkshandigheid en linkshandig schrijven, Amsterdam, Meulenhoff Educatief (1982)

Peters, M. & Pedersen, K., Incidence of Left-Handers with Inverted Writing Position in a Population of 5,910 Elementary School Children, in: Neuropsychologia (1978)

Pointer, J. S., Sighting Dominance, Handedness and Visual Acuity Preference: Three Mutually Exclusive Modalities?, in: Ophtalmic and Physiological Optics (2001)

Ponte, L., What's Right About Being Left-Handed?, in: Reader's Digest, September (1988)

Porac, C. & Friesen, I. C., Hand Preference Side and its Relation to Hand Preference Switch History Among Old and Oldest-Old Adults, in: Developmental Neuropsychology (2000)

Porac, C. & Coren, S., Lateral Preferences and Human Behavior, Springer (1981)

Ramadhani, K., Elias, S. G., u. a., Innate Left-Handedness and Risk of Breast Cancer: Case-Cohort Study, in: British Medical Journal (2005)

Ramaley, F., Inheritance of Left-Handedness, in: American Naturalist (1913)
Rapin, I. & Segalowitz, S. J. (Hg.), Handbook of Neuropsychology 6: Child Neuropsychology, Elsevier (1992)
Reed, G. & Smith, A., A Further Experimental Investigation of the Relative Speeds of Left- and Right-Handed Writers, in: Journal of Genetic Psychology (1962)
Rhoads, J. & Darmon, A., Some Genetic Traits in Solomon Island Populations, in: Journal of Physical Anthropology (1973)
Ride, D., Handedness with Special Reference to Twins, in: Genetics (1940)
Rousseau, J. J., Émile, ou l'éducation, Paris (1762)
Ruebeck, C. S., Harrington Jr., J. E. & Moffitt, R. Handedness and Earnings, Laterality (2006)
Salk, L., The Role of the Heartbeat in the Relations Between Mother and Infant, in: Scientific American (1973)
Satz, P., Pathological Left-Handedness: An Explanatory Model, in: Cortex (1972)
Satz, P., Left-Handedness and Early Brain Insult: An Explanation, in: Neuropsychology (1973)
Satz, P., Orsini, D., u. a., The Pathological Left-Handedness Syndrome, in: Brain and Cognition (1985)
Satz. P., Achenbach, K. & Fennell, E., Correlations between Assessed Manual Laterality en Predicted Speech Laterality in a Normal Population, in: Neuropsychology (1967)
Sawyer, C. E. & Brown, B. J., Laterality and Intelligence in Relation to Reading Ability, in: Educational Review (1976)
Schachter, S. C. & Ransil, B. J., Handedness Distributions in Nine Professional Groups, in: Perceptual and Motor Skills (1996)

Schaik, E. C. van, De opvoedbaarheid van de rechter hemisfeer: de neuropedagogische en didactische aspecten bij het leren schrijven met de niet-voorkeurshand, Diss. Universität Amsterdam (1984)
Shepherd, M., The Left-Handed Calligrapher, Wellingborough, Thorsons (1989)
Sitwell, O., Left Hand, Right Hand (5 Bände), London, MacMillan (1945)
Sladden, K., Left-Handed in a Right-Handed World: Handedness and Associated Specific Learning Difficulties in School and Society, Bath College of Higher Education (1987)
Smart, J. L., Jeffery, C. & Richards, B., A Retrospective Study of the Relationship Between Birth History and Handedness at Six Years, in: Early Human Development (1980)
Smits, R., Beethoven linksom, in: NRC Handelsblad, 8. Januar (2000)
Sourdive, C., La main dans l'Égypte pharaonique: recherches de morfologie structurale sur les objets égyptiens comportant une main, Bern, Lang (1984)
Sperry, R. W., The Left-Handed Report, in: Which (1979)
Springer, S. P. & Deutsch, G., Left Brain/Right Brain (4th ed.), W. H. Freeman Co. (1993)
Steckenfinger, S. A. & Ghazanfari, A. A., Monkey Visual Behavior Falls into the Uncanny Valley, in: PNAS (2009)
Straaten, A. van, Linkshandigheid, Leiden, Stafleu (1969)
Strien, J. W. van, Handedness and Hemispheric Laterality, Diss. Freie Universiteit Amsterdam (1988)
Strien, J. W. van, Classificatie van links- en rechtshandige proefpersonen, in: Nederlands Tijdschrift voor de Psychologie (1992)

Strien, J. W. van, Genetic, intra-uterine and cultural origins of human handedness, in: Mandal u. a. (2000)
Strien, J. W. van, The Dutch Handedness Questionnaire, http://www.psyweb.nl/homepage/jan_van_strien_fi les/hquestionnaire_article.pdf (2003)
Strien, J. W. van, u. a. Increased Prevalences of Left-Handedness and Left-Eye Sighting Dominance in Individuals with Williams-Beuren Syndrome, in: Journal of Clinical and Experimental Neuropsychology (2005)
Strien, J. W. van, Bouma, A. & Bakker, D. J., Birth Stress, Autoimmune Diseases, and Handedness, in: Journal of Clinical and Experimental Neuropsychology (1987)
Tootal, J., Why Do Humans and Apes Cradle Babies on their Left Side?, in: New Scientist (1990)
Uhrbrock, R. S., Laterality in Art, in: Journal of Aesthetics & Art Criticism (1973)
Vaid, J., Bellugi, U. & Poizner, H., Hand Dominance for Signing, in: Neuropsychologia (1989)
Van Riper, C., The Quantitative Measurement of Laterality, in: Journal of Experimental Psychology (1935)
Verhaegen, O. & Ntumba, A., Note on the Frequency of Left-Handedness in African Children, in: Journal of Educational Psychology (1964)
Vermaseren, M. J., Corpus Cultus Lovis Sabazii, I: The Hands, Leiden, E. J. Brill (1983)
Vlugt, H. v. d., Lateralisatie van hersenfuncties: een neuropsychologisch onderzoek naar de relatie tussen handvoorkeur en de lateralisatie van de taalfunctie, Lisse, Swets & Zeitlinger (1979)
Wagenaar, W. A., Als Kuifje naar links beweegt is er iets mis, in: NRC Handelsblad, 5. August (1981)
Wassenaar, W. A. & Saan, F. P. M., De mythe van het linkshandige kind: feiten en ficties in de psychologi-

sche diagnostiek, Nimwegen, Dekker & Van de Vegt (1983)
Whitaker, H. & Whitaker, H. A. (Hg.) Perspectives in Neurolinguistics, Vol. 3, Elsevier (1977)
Whittington, J. E. & Richards, P. N., The Stability of Children's Laterality Prevalencies and their Relationship to Measures of Performance, in: British Journal of Educational Psychology (1987)
Willems, R. M., u. a., Body-Specific Motor Imagery of Hand Actions: Neural Evidence from Right- and Left-Handers, in: Frontiers in Numan Neuroscience (2009)
Willems, R. M., Peelen, M. V. & Hagoort, P., Cerebral Lateralization of Face-Selective and Body-Selective Visual Areas Depends on Handedness, in: Cerebral Cortex (2009)
Wilson, P. T. & Jones, H. E., Left-Handedness in Twins, in: Journal of Genetics (1932)
Witelson, S. F., The Brain Connection: The Corpus Callosum is Larger in Left-Handers, in: Science (1985)
Wood, E. K., Less Sinister Statistics from Baseball Records, in: Nature (1988)
Woodson, W. E., Human Factors Design Handbook: Information and Guidelines for the Design of Systems, Facilities, Equipment, and Products for Human Use, McGraw-Hill (1981)
Wrangham, R., Koken: over de oorsprong van de mens, Nieuw Amsterdam (2009)
Wyman, V., An Ergonomic Necessity, in: The Engineer (1988)
Young, G. (Hg.), Manual Specialization and the Developing Brain, Academic Press (1983)

# Register

Aberglaube 45, 48-63, 68, 161, 216, 222
Abraham 172
Abwehrreflex 396
Adam 55-56, 176
Affen 76-77, 111, 139, 159, 164, 229, 232, 276-277
Afrika, afrikanisch 35-37, 44-45, 62, 68, 110, 124, 205, 230
Ägypten, ägyptisch 52, 55, 65, 206
Albino, Albinismus 79, 89-91
Alice 143
Alkibiades 15
Alkoholismus 11, 294
Alphabet 141, 170, 199, 205-206, 209
Altamira 225
Alter 299, 352-353
*Ambidextral Cultural Society* 111-112, 114
Amerika, amerikanisch 10, 13-16, 21, 46, 49, 62, 75, 85, 104-106, 122, 133, 163, 166, 185, 190, 214, 229, 237, 252, 286, 293-294, 320, 337, 353, 360, 394, 397, 403
Amnion 343
Analphabeten 170, 385
Anaxagoras 68
Angewinkelte Hand 381
Angewöhnte Linkshändigkeit 379
Anglikaner, anglikanische Kirche 59, 93
Angola 37
Annett, Marian 300, 309-311, 325
Anything Left-Handed 354

Aphasie 255, 264
Aphrodite 368
Apostel 23, 80
Apuleius 65
Arabia Felix 32-34
Arabisch, arabische Welt 26, 529, 32-34, 202-206, 209
Aristoteles 25, 214, 238, 240
Armee 40, 107-108, 113, 178, 291
Artgenossen 75-78
Ärzte, linkshändige 373
Aschanti 113-114
Asthma 11, 294
Asymmetrie, asymmetrisch 135-136, 143, 145, 227, 276-277, 279-281, 286, 344-346
Atalanta 166
Atatürk 209
Auf- und Abstrich 388-391
Aufklärung 204, 241
Augustinus 48
Ausstellungen 364
*Australopithecus africanus* 226, 228
Autounfälle 396

Baburen, Dirck van 178-180
Babykleidung 23
Babys 23, 53, 73, 80, 184-186, 190, 195, 237
Baden-Powell, Lord 113
Baillie, Mathew 217
Bantus 62, 68
Bárbola, Maria 188
Barrel-Mirabeau 100
Baseballspieler 394
Baskerville, Rachel 176
Befruchtung 342-345, 347-348, 351
Behaviorismus, behavioristisch 214, 219-220, 223

Beidhändigkeit 112, 115, 118–119, 213–214, 227, 234, 279
Benjamin, Benjaminiten 45–46, 107
Bettnässen 377, 379
Bevölkerungsscreening 295
Bewerbung, Bewerber 134
Bibel 45, 199–200
Biervliet, Jules van 120
Bildungswesen 12, 34–35, 122, 169–170, 224, 287, 290, 353–354, 377–383, 387
Bisexualität 335, 356
Blau, Abram 10, 214, 219–224, 293, 355
Blockschrift 201–202, 205
Bogenschütze 39–41
Bond, James 75
Bote 161
Briand, Aristide 299
Britisch, Briten *siehe* England
Broca-Regel 255
Browne, Sir Thomas 215–216
Buchanan, Andrew 216–218
Buchstaben 138, 141, 202–206, 286, 387–392
Burchfield, Geoff 8
Burt, Cyril 293, 355, 360
Bush, Georg W. 13–14, 403
Bush, George H. W. 403
Bustrophedon 206–208, 210

Calvin, William H. 229, 231–232, 234–237, 268, 350
Carlyle, Thomas 99–101, 227–228
Carroll, Lewis 143
Carter, Jimmy 403
Casals, Pablo 131
Casasanto, Daniel 134, 265
Chagga 35, 44–45

Chaos 28, 87, 99, 104, 108
Chaplin, Charlie 127, 404
China, Chinesisch 38–44, 78–79, 103, 170–171, 201–202, 208–209, 307
Chomsky, Noam 106
Chorion 343
Christentum, Christlich 15, 23, 36, 45, 55, 57, 65, 90–91
Chromosomen 219, 301–304
Churchill, Winston 32, 299
Circulus Willisi 218
Clemenceau, Georges 299
Cleo 195
Clinton, Bill 403
Combe, George 242, 244
Comics 10, 161, 166, 170
Conrad, Klaus 255
Corballis, Michael 8
Coren, Stanley 8, 11, 355, 364–367, 393–400, 402
*Corpus callosum* 145, 150, 196, 252–253
Côté Droit 99
Côté Gauche 99
Cour 138

d'Espremenil 100
Dampfschiffe 63, 110
Dänisch 32
Danton, Georges 15
Darwin, Charles 111, 163, 221, 327–330
Darwinfinken 327–330
Dax, Marc 246
Demeter 22
Demotische Schrift 206
Design, Designer 135–136, 374
Deutschland, Deutsch 77–78, 96, 103, 128, 133, 148, 207, 210, 249, 254, 291–292

Diabetes 11
Diagonal 172-183
*Digitis medicinalis* 54
Dimensionen 16-19
Diskriminierung 79, 374
Disney, Walt 146
DNA 219, 301
Dominant (Genvariante) 304-306, 326
Doppelporträts 168, 190-192
Dracula 50
Dualismus 16
Dürer, Albrecht 187, 191
Dyar Pitar 23
Dylan, Bob 402

Ehe 24, 54, 87-88, 192
Ehebruch 87
Ehud 46-47
Eid 48-49
Eigensinnigkeit 222, 358
Einhändigkeit 111, 213-214, 218, 221, 223, 225, 234-236, 238, 268, 270, 281, 368
Eizelle 303-305
Ellis, P. J. 400
Ellis, S. J. 400
Embryonalhülle 323, 343
Embryos 322-323, 329, 341-349
Emotionen (*auch* Gefühle), emotional 66-67, 70, 74, 103, 180, 193, 197-198, 222, 256, 402
Engel 56, 163, 172
Engen, A. van 12
England, englisch, Engländer 32, 99, 105, 111, 113, 115, 121, 125, 133, 135, 215, 228, 293, 309, 336, 397, 399, 402
Ephraim 46
Epilepsie 252-254, 294, 321

Erasistratus 238
Erbkrankheiten 303-304, 307
Erdgötter, Erdgötteranbetung 21, 57-58
Ergonomen 374
Erziehung 112-113, 116, 214, 222, 237, 248, 380-381
Estrées, Gabrielle d' 167-169
Ethnozentrismus 209
Etikette 29, 80, 82, 192
Etruskische Schrift 206
Europa 21-23, 25, 28-29, 32, 34-36, 48-51, 55, 58, 60-62, 83-85, 91-94, 110, 166, 180, 190, 209, 306, 337, 397
Eva 56, 176
Evolution, evolutionär 75-77, 111, 149, 154-155, 163, 165, 193, 227-228, 233-234, 250, 304, 329, 334-336
Evolutionslehre 111
Exorzismus 90

Familienbesitz 87
Februarstreik 77
Film 10, 75, 83, 157, 161, 166, 289, 370
Fleisch 230, 236
Fliess, Wilhelm 355-356, 367, 385
Fließende Schrift 201-203, 388
Flourens, Pierre 245-246
fMRI 260, 262, 265
Folter 96, 178
Ford, Gerald 360-362, 364-365
Fortpflanzung 193, 237, 303-304, 330-331, 333-338
Fortpflanzungszellen 303-304
Fotokamera 370
Fotos, Fotografie 10, 76-77, 134, 141, 157, 161, 167, 176, 194, 314

Fragebogen 123, 297, 365, 394, 400
Frankreich, Französisch, Franzosen 15, 59, 92, 99-101, 104, 112, 133, 135-136, 138, 167, 215, 225, 245-246, 250, 259, 364, 397
Französische Revolution 92
Frederik V. von Dänemark 32
Freimaurer 85
Freud, Sigmund 137-138, 143, 355-356, 367, 385
Fritsch, Gustav 247
Funktional, Funktionalität 73, 97, 135, 145, 248, 255

Galapagosinseln 327-329
Galenus 238-240
Gall, Franz Joseph 242-245
Gärten 135-136, 138
Gauche 364
Gehirn *siehe* Hirn
Gehirnoperation 252, 273
Geige, Geiger 126-129
Geldof, Bob 127
Gemütszustand 193
Gen, Genvariante 300-312, 325-332, 335, 342, 349
Gendrift 331-332
Genetisch 200, 300-301, 305, 312, 324-325, 329-330
Genial, Genie 239, 402
Genugtuung 66-67
Gerechtigkeit 65-66
Germanen 23
Geschicklichkeit 44, 109, 214, 280, 360-367, 396
Geschwind, Norman 300, 320-325, 357
Gesellschaftsspiele 245
Gesichtserkennung 145, 190, 264
Gesichtshälfte 193-198
Gesichtsmimik 74

Gesundheit 45, 54-58, 64, 67, 71, 88, 357-358
Gewalt 46, 67, 88, 176-183
Gewehr 40, 108-109, 173, 178, 283
Gitarre, Gitarrist 126-129
Gnade 15, 66-67
Gogh, Vincent van 403
Gorbatschow 402
Gott, Gottheit, göttlich 21-23, 25-27, 55, 57-58, 65-66, 71, 80, 83, 91-92, 111, 125, 163, 165, 172, 184, 241, 368
Gould, John 328
Gould, Stephen Jay 163, 233
Goya, Francisco 173-175, 177-180
Grafik 161-162, 172
Griechenland, Griechen, Griechisch 21-25, 60, 68, 107, 165, 199, 205-206, 208, 214, 238, 368
Gruppenmitglieder, Gruppenzugehörigkeit 78, 85-86

Haarwirbel 346
Hades 22
Halpern, Diane 393
Hämoglobin 260-261
Handabdrücke 225
Hanegem, Willem van 281
Harvey, William 215
Hauer, Rutger 75
Hawking, Stephen 403
Hebräisch 200-202, 386
Hecaen, Henri 250
Hecktaler 49, 57
Heilig, Heilige 80, 83, 244
Heinrich IV. 167
Heinrich VIII. 93
Hendrix, Jimi 127
Herophilus 238

Hertz, Robert 61
Herz 50, 55, 138, 185, 215, 227-228, 235, 238, 240, 247, 345
Herzinfarkt 357
Herzschlag 185, 218, 235
Hethitisch 208
Heuschnupfen 11, 294, 321, 357
Hexe, Hexerei 48-52, 71, 83-98, 216
Hexenhammer 95-96
Hexenjagd, -verfolgung 89-90, 94-95
Hexenprozess 84, 95, 97, 216
Hexensabbat 83
Hexenwahn 83, 91, 93-94
Hieroglyphenschrift 206-207
Hippokrates 238
Hippomenes 165-166
Hirnhälfte 145, 148-150, 153, 194-198, 218, 234-236, 238-239, 247-258, 263-271, 273-274, 281, 285, 289,290, 321-322, 325, 328, 402
Hirnhälfte, Dominante 248-249, 256-258, 382, 402
Hirnrinde, Gehirn 122, 141-145, 147-149, 151-152, 155-157, 160, 190, 196-197, 218, 233-237, 238-274, 276, 286, 289, 312, 321, 345-346
Hirnschädigung, -blutung 246, 251, 255, 267, 271, 299, 316-317, 325, 362
Hirnstamm 155, 196, 252
Hitler, Adolf 15
Hitzig, Edouard 247
Hochbegabung 11
Hochgebildete Männer 353
Holbein, Hans 115
Hollywood 75
Hominisation 163-164
*Homo erectus* 230-232, 235-237
*Homo habilis* 230, 237

*Homo sapiens* 163
Homosexualität 11, 86–89
*Hora veneris* 51
Hormone 276, 300, 313–324
Hoti-Matua 208

Ibn Saud 32
Ikonen 81
Immunerkrankungen 294, 321–323
Imperialismus 209
Indien, Inder, Indisch 22, 52, 58, 90, 208–209
Individuum, Individualität 102–103, 243–244, 311, 331, 333, 337, 347–348
Indoeuropäer, Indoeuropäisch 21–22, 25
Indonesien 58, 205
Indusschrift 208
Inkas 62
Inquisition 93–95
Institoris, Henricus 95
Inzest 88, 355
Isaak, Opferung des 172–174, 178
Isidoros 55
Isis 65–66
Islam, islamitisch 15, 28–29, 35, 81, 203
Israel, Israelisch, Israelis 46, 170, 199, 202
Italien, Italienisch 11, 24–25, 75, 94, 176, 215, 241

Jackson, John 113
Jagd, Jagen, Jäger 21, 32, 35, 44, 226, 229–233, 235–237
Jagdmethoden 232
Japan, Japanisch 34–35, 72–74, 209, 253–254, 276
Jardin 138
Java-Affen 76–77
Jemen, Jemenitisch 32–34, 199
Jericho 46

Jerusalem 46
Juden, Judentum, Jüdisch 15, 27, 49, 66, 77, 84-85, 199
Jüdisch-bolschewistische Verschwörung 85
Jüdisch-christlich 45, 57
Julesz, Béla 147, 150-151, 153, 155-156, 158-159
Julius II., Papst 56
Jupiter 23

Kaguru 30
Kalligrafie 203, 385, 388
Kaninchen 153-156, 229-230
Kapitalismus 15, 103
Karten 26, 33-34, 167, 243-244, 261-262
Karten- und Brettspiele 60-63
Kasse, elektronische 374-375
Kathedralen 146
Katholisch 53-54, 60, 80-81
Keilschrift 211-212
Kelvin, Lord 110
Kenia 89
Kennedy, John F. 195
Klavier, Klavierspieler 125-129, 134
Kleidung 23, 68-69, 79, 97, 230, 371
Kleine Eiszeit 92
Kleopatra 180
Klimt, Gustav 180-181
Koalition der Willigen 14
Kochen 35, 237
Kohau rongo rongo 207
Kolisch, Rudolf 127
Kommissuren 195
Kongo 62, 169-170
Kramer, Heinrich 95-96
Krankheit 7-8, 53-54, 57-58, 64, 67, 71-72, 74-78, 124, 294-298, 303-304, 320-323, 352, 357

Kreativität 24, 68, 227, 247, 257-258, 363, 402-403
Krebs 11, 294-295, 298, 318, 357-358
Kriegsführung 107-109
Kriminalität, kriminell 11, 291-292, 294, 356
Kroes, Doutzen 195
Kronos 368
Kröten 49-52, 275-276, 296
Kroton, Krotone 24
Kultur, -gut, -auftrag 22-23, 28-30, 34, 39, 49, 55, 58-60, 62, 70, 75-76, 79-80, 88, 121-122, 136, 141, 171, 193, 202, 209, 214, 221-223
Kunst, Künstler, Ausdrucksformen der Kunst 13, 20, 80-83, 91, 115, 118-119, 129-130, 135-136, 161, 172-183, 189, 203-205, 256-258, 402
Künstlicher Mensch 72-74
Kybele 22
Kyrillische Schrift 206, 209

Laan, Martin van der 398
Lamarck, Jean-Baptiste de 221
Landseer, Sir Edwin 115
Lascaux 225-226
Latein 10, 23, 27, 34, 95, 206, 209
Lateralisation 145, 256, 264-265, 269, 275, 347, 382
Leber 215, 217
Leda 180-181
Lefthanders Association 354
Legasthenie 294, 298, 322, 357
Lehrer, -ausbildung 12, 128, 200, 354, 358, 377-379, 382, 386, 402
Lenin, Wladimir Iljitsch 15
Lesen 133-134, 171, 199-200, 204-207, 267
Liebe 51-52, 54-55, 368
Liebesspiel 29-30
Liepmann, Hugo 249, 268

Limburg 94
Links (politisch) 99–106
Links, nach links geneigte Schrift 383
Links-/Rechtsaugigkeit 286–287, 382
Links-/Rechtsbeinigkeit 286–287, 382
Linkshänder-Artikel 354, 372–373
Linkshänder-Verein/-Vereinigung 85, 354
Literatur 80, 82, 258
Lombroso, Cesare 10–11, 241, 291–293
*Loony left* 106
Lovejoy, Arthur Oncken 163
Lucretia 180
Ludwig II. von Bayern 148
Lydisch 208

Mach, Ernst 150
Madonna 184, 187, 189, 229, 236
Maes, Nicolaas 172–173, 178
Magie 22, 48–63, 64–71, 80, 83
Magnetresonanztomographie 260
Maler, Malerei 32, 56, 115, 118–119, 136, 147, 161, 167, 176, 183–218, 225
Manet, Edouard 176–178, 182
Manuskop 286–287
Mao Tse-tung 171, 178
Maori 68
Marat, Jean-Paul 15
Marguerita, infanta 186
Marshall, E. 400
Massai 45
Masturbieren 30
Maury, Abbé 100
McCain, John 403
McCarthy-Ära 15
McCartney, Paul 127
Medien 8, 105–106, 161, 294

Mehmet II. 203
Meineid 48, 57
Mendel, Gregor 301, 308
Mendelsches Gesetz, mendelsche Regeln 223, 278, 301, 305, 307-308
Menschenaffen 111, 159, 229, 232
Menschenfiguren 73
Merlin 165
Mesopotamien 65
Michelangelo 55-56, 115, 118-119, 243, 386, 402
Mikkelsen, Mads 75
Milner, Brenda 250
Minderheiten 72, 79, 92, 117, 124, 279-280, 290, 346
Mirabeau 100
Mischhändigkeit 116-119, 297, 309-311, 348, 350, 353
Mitleid 66
Mittelalter 68, 91, 121
Mongolische Schrift 208
Montelupo, Raffaelo da 385-387
Mord, Mörder 50, 85, 90, 173-187, 291-292
Mori, Masahiro 73
Motorische Hirnrinde 247, 265
Muscheln
Muskatnuss 51
Mussolini, Benito 15
Mythen, Mythologie 12, 22-23, 41, 47, 80, 112, 165, 248, 256, 295, 356, 368, 380, 384, 393-401

Nächstenliebe 15
Naitoh, Tomio 276
Namibia 35
Napoleon 178
Nationalsozialisten, Nazi-Deutschland 77, 85, 103
Natürliche Schreibrichtung 200, 204-205, 209

Natürliche Selektion *siehe* Selektion
Neid 84-85
Nerven, Nervenstränge 238, 248, 270-272, 285-286, 345
Nervensystem 238, 271
Neuronen 233, 260, 263
Neuschwanstein 146, 148
Niebuhr, Carsten 33-34
Nigeria 89
Nimwegen 94, 125, 263-264
Nixon, Richard M. 16, 360

Obama, Barack 403
Olympia 182
Olympische Götter 22
Olympische Spiele 24
Ordnung 28, 42-43, 87-88, 94, 163, 258, 269, 369, 380
Orwell, George 77
Osiris 65
Osterinselschrift 207
Österreich, Marianne von 190
Österreich, Österreichisch 75, 127, 150, 190, 301
Osteuropa 94
Ovambo 35
Ovimbundu 37

Paglia, Camille 70
Palatino, Giovanni Battista 385
Parson, Beaufort Sims 286-287
Paviansschädel 226, 228
Pech Merle 225-226
Pfadfinderbewegung 113
Pflanzen, Pflanzlich 140, 163, 230, 301
Philipp IV. 186, 190
Phrenologie 242-248, 270

Picasso, Pablo 12–13, 402
Piombo, Sebastiano del 386
Platon 213–214
Plattfische 140
Pogrome 83, 86
Polarisieren 15, 24, 26, 57, 371
Polydaktylie 326
Poseidon 22
Pränatale Prägung 185
Präsident der USA 403
Pressefreiheit 104
Prometheus 178–180
Propeller 61–62
Prostituierte, Prostitution 182, 356
Prozessionen 60, 65
Putin, Wladimir 195
Pye-Smith, P. H. 228
Pythagoras 24–25, 28, 45, 48, 67, 102

Qin Shi Huang 40
Quilter, Colin 345

R2D2 73–74
Rasse 72, 124, 307
Rassismus 79
Ratio, rational 49, 67–70, 81, 88, 102, 134, 313
Ratten 72, 139, 273–274, 283
Rauchen 294
Ravel, Maurice 129
Rechnen 194, 249, 256, 266
Rechts (politisch) 99–106
Reformation 93–94
Rekombination 304–305
Rekrut 132–133
Religion, Religionsausübung 15, 22–23, 48, 65, 80–81, 93

Religionskrieg 93
Renaissance 82, 91
Reni, Guido 165-166
Rennbahn 61-63
Repräsentanz 122-123, 295, 399
Republik der Vereinigten Niederlande 94
Revolution, Französische 15, 92, 99-101
Revolution, Industrielle 91
Rezessiv 304-308, 310, 326, 330
Ricchieri, Ludovico 215-218
*Right shift factor* 310, 325
Rijn, Rembrandt van 172-174
Ringfinger, linker 52, 54-55
Rituale 31, 44, 54, 57, 59, 81, 161, 315
Robespierre 100
Roboter 73-74
Rolls-Royce 32
Rom, Römer, Römisch 27, 54-56, 58-59, 107-108, 215, 238, 385
Röntgenstrahlung 110, 260
Roosevelt, Franklin Delano 32
Ross Perot, Henry 403
Rothaarig 79, 403
Rousseau, Jean-Jacques 112
Rouvoet, André 57
Rückständigkeit 353
Rumänien 50
Ruq'a 204
Russland 110, 171

Salk, Lee 184-185, 188
Samael 27
Samen, Samenzelle 68, 303-305
Sanskrit 23
Sarmiento, Maria 187
Satan 27, 96

Saudi-Arabien 32–33
Säugling *siehe* Babys
*Scala naturae* 163
Scheidung 87
Schild 108–109, 228–229
Schild-Theorie 228
Schizophrenie 321, 352, 358
Schlaflosigkeit 11
Schneewittchen 146
Schönheit 135, 193, 203
Schönschrift 388
Schreiben 12, 29–30, 35, 38, 41, 43, 113, 116–118, 121–122, 131, 133, 137–139, 142–144, 170, 200–212, 227, 249, 267, 280, 297, 372, 377–391, 395, 399
Schreibrichtung 170, 200, 204–205,208–210, 388–389
Schreibunterricht 12, 382–383
Schrift, Handschrift 12, 35, 170, 199–212, 378–391
Schriftzeichen 35, 201–202, 206
Schule von Fontainebleau 167–168
Schule, Schulsystem *siehe* Bildung
Schwangerschaft 8, 317, 344, 346, 350, 357
Schwarze Magie 83
Schwarzer Tod 92
Seed, Chris 125, 128, 134
Sehvermögen, Wahrnehmung 136, 149, 152, 158–159, 167
Selbstmordneigung 11
Selbststabilisation 333, 337
Selektion 227, 233, 307–308, 330, 332, 335–339
Sex, Sexualität 29–31, 87–89, 180, 335–339, 356, 385
Sichel 220, 368–369
Sichelzellenanämie 307, 321, 335
Sinister 10, 27

*Situs inversus* 215–217, 255, 311, 346
Sixtinische Kapelle 55–56, 118
Skelett 121, 276
Skythen 214
Soldat 39–40, 107–110, 132–133,176–178
Somiten 345
Sonne, Sonnenlaufbahn, -riten, -verehrung 21–26, 39, 42–43, 51–54, 61–64, 103
Sonnenaufgang, -untergang 39, 51, 53–54, 62
Souveräner Staat 94
Sozialer Druck, soziale Repressalien 122, 220, 287, 297, 395, 399–400
Sozialismus 103–104
Spanien, spanisch 94, 186, 397
Sperry, Roger 252–254
Spiegel 52
Spiegelbild, Spiegelung 13, 52, 138, 141–143, 147, 150–158, 193–195, 206, 244, 255–256, 311, 358, 384, 387
Spiegelschrift 384–387
Split-Brain 252, 254
Sport 24–25, 61, 279, 403
Sprach(e), -funktion, -zentrum, -vermögen, -verarbeitung 9, 10, 36, 82, 194, 232, 234, 243, 246–249, 253–258, 263, 266–269, 281–286
Sprache, Sprachprobleme 222, 246, 268
Sprenger, Jacob 95–96
Spurzheim, Johann 242, 244
Standardtanz 365
Stasi 106
Stekel, Wilhelm 355
Sterben, vorzeitiges 7, 8, 393–401
Stichprobe 124, 295–296
Stier, Ewald 291, 293
Stottern 293, 357, 377–379
Strien, Jan van 123

Subirana, Antonio 340
Südafrika 110
Südamerika 62
Sydow, Max von 75
Symbolik 23, 28, 38–39, 41
Symmetrie, symmetrisch 18–20, 134–136, 140–160, 193–195, 227, 234, 244, 248–249, 276–277, 279–281, 344–346, 365

Tabu 28–34, 89, 123–124, 202, 214
Tadeusz, Norbert 180–181
Tafel der Gegensätze 25, 45, 48, 67, 101, 104
Tag des jüngstes Gerichts 14, 45
Tamagotchi 73
Tansania 30, 89
Tarot 59
Tauben 139–140, 156–157, 245
Teddybär 73
Teilung von Embryos 341–351
*Telegraaf, De* 104
Testosteron 277, 321–325
Teufel, teuflisch 23, 49, 56–57, 71, 80, 83–85, 91–96
Thora 66
Tiere, Tierarten 18–20,57, 60, 72–73, 76–77, 97, 111, 139–145, 149–150, 155–157, 159–160, 163 229–230, 273–278, 308–310
Tierversuche 252–253, 275, 277, 309
Tim und Struppi 161, 166, 170, 174
Tintenfisch 139
Titanen 368
Tiu 23
Tizian 182
Todesstrafe 89
Toradja 58
Traumatische Links-/Rechtshändigkeit 316–321, 325, 341, 362

Türken 203-204, 208

Überlebenschancen 36, 228, 233, 237, 304, 357
Uhrbrock, Richard 85, 190
Uhrzeigersinn (im, gegen den) 60, 63 83, 364-365
Umfrageprobleme 120
Umkehrung 57-60, 64, 80, 83, 88, 319, 346, 349, 356, 364
Uneheliche Kinder 87
Unfolgsamkeit *siehe* Eigensinnigkeit
Ungeschick, Ungeschicklichkeit 10, 80, 82, 197, 258, 293, 360-367, 396
Unheimliches Tal 71, 73-80, 84
Unterschiede zwischen Mann und Frau 27, 86, 124, 180-182, 189, 276, 299, 303, 321-322, 357, 371, 393
Unzuverlässigkeit 10, 119-120, 394
Uranos 386

Vampire 50
Van Gils 69
Vegetarismus 18, 230-231
Velasco, Isabel de 187-188
Velázquez, Diego 186-187, 190-191
Vereinigte Staaten *siehe* Amerika
Vererbung 219, 223, 225, 287, 308, 327, 333, 342
Verfolgung 25, 83-96
Vergeltung 66
Verkehr(s), -unfall, -opfer 133, 396-397
Verkörperte Kognition 264-265
Verlobung 54
Vernunft 67, 241
Verschwörung 71, 85, 92-94
Verstoßung 34
Vesalius, Andreas 239, 271
Victoria, Königin 115

Villars, Herzogin von 167–169
Vinci, Leonardo da 115, 384, 402
Visuelle Hirnrinde/Cortex 149, 151–152
Vögel 59, 140, 156, 160, 246, 274, 327–320
Vorzugsfuß 275–276, 280–281, 288, 382
Vulkan 178–179

Wada, Juhn Atushi 253–254
Wada-Test 253–254
Wageia-Kavirondo 44
Wagenaar, Wilheilm Albert 166, 170
Wagner, Richard 148
Wahlen 134
Wassersug, Richard 276
Weißrussland 49
Werbung 69–70
Werfen 232–236, 265, 280
Werfende-Maria-Theorie 229, 236
Wernicke, Carl 247, 249
Westfälischer Frieden 94
Wharram Percy 121
Widersprüche 28, 66, 95–96, 102–103
Wile, Ira S. 122–123
Windmühlen 61–62
Winnie Pu 137, 367
Wiseman, Joseph 75
Wittgenstein, Paul 129
Wood, E. K. 394
Wrangham, Richard 237
Wright, Wilbur & Orville 110

Yin-Yang 39, 44, 71, 129

Zangwill, Oliver 250
Zentrum von Wernicke 247, 249
Zeus 22–23, 368

Zigeuner 84-85
Zumbohm, Gaspar 207
Zwang und Drang 38, 116, 130, 222, 365, 377-380, 395, 399
Zweiteilung 16-20, 24, 326, 335, 371
Zwerge, Zwergwuchs 50, 188
Zwillinge 124, 293, 300, 308, 311-312, 317, 321, 323-325, 339-351, 358